U0959949

21世纪高等教育新理念精品规划教材

国际经济学

李钒　孙林霞　主　编

天津大学出版社
TIANJIN UNIVERSITY PRESS

内容简介

国际经济学由国际贸易理论、国际贸易政策和国际金融三部分组成，研究开放条件下的生产、交换行为和价格、货币政策等宏观经济政策。本教材分三编，共13章。第一编为国际贸易理论，第二编为国际贸易政策，第三编为国际金融。本教材适合高等院校经济类、管理类等相关专业本科生和研究生使用。

图书在版编目（CIP）数据

国际经济学 / 李钒，孙林霞主编. —天津：天津大学出版社，2020.9（2021. 8 重印）
21世纪高等教育新理念精品规划教材
ISBN 978-7-5618-6776-1

Ⅰ.①国… Ⅱ.①李… ②孙… Ⅲ.①国际经济学—高等学校—教材 Ⅳ.①F11-0

中国版本图书馆CIP数据核字（2020）第176408号

GUOJI JINGJIXUE

出版发行 天津大学出版社
地　　址 天津市卫津路92号天津大学内（邮编：300072）
电　　话 发行部：022-27403647
网　　址 www.tjupress.com.cn
印　　刷 北京盛通印刷股份有限公司
经　　销 全国各地新华书店
开　　本 185mm×260mm
印　　张 21.75
字　　数 546千
版　　次 2020年9月第1版
印　　次 2021年8月第2次
定　　价 55.00元

《国际经济学》编写人员

主　编：李钒　　孙林霞
副主编：袁丹　　王益君

前　言

国际经济学研究开放条件下的生产、交换行为和价格、货币政策等宏观经济政策，由国际贸易理论、国际贸易政策和国际金融组成。国际经济学与微观经济学、宏观经济学共同构成了新古典经济学的基础。

国际贸易是国际经济学中的微观部分，即开放条件下的微观经济学，包括国际贸易理论和国际贸易政策两部分。国际贸易理论研究的内容包括商品、服务和生产要素国际流动的原因、方向和结果，经济增长和技术变动对国际贸易的影响。国际贸易政策研究的内容包括贸易政策工具的效果、贸易保护的理由和贸易政策的政治经济学分析。

国际金融是国际经济学中的宏观经济理论，主要研究开放条件下的宏观问题，包括开放经济中国民收入决定，国际收支平衡表，外汇市场上的汇率变化与货币、资本市场上利率变动之间的关系，财政政策和货币政策在开放经济中的作用等。

基于以上分析，本教材共分三编 13 章。第一编为国际贸易理论，第二编为国际贸易政策，第三编为国际金融。

全书由李钒拟定编写大纲，并由包括李钒在内的西安建筑科技大学的相关教师共同讨论后分工编写。全书由李钒、孙林霞担任主编，袁丹、王益君担任副主编。

本教材是作者在多年从事国际经济学教学与研究基础上，参阅大量国内外文献编写而成的。其主要特点是内容丰富、结构合理、观点鲜明、重点突出、简明扼要，不仅具有理论研究的前瞻性，而且具有较强的实用性。

本教材适合高等院校经济类、管理类等相关专业本科生和研究生使用。

欢迎广大师生在使用过程中提出建议和意见，以便再版时修正。

在本教材的编写过程中，笔者的学生边瑞雪、强会娉、梁轩、郭璟怡等参与了资料整理、文字录入等基础性的工作，在此表示感谢。

李钒

2020 年 8 月

目录

第一编　国际贸易理论

第二编 国际贸易政策

第三编　国际金融

第一编
国际贸易理论

第 1 章　古典贸易理论

本章概要

本章首先介绍最早的贸易思想——重商主义的贸易观点；其次重点分析古典经济学派的贸易理论，即亚当·斯密的绝对优势理论和李嘉图的比较优势理论，古典贸易理论均基于劳动价值论，认为一国专业化生产其劳动生产率绝对高（具有绝对优势）或相对高（具有比较优势）的产品，并出口到其他国家，同时从其他国家进口其劳动生产率绝对低（具有绝对劣势）或相对低（具有比较劣势）的产品，可以从中获利；最后对比较优势理论进行了一般均衡分析，并放宽劳动价值论、两国家两商品、无运输成本等假定条件，对比较优势理论做了扩展。

学习目标

（1）了解重商主义的贸易思想；
（2）掌握绝对优势贸易理论；
（3）掌握比较优势贸易理论；
（4）理解比较优势理论的扩展。

1.1　重商主义

国际贸易理论最早可追溯到 14 世纪末的重商主义（mercantilism）。重商主义是资产阶级最初的经济学说，出现在西欧封建制度向资本主义制度过渡时期（资本原始积累时期），反映这个时期商业资本的利益和要求。它对资本主义生产方式进行了最初的理论考察，是 15 世纪到 18 世纪初受到普遍推崇的一种经济哲学。重商主义又分为早期的重商主义和晚期的重商主义两种。历史上对国际贸易的研究和相关理论在最早的时候几乎都出自重商学派的著作。早期重商主义以“货币差额论”为中心，代表人物是英国的威廉·斯塔福德。晚期重商主义以“贸易差额论”为中心，代表人物是英国的托马斯·孟（Thomas Mun）。

1.1.1　重商主义的贸易思想

重商主义是西欧封建制度向资本主义制度过渡时期的经济流派。在 14 世纪到 18 世纪资本主义经济的资本原始积累时期，大规模的海外掠夺和国际贸易是西欧国家进行资本原始积累的重要手段。当时，货币财富成为主要的积累对象，尤其是黄金。兴起于欧洲的重商主义的贸易思想正是在这样的背景下产生的。由于所有贸易参加国同时出超是不可能的，而且任一时点上的金银总量是固定的，所以一国的获利总是基于其他国家的损失，即国际贸易是一种“零和游戏”。因此，伊丽莎白一世不仅采取许多有利于贸易发展的措施，同时提高商人的政治地位。早期重商主义主张采取行政手段，禁止货币输出和货币财富积累。

晚期重商主义与早期重商主义不同的是，其认为国家应该将货币输出国外，以便扩大对外国商品的购买。不过他们要求，在对外贸易中谨守的原则是购买外国商品的货币总额必须少于出售本国商品所获得的总额，其目的仍是要保持有更多的货币流回本国。从总体的观点看，他们认为不一定要求对所有国家都保持贸易顺差，允许对某些地区的贸易逆差，只要对外贸易的总额保持出口大于进口（顺差）即可。因此，晚期重商主义的思想被称为“贸易平衡论”。

1.1.2 重商主义的经济政策

在奉行重商主义的国家，经济政策不可避免地受重商主义的财富观和贸易思想影响。在对外政策方面，国家控制贵金属的使用和交易，尤其是控制甚至禁止个人出口金银和其他贵金属。为了最大限度地实现贸易顺差，鼓励出口和限制进口成为必然的政策方向。诸如对出口实行补贴，对消费品的进口实行配额或征收进口关税，对于那些可以经过本国加工而后出口的原材料的进口，则实行低关税或免征关税。与殖民地的贸易通常是被鼓励的。从殖民地进口低成本的原材料和农产品，向殖民地出口工业品，甚至控制贸易经营权也成了扩大贸易顺差的手段，如在某些航线和区域内赋予特定公司特许贸易权，以形成贸易垄断和垄断性购买的市场力量。一方面，由此产生的高额垄断利润直接或间接地带来了贸易顺差；另一方面，政府通过瓜分垄断利润也获得了财富。在国内政策方面，崇尚重商主义的国家提倡管理国家经济活动，比如对产品及生产进行不同程度的控制，实行低工资政策等。

1.1.3 价格—货币流转机制

1752 年大卫•休谟对重商主义的贸易观点提出了质疑。他指出，由于货币与价格之间的相互影响，一国的贸易顺差是不可持续的。在金本位制下，一国的贸易顺差带来的黄金净增加意味着一国货币供给的增加，货币扩张会抬高国内的价格和工资水平；工资水平上升又会提高出口商品的成本，降低了贸易顺差国商品的出口竞争力，导致其出口规模下降；出口下降造成贸易顺差减少。同样，贸易逆差国黄金的流失导致其货币供给减少，价格和工资水平下降，从而提高其出口商品的竞争力，出口因此扩张，贸易逆差得到缓解。也就是说，贸易顺差（逆差）会内在地影响经济运行，自动改变一国的国际收支不平衡状况。正因为这种经济自动调节机制的存在，一国不可能无限期地维持贸易顺差或逆差。价格—货币流转机制表明，一国对外贸易与宏观层面的货币和价格是紧密联系的，一国不可能独立于国内因素单独制定对外政策，如何协调内外政策目标是开放国家必须解决的问题。

1.1.4　对重商主义的评价

从重商主义的各种政策主张可以看出，重商主义者的基本错误在于认为国际贸易是一种“零和博弈”，一方得益必定使另一方受损，出口者从贸易中获得财富，而进口者则失去财富。这种思想的根源是他们只把货币当作财富而没有把交换所获得的产品也包括在财富之内，从而把双方的等价交换看作一得一失。

尽管重商主义的贸易思想有不少错误和局限性，但其中的许多重要概念为后人研究国际贸易理论与政策打下了基础，尤其是贸易的顺差与逆差概念进一步发展出了后来的“贸易平衡”“收支平衡”概念。重商主义关于进出口对国家财富影响的观点，对后来凯恩斯的国民收入决定模型亦有启发。更重要的是，重商主义已经开始把整个经济作为一个系统，而把对外贸易看成这一系统非常重要的一个组成部分。经济学家熊彼特（J. A. Schumpeter）对重商主义的评价是：“开始为 18 世纪末和 19 世纪初形成的国际贸易一般理论奠定基础。”重商主义讨论了贸易对一国的影响，没有分析贸易为什么会发生，也就是国际贸易的基础是什么。亚当•斯密（Adam Smith）的绝对优势贸易理论最早研究了国际贸易的基础。

1.2　绝对优势理论

1776 年，在美国建国的同时，英国古典经济学家亚当•斯密出版了他的不朽巨著《国民财富的性质和原因的研究》（即《国富论》）。在这部著作中，他提出了被后人称为绝对利益学说的国际分工和国际贸易理论。斯密提出：“如果一件东西在购买时所费的代价比在家内生产时所费的小，就永远不会想要在家内生产，这是每一个精明的家长都知道的格言。裁缝不想制作他自己的鞋子，而向鞋匠购买。鞋匠不想制作他自己的衣服，而雇裁缝制作。……在每一个私人家庭的行为中是精明的事情，在一个大国的行为中就很少是荒唐的了。如果外国能以比我们自己制造还便宜的商品供应我们，我们最好就用我们有优势的、使用自己的产业生产出来的物品的一部分向他们购买。”①

【专栏】

自 2018 年 3 月以来，美国以中美货物贸易赤字为由，对来自中国的多种商品征收惩罚性关税，同时限制中国企业在美国的并购行为，这种贸易保护主义可被称为“新重商主义”。

美国新重商主义的兴起

新重商主义源自重商主义，同时又具有新的特征，主要表现在 4 个方面：①违背市场经济基本原则，即自由贸易或自由交易原则，人为干扰国际贸易发展，不利于国际贸易新秩序的建立；②违背新时代全球化发展的历史潮流，采取逆自由贸易原则，利用关税壁垒等手段限制国际贸易发展；③继承重商主义零和博弈的思想，利用自身包括科技优势在内的国际贸易优势，谋求以牺牲在科技方面相对弱势国的利益，达到保护本国相关产业、获取本国贸易优势的目的；④不能正确认识贸易逆差产生的原因，过度夸大贸易逆差的缺点，不能辩证地看待贸易逆差问题。

---

① 亚当•斯密：《国民财富的性质和原因的研究（下卷）》，郭大力、王亚南译，商务印书馆，1974，第 28 页。

重商主义的理论早已受到斯密的批评，从理论上看是不符合市场经济发展基本原则的，从实践经验看，也被证明不利于经济社会长期发展。新重商主义滋生于重商主义，在新时代同样不能适应新的经济情况、新的社会情况。美国新重商主义的兴起，源于“单极思维”，不符合世界多极化发展的必然趋势。美国之所以有今天的发展成就，与长期以来推行自由贸易原则密不可分，美国从中获得巨大财富，也由此获得了快速的发展。

长期以来，美国也是自由贸易原则的推崇者、引领者。但是，自 2018 年 3 月以来，美国却谋求通过设置贸易壁垒减小其贸易赤字，这种做法背离了自由贸易法则，也有悖于美国自己推崇的经济发展理念。

美国新重商主义引发中美贸易战

美国挑起贸易战的实质是美国新重商主义的兴起，是对市场经济交易本质的“侵蚀”。

这次中美贸易战或贸易摩擦由美国挑起。2018 年 3 月 23 日，美国宣布对中国多种商品征收多达 600 亿美元的惩罚性关税。就在美国宣布上述措施的当天，中国商务部发布了针对美国进口钢铁和铝产品 232 措施的中止减让产品清单，并征求公众意见。美国 232 措施表面上是为了维护美国的“国家安全”，但实际上是借该名义推行新重商主义，其真实表现在于，美国选择性地排除部分国家和地区，而对包括中国在内的部分世贸组织成员实施了征税措施，这是典型的国际贸易歧视。

3 月 29 日，中国向世界贸易组织通报中止减让清单，决定对自美国进口的部分产品加征关税，以平衡美国 232 措施对中国造成的利益损失。中国此举合理合法，完全是在相关法律框架内应对美国贸易保护措施。

中国国务院关税税则委员会决定自 2018 年 4 月 2 日起对自美进口的 128 项产品加征 15% 或 25% 的关税。美国时间 4 月 3 日，美国贸易代表公布对华 301 调查征税建议，并公开征求意见，征税产品建议清单将涉及中国约 500 亿美元出口，建议税率为 25%。4 月 4 日，中国宣布将对原产于美国的大豆等农产品、汽车、化工品、飞机等进口商品对等采取加征关税措施，税率为 25%，涉及 2017 年中国自美国进口金额约 500 亿美元。中国此举很明确，美国对中国大量出口大豆等农产品，加征关税无疑使美国的农产品出口到中国会减少。此举针对性很强。4 月 16 日，美国商务部发布公告称，美国政府禁止中兴通讯向美国企业购买敏感产品。4 月 17 日，中国发布公告，决定对原产于美国的进口高粱实施临时反倾销措施。

此轮贸易战或贸易摩擦，美国主要是针对中国的《中国制造 2025》。《中国制造 2025》主要涉及一些高端制造业，其中包括新一代信息技术产业、高档数控机床和机器人、航空航天装备、海洋工程装备及高技术船舶、新材料以及生物医药及高性能医疗器械等。

中国发展高端制造业是必然方向，也是必然趋势。没有一个国家会停留在传统制造业而停滞不前。德国、日本等发达国家在经历一段时期的经济发展之后，都大规模发展高端制造业。日本在 20 世纪 70 年代末就已把世界上 90% 以上的最先进技术都模仿成功，80 年代开始进行自主创新，大规模发展高端制造业。尽管 20 世纪 80 年代美国也是以贸易赤字为由，通过《广场协议》打压日本经济，打压日本高端制造业，但日本高端制造业依然发展强劲。美国自身在 20 世纪初赶超英国后，也全面发展高端制造业。

中国经济经过 30 多年的高速发展，实施新的发展战略、转变过去那种依靠生产要素高投入的模式是必然的，未来的方向是推动高质量发展，而高质量的发展主要依靠高端制造业的发展。中国不会也不可能因为中美贸易战而停留在或重新回到发展传统制造业的阶段。中美贸易战的一个结果是促使中国进一步加速自主创新，加速高端制造业的发展，逐步摆脱对外国核心技术的依赖。中国政府于 2018 年 4 月 25 日决定再推出 7 项减税措施，其中一个重要内容为促进自主创新、促进高科技产业发展。比如，将高新技术企业和科技型中小企业亏损结转年限由 5 年延长至 10 年。

贸易战或导致美国严重经济衰退

美国推行新重商主义，挑起贸易争端或贸易战，或引发全球性经济衰退。

从理论上看，国际贸易是发挥绝对优势、比较优势、克鲁格曼式产业内优势的重要经济发展机制。从交易或市场角度看，市场经济发展的历史就是一部国际贸易发展的历史。扩大国际贸易可以加速一国经济发展，提高一国经济发展质量，提升一国社会福利。贸易战的必然结果是限制商品、服务的国际交易，从而会限制一国生产，进而导致一国生产过剩，引发严重经济衰退。

从历史经验看，导致美国 1929 年至 1933 年经济大危机的原因有多个，比如加息，但其中一个重要原因是美国采取贸易保护性措施，引发贸易战，从而导致生产严重过剩。1929 年夏天，经济出现萧条趋势，为了摆脱困境，拯救处于极度困难中的农民，1930 年美国实施了贸易保护主义法案《斯姆特 - 霍利关税法案》(*Smoot-Hawley Tariff Act*)。美国对进口商品提高关税之后，其贸易伙伴国也采取了报复性关税措施。其结果是，从 1929 年到 1933 年由于贸易保护主义的实施，美国进口额降低了 66%，但出口额也降低了 61%，而全球贸易规模缩减 2/3。由于实施《斯姆特 - 霍利关税法案》，美国经济开始急剧恶化，与经济景气阶段相比，GDP(gross domestic product，国内生产总值)跌幅一度达 30%，失业率达到 20% 以上。

此次中美贸易战会在相当大的程度上减少美国对中国的大豆等商品出口，美国限制向中国企业提供高科技产品，也会制约美国高科技企业的发展和业绩的提高。美国时隔 88 年再推贸易保护措施，或许会重蹈 1929 年至 1933 年经济大危机的覆辙。

1.2.1　绝对优势理论的内容

斯密认为，分工不同造成的国家之间劳动生产率的绝对差异是国际贸易的基础。分工作为贸易的基础是内生决定的，与一国经济中不同商品之间交易形成的原因一致。具体而言，一国在某一商品上处于绝对优势指其生产 1 单位商品需要投入的劳动的绝对水平低于贸易伙伴国，或者说其生产该商品的劳动生产率高于贸易伙伴生产同一商品的劳动生产率。相反，如果一国生产 1 单位商品需要投入的劳动的绝对水平高于贸易伙伴国，则意味着该国在这种商品的生产上具有绝对劣势。斯密认为，各国应当专业化生产并出口本国具有绝对优势的商品，同时进口那些贸易伙伴具有绝对优势的商品，即进口本国处于绝对劣势的商品，这样交易双方均可受益，资源得以充分和最优利用，世界各国可以享受的商品数量增加，从而总体福利水平得以提高。这就是斯密绝对优势贸易理论的主要内容。

1.2.2 绝对优势贸易模型

1. 基本假设

(1)A 和 B 两个国家有 X 和 Y 两种可贸易产品。

(2)两种产品的生产都只有一种要素投入——劳动。

(3)两国在不同产品上的生产技术不同,存在着劳动生产率上的绝对差异。

(4)给定生产要素(劳动)供给。要素可以在国内不同部门流动但不能在国家之间流动。

(5)规模报酬不变。

(6)完全竞争市场。各国生产的产品价格都等于产品的平均生产成本,无经济利润。

(7)无运输成本。

(8)两国之间的贸易是平衡的。

2. 生产和贸易模式的数字说明

A 和 B 两国均生产布和酒两种商品,在国内按照商品生产所需的劳动时间进行交换。在 A 国,生产 1 单位的布需要耗费 1 单位的劳动,生产 1 单位的酒需要耗费 4 单位的劳动,因而，1 单位布可以兑换 1/4 单位酒;在 B 国,生产 1 单位的布需要耗费 2 单位的劳动,生产 1 单位的酒需要耗费 3 单位的劳动，1 单位布可以换 2/3 单位酒。如表 1-1 所示,国际分工发生之前,两国国内布和酒两种商品的交换价格比分别为 4 ∶ 1 和 3 ∶ 2。

表 1-1 A 和 B 两国生产 1 单位布和酒投入的劳动量和国内交换价格(分工前)

国家	布(C)	酒(W)	国内交换价格比
A	1	4	4 ∶ 1
B	2	3	3 ∶ 2

与 B 国相比，A 国生产 1 单位布需要投入较少的劳动时间;生产 1 单位酒则需要投入较多的劳动时间。所以，A 国在布的生产上具有绝对优势,而 B 国在酒的生产上具有绝对优势。A 国可以专业化生产并出口布，B 国可以专业化生产并出口酒。两国均专业化生产自己具有绝对优势的商品,然后彼此交换。

开放贸易后,两国各自专业化生产自己具有绝对优势的商品,并假定以 1 单位布换 1/2 单位酒的国际交换价格比进行商品交换。在此交换价格下，A 国用 2 单位布换取 1 单位的酒，B 国用 1/2 单位酒从 A 国进口 1 单位的布,这样 A 和 B 两国保持原有福利不变的情况下,比分工前可以各自多得 2 单位的布和 1/6 单位的酒 ,如表 1-2 所示。

表 1-2　A 和 B 两国保持原有福利不变的情况下贸易利得

国家	布（C）		酒（W）		按照 2 ∶ 1 的国际交换价格比交换 保持原有福利不变的情况下贸易获益
	分工前	分工后	分工前	分工后	
A	1	5	1	0	2 单位布（C）
B	1	0	1	5/3	1/6 单位酒（W）

显然，两国通过专业化生产自己具有绝对优势的商品，并进口自己具有绝对劣势的商品，都获益了。所以，斯密认为贸易的结果是正和博弈，对双方都有利，并不是一方获益的同时另一方遭受损失。正因为无论是出口方还是进口方都能从贸易中获得好处，所以斯密认为自由贸易是自由市场经济的一部分，不应加以任何限制。

根据斯密的贸易思想，国际分工和贸易的原因或基础是各国间劳动生产率或生产成本的绝对差别。至于导致两国劳动生产率差异的原因，斯密认为是国内分工。两国国内不同的分工体系决定了各自的绝对优势商品，形成了两国贸易的基础。斯密进一步指出，国内的分工体系完全是"自然"形成的，哪个国家最擅长生产什么商品、在哪个产业最具有优势不仅与历史条件直接相关，还与各国的地理环境、土壤、气候等自然条件有关。换言之，一国的绝对优势是由该国地理、历史、经济等条件内生决定的。

1.2.3　对绝对优势理论的评价

绝对优势理论揭示了在自由市场经济条件下，国际贸易产生的原因在于两国劳动生产率的绝对差异，按照绝对利益学说的原则进行国际分工，贸易的参与者与整个世界均会因此而获得利益。国际贸易可以是一个"双赢"的局面而不是一个"零和博弈"。可以说，斯密把国际贸易理论纳入了市场经济的理论体系，开创了对国际贸易的经济分析。但是，绝对优势贸易理论的局限性很大，因为在现实社会中，有些国家比较先进发达，有可能在各种产品的生产上都具有绝对优势，而另一些国家可能不具有任何生产技术上的绝对优势，但是贸易仍然在这两种国家之间发生，这就需要用李嘉图的比较优势理论来解释了。

【专栏】

亚当·斯密（图 1-1）于 1723 年诞生在苏格兰法夫郡（County Fife）的克考第（Kirkcaldy）。斯密自小博览群书，在 14 岁时就进入了格拉斯哥大学（Glasgow University）学习。他选定了人文科学的方向，在逻辑、道德哲学、数学和天文学方面都成绩斐然。1740 年，他又进入牛津大学深造，闭门苦读了 6 年。由于某些政治事件的原因，斯密不得不于 1746 年回到克考第。之后，他经常到爱丁堡作讲演，内容涵盖法学、政治学、社会学和经济学。这时，斯密开始对政治经济学表现出了浓厚的兴趣。

图 1-1　亚当·斯密(1723 年 6 月 5 日—1790 年 7 月 17 日)

到了 18 世纪 50 年代,斯密就提出了经济自由主义的基本思想。从 1751 年开始,斯密在格拉斯哥大学连续任教 12 年,先后讲授逻辑学和道德哲学(即社会科学),颇受学生欢迎。在这段被他称为"一生中最幸福的时期"中,斯密参加了政治经济学俱乐部活动(被称为"俱乐部人"),而且他每年总要到爱丁堡待上 2~3 个月,宣扬他的经济自由思想。他曾在讲演中说道:"应该让人的天性本身自然发展,并在其追求自己的目的和实施其本身计划的过程中给予他充分自由……"

1759 年,斯密发表了他的第一部科学巨著——《道德情操论》,这部著作标志着他哲学和经济思想的形成。反封建的平等思想在他的学说中占据显著地位,他否定了宗教道德和"天赋道德情操论",而代之以另一抽象原则——"同情心"。在创作《道德情操论》的过程中,内在的兴趣和时代的需要(发展格拉斯哥工商业)使斯密潜心研究政治经济学。在 1762—1763 年的讲稿里,他提出了一系列出色的唯物主义思想,讲稿的经济学部分已出现了在《国富论》中得到发展的思想的萌芽。

1765—1766 年在法国巴黎期间,斯密批判性地借鉴重农主义学派思想,沿着英国传统的道路,在劳动价值论的基础上创立了自己的经济理论。同法国唯物主义伦理学的重要代表爱尔维修结识后,斯密又将其关于新伦理的思想用于政治经济学,创造了关于人的本性和人与社会相互关系的概念,其成了古典学派观点的基础。斯密通过"经济人"这一概念,提出了一个具有重大理论意义和实际意义的问题——关于人的经济活动的动因和动力问题。而"看不见的手"这一提法指出了客观经济规律的自发作用。斯密又把利己主义和经济发展自发规律相结合,提出了"自然秩序"这一概念,这是他放任主义政策的原则和目的。当他最后写《国富论》之时,竞争和自由是他的经济学的基石,成为一条主线贯穿整部《国富论》。

1767 年春,斯密回到克考第开始写作。1776 年 3 月,《国富论》在伦敦出版,之后被翻译成多种语言。他在此著作中坚定地提出经济自由主义,并重新定义了价值、劳动分工、生产过程、自由贸易、制度发展、天赋人权、政府的作用和资本的作用。书中所提出的尖锐的社会、政治问题很快引起了广大读者的注意。斯密将其渊博的学识、深刻的洞察力和别具一格的幽默灌注于这部著作之中。《国富论》无疑是政治经济学史上最引人入胜的著作之一。当时一位有名的学者指出，这不仅是一篇经济专题论文，而且是“一本描述时代的非常有趣的书”。

斯密成名后曾在海关工作，但大部分时间还是致力于修改他的这部著作，使其更加精练。1790 年 7 月，斯密于爱丁堡逝世。

资料来源：伊特韦尔等编，《新帕尔格雷夫经济学大辞典（第四卷）》，经济科学出版社，1996，第384-404页。

1.3 比较优势理论

1.3.1 比较优势理论的基本内容

在斯密的理论中，鞋匠有制鞋的绝对优势，裁缝有做衣服的绝对优势，两者的分工比较明确。但假如两个人都能制鞋和做衣服，而其中一个在两种职业上都比另一个人强，那么应该怎样分工呢？或者说，怎样的分工（资源配置）是最有效的呢？根据李嘉图的理论，这要看两人在两种职业上的劳动生产率相差多少。如果一个人比另一个人在制鞋上强三分之一，而在做衣服上只强五分之一，那么这个人应该去制鞋而另一个人应该去做衣服。这样的分工对双方都有利，也是资源的最佳配置。李嘉图用“比较成本”的概念来分析国际贸易的基础，建立了“比较优势理论”（comparative advantage theory）。比较优势理论认为，国际贸易的基础并不限于劳动生产率上的绝对差别，只要各国之间存在着劳动生产率上的相对差别，就会出现生产成本和产品价格的相对差别，从而使各国在不同的产品上具有比较优势，使国际分工和国际贸易成为可能。根据李嘉图的比较优势理论，每个国家都应集中生产并出口其具有“比较优势”的产品，进口其具有“比较劣势”的产品。

1.3.2 比较优势贸易模型

1. 基本假设

（1）两个国家、两种产品、一种要素（$2\times2\times1$ 的模型）。即现实世界由 A、B 两个国家构成，每个国家都在从事两种产品的生产，只有唯一的要素即劳动要素的投入。

（2）要素市场和产品市场是完全竞争型的，A、B 两国均实行自由贸易政策，不存在任何贸易限制。

（3）要素（这里主要是劳动）在一国内可以自由流动，在两国之间完全不能流动。

（4）以劳动价值论为基础，即劳动时间决定价值，同时一国之内劳动是同质的，劳动充分就业，且劳动的报酬是一样的。

（5）交易双方单位产品的劳动成本不变，无规模收益，不考虑运输、保险等成本支出。

（6）收入分配不受贸易的影响。

2. 李嘉图比较优势理论的简单数字说明

假设世界由A、B两个国家组成，每个国家都在分别生产酒和布两种产品，在国际分工发生以前，其要素（劳动）分配、产品产量的情况如表1-3所示。

表1-3　A、B两国各自生产1单位的酒和布所耗费的劳动量及国内相对价格比

国家	酒（W）	布（C）	酒和布国内相对价格比
A	80	90	9 ∶ 8
B	120	100	5 ∶ 6

如表1-3所示，A国生产酒和布的劳动生产率都高于B国，在两种商品的生产上都具有绝对优势，但优势的程度不同。比较优势理论认为各国应该专门生产并出口其拥有"比较优势"的产品，进口其具有"比较劣势"的产品。怎样才能知道一国是否有生产某种商品的比较优势呢？具体可以通过计算相对劳动生产率、相对生产成本或者机会成本来确定一国的比较优势产品和比较劣势产品。

（1）商品的相对劳动生产率指的是两种商品的劳动生产率之比。如果一个国家某一产品的相对劳动生产率高于其他国家同一产品的相对劳动生产率，则该国在这一产品上拥有比较优势，其他国家在这一产品上处于比较劣势。根据表1-3中的生产条件，可计算出两国布和酒的相对劳动生产率。如表1-4所示，A国布的相对劳动生产率是8/9，低于B国布的相对劳动生产率，所以在布的生产上B国具有比较优势，A国处于比较劣势。A国酒的相对劳动生产率是9/8，高于B国酒的相对劳动生产率5/6，所以在酒的生产上A国具有比较优势，B国处于比较劣势。

表1-4　A、B两国酒和布的相对劳动生产率

国家	酒的劳动生产率	布的劳动生产率	酒的相对劳动生产率	布的相对劳动生产率
A	1/80	1/90	9/8	8/9
B	1/120	1/100	5/6	6/5

（2）相对生产成本指的是两种商品单位产量的要素投入之比。如果一国生产某种产品的相对生产成本低于别国同一产品的相对生产成本，则该国在该产品的生产上就具有比较优势。如表1-5所示，A国酒的相对生产成本低于B国酒的相对生产成本，表明A国在酒的生产上具有比较优势；B国布的相对生产成本低于A国布的相对生产成本，表明B国在布的生产上具有比较优势。

表1-5　A、B两国酒和布的相对生产成本

国家	酒的相对生产成本	布的相对生产成本
A	8/9	9/8
B	6/5	5/6

（3）机会成本指的是为了多生产某种产品而必须放弃的其他产品的数量。如果一国生产某种产品的机会成本低于他国生产同一产品的机会成本，则该国在这一产品的生产上具有比较优势。表 1-6 是根据表 1-3 的生产条件计算出来的各国不同产品的机会成本。B 国生产布的机会成本低于 A 国生产布的机会成本，表明 B 国在布的生产上具有比较优势；A 国生产酒的机会成本低于 B 国生产酒的机会成本，表明 A 国在酒的生产上具有比较优势。

表 1-6　A、B 两国酒和布的机会成本

国家	酒	布
A	8/9	9/8
B	6/5	5/6

用三种方法衡量出的每一国家的比较优势产品都相同，也就是说，用任意方法都可以找出一国具有比较优势或比较劣势的产品。

根据表 1-4 到表 1-6 反映的两国比较优势产品，A 国应该专业化生产并出口酒，B 国应该专业化生产并出口布。按照上述生产条件，A 国专业化生产酒，B 国专业化生产布，然后两国开展贸易后，假定在国际市场上 B 国生产的布和 A 国生产的酒按照 1 ∶ 1 的价格比进行交换。B 国自己生产 1 单位酒需要 120 单位的劳动，现在用 1 单位布换回 1 单位酒，得到 1 单位酒实际上只用了 100 单位的劳动，所以 B 国进口酒比自己生产酒节约了 20 单位的劳动；A 国自己生产 1 单位布需要 90 单位的劳动，现在投入 80 单位的劳动生产 1 单位酒可以换回 1 单位布，比 A 国自己生产 1 单位布节约了 10 单位的劳动，如表 1-7 所示。可见，通过贸易，两国都节约了劳动。

表 1-7　A、B 两国进口单位产品节约的劳动

国家	商品	贸易前	贸易后	节约的劳动
A	酒	80	160	10
	布	90	0	
B	酒	120	0	20
	布	100	200	

上面讨论了两国从进口商品中获得的收益，现在换个角度，从贸易后生产和消费数量的变化讨论分工与贸易的总收益。假设两国都拥有 72 000 单位的劳动，两国生产条件如表 1-3 所示，酒和布的交换价格比依然假定为 1 ∶ 1。贸易前两国均自给自足，假定 A 国的均衡生产和消费组合是 540 单位的酒和 320 单位的布，B 国的均衡生产和消费组合是 300 单位的酒和 360 单位的布，两国的劳动均被充分利用。开放后，A 国专业化生产酒，72 000 单位的劳动可以生产 900 单位的酒。假定国内 540 单位酒的消费水平不变，剩余 360 单位的酒可以从 B 国换回 360 单位的布。贸易后 A 国可以比自给自足时多消费 40 单位的布，这正是 A 国参与贸易的总收益。如果 A 国自己生产 40 单位的布需要 3 600 单位的劳动，那

么其贸易总收益为 3 600 单位的劳动，如表 1-8 所示。

贸易后，B 国专业化生产布，可生产 720 单位布。假定国内布的消费水平依然是 360 单位，剩余 360 单位的布从 A 国换回 360 单位的酒，比自给自足时多消费 60 单位的酒。如果 B 国自己生产 60 单位的酒需要 7 200 单位的劳动，相当于获得 7 200 单位的收益，如表 1-8 所示。与节约劳动时间的分析一样，两国都能从贸易中获益。

表 1-8 贸易后 A、B 两国的生产、消费与总收益

国家	时间	生产	消费	总收益
A	贸易前 贸易后	540 单位酒 + 320 单位布 900 单位酒 + 0 单位布	540 单位酒 + 320 单位布 540 单位酒 + 360 单位布	3 600 单位
B	贸易前 贸易后	300 单位酒 + 360 单位布 0 单位酒 + 720 单位布	300 单位酒 + 360 单位布 360 单位酒 + 360 单位布	7 200 单位

从贸易中获益的程度与交换价格有关。假如酒与布的国际交换价格比为 1 ∶ 1.1，如表 1-9 所示，现在 A 国用 80 单位劳动生产 1 单位酒可以换回 1.1 单位的布，而 A 国自己生产 1.1 单位的布需要 99 单位的劳动，所以进口 1. 1 单位的布可以节约 19 单位的劳动，进口 1 单位的布则节约大约 17.3 单位的劳动。B 国进口 1 单位酒需要出口 1. 1 单位的布，花费 110 单位的劳动，相比自己生产 1 单位酒，可以节约 10 单位的劳动。与酒与布 1 ∶ 1 的交换价格比相比，A 国节约的劳动更多，而 B 国节约的劳动减少了。可见，交换价格越接近哪个国家自给自足时的价格水平，该国从贸易中的获利就越少。在两个极端的价格水平（即酒和布的交换价格比分别为 9 ∶ 8 和 5 ∶ 6）下，自给自足时的价格等于国际交换价格的国家不会得到任何收益，而另一国可以获得贸易的所有好处。

表 1-9 酒与布国际交换价格比为 1 ∶ 1.1 时进口单位商品节约的劳动

国家	商品	贸易前	贸易后	节约的劳动
A	酒	80	152.7	17.3
	布	90	0	
B	酒	120	0	10
	布	100	210	

【专栏】

拍广告还是剪草坪？

某篮球运动员拥有大量的球迷，他 2004 年的广告收入共计 1.1 亿美元，据保守估计，其实际身价已高达 3 亿美元。既然他打球很优秀、出手灵活，想必除草也不会逊色，那他要不要自己除草呢？

假设这位篮球运动员自己除草只需要 2 小时，但为此他不能去拍电视广告，而拍 2 小时广告他能赚 1 万美元，也就是说其除草的机会成本是 1 万美元；如果请一个钟点工来除草，他要花 4 小时，收入是 40 美元，当然在这 4 小时中，他也可以去麦当劳打工挣 20 美元，也就是说钟点工除草的机会成本是 20 美元。由此看出，这位篮球运动员在拍电视广告上有着明显的比较优势，而钟点工则在除草上有一定的比较优势。这位篮球运动员的时间的市场价值高，所以，他自己除草的机会成本很高，因此其不应该自己除草，而应该去拍广告，让钟点工去除草，这样双方都可以获得好处。

李嘉图模型是一个将劳动力作为唯一生产要素的静态模型。在李嘉图模型中，国家之间发生贸易的原因在于它们在所从事的生产活动中的劳动生产率存在差异。李嘉图模型揭示了国际贸易类型取决于比较优势而不是绝对优势。比较优势既可以出自绝对优势较大的生产领域，也可以出自绝对劣势较小的生产领域。在自由贸易条件下，一个国家会出口具有比较优势的商品，进口具有比较劣势的商品。基于比较优势的国际贸易能给参加贸易的每个国家都带来贸易收益。一个国家可以自己生产某种商品，也可以生产其他商品来交换这种商品，通过贸易来获得具有比较劣势的商品比自己生产这种商品更有效率，可以使全体国民获得更多的消费效用，这正是贸易收益的源泉。李嘉图模型表明，一个国家能否从国际贸易中获益和它的劳动生产率高低无关，和它的工资水平高低也无关。发展中国家因为劳动生产率低于发达国家而选择闭关自守，只会导致贸易收益的损失和国民福利的下降。同样，发达国家因为害怕发展中国家的低工资优势而实施贸易保护，结果也会导致贸易收益的损失和国民福利的下降。在李嘉图模型中，贸易开放会导致生产完全专业化于比较优势产业，而比较劣势产业会被淘汰。这个结论源于李嘉图模型的单一生产要素假定，不具有普遍性。可以确定的是，贸易开放会使比较优势产业得到扩张，同时使比较劣势产业得到缩减。

【专栏】

大卫·李嘉图（图 1-2）出生于英国伦敦一个富有的交易所经纪人家庭。他所受的学校教育不多，14 岁就开始跟随父亲在交易所做事。后来，他因婚姻和宗教问题与父亲脱离关系，自己经营交易所，干得非常成功，十年之后就拥有了 200 万英镑的财产。功成名就后，他利用空闲时间学习了自然科学。在 1799 年的一次乡村度假时，他偶然阅读了亚当·斯密的《国民财富的性质和原因的研究》，这是他第一次接触经济学，从此，对政治经济学产生兴趣并开始研究经济问题。当时英国突出的经济问题是“黄金价格”和《谷物法》，他热心地参与这两个问题的辩论。在经济理论研究方面，大卫·李嘉图算得上是一位大器晚成的奇才。他 27 岁时才第一次读到斯密的《国民财富的性质和原因的研究》，37 岁发表他的第一篇经济学论文。随后就一发而不可收，在他 14 年短暂的学术生涯中，为后人留下了大量的著作、文章、笔记、书信、演说。其中，1817 年出版的《政治经济学及赋税原理》最具盛名，该书包含了他丰富的经济思想，在经济史上有着很重要的地位，李嘉图是古典政治经济学的集大成者。李嘉图在《政治经济学及赋税原理》中辟出专章，集中讨论了国际贸易问题，提出了著名的比较优势贸易理论。1819 年，他成为一名议员，积极参与银行改革、税收提议等问题的讨论，并成为伦敦政治经济俱乐部的奠基人。

图 1-2 大卫·李嘉图(1772 年 4 月 18 日—1823 年 9 月 11 日)

日本明治维新:比较优势理论的实证

日本在明治维新之前,实施闭关锁国的政策。在明治维新后,其在政治、经济各方面进行了一系列改革,加大了对外开放的力度。日本从明治维新之前的完全封闭到之后的对外开放,正好给国际贸易理论的实证研究提供了一个很好的范本。因为比较优势理论在论证时,首先会分析两国在封闭状态下商品的相对价格,然后讨论贸易开放后的情况,但研究者很难找到各国在封闭状态下的价格水平。所以,虽然比较优势理论被广泛接受,但相关的实证研究却很少。日本在明治维新之前虽然与中国和荷兰有着零星的贸易往来,但仍可以看作近似完全封闭的国家。而且在开放初期,日本主要的贸易商品是农产品和简单的制成品,这些商品市场几乎处于完全竞争的状态,所以在封闭状态下形成的价格可以很好地反映日本的相对成本。日本在国际市场上是价格接受者,再加上西方国家的压力,日本政府没有对出口进行补贴,所有这些都较好地满足了比较优势理论成立的前提条件。伯恩霍芬和布朗(Bernhofen and Brown, 2004)用日本明治维新前后的数据对比较优势理论进行了实证论证。他们考察了 1868—1875 年日本的主要贸易品,包括农产品、原材料、纺织品和其他一些制成品,选取 1851 和 1853 年的价格水平作为日本经济处于封闭状态时的价格,选取 1868 和 1875 年的价格水平作为日本经济处于开放状态时的价格。如果比较优势理论成立,那么当某种商品的封闭价格低于开放价格时,日本就会净出口该商品;反之,日本就会净进口该商品。伯恩霍芬和布朗发现结果和比较优势理论的预测相吻合。以 1869 年为例,日本主要的出口产品如丝绸和蚕茧在贸易开放后其价格明显上升,而主要的进口品如糖、棉布、铁制品等与封闭状态下相比其价格大幅下降。

【进一步阅读】

本章讨论的李嘉图模型具有 2×2 ×1 的结构，也就是两个国家、两种商品和一种生产要素。Dornbusch、Fischer 和 Samuelson(1977)将李嘉图模型拓展到了许多种商品的情形。Krugman 和 Obstfeld(2003)在《国际经济学：理论与政策》一书中对多种商品的李嘉图模型做了介绍。李嘉图模型专注于劳动生产率在国家之间的差异，而要素生产率的差异可以发生在多种生产要素上。例如 Davis(1995)将要素生产率差异引入多种生产要素模型中来解释产业内贸易发生的原因。Eaton 和 Kortum(2002)构建了多个国家、多种商品的李嘉图模型，Alvarez 和 Lucas(2007)在此基础上建立了动态的李嘉图模型。以上这些文献可供大家阅读参考。

3. 比较优势理论的图形解释

假定有 A、B 两个国家和 X、Y 两种产品，A 国国内生产 X、Y 产品的劳动生产率分别为 a_X 和 a_Y(固定成本为 0)，此时，A 国的生产可能性边界线由下列的三个线性表达式共同决定(其中，前两个表达式分别为 X、Y 产品的生产函数方程式，而第三个表达式则为充分就业的约束条件恒等式)。

$$Q_X = a_X \cdot L_X \quad (0 \leqslant L_X \leqslant \bar{L}_A) \tag{1-1}$$

$$Q_Y = a_Y \cdot L_Y \quad (0 \leqslant L_Y \leqslant \bar{L}_A) \tag{1-2}$$

$$\bar{L}_A = L_X + L_Y \tag{1-3}$$

其中，a_X、L_X 和 Q_X(a_Y、L_Y 和 Q_Y)分别代表 A 国 X 产品(Y 产品)的劳动生产率(以边际成本来表示，劳动生产率与边际成本成反比)、劳动投入量和产量，$\bar{L}_A$ 代表 A 国的劳动总供给量。由这三个表达式导出 A 国的生产可能性边界线方程为：

$$\frac{1}{a_X}Q_X + \frac{1}{a_Y}Q_Y = \bar{L}_A \quad (0 \leqslant Q_X \leqslant a_X\bar{L}_A,\ 0 \leqslant Q_Y \leqslant a_Y\bar{L}_A) \tag{1-4}$$

因此，在只有两种产品并且其边际成本均固定不变的条件下，一国的生产可能性边界线是一条直线段。同样可以导出 B 国的生产可能性边界线方程为：

$$\frac{1}{b_X}Q_X + \frac{1}{b_Y}Q_Y = \bar{L}_B \quad (0 \leqslant Q_X \leqslant b_X\bar{L}_B,\ 0 \leqslant Q_Y \leqslant b_Y\bar{L}_B) \tag{1-5}$$

其中，b_X 和 Q_X(b_Y 和 Q_Y)分别代表 B 国 X 产品(Y 产品)的劳动生产率和产量，$\bar{L}_B$ 代表 B 国的劳动总供给量。

假定 $a_X>a_Y$，$b_X<b_Y$，即 A 国在 X 产品的生产上有比较优势，B 国在 Y 产品的生产上有比较优势，那么 A 国的生产可能性曲线就比较平缓，B 国的生产可能性曲线就比较陡峭，如图 1-3 所示。

贸易前 A、B 两国的生产—消费均衡点分别是其生产可能性边界(AA'、BB')与无差异曲线(即消费等效用曲线 U_1、U_2)的切点 E_A 点与 E_B 点，国内生产的两种产品的数量也就是国内消费的两种产品的数量。

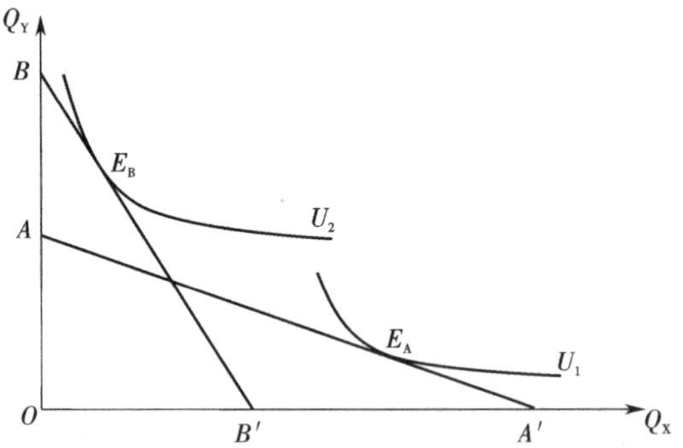

图 1-3　贸易前 A、B 两国的生产—消费均衡

A、B 两国 X 产品的相对价格分别为 P_A 和 P_B，在只考虑两种产品和一种生产要素（劳动）并且其边际成本固定不变的情况下，一国如 A 国 X 产品对于 Y 产品的相对价格 P_A 等于其生产可能性边界线斜率的绝对值 a_Y/a_X，也就是 AA' 斜率的绝对值。当 $P_A=a_Y/a_X\neq b_X/b_Y=P_B$ 时，两国就存在着进行国际分工和互惠贸易的基础。

现在 A、B 两国按照各自的比较优势实现完全分工，A 国专业生产 X 产品，B 国专业生产 Y 产品，然后按国际价格 P_w（$P_A<P_w<P_B$）进行交换，如图 1-4 所示。

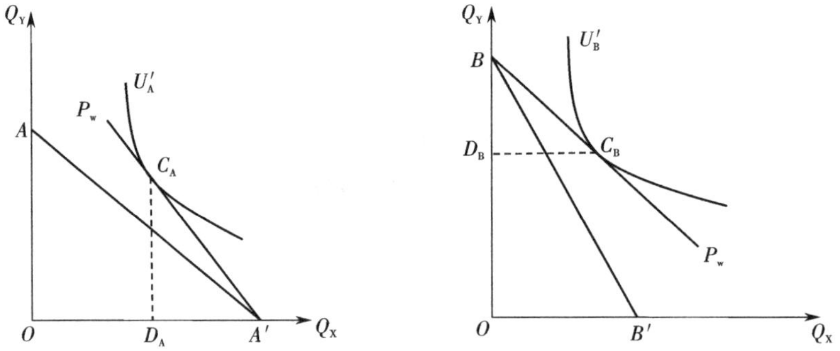

图 1-4　贸易后 A、B 两国的生产—消费均衡

在任意给定的贸易条件 P_w 下，A 国（B 国）的生产均衡点将沿其生产可能性边界线向图中 A' 点（B 点）的位置移动，而其消费可能性边界线也将分别以 A' 点（B 点）为中心“外旋”到图中 P_w 线的位置——两国各自消费可能性边界线斜率的绝对值将相同。

贸易后，A 国新的消费均衡点是由其新的消费可能性边界线 P_w 与另一条消费无差异曲线 U'_A 的切点 C_A 确定的；B 国新的消费均衡点也是由其新的消费可能性边界线 P_w 与另一条消费无差异曲线 U'_B 的切点 C_B 确定的。这时，由 A、B 两国各自新的生产均衡点与消费均衡点分别可以确定两个直角三角形 C_AD_AA' 和 BD_BC_B——它们分别被称为 A 国和 B 国的意愿贸易三角形。当 P_w 并非均衡的贸易条件时，这两个意愿贸易三角形就不全等，两国间贸易的不平衡必将引起贸易条件的调整，直至达到均衡贸易条件为止，即两国的意愿贸易三角形全等。此时，无论是 A 国还是 B 国，其消费均衡点都比贸易前上（右）移了，而这意味着在开展贸易之后，两国的社会福利都得到了提高。

4. 比较优势理论的检验

对比较优势理论的实证检验，当推迈克道格尔（G. D. A. MacDugall）1951 年做的研究。他利用美国和英国 1937 年的数据，考察了各行业的出口绩效与劳动生产率之间的关系。他的假设检验可以表述为：美国劳动生产率（根据工资差异加以调整后的）高于英国的行业，其出口也将高于英国这些行业的出口。根据迈克道格尔的估计，1937 年美国的平均工资水平是英国的 2 倍。因此，他认为如果美国某些行业的劳动生产率超过英国对应行业劳动生产率 2 倍以上，那么，美国就应该在这些行业上有比较优势。迈克道格尔用美、英两国各行业对世界其他国家的出口之比作为判断比较优势的标准，结果如表 1-10 所示。

表 1-10　迈克道格尔对比较优势理论的检验结果

行业或产品		美国劳动生产率与英国劳动生产率的比值	美国出口与英国出口的比值	行业或产品		美国劳动生产率与英国劳动生产率的比值	美国出口与英国出口的比值
满足假设检验的产品	收音机	3.5	8	满足假设检验的产品	棉制品	1.5	0.11
	生铁	3.6	5		人造丝	1.4	0.09
	汽车	3.1	4.3		啤酒	2	0.06
	玻璃容器	2.4	4		水泥	1.1	0.09
	罐头	5.2	3.5		男式毛制品	1.3	0.04
	机械	2.7	1.5		人造牛奶	1.2	0.03
	纸	2.2	1		毛衣	1.4	0.004
	卷烟	1.7	0.5	不满足假设检验的产品	电灯	5.4	0.94
	油毡	1.9	0.33		饼干	3.1	0.23
	纺织品	1.8	0.33		火柴	3.1	0.09
	皮鞋	1.4	0.33		橡胶轮胎	2.7	0.74
	可乐	1.9	0.2		肥皂	2.7	0.35
	化纤	1.5	0.2				

在所检验的 25 个行业或产品中，有 20 个行业或产品服从假设检验，即在收音机等 20 个行业或产品中，当美、英两国的劳动生产率比值大于 2 时，两国相应行业或产品的出口比值大于或等于 1；当两国的劳动生产率比值小于或等于 2 时，两国相应行业或产品的出口比值小于 1；其余 5 个行业或产品不服从假设检验。这说明，在迈克道格尔所检验的 25 个行业或产品中，有 20 个行业或产品符合比较优势理论的预期。

1.3.3　对比较优势理论的评价

比较优势理论揭示国际贸易因比较优势而发生并具有互利性，它证明了各国通过出口相对成本较低（而非绝对成本低）的产品，进口相对成本较高（而非绝对成本高）的产品就可以实现贸易互利，世界的总福利水平也会得到提高，这比绝对优势学说更符合实际情况。但是该理论的假设前提过于苛刻，并不符合国际贸易的实际情况，如市场是完全竞争的，要素在国际上完全不能流动，经济中不存在规模收益，这些都与当今世界经济的现实相去甚远。这使得传统的比较优势学说的适用程度受到了限制。按照该理论，贸易产生的原因是一国之内的比较优势差异，即不同国家间比较利益差异越大则贸易发生的可能性越大，但现实情况却是，今天的贸易主要发生在比较优势差距较小的发达国家之间。按照该理论，在自由贸易条件下，参加贸易的双方都可获利，为获得贸易的利益，所有贸易参加国都应该积极实行自由贸易而非保护主义贸易原则，否则就会违背经济理性的假设。但在实际中，各国却都在不同程度地实行保护主义贸易原则，所以国际贸易的事实与传统的李嘉图贸易理论的结论存在着较大的差距。在李嘉图模型中，国家之间的劳动生产率差异是给定的，因此该模型所描述的是静态比较优势，而不涉及比较优势的动态变化。李嘉图模型的单一生产要素假定使得该模型不能用来分析贸易开放的收入分配效应以及由此引出的政策问题。

【专栏】

比较优势陷阱

所谓“比较优势陷阱”是指不发达国家完全按照比较优势原则，生产并出口初级产品和劳动密集型产品，而在与以技术和资本密集型产品出口为主的发达国家的国际贸易中，虽然能获得利益，但贸易结构不合理，总在国际产业分工中处于不利地位。洪银兴于 1997 年提出“比较利益陷阱”的概念，认为“在劳动密集型产品和技术密集型产品的贸易中，以劳动密集型和自然资源密集型产品出口为主的国家总是处于不利地位”。对于高收入国家而言，其在资本、技术以及熟练劳动力等要素方面具有比较优势，持续密集地使用这些要素对于经济增长有明显的促进作用。然而，对于中、低收入国家而言，其在廉价劳动力上具备比较优势，持续密集地使用该要素生产低技术含量的劳动密集型产品只会使这些国家被锁定在产品链底端不能自拔，固化自身在国际分工中的不利地位，使静态的有效率会演变成动态的无效率，从而陷入“比较优势陷阱”之中。

英国废除《谷物法》的历程

拿破仑战争时期，英国谷物价格直线上升。据统计，1795—1799 年，小麦的价格是每夸脱(quarter，英制单位)65.67 先令(1 英镑 =20 先令)；1800—1809 年是每夸脱 84.71 先令；1810—1814 年高达每夸脱 102.45 先令。战争期间，在政府鼓励下，土地所有者大量开发贫瘠土地，投入大批资金进行粮食生产，并赚取了高额利润。但随着战争接近尾声，粮食价格开始回落，加之土地租金过高，大批农场主不仅无法收回在贫瘠土地上的投资，甚至连基本的农业利润也无法维持，而大地主又不愿意将地租降到农场主希望的水平。其结果是农场主“用战争时期的租金种谷物，以和平时期的价格卖谷物”。为此，农场主希望依靠两个渠道来维护他们的利益：①依靠保护性的《谷物法》规定，将国内谷物价格维持在较高的水平上；②提高谷物产量获得更多利润。英国人口在 1800—1820 年接近 300 万，而 1820—1850 年已是 500 万，人口的增加提升了对谷物的需求量。

在这种背景下，1813 年，英国下院的一个委员会提出了关于限制进口谷物的提议，该议案规定当国产谷物低于每夸脱 80 先令时，禁止进口国外谷物。政治经济学家托马斯·马尔萨斯认为，这是一个公平的价格，英国依赖谷物进口是危险的，低价谷物会减少劳工的工资，地主和农场主购买力的下降将导致制造业的衰退。在拿破仑战争即将结束之时，托利党利物浦政府颁布了 1815 年的《谷物法》。政府（及议会）这样做的目的，一方面是报答农场主，在战争期间，拿破仑试图通过封锁造成英国谷物匮乏，由此逼迫英国就范，而英国农场主积极扩大在谷物种植上的投资，有效遏制了拿破仑的"饥饿战略"；另一方面是防止英国谷物生产者被外国竞争者击垮。

《谷物法》的实质是贸易保护主义。该法案的出台直接引发了伦敦的严重骚乱和曼彻斯特的彼得卢大屠杀。1820 年，由托马斯·图克（Thomas Tooke）起草的请愿书提交下院，提出了自由贸易和终止保护性关税的要求。利物浦首相声称，虽然自己倾向于自由贸易，但此时很难废除贸易保护法规。1821 年，主张自由贸易政策的议员威廉·赫斯基森（William Huskisson）向下院提交了一份报告，提出英国应回到 1815 年前的自由贸易状态。1822 年《进口法》规定，当国内谷物价格达到每夸脱 80 先令时，可以允许谷物进口；但谷物价格低于每夸脱 70 先令时，则禁止谷物进口。该法案颁布后一直到 1828 年，英国的谷物价格从未达到每夸脱 80 先令。1828 年，赫斯基森（在 1823 年 2 月至 1827 年 9 月期间担任贸易大臣）在新首相威灵顿公爵的支持下修改了《谷物法》，确定了新的浮动关税，国内谷物不高于每夸脱 52 先令时，关税为 34 先令 8 便士；当谷物价格升至 73 先令时，关税下降至 1 先令。

1836 年，伦敦的激进派议员成立了"反《谷物法》同盟"，采取和平运动的方式来废除《谷物法》。1838 年 10 月，在约翰·鲍林（John Bowring）言论的影响下，曼彻斯特的工业家也成立了"反《谷物法》协会"（Anti-*Corn Law* Association），该协会将反《谷物法》运动与废奴运动相提并论，指出《谷物法》也是不道德的，必须进行改革。1839 年春，在理查德·科布登（Richard Cobden）的建议下，曼彻斯特"反《谷物法》协会"改名为全国性的"反《谷物法》同盟"（Anti-*Corn Law* League），反《谷物法》运动蓬勃发展起来。

1841 年托利党赢得大选后，英国出现了一种新的政治气氛。与此同时，宪章派也开始谋划新的请愿书。1841—1842 年的冬天，英国贸易形势很不景气，因而很多地区的自由贸易者极力拉拢宪章派，试图获取他们对"反《谷物法》同盟"的支持。宪章派对自由贸易理论是认同的，宪章派的大多数成员希望废除很多限制贸易的规定，反对向生活必需品（特别是食品）征税；但他们又相信，废除贸易保护规定可能并不利于城市工人，因为一旦食品价格降低，工人的工资就会下降。总之，宪章派对废除《谷物法》并不热心，没有将它纳入自己的目标之中。于是，出现了反《谷物法》运动与宪章运动争夺工人群众的局面，前者的运动主体是城市中产阶级，后者则是城市手工业工人。"选举权问题"或"废除《谷物法》"是这一时期英格兰各地集会的主题。

1843 年 9 月，在"反《谷物法》同盟"的帮助下，制帽商出身的经济学家詹姆士·威尔逊（James Wilson）出版发行了《经济学家》（*The Economist*），这份报纸成为鼓吹宣传反《谷物法》的喉舌。报纸筹办初期，报纸编辑所确定的主要报道内容包括商业、农业和自由贸易的议会报道、主张自由贸易的民众运动的报道。

为了与"反《谷物法》同盟"进行针锋相对的斗争，1844 年 2 月，里奇蒙公爵（Duke of

Richmond）成立了“中央农业保护协会”（Central Agricultural Protection Society），目标是维护《谷物法》。里奇蒙公爵是一位极端的保守主义者，曾因反对威灵顿公爵的天主教解放法，于1832年率领托利党的极端派加入格林的改革派政府。以里奇蒙公爵为代表的土地贵族认为，像科布登这样的工厂主，希望得到便宜的食物，这样他们就可以降低工资，提高自身的利润。而同盟成员则认为，便宜的食物将提高工资。

1845年后期，由于农业歉收和爱尔兰马铃薯灾荒的影响，英国的粮食严重匮乏，爱尔兰发生大饥荒，成百万人被饿死，更多的人流落他乡。当时，解救灾荒的唯一办法就是放开粮价，让外国粮食自由进入英国。与此同时，“反《谷物法》同盟”组织发起了一场行动，在很多地区，独立的自由持有农抗议活动甚至最为强烈，同盟实际上替代了郡的地方保守党协会的作用。

1846年5月15日夜晚，皮尔提出的废除《谷物法》议案以329 ∶ 231票的优势在下院通过，作为直接后果，1886年谷物价格降到每夸脱31先令。英国19世纪进口粮食的比重，在30年代只有2%，60年代是24%，80年代是45%（其中进口谷物高达65%）。如表1-11所示，英国谷物进口量在废除《谷物法》之后增速极快。

表1-11　1830—1909年英国进口小麦、大麦和燕麦的重量　　千夸脱/年

年份	小麦	大麦	燕麦
1830—1839	3 743	659	1 494
1840—1849	10 667	2 182	1 834
1850—1859	19 326	3 586	3 523
1860—1869	33 697	6 894	6 990
1870—1879	50 406	11 088	11 938
1880—1889	70 282	14 849	14 162
1890—1899	85 890	20 921	15 436
1900—1909	102 851	21 857	16 379

与此同时，英国钢铁的出口量则迅速上升。1800—1809年，钢铁的进口数为5.3万吨，出口数为27.2万吨；而到了1850—1859年，进口为4.4万吨，出口增加到122.5万吨。而且，受到种植谷物的面积和价格等因素的影响，英国的很多农业人口移民到城镇工作，谷物种植面积也不断下降。根据1881年的人口普查，农业人口比1871年减少了92 250人，同期城镇人口增加了53 496人。废除《谷物法》的举措在某种程度上加速了当时的城镇化进程。

1852年，英国议会发表一项原则声明，称自由贸易是英国的国策。维多利亚时代是自由贸易的全盛时代，这一时期的英国依靠“自由放任”达到了兴盛的顶峰，这在很大程度上归功于英国议会在1846年对《谷物法》的废除。

资料来源：刘成，《英国废除〈谷物法〉刍议》，《史学集刊》2013第1期。

1.4 比较优势理论的多个国家或多种产品贸易模型

在揭示比较优势原理时,我们只讨论两种产品、两个国家。在现实中,有许多国家参与贸易,各国之间也从事各种产品的生产和贸易。在这一节中,我们分别讨论多个国家或多种产品的贸易模型。

1.4.1 国际交换价格的决定

在前文的分析中,国际交换价格都是外生给定的。无论是绝对优势理论还是比较优势理论都不能解释国际交换价格是如何决定的。其实,与国内商品价格的决定机制一样,国际交换价格也由商品的供求关系决定。在两种商品的贸易中,为了得到两种商品的交换价格,需要同时考虑两种商品所对应的两个市场的供求关系,即基于一般均衡分析,讨论两种商品的相对供求。当某种商品的相对供给等于其相对需求时,世界市场实现均衡,国际相对价格就确定了。

以酒(W)和布(C)两种商品为例,首先推导酒的世界相对供给曲线(RS)。酒的相对供给取决于酒的相对价格(P_W/P_C),在完全竞争的市场上,商品的价格等于其生产成本,所以商品的国内相对价格等于其机会成本。如前所述,在不同的国际交换价格下,一国会提供不同的商品组合。如果酒的国际相对价格高于其国内相对价格,即生产酒的机会成本,该国将专业化生产酒,因为出口酒可以赢利;如果酒的国际相对价格低于生产酒的机会成本,该国将放弃酒的生产,专业化生产布,因为此时出口布可以赢利;如果酒的国际相对价格等于生产酒的机会成本,该国可能提供两种商品的任何组合。

根据前文的分析,A 国酒的机会成本 $\left(\dfrac{L_W}{L_C}\right)_A$ 为 8/9,小于 B 国酒的机会成本 $\left(\dfrac{L_W}{L_C}\right)_B$ =6/5。当酒的国际相对价格 $\dfrac{P_W}{P_C}$ 小于 A、B 两国酒的机会成本时,两国都会专业化生产布,那么世界酒的相对供给 $\dfrac{Q_W}{Q_C}$ 为零。对应供给曲线为图 1-5 中纵坐标上原点到 M 点(A 国酒的机会成本)的线段(OM)。

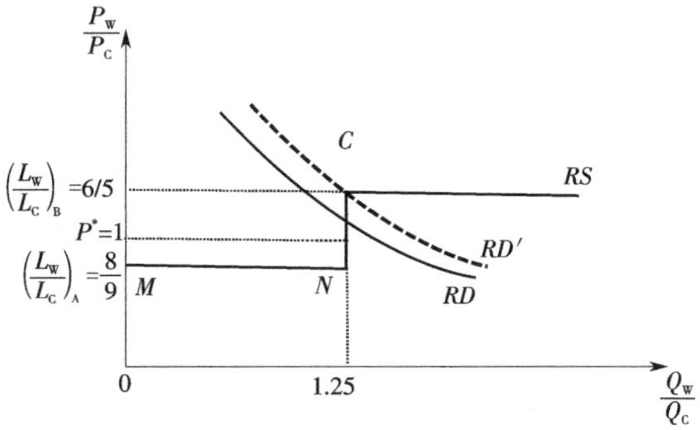

图 1-5　国际交换价格的决定

如果酒的国际相对价格等于 A 国酒的机会成本，A 国可能提供两种产品的任何组合，而 B 国依然专业化生产布。所以 A 国酒的供给在 0 到 900 之间，布的供给在 800 到 0 之间；B 国酒的供给为 0，布的供给为 720。当 A 国酒的供给等于 0 时，布的供给为 800，世界酒的相对供给为 0。当 A 国酒的供给为 900，布的供给为 0 时，世界酒的相对供给为 900/720 =1.25。当 A 国同时供给两种商品时，世界酒的相对供给必定大于 0 且小于 1.25。所以世界酒的相对供给在 0 到 1.25 之间，为图 1-5 中的线段 *MN*。如果酒的国际相对价格大于 A 国酒的机会成本但小于 B 国酒的机会成本，即介于 8/9 和 6/5 之间，A 国将专业化生产酒，B 国将专业化生产布，世界酒的相对供给为 1. 25，为图 1-5 中的线段 *NC*。如果酒的国际相对价格等于 B 国酒的机会成本，A 国将专业化生产酒，而 B 国可能提供两种商品的任何组合。当 B 国专业化生产布时，世界酒的相对供给为 1.25；当 B 国也专业化生产酒时，世界酒的相对供给为无穷；当 B 国同时生产两种商品，世界酒的相对供给为 1.25 与无穷之间的某一个值，为图 1-5 中以 *C* 为起点的平行于横轴的射线。

由此可以看出，世界相对供给曲线 *RS* 是一条折线。世界酒的相对需求曲线 *RD* 向下倾斜，与酒的世界相对价格负相关，二者的交点决定了均衡的国际相对价格。当国际相对价格小于 A 国的机会成本以及大于 B 国的机会成本时，国际贸易不会发生。所以国际相对价格介于两国机会成本之间是贸易发生的充分条件。

1.4.2 两种商品多个国家的贸易模型

我们仍然假设只有两种商品（酒和布），但许多国家（比如说有 *M* 个）都生产这两种商品，那么哪些国家应该出口酒，哪些国家应该出口布呢？

为了确定谁有比较优势，我们将各国生产酒的相对成本从小到大进行排列：

$$\left(\frac{a_{L_W}}{a_{L_C}}\right)_1<\left(\frac{a_{L_W}}{a_{L_C}}\right)_2<\cdots<\left(\frac{a_{L_W}}{a_{L_C}}\right)_M$$

其中 a_{L_W} 和 a_{L_C} 分别表示生产 1 单位酒和 1 单位布的劳动投入量。1，2，…，*M* 代表不同的国家。在这里，第 1 国生产酒的相对成本（相对劳动投入量）最低，第 *M* 国生产酒的相对成本最高。相反，第 1 国布的相对成本（酒相对成本的倒数）最高，而第 *M* 国布的相对成本最低。如果发生贸易的话，这两个国家的生产贸易模式比较容易确定，第 1 国出口酒进口布，第 *M* 国进口酒出口布。

处于第 1 国与第 *M* 国之间的国家出口什么进口什么取决于国际市场上酒的相对价格 $\frac{P_W}{P_C}$，而国际市场上两种商品的相对价格又取决于整个世界对这两种商品的供给与需求。

从理论上讲，各国的生产和贸易模式取决于本国的相对成本和国际市场上商品的相对价格。一旦国际市场上酒的相对价格确定之后，酒的相对生产成本低于酒的国际相对价格的国家就会生产和出口酒并进口布，反之则生产和出口布，进口酒。此外，各国的生产和贸易模式又会反过来影响国际市场上酒的相对价格。为了进一步说明这一情况，我们不妨借助于一个假想的例子。

假设世界上有 A、B、C、D 4 个国家，投入产出系数及相对生产成本如表 1-12 所示。

表 1-12　各国酒 / 布的单位产品劳动投入与相对成本

国家	单位产品劳动投入		酒相对成本
	酒（a_{L_W}）	布（a_{L_C}）	$\frac{a_{L_W}}{a_{L_C}}$
A	2	0.5	4.0
B	5	2	2.5
C	9	6	1.5
D	8	8	1.0

根据生产酒的相对成本排列，我们发现 A 国生产酒的相对成本最高，因此，根据比较优势原理，A 国应该生产并出口布来换取酒。我们也可看出，D 国生产酒的相对成本最低，所以 D 国应该生产和出口酒而进口布。这两个国家的生产和贸易模式比较容易确定。

其他两个国家的生产和贸易模式则取决于国际市场上酒的相对价格，而这一相对价格最终取决于 D 国的酒的生产能力，A 国的布的生产能力和四国对酒的相对需求。

如果 D 国的酒的生产能力很强，A 国的布的生产能力很弱，世界酒的相对供给就大，反之则小。在酒相对需求给定的情况下，相对供给越大，就越有可能在较低的酒的相对价格上达到均衡。这样需要生产酒的国家就越少（也有可能只要一个 D 国就够了）。但如果 A 国生产布的能力很强，而 D 国酒的生产能力很弱，国际酒的相对价格就越高。如果酒的相对价格超过 2.5，C 国和 B 国也都生产和出口酒，并从 A 国进口布。

如图 1-6 所示，假设市场均衡的酒的相对价格是 2，那么 D 国和 C 国就生产和出口酒，A 国和 B 国生产和出口布。当酒相对需求增加或酒的相对供给减少使得酒的相对价格超过 2.5 时，B 国也转为生产酒进口布。反之，如果世界酒的相对供给增加而相对需求下降使得酒的相对价格低于 1.5，那么 C 国和 B 国都会生产布而进口酒。

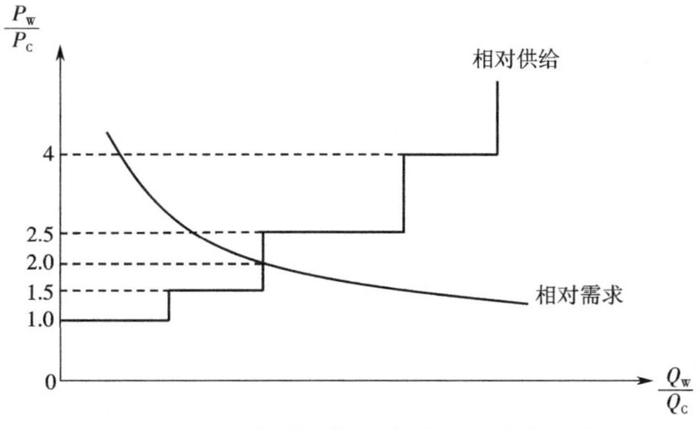

图 1-6　多个国家两种商品相对价格的确定

1.4.3 两个国家多种商品的贸易模型

现在假设有两个国家，分别是 A 国和 B 国，但有许多种商品，比如说有 n 种，分别用 1，2，…，n 来表示。A 国和 B 国都能生产，也需要消费这 n 种产品。那么，按照比较优势，A 国和 B 国各自应该生产并出口哪些商品，进口哪些商品？

假设劳动是唯一的投入，我们用 a_{L_j} 来表示 A 国生产第 j 种商品的单位成本（劳动投入），$a_{L_j}^*$ 为 B 国生产第 j 种商品的单位成本。为了确定这两个国家在生产哪些商品上具有比较优势，我们将 A 国生产这些商品的相对劳动生产率排序，假设 A 国的第 1 种商品相对劳动生产率最高（相对成本最低），在第 n 种商品的相对劳动生产率最低。B 国相反。

$$\frac{a_{L_1}}{a_{L_1}^*} < \frac{a_{L_2}}{a_{L_2}^*} < \cdots < \frac{a_{L_n}}{a_{L_n}^*}$$

也就是说，A 国具有生产第 1 种商品的比较优势，而 B 国具有生产第 n 种商品的比较优势。如果发生贸易，A 国一定会生产并出口第 1 种商品，进口第 n 种商品，B 国则正好相反，生产并出口第 n 种商品，从 A 国进口第 1 种商品。

下面的问题是，其余的商品应该由哪国来生产？这需要通过将各种商品的相对劳动生产率与两国的相对工资水平进行比较来决定。假设 A 国和 B 国的劳动工资率分别是 w 和 w^*。因此，A 国生产商品 j 的成本是 wa_{L_j}，B 国的成本是 $w^*a_{L_j}^*$，如果

$$wa_{L_j} < w^*a_{L_j}^* \text{或者} \frac{a_{L_j}}{a_{L_j}^*} < \frac{w^*}{w}$$

那么，A 国具有生产商品 j 的比较优势，该商品就应该在 A 国生产。若相反，则 B 国具有生产商品 j 的比较优势，该商品就应该在 B 国生产。下面通过一个具体的例子来说明这个问题。假设 A 国和 B 国都能生产 4 种产品——大米、小麦、棉布和钢铁。但是生产这些产品所需要的单位劳动投入不同，如表 1-13 所示。

表 1-13 A、B 两国 4 种商品的单位产品劳动投入与相对单位成本

产品	单位产品劳动投入		相对劳动生产率（$a_{L_j}^* / a_{L_j}$）
	A 国（a_{L_j}）	B 国（$a_{L_j}^*$）	
大米	10	10	1.0
小麦	10	5	0.5
棉布	20	4	0.2
钢铁	20	2	0.1

在表 1-13 中，如果 A 国和 B 国的工资率之比（w/w^*）是 0.15，那么，A 国具有生产大米、小麦和棉布的比较优势，B 国只具有生产钢铁的比较优势。在自由贸易的情况下，A 国出口大米、小麦和棉布，B 国出口钢铁。如果工资率之比是 0.2，A 国和 B 国都可以生产棉布。如果相对工资率是 0.6，那么，A 国就只能生产大米，B 国则可以生产钢铁、棉布和小麦。由此可见，如果各种商品的相对投入产出不变（即相对劳动生产率不变），A 国相对工资率

的提高(从 0.15 到 0.6)会使 A 国在越来越多的商品上失去比较优势,生产和出口的产品种类越来越少。反之,如果 B 国的工资增长速度高于 A 国,A 国的相对工资率下降,A 国就会在越来越多的产品上获得比较优势。从动态的角度来看李嘉图模型,一种商品的相对投入产出和面临的工资水平都在不断变化,如果一国相对工资率的提高超过商品相对劳动生产率的提高速度,该国就会在越来越多的商品上失去比较优势。当然,这里的工资指的是经过汇率和物价调整后的实际工资。

本章小结

(1)早期的重商主义者认为国际贸易是"零和博弈",一方得益必定会使另一方受损,出口者从贸易中获得财富,而进口者则减少财富。其政策主张是国家干预贸易以鼓励本国商品出口,限制外国商品进口。

(2)斯密的绝对优势理论认为国际贸易的原因和基础是各国劳动分工形成的劳动生产率和生产成本的绝对差别。各国应该集中生产并出口其具有绝对优势的产品,进口其不具有绝对优势的产品。贸易的双方都会从交易中获益。

(3)李嘉图的比较优势理论认为贸易的基础是生产技术的相对差别以及由此产生的相对成本的不同。每个国家都应集中生产并出口其具有比较优势的产品,进口其具有比较劣势的产品。比较优势理论在更普遍的基础上解释了贸易产生的基础和贸易所得。

(4)在两种商品多个国家的模型中,一国的比较优势由该国商品生产的相对成本与国际商品市场的相对价格决定。在两个国家多种商品的模型中,一种商品的比较优势由生产该商品的相对成本(或相对劳动生产率)与两国的相对工资决定。如果一国相对工资率的提高速度超过商品相对劳动生产率的提高速度,该国就会在越来越多的商品上失去比较优势。

思考与练习

(1)有人认为,我国在用千万件衬衣来换取一架美国的波音飞机,以此来证明我国在对美国的贸易中处于非常不利的地位。请对此说法进行评论。

(2)请运用比较优势理论来分析经济全球化背景下我国参与国际分工的问题。

(3)题表 1-1 数据表明了不同情况下 A、B 两国生产每单位 X 和 Y 商品需要的劳动投入量,在Ⅰ、Ⅱ两种情况下,指出 A、B 两国具有绝对优势或比较优势的商品。

题表 1-1

	情况Ⅰ		情况Ⅱ	
国家	A 国	B 国	A 国	B 国
X 商品	4	2	1	2
Y 商品	6	1	2	1

（4）题表 1-2 列出了加拿大和中国生产 1 单位计算机和 1 单位小麦所需的劳动时间。假定生产计算机和小麦都只用劳动，加拿大的总劳动为 600 小时，中国的总劳动为 800 小时。

题表 1-2

国家	计算机	小麦
中国	100 小时	4 小时
加拿大	60 小时	3 小时

①计算不发生贸易时各国生产计算机的机会成本。

②哪个国家具有生产计算机的比较优势？哪个国家具有生产小麦的比较优势？

③如果给定世界价格是 1 单位计算机交换 22 单位的小麦，加拿大参与贸易可以从每单位的进口中节省多少劳动时间？中国可以从每单位进口中节省多少劳动时间？如果给定世界价格是 1 单位计算机交换 24 单位的小麦，加拿大和中国分别可以从进口每单位的货物中节省多少劳动时间？

延伸阅读

[1] BERNHOFEN D M, BROWN J C. A direct test of the theory of comparative advantage: the case of Japan[J]. Journal of Political Economy, 2004, 112(1):48-67.

[2] DORNBUSCH R, FISCHER S, SAMUELSON P A. Comparative advantage, trade, and payments in a Ricardian Model with a continuum of goods[J]. American Economic Review, 1977,67(5):823-839.

[3] KRUGMAN P R, OBSTFELD M. International economics: theory and policy[M]. 6th ed. Boston: Addison Wesley, 2003.

[4] DAVIS D R. Intra-industry trade: a Heckscher-Onlin-Ricardo approach[J]. Journal of International Economics, 1995, 39(3-4): 201-226.

[5] EATON J, KORTUM S. Technology, geography, and trade[J]. Econometrica, 2002(70): 1741-1779.

[6] ALVAREZ F, LUCAS R E Jr. General equilibrium analysis of the Eaton-Kortum Model of international trade[J]. Journal of Monetary Economics,2007,54(6):1726-1768.

[7] ALVAREZ F. Capital accumulation and international trade[J]. Journal of Monetary Economics,2017(91):1-18.

第 2 章　新古典贸易理论

本章概要

本章用新古典经济学中的均衡分析法分析贸易双方如何从贸易中获利以及两国产生贸易的基础，并利用提供曲线分析贸易条件（terms of trade）的确定；重点分析赫克歇尔－俄林模型的基本原理、推论及其检验，全面介绍基于要素禀赋差异的国际贸易模型。无论是斯密的绝对优势理论还是李嘉图的比较优势理论，古典学派在解释国际贸易基础，揭示决定生产和贸易模式的因素，以及衡量国际贸易对本国经济的影响和贸易所得等方面都做出了极其重要的贡献。

学习目标

（1）掌握开放经济的一般均衡分析方法；

（2）了解提供曲线和贸易条件的决定；

（3）掌握赫克歇尔－俄林模型；

（4）了解里昂惕夫之谜及其解释。

无论是斯密的绝对优势理论还是李嘉图的比较优势理论，都是建立在"劳动价值论"的基础之上的，即认为劳动是创造价值和造成生产成本差异的唯一要素。因此，他们的分析均假设机会成本不变且只有一种要素（劳动）投入，而在有两种或两种以上要素投入的情况下，许多分析过程和结论不再有效。随着资本主义生产关系的出现以及工业革命的发生，资本越来越成为一种重要的生产要素，产品生产不再由单一要素决定，研究投入产出关系的有关经济学理论也随之发展。19 世纪末 20 世纪初，以瓦尔拉斯、马歇尔为代表的新古典经济学逐渐形成，在新古典经济学框架下对国际贸易进行分析的新古典贸易理论也随之产生。新古典贸易理论对古典贸易理论做出的重大突破在于将古典经济理论中的单一要素假定推广到两要素，将古典经济学的机会成本不变假定推广到机会成本递增的情形，并用一般均衡方法分析贸易的基础、模式以及影响。其中，基于要素禀赋差异的赫克歇尔－俄林模型是新古典贸易理论的核心。

2.1　新古典贸易理论标准贸易模型

新古典贸易理论中的标准贸易模型就是用现代经济学中的一般均衡法分析贸易双方如

何从贸易中获利的。

2.1.1 封闭经济条件下的一般均衡

新古典经济学一般假定消费者寻求满足（效用）最大化，企业寻求其生产行为的报酬最大化，并假定商品和生产要素市场完全竞争，要素可以在国内自由流动。在两种商品和两种要素（劳动和资本）的经济世界中，新古典经济模型假定生产可能性曲线（production possibility frontier, PPF）是一条凹向原点的曲线。如图 2-1 所示，该曲线表明机会成本递增，即在增加一种商品生产的过程中，所要放弃的另一种商品的数量递增。

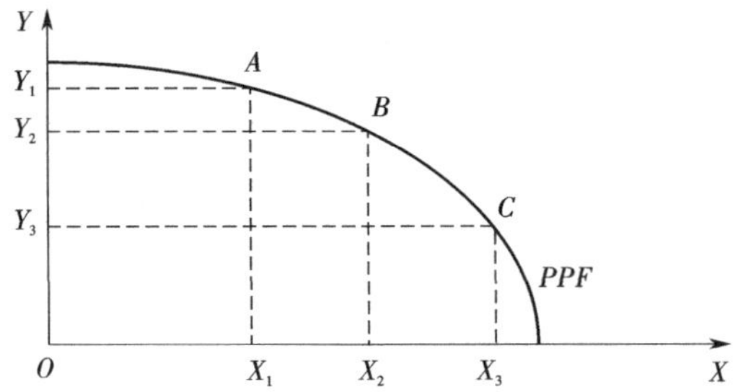

图 2-1 机会成本递增的生产可能性曲线

生产可能性曲线的斜率是两种商品的边际转化率（marginal rate of transformation, MRT），它反映了 X 商品的产量（X）的变化量引起的 Y 商品的产量（Y）的变化量。边际转化率是两种商品的边际成本（marginal cost, MC）之比，即 $MRT = MC_X/MC_Y$。在完全自由竞争的经济中，生产均衡的条件就是商品的价格之比等于两种商品的边际成本之比，即 $P_X/P_Y = MC_X/MC_Y$。

在图 2-2 中，在封闭经济条件下，在两种商品的相对价格线与生产可能性曲线的切点 E 上，生产可能性曲线的斜率（MRT）和两种商品的相对价格相等（$MRT = P_X/P_Y$），表明每一种商品在市场上的价格之比与生产该商品的边际成本之比相同（$MC_X/MC_Y = P_X/P_Y$），生产实现了均衡。

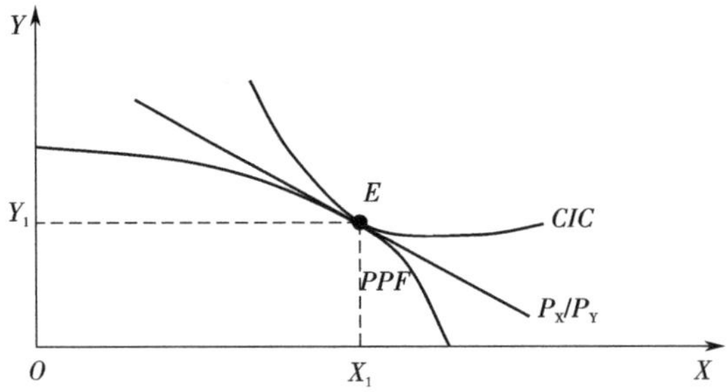

图 2-2 封闭经济条件下的一般均衡

图 2-2 中的社会无差异曲线（community indifference curves, CIC）表示一国消费者从不同的商品消费组合中所获得的效用，反映了消费者的满足程度。如果社会无差异曲线的位置偏向横轴，表示该国多数消费者偏好 X 商品，如果偏向纵轴，则表示该国消费者在总体上

比较喜欢 Y 商品,偏好的不同也是产生贸易的原因之一。在社会无差异曲线与相对价格线(预算线或等收入线)的切点 E 上,消费者的每一单位货币在两种商品上所获得的边际效用(marginal utility, MU)相同,即 MRS(marginal rate of substitution,两种商品的边际替代率)= $MU_X/MU_Y = P_X/P_Y$,此时实现了消费者均衡。

在自给自足的经济中,只有当两种商品的生产和消费完全相等时才能实现经济平衡,如图 2-2 中的 E 点,在此点:

$$MRT = \frac{MC_X}{MC_Y} = \frac{P_X}{P_Y} = \frac{MU_X}{MU_Y} = MRS$$

2.1.2　开放经济条件下的市场均衡及贸易利益

当一国经济从自给自足的状态转向开放经济后,生产和消费将发生调整。新古典模型的基本假定包括生产要素只能在国内流动,不能跨国流动;无运输成本和各种限制贸易的政策壁垒。我们首先分析开放经济条件下的生产、消费均衡以及贸易利益。

1. 开放经济条件下的生产和消费均衡

1)A 国生产和消费均衡

令开放经济下 X 商品的国际相对价格水平为(P_X/P_Y),高于 A 国国内自给自足时 X 商品的相对价格(P_X/P_Y)$_A$,如图 2-3 所示,A 国在封闭经济条件下的相对价格线(P_X/P_Y)$_A$ 与该国生产可能性曲线 PPF_A 相交于点 E。与国际市场相比, X 商品的国内相对价格较低,意味着生产 X 商品的机会成本低于 X 商品的国际相对价格,该国在 X 商品上有价格优势,扩大 X 的生产并出口将有利可图。于是,该国调整生产结构,扩大 X 商品的生产。生产要素从 Y 行业中退出,转向 X 行业,生产组合从点 E 沿着生产可能性曲线向下移动。在生产调整过程中,随着 X 商品的产量不断增加, Y 商品的产量不断减少,生产 X 的相对边际成本(机会成本)越来越高,逐渐与国际相对价格(P_X/P_Y)趋同,直至点 $N(X_2, Y_2)$,生产再次实现均衡。

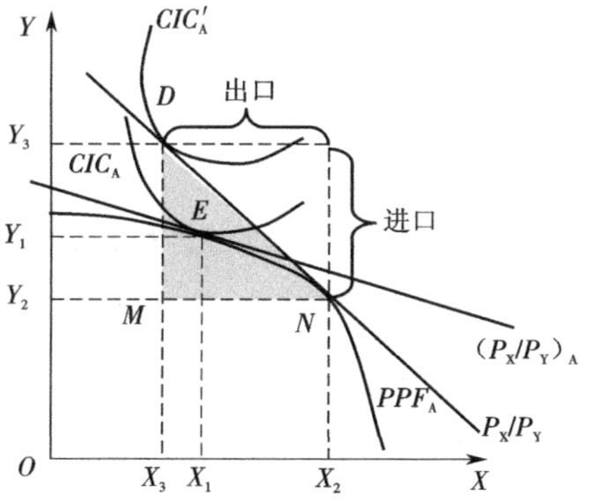

图 2-3　开放经济条件下 A 国生产和消费均衡

在自给自足的经济中,A 国消费的可能性受制于生产可能性曲线,生产可能性曲线同时也就是消费可能性曲线。开放经济后,国际价格线代表了新的消费可能性,它允许一国可以在一条更高的社会无差异曲线上消费。随着国内价格水平的变化，A 国的消费也随之调整。在国际相对价格水平（P_X/P_Y）下，A 国的消费组合取决于与该相对价格线相切的社会无差异曲线 CIC'_A，该国在切点 $D(X_3, Y_3)$实现了消费均衡。与封闭经济条件下一样，对外开放后，在新的相对价格水平下，生产与消费的调整也将一直持续到消费均衡时为止。在图 2-3 中，A 国 X、Y 两种商品的生产组合为（X_2, Y_2），消费组合为（X_3, Y_3），本国 X 商品供大于求的部分（线段 MN）出口，Y 商品供不应求的部分（线段 DM）进口，也就形成了贸易三角形 DMN。于是，在开放的市场上，该国通过进出口贸易实现了生产与消费的均衡。在图 2-3 中，A 国的消费点 D 不在生产可能性曲线上，而是在比社会无差异曲线 CIC_A 更高的 CIC'_A 上，这表明在开放经济中，通过参与国际贸易，A 国提高了国家的福利水平，这是在自给自足经济中所无法做到的。

2）B 国生产和消费均衡

如图 2-4 所示，B 国在封闭经济条件下的相对价格线（P_X/P_Y）$_B$ 与该国生产可能性曲线 PPF_B 相切于点 e。与国际市场相比，X 商品的国内相对价格较高，意味着生产 X 商品的机会成本高于 X 商品的国际相对价格，生产 Y 商品的机会成本低于 Y 商品的国际相对价格，该国在 Y 商品上有价格优势，扩大 Y 商品的生产并出口将有利可图。于是，该国调整生产结构，扩大 Y 商品的生产。生产要素从 X 行业中退出，转向 Y 行业，生产组合从点 e 沿着生产可能性曲线向上移动。在生产调整过程中，随着 Y 商品的产量不断增加，X 商品的产量不断减少，生产 Y 商品的相对边际成本（机会成本）越来越高，逐渐与国际相对价格（P_X/P_Y）趋同，直至点 $n(X'_2, Y'_2)$，生产再次实现均衡。

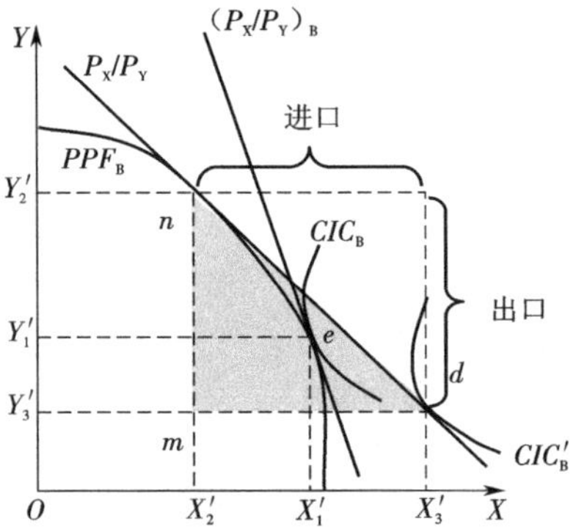

图 2-4　开放经济条件下 B 国的生产和消费均衡及福利

在自给自足的经济中，B 国消费的可能性受制于生产可能性曲线，生产可能性曲线同时也就是消费可能性曲线。开放经济后，国际相对价格线代表了新的消费可能性，随着国内价格水平的变化，B 国的消费也随之调整。在国际相对价格水平 P_X/P_Y 下，B 国的消费组合取决于与该相对价格线相切的更高的一条社会无差异曲线 CIC'_B，该国在切点 $d(X'_3, Y'_3)$实现了消费均衡。与封闭经济条件下一样，对外开放后，在新的相对价格水平下，生产与消费的调整也将一直持续到消费均衡时为止。在图 2-4 中，B 国 X、Y 两种商品的生产组合为（X'_2, Y'_2），消费组合为（X'_3, Y'_3），本国 Y 商品供大于求的部分（线段 mn）出口，X 商品供不应求的部分（线段 *md*）进口，也就形成了贸易三角形 *dmn*。于是，在开放的市场上，该国通过进出口贸易实现了生产与消费的均衡。在图 2-4 中，B 国的消费点 *d* 不在生产可能性曲线上，而是在比社会无差异曲线 CIC_B 更高的 CIC'_B 上，这表明在开放经济中，通过参与国际贸易，B 国也提高了国家的福利水平。

从开放的两国经济均衡中可以看到，两国按照国际价格进行商品生产和贸易。A 国的出口等于 B 国的进口，B 国的进口等于 A 国的出口，两国的贸易三角形完全是对应的。两国均从生产调整和贸易中获得收益，实现了两国互利。两国对外开放后，并没有像古典贸易理论认为的那样只专业化生产自己具有优势的商品，实行完全分工，而是同时生产两种商品，实行不完全分工。原因在于当一国扩大自己优势商品的生产时，该商品的生产成本不断提高，因而厂商不可能无休止地增加产量，除非国际市场价格比完全专业化生产的成本还要高。在古典模型中，商品的生产成本固定，所以只要国际市场价格高于国内的生产成本，就会出现专业化生产。

2. 开放经济条件下贸易的利益

开放经济条件下，国际相对价格线代表了新的消费可能性，它允许一国可以在一条更高的社会无差异曲线上消费。在图 2-3 和 2-4 中，*D* 和 *d* 两点都不在生产可能性曲线上，而是在比封闭经济条件下更高的社会无差异曲线上。这表明在开放经济中可以通过参与国际贸易获利，从概念上我们可以将一国从贸易中获得的收益划分为消费收益和生产收益。

我们以 A 国为例，图 2-5 所示是 A 国贸易前后的情况。在没有贸易的情况下，A 国的生产和消费都在 *E* 点上。在有限的生产资源限制下，*E* 点是最佳的选择，因为在 *E* 点上的消费组合使整个社会的福利水平达到最高。如果用社会无差异曲线来表示社会效用或福利水平的话，没有贸易时 A 国的社会福利水平是 CIC_{A1}。

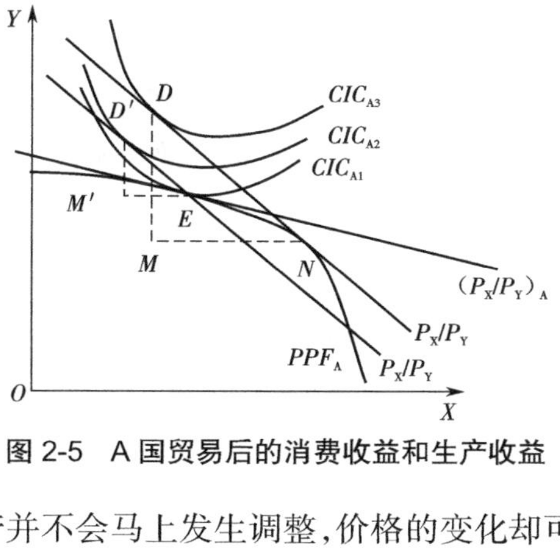

图 2-5　A 国贸易后的消费收益和生产收益

A 国对外开放后，生产并不会马上发生调整，价格的变化却可能立刻影响消费。这样，在一个较短的时间内，该国依然在 *E* 点生产，同时按照国际相对价格 P_X/P_Y 进行交换与消费。最优消费组合将在过 *E* 点的相对价格线上，即过 *E* 点的相对价格线与 A 国社会无差异曲线 CIC_{A2} 的切点 *D'*。这时，A 国国内生产与消费不平衡，X 商品供过于求而 Y 商品供不应求，该国通过出口一定数量（*M'E*）的 X 商品、进口一定数量（*D'M'*）的 Y 商品实现了经济平衡。社会无差异曲线由原来的 CIC_{A1} 上升到 CIC_{A2}，福利水平得到提升。由此可见，一国开放贸易后，即便不调整生产，也可以通过贸易获益，改善福利水平。因为从 E 点到 D' 点的福利改进是按照国际价格交换和消费带来的收益，故而为消费收益。

经过一段时间后，由于生产要素可以自由流动，在新的相对价格水平下，生产者有动力生产更多的 X 商品和更少的 Y 商品，生产从 E 点移到 N 点，消费从 D' 移到 D 点。由于生产变化，贸易带来的福利更高，我们把福利水平由 D' 上移到 D 点所获得的贸易收益，称为生产收益。

2.2 提供曲线和贸易条件

在国际贸易的理论与实践中，人们常常使用“贸易条件”这一术语，即单位出口所能够换回的进口。在国际贸易中，人们总是希望本国商品在国际市场上进行交换时，贸易条件能够得到改善，出口价格能够较为适宜。在国际经济学中，对这一问题的探讨是利用提供曲线来进行分析的。马歇尔（A. Marshall）在约翰·穆勒（John Mill）的基础上发展了相互需求理论，穆勒的相互需求原理仅限于探讨需求，而马歇尔则更进一步探讨需求和供给，把这两者结合起来，提出了提供曲线这一重要分析工具。本节首先介绍穆勒的相互需求理论。

2.2.1 穆勒的相互需求理论

在李嘉图的比较优势学说中，尽管分析了贸易的发生与互利性，但却没有说明贸易条件（单位出口能够换回的进口，即商品的国际交换比率，这一比率在实际中往往是用出口价格指数去比进口价格指数得到的）是如何确定的。因为单纯从比较优势学说的角度来看，该理论并没有给出从需求方面进行论述的过程，因此就找不到由供求曲线交点所决定的价格。

1. 简单的数字说明

我们用简单的两个国家、两种产品、单一要素的交易模型来说明。李嘉图的比较优势学说在价格方面给出的是一个价格区域而不是一个交换比率。表 2-1 所示为 A、B 两国单位劳动所生产的 X、Y 两种商品的数量。

表 2-1 A、B 两国单位劳动所生产的 X、Y 两种商品的数量

国家	X 商品	Y 商品
A 国	10	15
B 国	10	20

在表 2-1 中，我们用单位劳动可以生产的 X 商品和 Y 商品的数量，代替过去李嘉图模型中单位商品使用的劳动量。从表中可以看出，A 国的比较优势在于生产 X 商品，而 B 国的比较优势在于生产 Y 商品。因此，A 国在贸易中用 X 商品换取 Y 商品，B 国在贸易中用 Y 商品换取 X 商品。在 A 国，X、Y 商品的国内交换比率为 2 ： 3，B 国 X、Y 商品的国内交换比率为 1 ： 2，这意味着，若 A 国在国际市场上能够用 10 单位的 X 商品换取多于 15 单

位的 Y 商品,即国际交换比率优于国内交换比率,则 A 国便会进行国际贸易。反之,B 国若能以少于 20 单位的 Y,换取 10 单位的 X 产品,即国际交换比率优于国内交换比率,则 B 国也会进行国际贸易。因此,A、B 两国国内的交换比率,便是 A、B 两国进入国际市场进行交换的上下限,现实的国际商品交换只能在这一交换比率的上下限之间进行,超出上下限,必然会有一个国家退出现实交换,因此 2 ：3 和 1 ：2 是 A 国和 B 国的国内交换比率,也是两国进入国际市场的门槛,如图 2-6 所示。

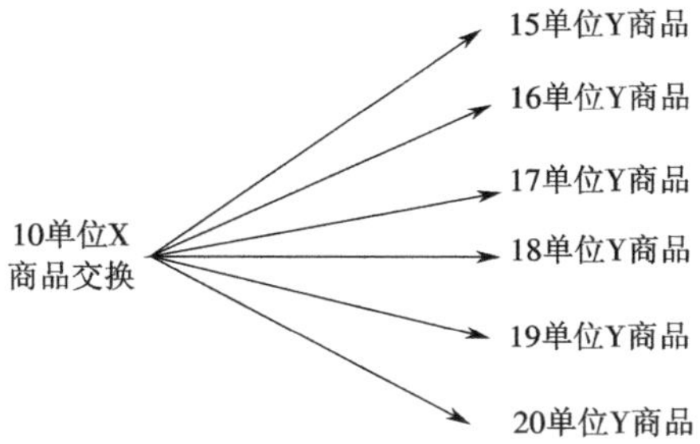

图 2-6　价格区域图解

从图 2-6 中可以明确看出,对于 A 国,它的交易利益应该是自上而下得到提高的,国际交换比率越接近 B 国国内交换比率, A 国获得的利益就越大;对于 B 国,它的交换利益应该是自下而上得到提高的,即国际交换比率越接近 A 国国内交换比率, B 国获得的利益就越大,反之则越小。

图 2-7 显示:国际市场交换比率将处于由两国国内交换比率界定的两国贸易区内,超出该区域必然有一个国家会退出交易,即如果交易处于 A 国国内交换比率的右方,则 A 国退出交易;如果交易处于 B 国国内交换比率的左方,则 B 国退出交易,交易只会处于两条国内交换比率线之间的区域,然而具体的交换比率究竟应在哪条射线上,即国际市场交换比率线的斜率仅从供给方面是无法说明的。

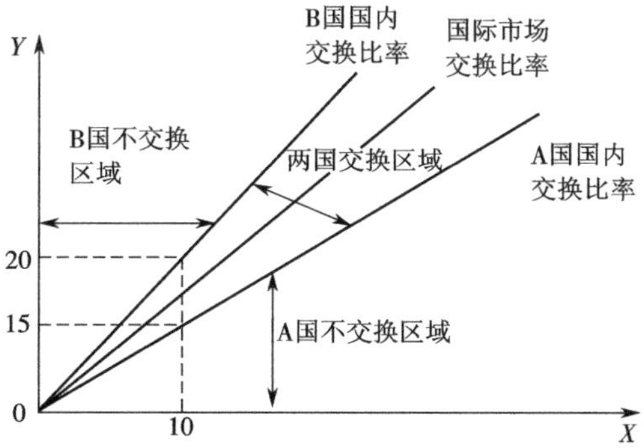

图 2-7　国际贸易利益分配图解

在由比较利益决定的两国交换比率的上下限内,实际而且唯一的均衡贸易条件是由两国对于交易对手的相对需求强度决定的。理论上这个价格应该处于双方正好能够吸收掉对方的出口,即一方的出口恰恰是另一方需要的进口,而另一方的出口恰恰又是一方需要的进口的那个比率上。在实践中,如果对手国对于本国商品的需求强度大于本国对于对手国商品的需求强度,则交换比率越接近对手国的国内交换比率,反之则越接近本国的国内交换比率。穆勒不仅说明了贸易条件由两国的相互需求状况确定,而且还进一步说明了相互需求状况对贸易利益的影响。国际贸易利益的大小取决于国际交换比率上下变动范围的大小。两国国内交换比率间的差异越大,可能获得的贸易利益也越大。这种贸易利益在各贸易国间分配的多寡,则取决于具体的交换比率,即均衡贸易条件,均衡贸易条件越贴近哪一个国家的国内交换比率,该国获得的贸易利益就越少。而均衡贸易条件又取决于贸易国各自对对方产品需求的相对强度。一国对他国产品的需求越强烈,其贸易条件就会对其越不利;反之亦然。这就是由英国经济学家约翰·穆勒提出来的相互需求理论。

穆勒以下这段话概括了他的相互需求理论:“可以断定,当两国互相交换两种商品时,这两种商品的相互交换价值,将按照两国消费者的爱好和境况而自行调整,以使一国所需要的由邻国输入的物品数量,与后者所需要的由前者输入的物品数量,适足相互抵偿。由于消费者的爱好和境况不能简化为一项法则,所以两种商品的交换比例也不能简化为一项法则。我们知道,这种变动所不能超出的限界,是这两种商品在其中一个国家生产费用的比率和这两种商品在另一个国家生产费用的比率。……它们可以按某一中间数量相交换。因此,两国可以分享贸易利益的比率是多种多样的。”①

2. 相互需求决定价格的图解

就相互需求强度的均衡而言,从全球实践来看,长期的供求是恒等的(短期来看,相互需求强度可能是不平衡的,会出现贸易的失衡),国际贸易价格是双方供求正好相等时形成的价格,如图 2-8 所示(S、D 分别代表相应的供给曲线和需求曲线)。

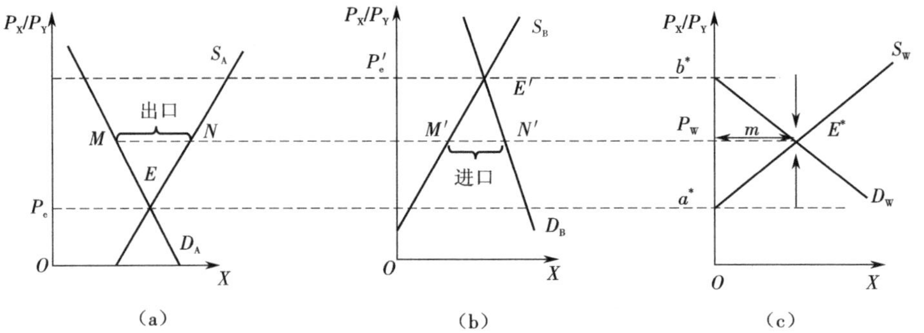

图 2-8 贸易均衡相对商品价格的局部均衡分析

(a)A 国;(b)B 国;(c)世界市场

图 2-8(a)表示,在没有贸易的条件下,A 国在 E 点组织生产和消费,这时 X 商品的相对价格是 P_e。图 2-8(b)表示,在没有贸易的条件下,B 国在 E' 点组织生产和消费,这时 X 商品的相对价格是 P'_e。开展贸易后,X 商品的相对价格将介于 P_e 和 P'_e 之间,前提是两国都是大国(可以决定价格)。当价格高于 P_e 时,A 国将提供(生产)超过其需求(消费)数量的 X 商品,并将多出的部分出口。在低于 P'_e 的价格下,B 国对于 X 商品的需求将超过自身能够提供的数量,因此需要进口。

① 约翰·穆勒:《政治经济学原理及其在社会哲学上的若干应用(下卷)》,北京,商务印书馆,1991,第 130 页。

图 2-8(a)显示了在价格水平为 P_e 时，A 国对商品 X 的供给数量正好等于需求数量，因此 A 国不出口 X 商品。这样就得出图 2-8(a)中的 E 点。图 2-8(a)还显示了在价格水平为 P_W 时，A 国对 X 商品的供给超过需求的数量(MN)，而这一数量也就是 A 国能够出口的数量。在图 2-8(c)中表现为线段 m。

图 2-8(b)显示了在价格水平为 P'_e 时，B 国对 X 商品的供给和需求均衡，没有进口。这也决定了图 2-8(c)中 B 国对于 X 商品的进口需求曲线上的 b^* 点。图 2-8(b)还显示了当价格为 P_W 时，B 国对 X 商品的需求超过自身的供给数量($M'N'$)，这也正是 B 国想要进口的数量。

在 X 商品的相对价格为 P_W 时，B 国对 X 商品的需求数量等于 A 国的供给数量。在图 2-8(c)中表现为供给和需求的交点。于是，P_W 就成为商品 X 的贸易均衡相对商品价格。

在图 2-8(c)中还可以发现，当 $P_X/P_Y>P_W$ 时，X 商品的出口供给将大于进口需求，这使得 P_X/P_Y 向 P_W 回落。而当 $P_X/P_Y<P_W$ 时，对 X 的进口需求将大于出口供给，这使得 P_X/P_Y 向 P_W 回升。

对于商品 Y 也是如此，只不过是 B 国出口，A 国进口。

2.2.2　提供曲线

约翰·穆勒提出的相互需求理论比较简单地解释了国际贸易价格的确定方法。在西方国际经济学教科书中，较为复杂的国际贸易价格的确定方法是使用提供曲线图，即使用提供曲线对相互需求方程给予解释。提供曲线(offer curve)，有时也被称为相互需求曲线(reciprocal demand curve)，由马歇尔和埃奇沃思(Ysidro Edgeworth)于 20 世纪初提出，它表示一国为了进口所需要的某一数量的商品而愿意出口的商品数量。它包含了供给和需求两个方面的因素。也可以认为，它反映了一国在不同的相对价格水平下愿意进口和出口的商品数量。两个国家提供曲线的交点所决定的价格，就是国际商品的均衡交换价格(交换比率)。该理论的基础实际上仍然是供求说，是以供求相等来决定价格的理论。一国的提供曲线可以根据它的生产可能性曲线、无差异曲线以及相对商品价格推导出来。

1.A 国的提供曲线的推导和形状

我们在前文分析开放经济条件下市场均衡及贸易利益的过程中出现的贸易三角形也同时反映了一国出口数量、进口数量和贸易价格(贸易条件)，但是它只能体现一种贸易条件下一国的进口需求和出口供给。在不同的贸易条件下，一国进行生产调整的程度是不同的，进出口商品的数量也不同，因而会有不同的贸易三角形。我们将不同的贸易三角形所对应的一系列进出口商品数量绘制在一个图中，就得到了提供曲线。在图 2-9 中，当国际市场价格为$(P_X/P_Y)_A$ 时，A 国不出口也不进口，当贸易条件为$(P_X/P_Y)_1$ 时，均衡消费点为 H 点，生产点为 F，于是形成了贸易三角形 HGF，A 国出口 X 的数量为线段 GF 所表示的部分，进口 Y 的数量为线段 HG 所表示的部分。当国际市场价格为$(P_X/P_Y)_E$ 时，均衡消费为 D 点，生产点为 J，于是形成了贸易三角形 CDJ，A 国出口 X 的数量为线段 CJ 所表示的部分，进口 Y 的数量为线段 CD 所表示的部分。显然，不同的贸易条件对应不同的贸易三角形和进出口商品数量。

图 2-10 的横坐标反映一国 X 商品的出口量,纵坐标反映该国 Y 商品的进口量。图 2-9 中的一个贸易三角形反映的出口商品数量和进口商品数量在图 2-10 中对应为一个点,不同贸易三角形在图 2-10 中体现为一个个的点,将这些点连接起来形成的曲线就是提供曲线。在图 2-9 中的出口商品数量(线段 *GF* 表示的部分)相当于图 2-10 中的 X_1,进口商品数量(线段 *HG* 表示的部分)相当于图 2-10 中的 Y_1。在图 2-9 中的出口商品数量(线段 *CJ* 表示的部分)相当于图 2-10 中的 X_E,进口商品数量(线段 *CD* 表示的部分)相当于图 2-10 中的 Y_E。用同样的方法可以得到其他贸易条件下的进出口组合,将所有的点连接起来,得到提供曲线 OC_A,它反映贸易条件与一国商品出口量和进口量的对应关系。不难发现贸易条件越高,X 商品的出口数量越大,换回的 Y 商品也越多。这是因为 X 商品的相对价格上升,同等数量的商品 X 可以换回更多的商品 Y。向上倾斜的提供曲线意味着随着贸易条件的上升,出口商品数量增加的同时带来更多的商品进口。

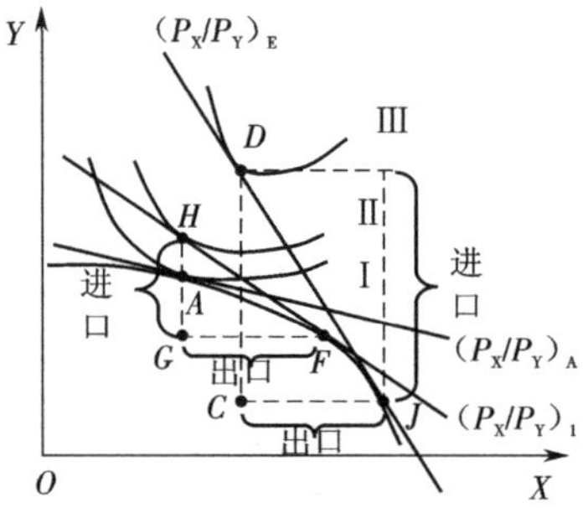

图 2-9 A 国在不同国际价格水平下的贸易三角形

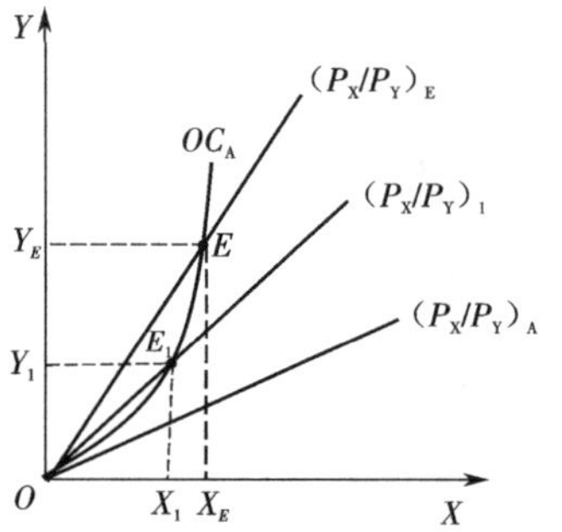

图 2-10 A 国的提供曲线

2.B 国的提供曲线的推导和形状

采取同样的方法,我们也可以画出 B 国的提供曲线,如图 2-11、图 2-12 所示。

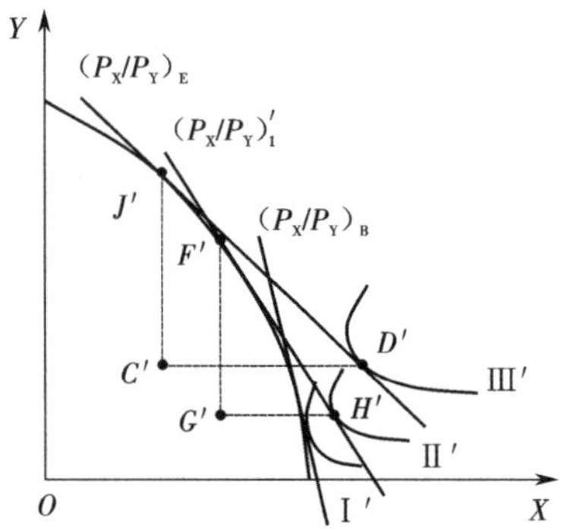

图 2-11 B 国在不同国际价格水平下的贸易三角形

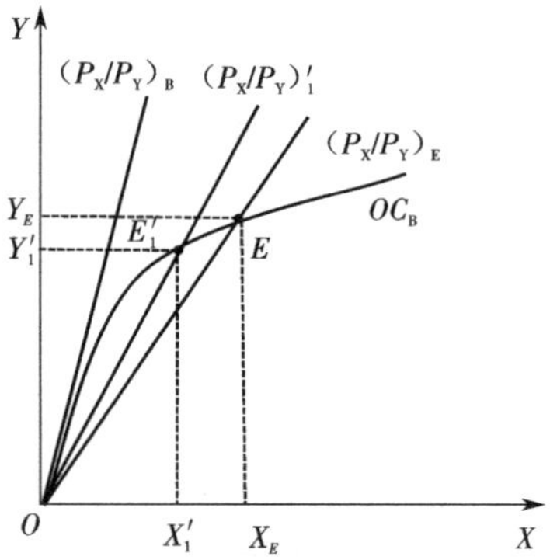

图 2-12 B 国的提供曲线

2.2.3 贸易条件

通过这样的图形,我们可以分别得到 A 国、B 国的提供曲线,它们的交点便是国际贸易的价格，即贸易条件。一国的贸易条件是指一国出口商品价格和该国进口商品价格的比值。在一个两国世界中，一国的出口正是其贸易伙伴的进口，因此一国的贸易条件等于另一国贸易条件的倒数。贸易条件决定贸易利益在参与方之间的分配。假设 A 国出口商品 X，进口商品 Y，A 国的贸易条件表示为 P_X/P_Y，B 国出口 Y，进口 X，B 国的贸易条件就是(P_Y/P_X)。B 国的贸易条件是 A 国的贸易条件的倒数。

1. 提供曲线推导的贸易条件

国际价格取决于国际市场上商品的供求关系，当一国的进口需求与另一国的出口供给正好相等时，世界供求实现均衡，这时所对应的国际价格就是均衡的贸易条件。两个国家提供曲线的交点确定了两国在开展贸易时的贸易均衡相对价格。只有在均衡贸易价格水平上，两国贸易才能达到平衡。在其他任何价格水平上，两国对于两种商品的进口和出口意愿都不会相等。这就给相对商品价格一个向均衡水平移动的压力。

如图 2-13 所示，OC_A 和 OC_B 分别是 A 国和 B 国的提供曲线，它们相交于 E 点，均衡点相对价格为$(P_X/P_Y)_E$。其他任何相对价格比率都不能使贸易达到均衡。当国际市场价格低于$(P_X/P_Y)_E$ 时，如$(P_X/P_Y)_1$，A 国愿意出口 X 的数量低于 B 国在这个价格下愿意进口该商品的数量，这样 B 国对 X 的超额进口需求将会使国际市场价格上升，这会使 A 国增加 X 的出口供给（沿着 A 国的提供曲线向上移动），B 国也会减少对 X 的进口需求（B 国沿着提供曲线向下移动）。这种移动会持续到供给和需求在 E 点达到平衡。

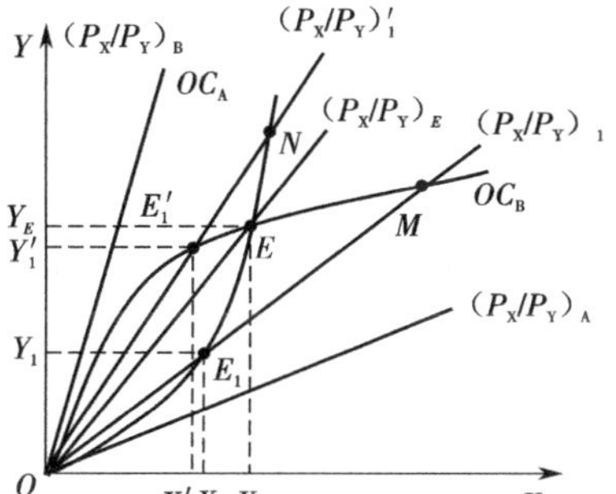

图 2-13 提供曲线决定的贸易条件

当国际市场价格高于$(P_X/P_Y)_E$ 时，比如$(P_X/P_Y)'_1$，A 国愿意出口 X 商品的数量大于 B 国在这个价格下愿意进口该商品的数量，这样 A 国 X 商品的超额供给将会使国际市场价格下降，这会使 A 国减少 X 商品的出口供给（沿着 A 国的提供曲线向下移动），B 国也会增加对 X 商品的进口需求（B 国沿着提供曲线向上移动）。这种移动会持续到供给和需求在 E 点达到均衡。由于供给和需求情况的变化，提供曲线也会发生移动，从而会改变贸易额和贸易条件。通常，一国贸易条件的改善是指该国出口商品价格相对于其他进口商品价格有所提高。贸易条件的变动并不表示贸易利益的绝对量，而表示贸易利益的变化情况。

2. 提供曲线移动与贸易条件

如果一国或两国的提供曲线发生移动，两国提供曲线的交点以及均衡贸易条件会随之变化。多种因素可能导致提供曲线的移动。一国随着国民收入的增加，需求偏好逐渐改变，比如提高了对进口品的偏好，这将使该国从事贸易的愿望增加。这样一来，在每一种可能的贸易条件下，该国都愿意提供更多的出口以换回更多的进口，提供曲线以原点为轴向外侧旋转。如果由于征收进口关税等原因导致对进口品的需求下降，从事贸易的愿望也将下降，在每一个贸易条件下，只愿意提供较少的出口换回较少的进口，提供曲线以原点为轴向内侧旋转。

在图 2-14 中，最初两国提供曲线的交点决定了均衡贸易条件为$(P_X/P_Y)_{E_0}$，A 国的提供曲线为 OC_{A_0}，B 国的提供曲线为 OC_{B_0}，均衡点在 E_0。当国家 A 增强对进口品的需求偏好时，则愿意用更多的 X 来换取 Y 的进口，那么该国的提供曲线 OC_{A_0} 以原点为轴向外侧（右下）移动至 OC_{A_2}，与国家 B 的提供曲线 OC_{B_0} 交于点 E_2，对应的贸易条件为$(P_X/P_Y)_{E_2}$，均衡贸易条件由$(P_X/P_Y)_{E_0}$ 降低为$(P_X/P_Y)_{E_2}$，意味着出口品 X 的相对价格下降。贸易条件下降必然影响两国的贸易水平，A 国在增加进口的同时，必须更大比例地增加出口（因为出口品价格相对下降了），才能实现新的贸易均衡。同样，如果 A 国降低对进口品的需求偏好时，则愿意用更少的 X 来换取更多的 Y，那么该国的提供曲线 OC_{A_0} 将以原点为轴向内侧（左上）移动至 OC_{A_1}，与国家 B 的提供曲线 OC_{B_0} 交于点 E_1，对应的贸易条件为$(P_X/P_Y)_{E_1}$，均衡贸易条件由$(P_X/P_Y)_{E_0}$ 上升为$(P_X/P_Y)_{E_1}$，意味着出口品 X 的相对价格上升。贸易条件改善必然影响两国的贸易水平，A 国在减少出口的同时，能够更大比例地增加进口（因为出口品价格相对上升了）。

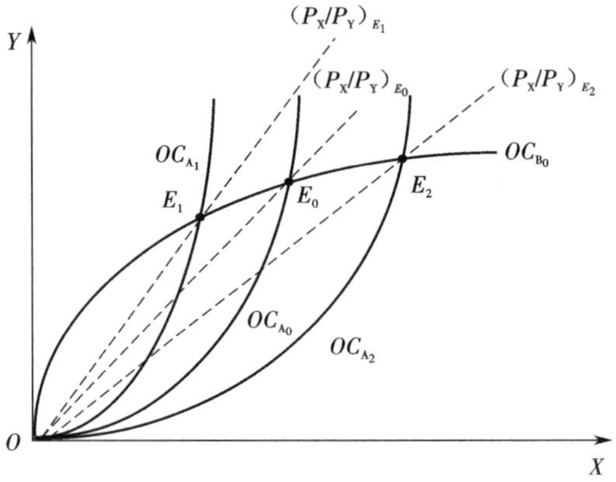

图 2-14 A 国提供曲线移动与贸易条件

3. 多种商品下贸易条件的计算

以 P_X 代表出口商品价格指数，P_M 代表进口商品价格指数，则商品贸易条件指数 T（一般用百分数表示）为：

$$T=\frac{P_X}{P_M}=\frac{\sum_{i=1}^{n}X_iP_i}{\sum_{i=1}^{n}X_iP_i^*}$$

其中：T 表示贸易条件指数；P_X 表示一国出口商品综合加权价格指数；P_M 表示一国进口商品综合加权价格指数；X_i 表示基年第 i 种商品出口在该国出口总额中所占比重；P_i 表示第 i 种商品计算年价格对基年价格的比率；M_i 表示基年第 i 种商品进口在该国总进口额中的比

重；P_i^* 表示第 i 种商品计算年进口价格对基年价格的比率。

T 值变动的三种可能及其含义：

（1）$T>1$，表明一国贸易条件有所改善；

（2）$T<1$，表明一国贸易条件有所恶化；

（3）$T=1$，表明一国贸易条件未变。

需要注意的是，首先，商品贸易条件指数表示贸易利益的变动，并不能表示一国获得的贸易利益总量。其次，商品贸易条件指数的变动反映贸易条件是改善了还是恶化了，它不能表示贸易条件是否合理。再次，商品贸易条件指数的下降并不一定意味着一国贸易利益的减少。最后，商品进出口结构在一段时间内不发生变动，计算出的结果才有效。

2.3　赫克歇尔–俄林理论

赫克歇尔－俄林理论（Heckscher -Ohlin theorem，H-O 理论）是由瑞典经济学家赫克歇尔（E.Heckscher）和他的学生俄林（B. Ohlin）提出来的。该理论的核心是两种生产要素在不同国家的拥有量的比例与它们在不同商品生产中的投入比例之间的关系，所以又被称为要素比例理论或要素禀赋理论。

赫克歇尔在 1919 年发表的论文中提出了使用要素禀赋、生产部门技术水平来解释国际贸易发生的原因。俄林于 1933 年在他的著作《区际贸易和国际贸易》一书中，继承了他的老师的思想，较为详细地提出了要素禀赋的国际贸易理论，他们提出的发挥一国要素禀赋优势来发展国际贸易的思想，被认为是一个国家尤其是相对落后国家从事国际贸易、制定对外经贸战略的重要出发点。

2.3.1　H-O 理论

1.H-O 模型的提出

李嘉图的比较优势学说从总体上认为，比较优势源自各国在生产不同产品时劳动生产率的相对差异以及由此产生的劳动成本差异，而产品成本的差异则是产生国际贸易的最直接的原因，如果存在自由贸易，则只要同种产品的价格差大于产品的运输、保险等费用，产品就会从价格低的国家流向价格高的国家来逐利。后人以机会成本差异代替了劳动成本差异，形成了对比较优势的当代理论的解释。但俄林认为，劳动成本差异产生的原因并未因此而得到根本的解释。在他看来，即使相同要素的生产率在不同国家并不存在差异，即要素的生产率在任何地方都一样，也仍然会产生贸易，即国际贸易的发生可以与劳动生产率差异无关。俄林认为，李嘉图坚持的劳动价值论并不符合实际，因为单一劳动要素不能说明生产与贸易的全过程。这样，H-O 模型以要素的生产率一致为出发点，力图从其他的角度对生产成本的差异给予说明。H-O 理论认为，生产产品的成本的绝对差异是由生产时使用的要素的价格之间的差别决定的；要素价格绝对差异是由要素存量比率，即一国中不同要素相对存量的不同决定的，而要素存量比率差异又是由要素供求决定的；要素的供求则是由要素禀赋决定的。

2. 基本概念

1)等产量曲线

等产量曲线是指在技术水平不变的条件下,可以生产相同数量的两种生产要素各种组合点的连线。假设我们生产商品 X 时投入了两种生产要素,即资本(K)和劳动(L),如图 2-15 所示即为一条边际技术替代率(marginal rate of technical substitution, MRTS)递减的等产量曲线,点 $M_1(K_1, L_1)$所代表的要素投入组合和点 $M_2(K_2, L_2)$所代表的要素投入组合的生产产量相同。

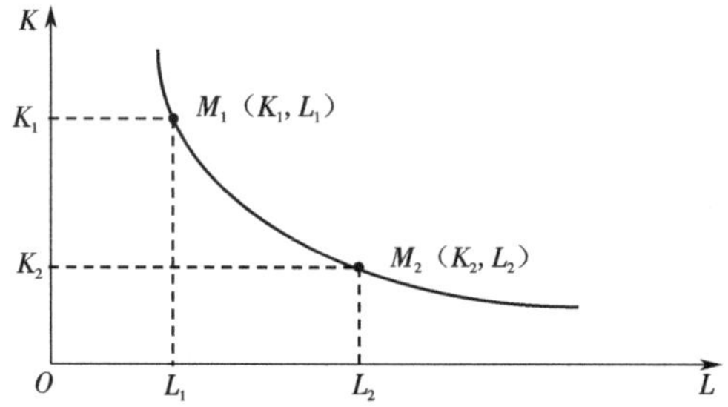

图 2-15 一条边际技术替代率递减的等产量曲线

2)要素禀赋

要素禀赋(factor endowments)也称要素丰裕度,是指一国所拥有的两种生产要素的相对比例。判断一国要素禀赋有两种方法:物质定义法和价格定义法。若一国拥有的资本数量为 TK,劳动数量为 TL,则其要素禀赋为 TK/TL,若 A 国的要素禀赋为 TK_A/TL_A, B 国的要素禀赋为 TK_B/TL_B,且有 $TK_A/TL_A<TK_B/TL_B$,则称 A 国是劳动丰裕的国家,B 国是资本丰裕的国家,如图 2-16 所示。根据定义,一国的哪一种要素富裕只是相对概念,国家 B 可用资本和可用劳动的绝对数量可能都少于国家 A,但只要国家 B 可用资本总量的相对数量大于国家 A 可用资本总量的相对数量,国家 B 就被称为资本富裕的国家。

要素丰裕度的价格定义是比较两国要素的相对价格。如果一国劳动力的价格(即工资率)为 w,资本的价格(即利率)为 r,则其要素禀赋可以用劳动的相对价格来表示,即 w/r。若 A 国的要素禀赋为$(w/r)_A$, B 国的要素禀赋为$(w/r)_B$,且有$(w/r)_A<(w/r)_B$,则称 A 国是劳动丰裕的国家,B 国是资本丰裕的国家。

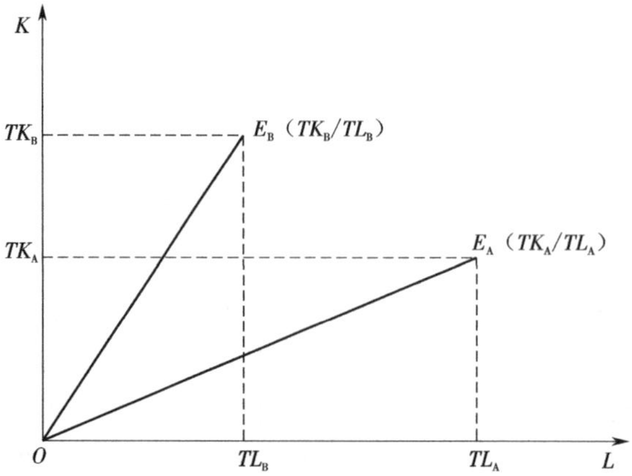

图 2-16 要素丰裕度

3）要素密集度

要素密集度（factor intensity）的概念反映了商品生产的要素投入特征。在资本与劳动两种要素情形下，要素密集度就是指生产一单位该产品所使用的资本—劳动比率（K/L）。它是一个相对概念而非绝对概念。假设在 X 和 Y 两种商品生产过程中所需要的要素投入比例（资本 / 劳动）分别为 K_X/L_X 和 K_Y/L_Y。如果 $K_Y/L_Y>K_X/L_X$，则称商品 Y 为资本密集型产品，商品 X 为劳动密集型产品。要素密集度也是一个相对概念，即便生产单位商品 Y 所需投入的资本和劳动数量分别都小于生产单位商品 X 投入的资本和劳动数量，只要生产商品 Y 投入的资本的相对比例大于生产商品 X 投入的资本的相对比例，就称 Y 是资本密集型商品。

商品生产的要素投入之比并非一成不变，当要素价格发生变化时，要素的投入之比也会随之调整。如果劳动的价格（工资）相对于资本的价格（利率）上升，两种商品生产中都会出现用资本替代劳动的现象，这时两种商品的资本和劳动投入之比（K/L）都上升，只是由于商品生产特性——要素替代弹性的差异，两种商品资本和劳动投入之比调整的程度有所不同。但在 H-O 理论中，两种商品的要素密集度是给定的，不随要素价格的变化而变化。具体而言，即便要素价格变化导致两种商品生产的要素投入之比变化，但是不会改变两种商品要素投入之比的大小关系。

在图 2-17 中，曲线 Q_Y 和 Q_X 分别是商品 Y 和商品 X 的等产量线，反映了生产某一确定产量水平的各种要素投入组合。两种商品的生产最终采用哪一种投入组合，由等产量线和等成本线（反映要素的相对价格）的切点决定。图 2-17 的横轴代表劳动（L）的投入量，纵轴代表资本（K）的投入量。

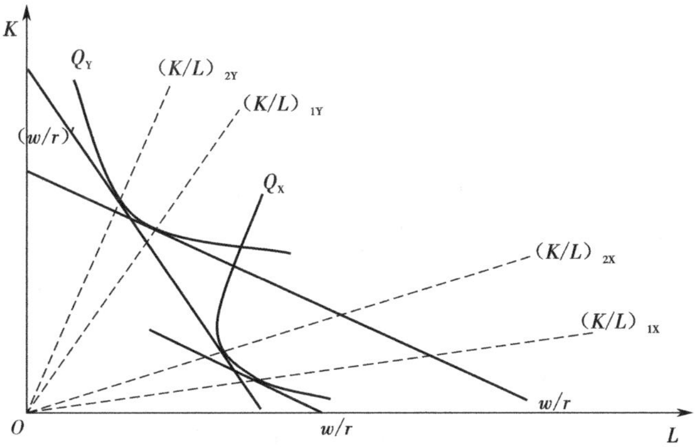

图 2-17　要素相对价格变化和要素密集度不变

如图 2-17 所示，当要素相对价格为 w/r 时，在国家 1 中，生产商品 Y 的最优资本劳动投入之比是射线（K/L）$_{1Y}$ 的斜率，生产商品 X 的最优资本劳动投入之比是射线（K/L）$_{1X}$ 的斜率，显然射线（K/L）$_{1Y}$ 的斜率大于射线（K/L）$_{1X}$ 的斜率，表明 Y 的资本劳动投入之比更大，是资本密集型商品。在国家 2 中，当要素相对价格为（w/r）′ 时，生产商品 Y 的最优资本劳动投入之比是射线（K/L）$_{2Y}$ 的斜率，生产商品 X 的最优资本劳动投入之比是射线（K/L）$_{2X}$

的斜率，射线$(K/L)_{2Y}$的斜率大于射线$(K/L)_{2X}$的斜率，Y依然是资本密集型商品。由此可见，要素价格的变化并不改变商品的要素密集度。

3.H-O 理论的基本假定

（1）只有两个国家、两种产品、两种生产要素（资本和劳动），也就是 $2\times2\times2$ 结构，两国生产要素的初始水平既定，各不相同。

（2）一种商品是劳动密集型商品，另一种商品是资本密集型商品。

（3）两国使用相同技术。为了集中分析要素禀赋差异的作用，各国的生产技术假定是相同的。假如大米在 A 国是劳动密集型产品，那么大米在 B 国也是劳动密集型产品；如果一定的人均资本在美国生产出一定数量的产品，同一资本劳动比例会在中国生产出相同数量的产品。

（4）商品生产规模报酬不变。这意味着如果在任何一种商品生产中的劳动量和资本量一同增加，则该商品的产出也以相同比例增加。如果劳动和资本量同时翻倍，则产出也翻倍。

（5）两国需求偏好相同。这意味着表现两国需求偏好的无差异曲线的形状和位置是完全相同的。当两国的商品相对价格相同时，两国以相同的比率消费两种产品。

（6）市场是完全竞争的。

（7）要素可以在国内自由流动，但不能在国际上自由流动。

（8）没有运输成本、关税和其他影响国际贸易自由进行的壁垒。

（9）两国都实现了充分就业。

（10）两国均为贸易平衡。

第 1 个和第 2 个假定是 H-O 理论成立的关键条件，它们界定了两国在要素禀赋上的差异和两种商品生产在要素投入上的差异；第 3 个和第 4 个假定是为了简化分析，排除了两国技术水平的差异，表明每一种商品在两国的生产函数完全一样，尽管两种商品的生产函数并不相同，这并不意味着赫克歇尔和俄林认为技术的差别不存在；第 5 个假定排除了两国需求结构的差异，在既定价格水平下，两种商品的消费比例在两国完全相同；后面几个条件都是古典和新古典贸易模型的最基本假定，以刻画一个相对简单、自由的经济环境。

为了便于说明理论，赫克歇尔和俄林用了最简单的两种产品两种要素模型。后人则在这一基础上将其扩展为多要素或多产品模型。首先是杰罗斯拉夫·凡耐克于 1968 年将赫克歇尔－俄林模型扩展为多要素生产模型，从而使这一模型又被称为“赫克歇尔－俄林－凡耐克（H-O-V）模型”。接着，罗纳德·琼斯又于 1974 年将两种商品扩展为多种商品。但是，这些扩展的结果并不影响赫克歇尔和俄林从两种商品两种要素模型中得出的基本结论。

4. 生产与贸易模式

根据以上基本假设，对两国的生产和贸易模式简述如下：劳动充裕的国家拥有生产劳动密集型产品的比较优势，资本充裕的国家拥有生产资本密集型产品的比较优势。如果两国发生贸易，劳动充裕的国家应该生产并出口劳动密集型产品，进口资本密集型产品；资本充裕的国家应该生产并出口资本密集型产品，进口劳动密集型产品。根据要素丰裕度的价格定义，两国的要素丰裕度不同，要素的相对价格必然不同，劳动价格相对便宜的国家生产的劳动密集型商品更便宜，资本价格相对便宜的国家生产的资本密集型商品更便宜，不同的要素价格将产生不同的商品相对价格，从而形成了贸易基础。新古典理论认为，供给和需求方面的原因都可能造成国家之间商品相对价格差异，而 H-O 定理指出各国的要素禀赋是一国参与国际分工的比较优势的决定因素。

我们用生产可能性边界和社会无差异曲线来对贸易影响进行分析。图 2-18 反映了 H-O 理论的贸易基础和贸易模式（仍以 A、B 两个国家和 X、Y 两种商品为例）。国家 A 是劳动富裕的国家，所以能相对更多地生产劳动密集型商品 X，其生产可能性曲线 PPF_A，更偏向代表 X 商品产量的横轴；国家 B 是资本富裕的国家，所以能相对更多地生产资本密集型商品 Y，其生产可能性曲线 PPF_B，更偏向代表 Y 商品产量的纵轴。两国有相同的社会需求，共同的社会无差异曲线 Ⅰ、Ⅱ，生产条件的差异就成为商品价格的决定因素。在 X 的生产上具有比较优势的 A 国，X 的相对价格更低，而在 Y 的生产上具有比较优势的 B 国，Y 的相对价格更低。如图 2-18 所示，$(P_X/P_Y)_A<(P_X/P_Y)_B$，因此，两国存在贸易的基础。

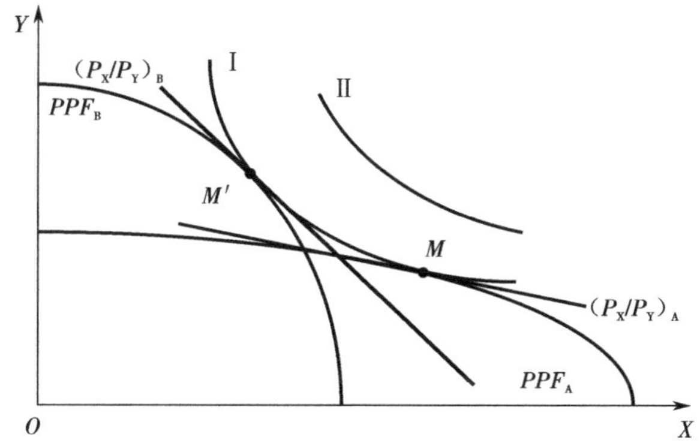

图 2-18　A、B 两国贸易基础

开展贸易后，如图 2-19 所示，假定两国提供曲线决定的贸易条件为 P_X/P_Y，A 国扩大 X 商品的生产并出口，B 国扩大 Y 商品的生产并出口，开展贸易达到均衡 $DC = C'E'$，$D'C' = CE$，两国都从贸易中获益，两国的社会无差异曲线由Ⅰ上升到Ⅱ，两国的福利水平都得到改进。H-O 理论也是比较优势贸易理论。与李嘉图的比较优势理论的不同之处在于，H-O 理论认为一国的比较优势来自该国不同于别国的要素禀赋。

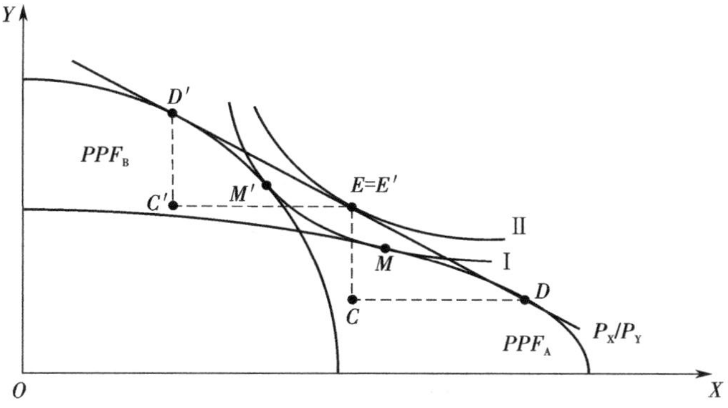

图 2-19　A、B 两国贸易模式

2.3.2 H-O 理论的推论

要素价格均等化定理(factor price equalization theorem)和斯托珀－萨缪尔森定理都是基于 H-O 理论讨论贸易对两国要素价格和收入分配的影响,被归为 H-O 理论的推论。

1. 要素价格均等化定理

要素价格均等化定理认为尽管生产要素在两国间不能流动,但贸易将推动两国要素价格趋于均等。要素价格均等不仅意味着要素相对价格一致,还包括两国要素绝对价格完全一致。

假设 A 国是劳动力丰裕的国家, B 国是资本充裕的国家。在没有贸易的情况下, A 国劳动力的相对价格会低于 B 国,即$(w/r)_A<(w/r)_B$。相应,A 国劳动密集型产品 X 的相对价格也会低于 B 国,即$(P_X/P_Y)_A<(P_X/P_Y)_B$,各国按照比较优势理论进行专业化分工生产。A 国分工生产 X,提高了劳动的相对需求,导致 A 国的 w/r 上升;B 国分工生产 Y,提高了资本的相对需求,导致 B 国的 w/r 下降。这种情况将持续下去直至点 E 为止,此时,两国 X 的相对价格均为$(P_X/P_Y)^*$,两国劳动的相对均衡价格均为$(w/r)^*$,如图 2-20 所示。

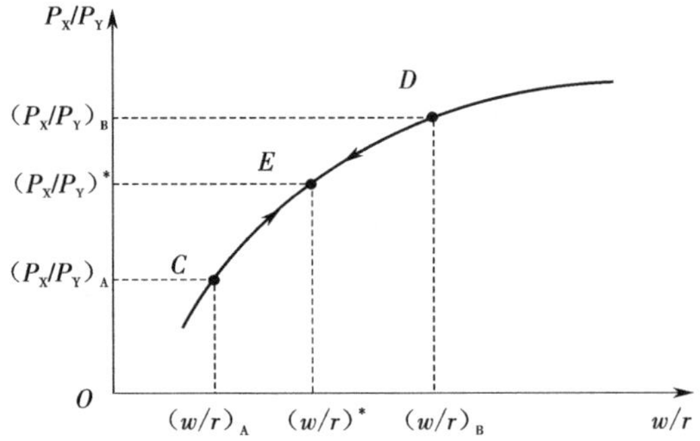

图 2-20 要素价格均等化

要素价格均等化理论明显不符合现实,即便对现实世界最为随便的一瞥都会发现,各国间的要素价格并没有完全均等化。例如,拥有同等技能的劳动力在各个国家并没有得到同等的实际收入,墨西哥或印度的机床操作工与美国或加拿大同样的工人挣得并非一样多,这些国家间的发型师也是同样。要想从严格的意义上证明要素均等化理论,需要有大量的假设前提,而其中一些条件是不现实的,这就无怪乎现实世界不能完全与该理论相符了。例如现实中,政府的确要设置壁垒以阻止自由贸易,技术(或生产能力)在各个国家也并不完全相同。一个从近似的意义上应用该理论的问题是,贸易比起无贸易来说,是否可以使不同国家的要素价格更为接近。一个在现实世界中的要素价格均等化的例子是,当亚洲一些正在实现工业化的国家(诸如新加坡)将自己紧密地与世界贸易融为一体时,这些国家的实际工资水平得到了提高,并正在接近西方工业化国家同等技能就业者的工资水平。尽管我们在现实世界中还没有看到完全的要素价格均等化,但的确存在着这一均等化趋势。

2. 斯托珀－萨缪尔森定理

斯托珀－萨缪尔森定理(Stolper-Samuelson theorem, SS 定理)分析贸易对要素所有者的收入分配的影响,该定理认为在要素价格均等化成立以及充分利用的前提下,一国贸易后丰裕要素价格上升和稀缺要素价格下降将使丰裕要素所有者的实际收入水平提高,稀缺要素所有者的实际收入水平下降。

SS 定理是一个具有震撼力的结论。在国际贸易带给一个国家贸易收益的同时, SS 定理告诉我们这个贸易收益不仅不会摊到这个国家每个人的头上,而且它的分配会非常不平均,以致这个国家必定有一部分人在贸易开放后生活水平下降。SS 定理明确无误地告诉我们,谁会从贸易开放中得益,谁会因贸易开放而受损。A 国的丰裕资源是劳动力,稀缺资源是资本。根据 SS 定理,在贸易开放后, A 国工人的实际工资会上升(也就是说 A 国工人的工资在贸易开放后能够买到更多的 X 或 Y),而 A 国资本所有者的实际收入会下降。B 国的情况刚好相反。B 国的丰裕资源是资本,稀缺资源是劳动力。根据 SS 定理,在贸易开放后,B 国工人的实际工资会下降,而 B 国资本所有者的实际收入会上升。

在现实世界里,我们知道贸易并没有使各国同质要素的收入完全相等,比如美国、欧洲和日本的工程师、技师和工人的工资都比我国要高。因为 H-O 模型的很多假定在现实中并不成立,比如各国并没有使用相同的技术,需求并非完全一致,运输成本并不为零,一些商品的市场并非完全竞争,一些商品的生产也不是规模报酬不变,而且贸易壁垒也不同程度地存在着。所以,按同一价格进行贸易并不会真正地使同质要素价格在各国均等。但有一点可以肯定,那就是国际贸易减少了同质要素收益的国际差异。

【专栏】

国际贸易是影响美国工资差异的最主要因素吗?

鉴于工资差别扩大趋势的政治含义, 20 世纪 90 年代,劳动经济学、贸易经济学以及更多领域的经济学者展开了大论战,最早研究国际贸易对发达国家劳动市场的影响的是 Wood(1991; 1994),认为发达国家同发展中国家之间的贸易深入使得发达国家的制造业不断恶化,尤其是影响到了发达国家低技能工人。Batra(1993)和 Leamer(1993, 1994)也持有相同的观点。Batra(1993)也认为美国制造业恶化状况同自由贸易直接相关。Leamer(1993,1994)认为同发展中国家的贸易导致了发达国家收入的不平等。

另一种观点来自 Lawrence 与 Slaughter(1993)和 Krugman 与 Lawrence(1994)。如果要认定斯托珀 - 萨缪尔森定理在起主要作用,那么必须至少满足以下两个条件。第一,要素价格的变化应当是由产品价格的变化而造成的。具体讲,低技能劳动力密集产品相对价格的下降,导致了低技能工人相对工资的下降。第二,相对工资变化应当使各产业更多地雇用目前更为廉价的低技能工人。劳伦斯和斯劳特(Lawrence and Slaughter, 1993)的研究表明,上述两件事似乎都没有发生。他们研究美国制造产业的数据,并将高技能劳动力等同于非生产性工人,将低技能劳动力等同于生产性工人。他们发现,没有证据表明,由低技能劳动力生产的制造产品的相对国际价格在 20 世纪 80 年代大幅度下降,实际上,低技能劳动力密集商品的相对价格似乎还有所上升。他们还发现,绝大多数制造产业都更多地雇用了高技能劳动力,而更少地雇用了低技能劳动力。这些变化均与斯托珀 - 萨缪尔森定理不相符。因此,国际贸易价格的变化并不是工资差别扩大的主要原因。Feenstra 和 Hanson 的研究结果表明,发达国家进口中间品的行为,会提高国内技术、非技术型劳动力的相对工资水平。

Jones 的理论模型分析表明，由于南方国家技术进步，并且中等技术密集型产品关税降低，南北两国都可以生产该产品，结果会使得南北两国工资差距向同一方向变化。

如果不进行贸易又会怎样？绝大多数研究者都认为，改变对高技能劳动力和低技能劳动力需求的主要原因是技术的变化。实际上，技术的变化会产生两种影响。第一，技术进步在劳动力密集度更高的产业中进行得更快。随着这些技能密集型产品的成本和价格的下降，以及质量的提高，对该种产品的需求将上升。当需求向技能密集型产品转移，这种产品的产量上升时，对高技能劳动力的需求也随之扩大，这提高了高技能劳动力的相对工资。第二，在各个产业内部发生的技术进步似乎偏向于采用更多的高技能劳动力。这种偏向进一步增加了对高技能劳动力的需求，这又增加了工资差别扩大的压力。计算机得到更普遍的应用，尤其是在制造业更多地被用于自动控制的趋势都体现了这种偏向。在西欧，这种效应似乎在以另一种不同的方式发挥着作用，那里较多的最低工资限制曾阻止了低技能工人工资下降得太多。自 20 世纪 70 年代初以来，西欧的失业率曾经上升并一直维持在较高的水平。尽管西欧的工资差别并没有扩大多少，但失业，尤其是低技能工人的失业曾成为严重的问题。

赫克歇尔 - 俄林理论的诞生

伊莱·赫克歇尔（Eli Heckscher，1879—1952）出生于瑞典斯德哥尔摩的一个犹太家庭。赫克歇尔的叔叔是当时瑞典著名的银行家，在经济和法律领域很有研究，还重建了斯德哥尔摩的股票交易所，所以其家族在当地十分有名。1897 年，赫克歇尔进入乌普萨拉大学学习经济史并于 1907 年获得博士学位。毕业后他曾在斯德哥尔摩商学院教授政治经济学和统计学，并从事经济史的研究。无论是教学还是科研，赫克歇尔都投入饱满的热情，除了后来的赫克歇尔 - 俄林理论使其享誉世界外，他对重商主义和瑞典经济史也颇有研究。

伯蒂尔·俄林（Bertil Ohlin，1899—1979）出生于瑞典克里潘的一个富裕家庭。据说他从小就显现出经济学天赋，5 岁时就会计算母亲所做蛋糕的成本。一次偶然的机会，俄林看到报纸上一篇关于从经济学视角分析世界大战的书评，而该书的作者正是赫克歇尔。于是俄林决定进入斯德哥尔摩商学院学习，师从赫克歇尔。1924 年，俄林获斯德哥尔摩大学经济学博士学位，毕业后先在哥本哈根大学任教，后来回到母校斯德哥尔摩大学。他不仅是瑞典著名的经济学家，也是著名的政治活动家，先后任瑞典国会议员和贸易部长等职。

瑞典拥有丰富的自然资源，特别是铁矿石、森林和水力，因此资源禀赋的作用为瑞典经济学家们所广泛关注。1919 年，瑞典著名经济学家克努特·维克塞尔（Knut Wicksell）对赫克歇尔撰写的一本名为《瑞典生产问题》的书进行了评论，并对 19 世纪末大量瑞典人移民到北美的问题做了分析。维克塞尔指出："假设铁矿石和木材的相对价格提高（相对于制成品），那么对矿主和地主们而言，出口这些产品就会变得有利可图，于是资源将主要被用于这些产品的生产，这时就需要对外移民或通过其他途径使人口减少。"正是受到维克塞尔的启发，赫克歇尔开始思考资源禀赋对国际贸易的影响，并在《对外贸易对收入分配的影响》一文中率先将生产要素禀赋的分析纳入国际贸易研究领域。该文从政策角度出发，阐述了国际贸易和关税对国内收入分配的影响。赫克歇尔认为，在各国生产技术相同的情况下，国家之间要素禀赋不同以及不同产品在生产过程中所使用的要素比例不一样是产生比较成本差异的前提。正是由于要素禀赋的不同才造成了要素价格的不同,从而带来商品价格的差异,这就是国际贸易发生的原因。他进一步指出,通过商品的贸易可以使各国要素的价格趋同,但如果各国进行专业化生产,那么这种趋同就不会发生。然而,当时赫克歇尔认为这些观点只是传统贸易理论与收入分配和要素价格理论的一种结合,他并没有意识到他的这些观点将会成为国际贸易理论的一个里程碑。

将赫克歇尔的理论思想发扬光大的正是他的学生俄林。由于 1929 年发生了世界历史上最严重的经济危机,贸易保护主义开始抬头。这对于国内市场狭小、对国外市场依赖很强的瑞典来说非常不利。在此背景下,俄林受赫克歇尔的启发并继承了他的思想,对国际贸易理论进行了深入的研究。俄林不仅对古典贸易理论中的要素不可跨国流动和劳动价值论进行了批判,而且运用瓦尔拉斯 - 卡塞尔的一般均衡理论对赫克歇尔的观点进行了系统的梳理。

古斯塔夫·卡塞尔(Gustav Cassel)是另一位对俄林影响很大的老师。卡塞尔和赫克歇尔虽然是同事,但两人对许多问题的看法对立。作为他们共同的学生,俄林却与两位老师都保持了很好的关系,他从赫克歇尔那里学到了要素禀赋的思想,从卡塞尔那里学到了一般均衡分析的方法。当他试图将两位老师的观点进行融合时,却遭到了他们的共同反对。但俄林坚持了自己的研究并于 1933 年出版了《地区间贸易和国际贸易》。该书在一般均衡的框架下对要素禀赋理论进行了完整的论述,从完全竞争条件下的市场机制出发,分析了贸易产生的原因和贸易对要素价格及收入分配的影响。相较于赫克歇尔,俄林在书中更明确地阐述了要素价格、要素所有者收入、商品需求和商品价格之间的关系,还放宽了关于要素国际流动性的假设,讨论了要素跨国流动特别是资本跨国流动对国际贸易的影响。俄林当时已经认识到如果要素在国家之间自由流动,那么各国要素价格将会趋同,这样,要素流动就会代替商品流动,国际贸易将不会发生。同时,俄林认为要素价格趋同只是一种趋势,并不会实际发生,因为运输费用、关税、规模经济和地理位置等因素会阻碍要素和商品的自由流动。俄林的这些重要观点富有启发性,在国际贸易学以后的发展中得到了论证和完善。

俄林对其老师赫克歇尔关于资源禀赋和国际贸易关系的思想做了系统的论述,特别是创造性地将一般均衡分析应用到了国际贸易理论的建设中,并且讨论了国际资本流动对国际贸易的影响。鉴于俄林在国际贸易和国际资本流动理论方面所做出的开创性贡献,他和詹姆斯·米德(James Meade)一起荣获了 1977 年的诺贝尔经济学奖。遗憾的是由于当时赫克歇尔已经过世,所以未能同获该奖项。

资料来源:许斌著,《国际贸易》,北京大学出版社,2015,第 68-70 页。

2.4　里昂惕夫之谜及其解释

H-O 理论代表了新古典贸易理论的基本思想,直观来看比较符合实际情况,但检验结果却出人意料。早在20世纪40年代,美国经济学家里昂惕夫就利用美国的投入—产出表对H-O理论的结论进行了检验。

2.4.1 里昂惕夫的实证检验

里昂惕夫想要通过美国的数据来检验赫克歇尔－俄林的理论:各个国家都应出口密集使用其充裕要素的产品,而进口密集使用其稀缺要素的产品。更确切地说,他想要同时验证两个命题:①赫克歇尔－俄林的理论是正确的;②正如大家所认为的那样,与它的贸易伙伴相比,美国是一个资本充裕的国家,美国应该出口资本密集型产品,进口劳动密集型产品。

里昂惕夫计算了1947年美国出口行业与进口竞争行业的资本存量与工人人数比率。他的计算不仅算出了这两类行业(每个行业都有数十个产业)所使用的资本和劳动量,而且计算出了各种产品所使用的购自其他产业的产品中所包含的资本和劳动量。作为投入—产出分析的主要先驱之一(他因此在1973年获得诺贝尔经济学奖),里昂惕夫用资本和劳动投入、出口值和进口值的向量去乘美国经济的投入—产出矩阵,进而得出所需的出口及进口竞争行业的资本量和劳动量比率的估计值。里昂惕夫的逻辑是:如果赫克歇尔－俄林的预测是正确的,而且美国是资本相对更充裕的,那么在弄清楚所有投入品行业的份额之后,作为总体的美国出口行业的资本劳动比率应该高于美国进口竞争行业的资本劳动比率。然而结果显示,美国进口品的资本劳动投入比,较其出口品的资本劳动投入比约高30%。考虑到战争刚结束这一外部因素,里昂惕夫又对1951年的数据进行了验证,进口品的资本劳动投入比依然高于出口品。这些数据表明,美国进口的是资本密集型商品,出口的是劳动密集型商品。这意味着美国参加国际分工是建立在劳动密集型生产的专业化基础上的,而不是建立在资本密集型生产的专业化基础上的。里昂惕夫的结论与H-O理论的预测完全相反,因为美国是世界上资本相对富裕的国家,根据H-O理论,美国应该主要出口资本密集型商品,而不是劳动密集型商品。这就是著名的“里昂惕夫之谜”也叫“里昂惕夫悖论”(Leontief paradox)。

鲍德温(Baldwin, 1970)对美国1958年和1962年的数据进行了检验,得出了相同结论。与美国相比,加拿大和日本都不能算是资本充裕的国家,但是对20世纪50年代加拿大和日本的对外贸易数据分析发现,它们向美国出口资本密集型产品,进口劳动密集型产品。对同期印度贸易的研究发现,在印度与除美国外的世界所有其他国家的贸易中,其出口的主要是劳动密集型产品,进口的则主要是资本密集型产品;但在与美国的双边贸易中,印度主要出口产品中的资本劳动投入比高于其从美国进口的产品。印度的情况一方面支持赫克歇尔－俄林的理论(印度作为劳动充裕的国家主要出口劳动密集型产品),另一方面又使“里昂惕夫之谜”在更大的范围里得到了证实。

2.4.2 对里昂惕夫之谜的解释

里昂惕夫之谜引发了对H-O理论的进一步研究,大量文献从不同角度解释了H-O模型与现实相悖的可能原因,主要有以下几种解释。

1. 生产要素密集度逆转说

H-O 理论的一个重要假定是在两国技术水平相同的前提下，X 是劳动密集型商品，Y 是资本密集型商品，这是既定的，要素相对价格的变动虽然影响两种商品的要素投入之比，但不改变两种商品要素密集度的相对关系。换句话说，如果在中国的相对工资下，玩具是一种劳动密集型商品，那么，在美国的相对工资下，玩具也是一种劳动密集型商品，尽管美国的相对工资会比中国的高。但是，事实的情况可能不是这样。假定在美国由于资本充裕而劳动相对稀缺，资本便宜而劳动力昂贵，美国可能在玩具生产中使用更多的资本而非劳动。这样的话，玩具在美国变成了资本密集型商品，而在世界其余国家，由于资本较贵而劳动力比较便宜，玩具仍然是劳动密集型商品。像这样在不同的要素价格下，两种商品要素密集度大小的相对关系发生变化，就出现了所谓的生产要素密集性逆转（factor- intensity reversal）。在这种情况下，其结果可能是：美国出口商品 Y，它在别的国家是资本密集型的但在美国是劳动密集型的；同时，美国进口商品 X，它在外国是劳动密集型的而在美国是资本密集型的。

如图 2-21 中，曲线 Q_X 和曲线 Q_Y 分别代表一定水平的 X 商品和 Y 商品的等产量线，两条曲线有两个交点。当工资率与利率比为 $(w/r)_A$ 时，在 A 国商品 X 的工资率与利率比是 $(K/L)_{XA}$，商品 Y 的工资率与利率比是 $(K/L)_{YA}$，这时 $(K/L)_{YA}>(K/L)_{XA}$，商品 X 是劳动密集型的，商品 Y 是资本密集型的；当工资率与利率比为 $(w/r)_B$ 时，在 B 国生产 Y 商品的工资率与利率比是 $(K/L)_{YB}$，生产 X 商品的工资率与利率比是 $(K/L)_{XB}$，这时 $(K/L)_{XB}>(K/L)_{YB}$，商品 X 变成了资本密集型商品，商品 Y 变为劳动密集型商品。

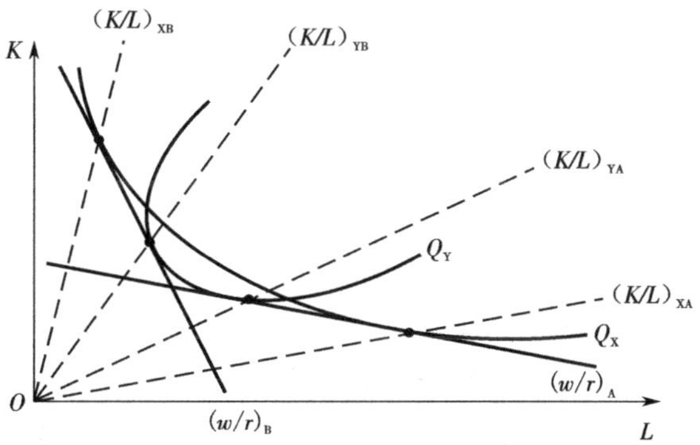

图 2-21　生产要素密集性逆转

1962 年，Minhas 利用 1947 年和 1951 年的数据将美国和日本的钢铁、煤、石油、纺织、造船、皮革等 20 个行业的资本劳动投入之比从高到低进行了排序，其中造船的资本劳动投入之比在美国排第 15 位，属于劳动密集型产业，而在日本排第 7 位，属于资本密集型产业。这也表明要素密集度逆转在现实中是存在的，这可能导致贸易结构偏离 H-O 模型的预测。

2. 需求逆转说

H-O 理论假定两国需求偏好相同，因而没有考虑需求对贸易的影响。在理论上，两国需求条件差异也会造成自给自足时均衡价格的差异。假设劳动丰裕的国家 A 偏好劳动密集型商品 X,社会无差异曲线为Ⅰ,资本丰裕的国家 B 偏好资本密集型商品 Y,社会无差异曲线为Ⅱ。根据 H-O 理论,劳动富裕的国家 A 在劳动密集型商品上有价格优势,但现在由于国内对 X 商品的偏好提高了 X 商品的国内价格;同样,资本丰裕的国家 B 对 Y 商品的偏好也提高了国内商品 Y 的价格。结果如图 2-22 所示,国家 A 商品 X 的自给自足时的相对价格(P_X/P_Y)$_A$ 高于国家 B 的相对价格,劳动丰裕的国家 A 在资本密集型商品 Y 上反而具有价格优势,资本丰裕的国家 B 反而在劳动密集型商品 X 上具有价格优势。两国贸易后,假定贸易条件为 P_X/P_Y,国家 A 会扩大商品 Y 的生产,均衡产出沿着生产可能性曲线由 E_A 上移到 G_A。国家 B 则扩大商品 X 的生产,均衡产量沿着生产可能性曲线由 E_B 向下移到 G_B,如图 2-22 所示。

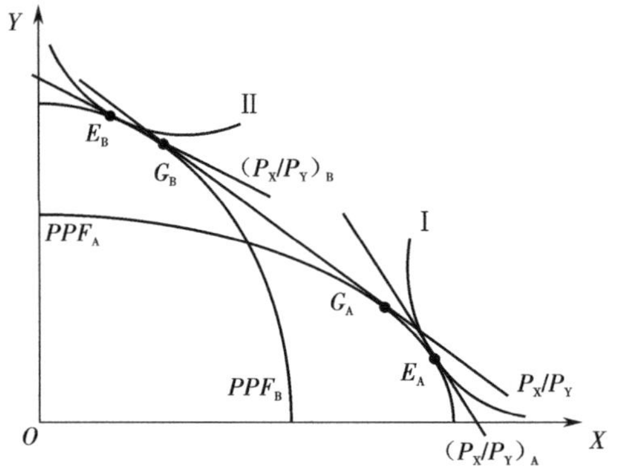

图 2-22 需求逆转

一国极端偏好密集使用该国相对富裕要素生产出来的商品,反而使得该商品失去价格优势,这种情形被称为需求逆转(demand reversal)。当一国出现需求逆转时,贸易模式将与 H-O 理论的预测相反,该国出口稀缺要素密集型商品,进口丰裕要素密集型商品,这就解释了美国进口资本密集型商品而出口劳动密集型商品的贸易结构。在现实经济中,贸易各国的需求结构虽然各不相同,但导致需求逆转这样的差异并不常见,尤其是在收入水平相近的国家之间。因为对许多国家家庭消费模式的研究表明,对食物、衣物、住房以及其他种类商品需求的收入弹性比较相近。总体而言,需求条件并不会影响 H-O 理论的结论。

3. 劳动技能和人力资本说

人力资本是资本与劳动力结合而形成的一种新的生产要素。一般说来,熟练工人需要更多的教育和培训,大量科技人员的产生也需要大量的科研与开发(research and development, R & D)经费的投入,在这些劳动力投入的背后,实际上是大量的资本投入,这些都会影响一国国际贸易格局。在这方面进行过论述的经济学家主要有美国的舒尔茨(T. W. Schultz)、基兴(D. Keesing)、鲍德温(R. E. Baldwin)、坎农(P. B. Kennen)、格鲁伯(W. H. Gruber)、麦赫塔(D. Mehta)、弗农(R. Vernon)等。他们或者考察美国工人高生产率的来源,认为工人的高生产率来自美国对工人进行的再教育、培训和其他方面的投资(舒尔茨);或者考察美国进出口部门中的各类人员,如非熟练工人、技术人员、工程师在雇员中所占的比例,认定在美国的出口生产部门中,工程师、技术人员、熟练工人的比例更高(基兴);或者考察美国进出口行业就业人员的受教育年限,以计算不同部门的教育成本,结果是出口部门的就业者受教育年限更长些(鲍德温);或者考察美国进出口部门中不同雇员的工资收入的差异,发现出口部门的就业员工的工资水平更高些(坎农)。格鲁伯、麦赫塔、弗农等认为,研究与开发(R&D)也是一种影响国际贸易格局的生产要素。不同国家占有的各种研究与开发资源的多寡,可以改变一个国家在国际分工中的比较优势,而充裕的资金、丰富的自然资源、高质量的人才是从事研究与开发的必要条件。一些经济学家通过调查美国劳工的平均工资,高技能职员在整个雇员中的比率,以及研究开发支出在产品增加值中的比重等情况后发现,美国人力资本投入在全世界占有领先地位,美国拥有的科技人员和熟练工人也是全世界最多的。因此,简单地用美国的资本和劳动人数或劳动时间来计算美国进口产品的资本劳动比率可能没有反映出熟练工人和非熟练工人之间的区别以及美国人力资本与其他国家人力资本方面的区别。当使用每一工人的人力资本而不是简单地用劳动力人数或时间来重新计算里昂惕夫算出的结果时,美国出口商品的资本(包括人力资本)密集度的确比它进口产品的要高,结果和 H-O 理论的结论一致。科技人员和熟练工人的技能相对来说是美国最充裕的要素之一。

4. 自然资源说

里昂惕夫之谜中只计算了贸易中的资本和劳动的比率而没有包括自然资源。不充分注意到各国自然资源的不同以及它们与资本和劳动力的关系,用资本和劳动两要素模型无法明确判断某些产品的要素密集度。在林业、采矿业、钢铁业、农业等行业,自然资源(土地、矿藏、森林等)的投入起到主导作用,这些行业的产品应该视为自然资源密集型商品。关于自然资源在贸易中作用的研究,的确有助于解释为什么会出现"里昂惕夫之谜"。加拿大看来是向美国出口资本密集型产品,这主要是由于它出口的也是资本劳动比率高的矿产品。日本看来是在出口其资本密集度比它进口产品要高的产品,这主要是因为它进口大米,大米在日本是以劳动密集的方式产生的。当自然资源行业被排除之后,美国出口行业的资本密集型产品比重都增加了。用同样的数据(1947 和 1951 年美国的数据)检验,里昂惕夫之谜不复存在。美国出口行业的资本劳动比率高于进口行业的资本劳动比率。

5. 贸易政策

贸易政策的制定会受到许多利益集团的影响。在美国,各个利益集团会通过院外游说影响国会的经济政策。克莱维斯在 1956 年的一项研究指出,美国进口中的劳动密集型商品的确要比劳动密集度低的商品受到更高的进口壁垒的限制。罗伯特·鲍德温为美国劳工部所作的研究也表明,美国对产值中劳动力含量(或称就业含量)高于平均水平的产品,尤其是对包含非农业非熟练劳动的产品的进口限制是最多的。这样, H-O 理论所假设的自由贸易就不能成立了。如果是自由贸易,美国就会进口更多的劳动密集型产品,出口更多的资本密集型产品,里昂惕夫之谜就有可能消失了。Baldwin(1970)计算了关税对美国进口的影响,发现如果没有关税,美国进口品的资本劳动比率会降低 5% 左右。

尽管人们提出了若干观点来说明 H-O 模型具有合理性,但里昂惕夫之谜仍然是对传统的 H-O 模型的巨大挑战,让人们认识到过于简化、假设条件过于严格的国际贸易学说在日益复杂的国际经济现象面前,很难对国际贸易实践给予科学的分析与说明。“里昂惕夫之谜”更为重要的意义在于它开创了第二次世界大战后国际贸易理论繁茂发展、百家争鸣的新局面,促使了许多国际贸易的新观点、新理论的诞生,促使人们对国际经济乃至整个经济增长和发展的规律进行新的探索,从而有了新的认识。

在机会成本递增和行业要素密集度不变的假定下,新古典贸易理论通过一般均衡分析认为,只要两国的生产条件不同或者需求条件不同,就能通过贸易互利。贸易收益来自商品的交换(获得更大效应)和生产的调整(资源更有效地利用)。贸易时的国际价格取决于两国的意愿进出口数量,这可由提供曲线反映。提供曲线的变化会对均衡贸易条件有影响。H-O 模型认为,要素禀赋差异形成的比较优势是两国贸易的基础,即贸易主要由参与国的要素禀赋和贸易品生产的要素密集度之间的关系决定。一国出口密集使用其相对富裕要素生产出来的商品,进口密集使用其稀缺要素生产出来的商品。贸易的结果将推动两国的要素相对价格以及绝对价格均等化,并使一国富裕要素所有者的实际收入提高,稀缺要素所有者的实际收入下降。H-O 理论没有很好的预测性,引发了大量进一步的理论和实证研究,但依然没有突破比较优势的范畴。

本章小结

(1)在机会成本递增和行业要素密集度不变的假定下,新古典贸易理论通过一般均衡分析认为,只要两国的生产条件不同或者需求条件不同,就能通过贸易互利。贸易收益来自商品的交换(获得更大效应)和生产的调整(资源更有效地利用)。贸易时的国际价格取决于两国的意愿进出口数量,这可由提供曲线反映。提供曲线的变化会对均衡贸易条件有影响。

(2)赫克歇尔-俄林模型的标准形式具有 $2\times2\times2$ 的结构,即两个国家、两种商品和两种生产要素。在这个模型中,两个国家拥有不同的资源禀赋丰裕度,两种商品具有不同的生产要素密集度。生产要素可以在不同生产部门之间自由流动。

(3)赫克歇尔-俄林模型关于贸易类型的结论被称为 H-O 定理。该定理可表述为:在 $2\times2\times2$ 结构的 H-O 模型的自由贸易均衡中,一个国家出口在生产中密集使用其丰裕资源的商品,进口在生产中密集使用其稀缺资源的商品。

(4)和李嘉图模型一样,在赫克歇尔-俄林模型中,每个国家都会从贸易开放中获益。和李嘉图模型不同的是,一个国家所获得的贸易收益不会分摊到每个人头上。贸易开放必然使一部分人获益,另一部分人受损。

①赫克歇尔-俄林模型关于贸易开放对国内收入分配的作用的结论称为斯托珀-萨缪尔森定理(SS 定理)。该定理可表述为:在 $2\times2\times2$ 结构的 H-O 模型中,贸易开放必定会提高一个国家丰裕资源所有者的实际收入,同时必定会降低一个国家稀缺资源所有者的实际收入。

②和特定要素模型不同，在赫克歇尔－俄林模型中，所有生产要素都能在不同生产部门之间自由流动。赫克歇尔－俄林模型是一个长期的静态模型。

思考与练习

（1）为什么新古典贸易理论认为生产条件差异和需求条件差异都会产生贸易基础，而古典贸易理论认为只有生产条件差异才会产生贸易基础？

（2）画图说明一种商品的国内市场价格与国际市场价格差距越高，该商品的自由贸易带来的收益越大。

（3）在一个完全竞争的产业中，从长期看，价格等于边际成本，厂商没有经济利润。以下两个等式描述了价格与成本的这一长期状况，等式中的数字代表生产单位产品（X 和 Y）所需要的各种投入品的数量：

$$P_X=60w+40r$$

$$P_Y=75w+25r$$

①如果 X 和 Y 的初始价格为 100，工资率（w）和利息率（r）各为多少？生产每单位的 X 和 Y 的利息成本各是多少？

②现在，X 的价格上升到 120，新的 w 和 r 值是多少？

③相对应的各种商品的实际工资（劳动者收入对该商品的购买力）会发生何种变化？平均实际工资会更高还是更低？符合斯托珀－萨缪尔森定理吗？

（4）假设 A 国葡萄酒的需求曲线方程如下：

$$Q_D=350-(P/2)$$

在 A 国葡萄酒的供给曲线方程如下：

$$Q_S=-200+5P$$

①若没有国际贸易，均衡价格和均衡产量是多少？

②如果 A 国能以 120 的价格与世界其他国家自由进行贸易，其均衡产值是多少？

③从无贸易变为自由贸易对 A 国消费者剩余有何影响？对生产者剩余又有何影响？A 国的国民福利净收益或净损失是多少？

（5）要素丰裕度的价格定义和实物定义之间有什么区别？在什么情况下，判断两要素丰裕时会出现矛盾？

（6）为什么随着贸易的开始，各行业中的资本劳动投入之比在劳动富裕的国家趋于上升而在资本富裕的国家趋于下降？

（7）在什么情况下一国参与贸易后可能出现生产的完全专业化？为什么在资本富裕的国家某些资本所有者和劳动者都反对自由贸易？

（8）在 H-O 模型中，假设在没有贸易的情况下，中国大米的国内市场价格是每吨 100 美元，而国际市场上的大米价格是每吨 120 美元。在允许自由出口的情况下，中国的大米价格会出现什么趋势？如果中国以国际市场价格出口 1 000 吨大米的话，中国的纯收益（或纯损

失）是多少？（用图和数字说明）

延伸阅读

[1] WOOD A. How much does trade with the south affect workers in the north? [J].World Bank Research Observer, 1991(6): 19-36.

[2] WOOD A.The factor content of north-south trade in manufactures reconsidered [J].Weltwirtschaftliches Archiv, 1991(127):719-743.

[3] WOOD A.North-south trade, employment and inequality: changing fortunes in a skill-driven world[M]. Oxford: Clarendon Press, 1994.

[4] BATRA R. The myth of free trade[M]. New York: Charles Scribner's Sons, 1993.

[5] LEAMER E E.Wage effects of a U.S.-Mexican free trade agreement[M]// GARBER P M. The Mexico-U.S. free trade agreement. Cambridge, Mass.: MIT Press, 1993:57-125.

[6] LEAMER E E. Trade, wages and revolving-door ideas: working paper No.4716[R]. Cambridge: National Bureau of Economic Research, 1994.

[7] LAWRENCE R Z, SLAUGHTER M J. International trade and American wages in the 1980s: giant sucking sound or small hiccup[J]. Brookings Papers on Economic Activity, 1993(2):161-226.

[8] KRUGMAN P, LAWRENCE R Z . Trade, jobs, and wages[J].Scientific American, 1994, 270(4):44-49.

[9] STOLPER W F, SAMUELSON P A.Protection and real wages[J].Review of Economic Studies, 1941(9):58-73.

[10] BALDWIN R E. International trade in inputs and outputs[J]. American Economic Review, 1970, 60(2):430-434.

第 3 章　新古典贸易理论的扩展

本章概要

首先,本章沿用新古典经济学的分析框架,放宽要素规模既定的假定条件,讨论经济增长与贸易变动;其次,分析要素的跨国流动造成的资源重新配置,通过改变国家的要素禀赋,进而对国际贸易产生的影响;再次,分析在短期内一种生产要素固定不变,即不能加以调整,而另一种生产要素可自由变动时,贸易对要素报酬的影响;最后,分析国际贸易商品价格中比较重要的部分——运输成本对国际贸易的影响。

学习目标

(1)掌握不同类型经济增长对小国及大国的贸易和福利效应;
(2)掌握要素的跨国流动对国际贸易的影响;
(3)理解特定要素模型;
(4)理解运输对国际贸易的影响。

3.1　经济增长与国际贸易

前文我们对贸易原因与结果的分析都是静态的。在分析中,我们假定贸易双方的生产要素、生产技术和需求偏好都是给定的、不变的。但事实上,世界在不断变化,投资增加可扩大一国的资本存量;人口的增长为劳动力大军增添了新的成员;教育和培训可提高劳动者的技能;土地的开拓和其他土地用途的改变,可使能够用于生产的土地总量发生变化;新技术会提高人们生产商品和提供服务的能力。以上所有这些因素都会对贸易模式产生影响。而经济增长有两个基本的推动力:国家生产要素禀赋(如资本、劳动力和土地)的增长以及生产技术的提高。因此,我们将在本节集中讨论经济增长对国际贸易流和国民经济福利的影响。

经济增长对贸易的影响体现在两个方面:一是通过生产的变动对贸易产生直接影响;二是通过提高人们收入从而引起需求的变动,间接影响贸易。这里我们将利用比较静态分析法,从生产方面集中讨论经济增长对贸易的影响。

3.1.1　经济增长的原因

经济增长的源泉是技术进步和生产要素(劳动、资本等)的增长。经济增长的来源不同,其对生产和消费的影响程度也不同,这可以由生产可能性曲线外移的程度和形状得到反映。

1. 生产要素的增长

经济增长的物质前提是生产要素的增长,生产要素包括劳动力、资本、技术、自然资源等,它们的增长速度可能存在差异,有些生产要素增长速度较快如资本和技术,有些增长速度较慢如劳动力。因此,由生产要素增长所引起的经济增长就表现出不同的类型。这里我们仍沿用前几章多次使用的 2×2×2 模型,即假定只有两种商品 X、Y,两种生产要素劳动(土地)和资本,其中 X 商品属于劳动密集型,Y 商品属于资本密集型;同时还假定新增加的生产要素与原来的生产要素是同质的;生产要素价格和技术水平不变,与生产有关的其他条件不变。当可利用的技术条件一定时,劳动和资本的总量和结构直接决定了一国生产可能性曲线的位置和形状。一国劳动和资本要素的积累即生产要素的增长,不仅导致产出量的增加,而且还改变了投入产出关系,从而使其生产可能性曲线发生外移,外移的方向和程度取决于劳动和资本的增长比率。这里可以根据这一标准将生产要素的增长分成两种情况。

1)生产要素的平衡性增长

当资本和劳动两种生产要素按照相同的比例增长,生产可能性曲线将按两要素的增长比率以不变的斜率向外平行移动(即按原来的形状等比例向外移动),这就是平衡性增长。

如图 3-1 所示,一国劳动和资本都增加一倍,因为规模报酬不变,将新增要素按照原有在两个行业的要素分配比例进行配置,两个行业都将增产一倍。如专业化生产 X 商品时,X 的产量从 140 单位增加到 280 单位;专业化生产 Y 商品时,Y 的产量从 70 单位增加到 140 单位。

2)生产要素的非平衡增长

在更多的情况下,劳动和资本两种生产要素的增长速度是不同的,即呈现出非平衡的增长状态,即一国生产要素按不同比例增长。非平衡增长有两种情况:一种是单一生产要素增长;另一种是多种生产要素都增长,但增长的速度不同。如果劳动和资本以不同比率增加,生产可能性曲线的外移将是不平行的。

如图 3-2 所示,当仅有劳动增加时,生产可能性曲线在横轴上扩展的程度更大,至

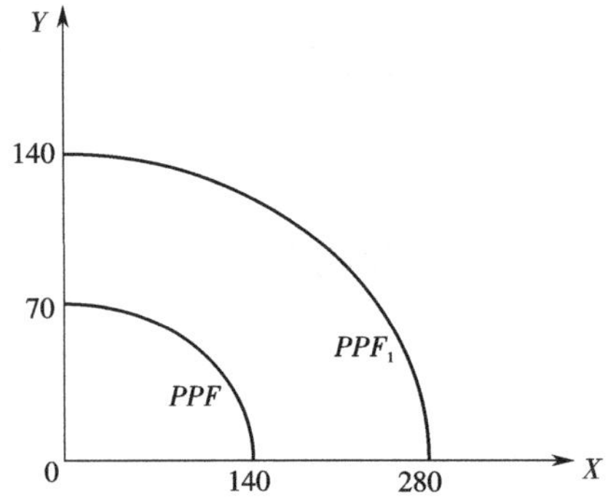

图 3-1 生产要素的平衡性增长

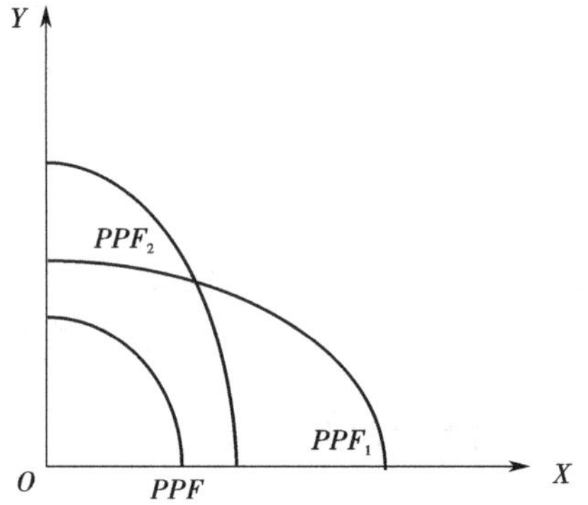

图 3-2 生产要素的非平衡增长

PPF_1，表明劳动增加对专业化生产劳动密集型产品的贡献要大于专业化生产资本密集型产品的贡献。值得注意的是产量在横轴上扩张的百分比要低于劳动增加的比例，这是因为必须匹配一定数量的新增资本才能使劳动增加带来商品 X 的产量同比例增加。仅资本增加时，生产可能性曲线在纵轴上扩展的程度更大，至 PPF_2。同理 Y 的产量在纵轴上扩张的百分比要低于资本增加的比例。

2. 技术进步

技术进步改变了投入产出关系，使固定数量的投入可以有更多的产出。技术进步的实质是生产要素的节约，相当于间接增加了要素的供给。希克斯将技术进步定义为劳动节约型技术进步（labor-saving technical progress）、资本节约型技术进步（capital-saving technical progress）、中性技术进步（neutral technical progress）三种类型。

劳动节约型技术进步指使生产中资本生产率的提高大于劳动生产率提高的技术进步。在不变的要素相对价格下，资本生产率的相对提高将导致资本对劳动的替代，商品生产中的资本劳动投入之比（K/L）上升，劳动的相对投入下降。劳动节约型的技术进步相当于增加了劳动的供给。出现劳动节约型技术进步后，使用较少单位的劳动和资本就可达到原有产量，但资本劳动投入之比更高。如图 3-3 所示，发生技术进步前，等产量线为 Q_1，IL 为等成本线，等产量线与等成本线的交点 A 是要素最佳投入组合点，发生劳动节约型技术进步后，等产量线 Q_1 左移到 Q_2，在维持不变的要素相对价格下，最优要素投入组合点由 A 点变为 A' 点。过 A' 点的射线 OA' 比射线 OA 更陡，表明技术进步导致更高的资本和劳动投入之比（K/L）。

资本节约型技术进步指使劳动生产率的提高超过资本生产率的提高的技术进步。在要素相对价格不变的假定下，将出现劳动替代资本，商品生产中的资本劳动投入之比（K/L）下降。这时，生产同样产量的商品只需要较少的劳动和资本，但资本劳动投入之比下降。如图 3-4 所示，发生资本节约型技术进步后，等产量线 Q_1 左移到 Q_2，在维持不变的要素相对价格下，最优要素投入组合点由 A 点变为 A' 点。过 A' 点的射线 OA' 比射线 OA 更平缓，表明技术进步导致更低的资本劳动投入之比。

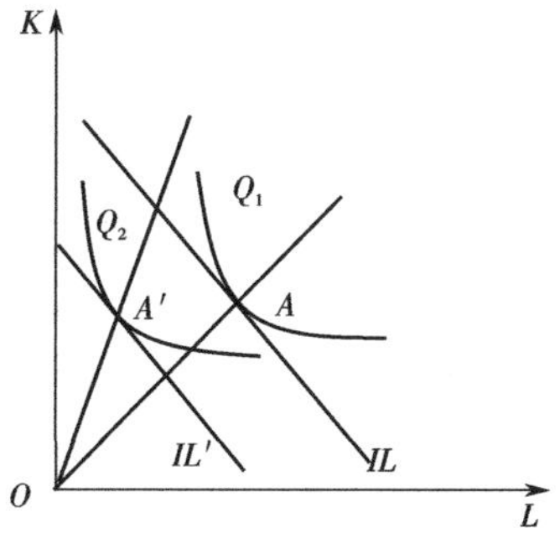

图 3-3　劳动节约型技术进步

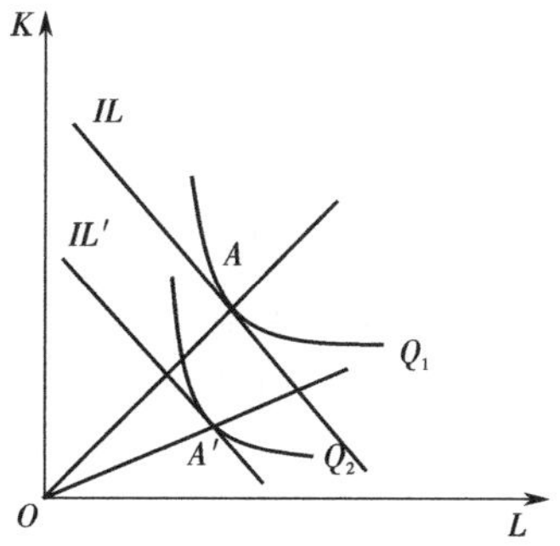

图 3-4　资本节约型技术进步

中性技术进步是指劳动力和资本这两种生产要素的生产率以相同的比例提高，从而在相对价格不变（工资率 / 利率）的基础上，生产同样数量的商品所需要的资本和劳动力以相同比例下降，资本劳动投入之比（K/L）不变。因为资本和劳动的相对生产力不变，只要要素相对价格不变，生产过程中就不会发生劳动资本的相互替代，商品生产中的资本劳动投入之比（K/L）保持不变，但要素投入量不变的情况下会有更大的产出，或者说中性技术进步能够使资本与劳动得到同等程度节约。

如图 3-5 所示，同前图类似，当行业出现中性技术进步后，等产量线 Q_1 左移到 Q_2，在维持不变的要素相对价格下，最优要素投入组合点由 A 点变为 A' 点。过 A' 点的射线 OA' 经过点 A，表明技术进步导致的产品生产中的要素投入比（K/L）不变。

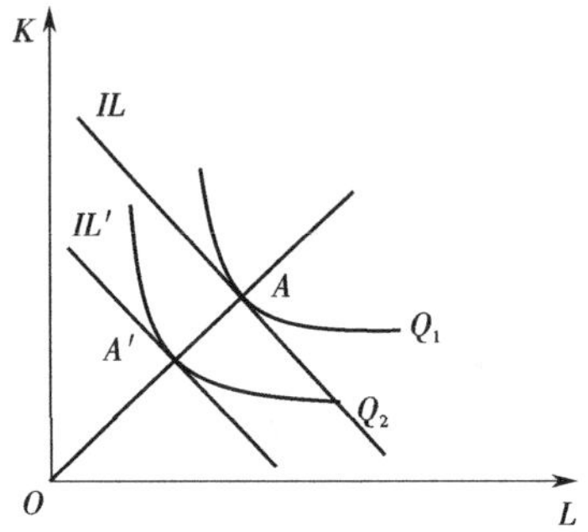

图 3-5 中性技术进步

随着生产要素的增长，技术进步会使一个国家的生产可能性曲线外移，外移的类型和程度取决于技术进步的类型和速度。非中性技术进步相当复杂，只能在更高级的教材中用数学方法处理。这里我们仅讨论中性技术进步。

当两种商品生产中的中性技术进步速度相同时，一国的生产可能性曲线按照技术进步发生的速度向所有方向均匀外移，这与生产要素平衡增长时的效应相同。这样，旧的和新的（技术进步后的）生产可能性曲线与从原点出发的射线相交时，各交点都有着相同的斜率。如图 3-6 所示，技术进步前后的生产可能性曲线在各点（相同的要素配置）都有相同的斜率。

当仅在商品 X 的生产中或仅在商品 Y 的生产中发生中性技术进步时，一国的生产可能性曲线按照技术进步发生的速度向单一方向均匀外移，图 3-7 显示了生产可能性曲线在技术进步发生前的情形（PPF），以及仅在商品 X 的生产中或仅在 Y 的生产中劳动和资本效率增加一倍以后的情形（PPF'，PPF''）。当仅有商品 X 的资本和劳动的生产率倍增时，对每一水平的商品 Y 的产出来说，商品 X 的产出都增加一倍。注意，当所有资源都用于生产商品 X 时，商品 Y 的产量保持不变，技术进步仅发生在商品 X 的生产过程中。同样，当仅有商品 Y 的资本和劳动的生产率倍增时，对每一水平的商品 X 的产出来说，商品 Y 的产出都增加一倍。

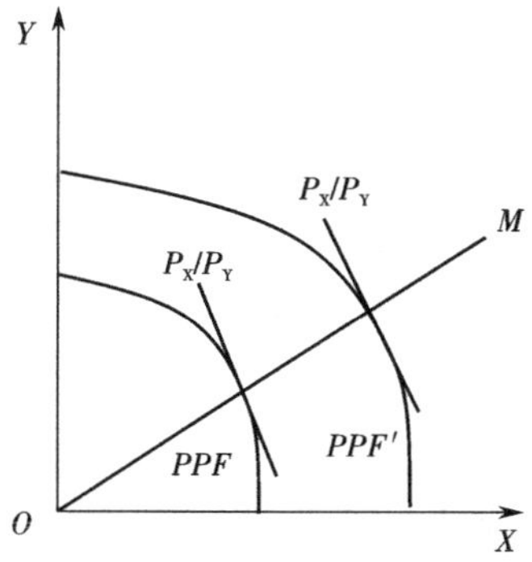

图 3-6　两种商品有同等程度中性技术进步的情况

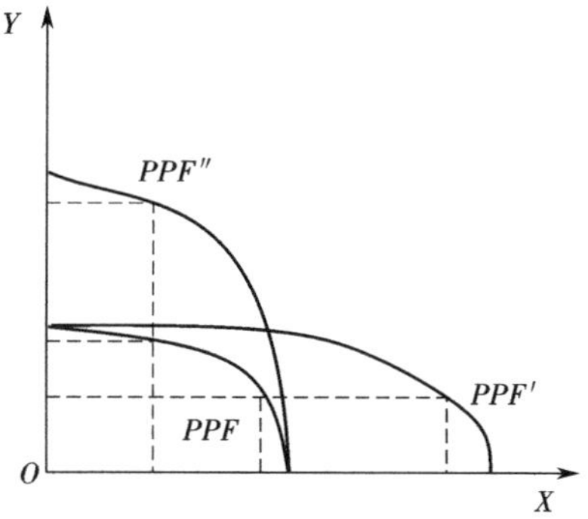

图 3-7　仅有单一商品中性技术进步的情况

3.1.2　经济增长与贸易变动

1. 经济增长的类型

一国对外贸易的发展趋势要受到不同类型经济增长的影响。根据经济增长过程中一国出口商品生产与商品进口之间的相对速度，可以将经济增长类型划分为三种：出口扩张型增长、进口替代型增长、贸易中性增长。

（1）出口扩张型增长是指在商品相对价格不变的条件下，一国出口产品生产部门密集使用的要素的增长或技术的进步超过进口替代产品生产部门的，使出口产品生产能力的增长速度高于进口替代产品生产能力的增长速度。

（2）进口替代型增长是指进口替代产品生产部门密集使用的要素的增长或技术的进步超过出口产品生产部门的，使进口替代产品生产能力的增长速度高于出口产品生产能力的增长速度。

（3）贸易中性增长是指出口产品生产部门密集使用的要素的增长或技术的进步与进口替代产品生产部门的完全相同，使出口产品与进口替代产品的生产能力以相同的速度增长。

由于各国在国际市场上的地位不同，不同类型国家的经济增长对贸易的影响也不同。我们通常将参与贸易的国家分为“小国”和“大国”。“小国”是指那些在国际市场上份额很小，其进出口变动不会影响国际市场价格的国家。对于小国而言，国际市场价格是给定不变的。“大国”是指那些在国际市场上所占份额很大，其进出口变动会引起国际市场价格涨跌的国家。

2. 小国的经济增长与贸易变动

假定条件：某国生产两种商品 X 和 Y，生产过程中投入两种要素即资本（K）和劳动（L）；其中商品 X 是劳动密集型商品，商品 Y 是资本密集型商品；该国属于劳动要素禀赋相对充裕的国家，因此该国出口商品 X，进口商品 Y；该国是一个贸易小国，该国的贸易量只占世界市场的很小一部分，不管该国的进出口数量如何变化都不会影响世界价格，即我们在分析中假定世界市场两种商品的相对价格固定不变。假定消费扩张的贸易效应是中性的，也就是说当两种商品的消费数量扩张时，两种商品消费的比例不变。

1)雷布津斯基定理

该定理认为,在生产两种产品的情况下,如果商品价格和要素价格保持不变,一种生产要素增加(其他生产要素的数量保持不变)将导致密集使用该生产要素的产品的产量增加,同时导致另外一种产品的数量减少。雷布津斯基定理的出人意料之处在于当一个国家的某种生产要素禀赋量增加时,它不会使该国的所有产业都扩张,而必然有一个产业会萎缩。假定商品价格和生产要素的价格不变,这意味着生产这两种产品的要素密集度不变。在这个前提下,如果劳动力增加了,资本未增加,而且增加的劳动力全部进入劳动密集型行业,那增加的劳动力需要配备一定数量的资本,就势必造成资本密集型行业的资本的一部分向劳动密集型行业转移。不仅如此,而且还要把转移过来的资本原来配备的劳动力也一并转移过来。劳动力的增加引起了劳动和资本存量在两个行业之间的再调整。这种调整的结果,必然是扩大了劳动密集型行业的生产,缩小了资本密集型行业的生产。

如图 3-8 所示,某小国初始生产可能性曲线为 *PPF*,当劳动增加以后,生产可能性曲线右移到 *PPF'*,在横轴上扩张的程度更大。在价格水平 P_X/P_Y 不变的情况下,均衡的生产组合由 S_1 点变为 S_2 点。与增长前的均衡生产组合相比,S_2 点 X 产品的产量增明显增加,而 Y 产品的绝对产量下降。劳动数量增加会使劳动密集型产品的产量增加是因为劳动供给增加后,劳动力的价格相应下降,产品生产成本也随之下降。因为 X 产品中投入相对更多的劳动,所以相对于资本密集型产品 Y,劳动密集型产品 X 的成本下降程度更大,在商品相对价格不变的前提下,生产 X 更加有利可图,因此 X 产品的生产将增加。反过来,如果该国不是劳动数量增加,而是资本数量增加,则在原来的价格水平上, Y 的产量将绝对增加而 X 的产量绝对下降。

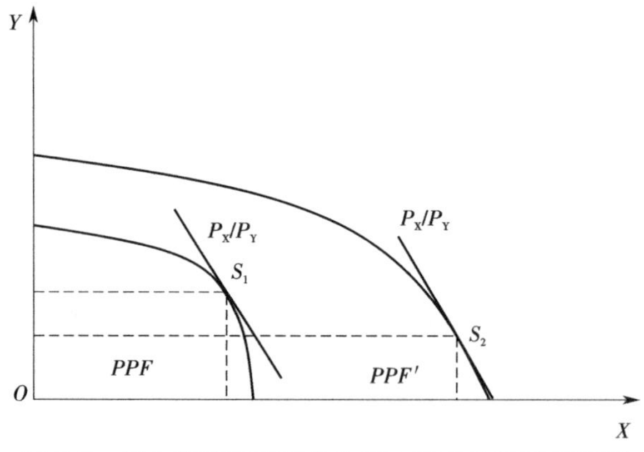

图 3-8 雷布津斯基定理的生产可能性曲线图形说明

下面我们用埃奇沃思盒状图对雷布津斯基定理进行证明。

在图 3-9 中射线 *OX* 反映了 X 行业的要素投入之比,射线 *OY* 反映了 Y 行业的要素投入之比。设一国原要素禀赋在 *E* 点。因为 X 为劳动密集型商品, Y 为资本密集型商品。*OX* 的斜率大于 *OY* 的斜率。当要素被充分利用时, *OXEY* 为平行四边形。此时 *OX* 代表 X 部门的产出水平, *OY* 代表 Y 部门的产出水平。现假定劳动增加,资本不变,则对应的要素禀赋点为 *E'* 。在商品的相对价格保持不变情况下,两部门要素使用比例保持不变,即 *OX'*

和 OY' 斜率保持不变。当要素被充分利用时，$OX'E'Y'$ 为平行四边形。此时 X 部门的产出水平为 OX'，Y 部门的产出水平为 OY'。X 产出增加了，Y 产出减少了。因此在商品相对价格不变时，某一要素的增加会导致密集使用该要素的部门的生产增加，而另一部门的生产则下降。

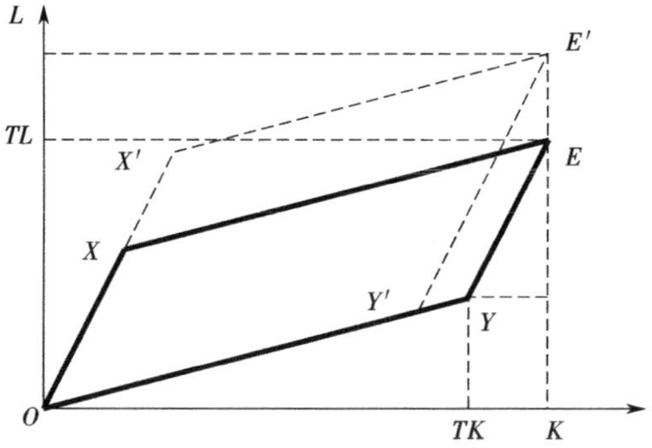

图 3-9　雷布津斯基定理的几何证明

【专栏】

雷布津斯基定理在实践中的一个典型案例——“荷兰病”

“荷兰病”这个名称要追溯到 20 世纪 70 年代，在那以前，荷兰是一个以制造业为主的并且是制成品出口的主要国家。后来，荷兰在北海开发出了新的天然气资源。结果 20 世纪 70 年代发生了两次石油冲击导致油价上升，给荷兰带来了意外的收入，出口剧增，国际收支出现顺差，经济显现繁荣景象。但情况似乎对荷兰不利，因为荷兰越是增加天然气的生产，其生产出口产品制造业就越是萧条。由于天然气生产的迅速发展，工资和利润大幅攀升，挤压了传统制造业的人力和资本空间，使得传统制造业的成本上升，传统制造业的比较优势就逐渐丧失了。经济学家把这种现象叫作“荷兰病”，是指资源产业在繁荣时期的膨胀往往以其他行业发展为代价的现象——高素质的劳动力和资本被吸走，出口高额赢利使货币升值，从而削弱了出口行业在世界市场上的竞争力。在繁荣结束后，经济增长崩溃、通货膨胀上升、制成品出口下降、收入增长率降低、失业率增加。因此，这一现象被有的人称为“资源诅咒”。这种情况不仅在荷兰出现，事实上，20 世纪 70 年代到 80 年代初分享了石油价格暴涨带来的横财，以及后来新开发了自然资源的国家（如沙特阿拉伯、尼日利亚、墨西哥、挪威、澳大利亚、英国等）都出现了类似的经济症状。鉴于此，经济学家们认识到，“荷兰病”可能是一种普遍的现象，适用于所有“享受”初级产品出口急剧增加的国家。这一问题的产生，可以从两个方面解释。一方面，由于新资源的发现而获得的意外收益的确会对原有出口产业产生不利影响，由于新兴部门的高收益，资本和劳动会从传统产业部门流入新兴部门。另一方面由于自然资源出口增加，该国贸易顺差形成。固定汇率制度下，将导致国内出现通货膨胀，传统出口部门成本上升，出口减少；而在浮动汇率下，贸易顺差将导致本币升值，以外币表示的出口商品价格上升，出口减少。无论哪一种情况，传统出口部门都将成为牺牲品。

2)小国出口扩张型增长与贸易变动

由于技术进步的实质是生产要素的节约,相当于间接地增加了要素的供给,所以我们以生产要素增长引起的经济增长为例来说明小国出口扩张型增长引起的贸易变动。如果小国发生的是出口扩张型增长,即出口商品生产部门密集使用的要素的增长超过进口替代商品生产部门的,根据雷布津斯基定理,出口商品的生产将扩大,提高了出口能力,同时进口替代商品的生产将缩小,增加了对国外商品进口的需求。该国无论出口量还是进口量都比以前增加了,福利水平也比以前有所提高。

如图 3-10 所示,发生出口扩张型增长前,当贸易条件为 P_X/P_Y 时, C 和 E 分别为消费和生产的均衡点,△*TCE* 为该国贸易三角形, X 供大于求的部分(线段 *TE* 所表示的部分)出口, Y 供不应求的部分(线段 *CT* 所表示的部分)进口。图中 C' 和 E' 分别为发生出口扩张型增长后消费和生产的均衡点,△*T′C′E′* 为该国贸易三角形,生产可能性边界由 *PPF* 扩展为 *PPF′* ,向横轴扩展的幅度更大说明发生了出口扩张型增长。X 供大于求的部分(线段 *T′E′* 所表示的部分)出口, Y 供不应求的部分(线段 *C′T′* 所表示的部分)进口。增长后的贸易三角形明显大于增长前的贸易三角形,表明富裕要素增长导致一国的贸易规模扩大。△*TCE* 和△*T′C′E′* 为相似三角形,该国进出口水平等比例扩张。图中 E 和 E' 相比, E' 点商品 X 的产量增加,商品 Y 的产量下降,说明贸易小国的出口扩张型增长将增加出口商品产量,降低进口商品产量。图 3-10 中 *CIC′* 高于 *CIC*,说明社会福利提高。

我们也可以用提供曲线来说明,如图 3-11 所示,假设该国初始提供曲线为 *OC*,当贸易条件为 P_X/P_Y 时,均衡点为 E,小国发生出口扩张型增长后,提供曲线扩大至 *OC′* ,由于小国生产和贸易的变化不会影响商品在国际市场上的价格(P_X/P_Y),因此该国均衡贸易点为提供曲线 *OC′* 与国际价格线的交点 E' ,出口量增加的部分为线段 *MF* 所表示的部分,进口量增加的部分为线段 *NH* 所表示的部分,该国无论出口量还是进口量都比以前增加了。

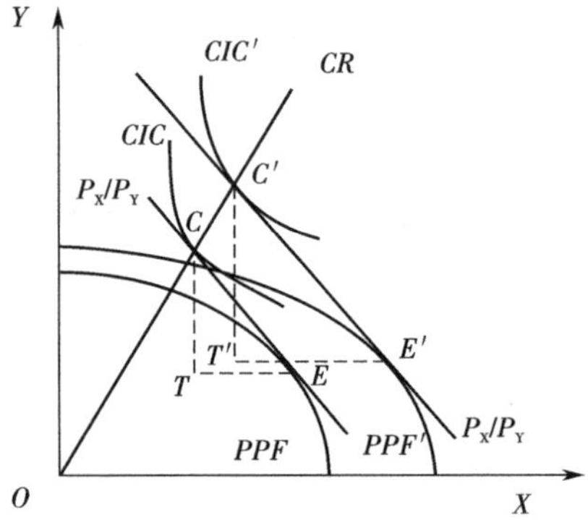

图 3-10 出口扩张型增长与国际贸易

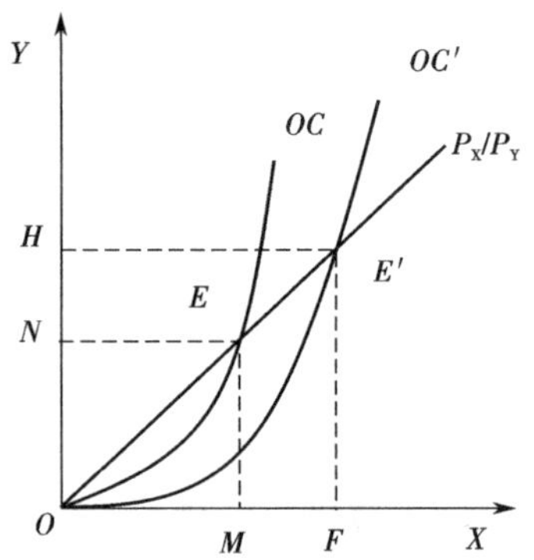

图 3-11 小国出口扩张型增长(提供曲线的说明)

3)小国进口替代型增长与贸易变动

如果小国发生进口替代型增长,即进口替代商品生产部门密集使用的要素的增长超过出口商品生产部门的,由于相对价格不变,根据雷布津斯基定理,一方面进口替代商品的生产将扩大,造成进口的削减;另一方面,出口商品的生产将缩小,造成出口能力的降低,整个贸易量会因此而减少,但福利水平会比以前有所提高。如图 3-12 所示,发生进口替代型增长前,当贸易条件为 P_X/P_Y 时，C 和 E 分别为消费和生产的均衡点,$\triangle TCE$ 为该国贸易三角形，X 供大于求的部分(线段 TE 所表示的部分)出口，Y 供不应求的部分(线段 CT 所表示的部分)进口。发生进口替代型增长后,生产可能性边界由 PPF 扩展为 PPF',向纵轴扩展的幅度更大,图中 C' 和 E' 分别为增长后消费和生产的均衡点,$\triangle T'C'E'$ 为该国贸易三角形。X 供大于求的部分(线段 $T'E'$ 所表示的部分)出口,Y 供不应求的部分(线段 $C'T'$ 所表示的部分)进口。增长后的贸易三角形明显小于增长前的贸易三角形,表明稀缺要素增长导致小国的贸易规模缩小。$\triangle TCE$ 和$\triangle T'C'E'$ 为相似三角形,该国进出口水平等比例缩减。图中 E 和 E' 相比，E' 点商品 X 的产量减少,商品 Y 的产量增加,说明贸易小国的进口替代型增长将减少出口商品产量,增加进口商品产量。图 3-12 中 CIC' 高于 CIC,说明社会福利提高。

我们也可以用提供曲线来说明,如图 3-13 所示,假设该国初始提供曲线为 OC,当贸易条件为 P_X/P_Y 时,均衡点为 E,小国发生进口替代型增长后,提供曲线左移到 OC',由于是小国,所以该国生产和贸易的变化不会影响商品在国际市场上的价格 P_X/P_Y,因此该国均衡贸易点为提供曲线 OC' 与国际价格线的交点 E'，X 的出口量减少(线段 MF 所表示的部分),Y 的进口量减少(线段 NH 所表示的部分),该国无论出口量还是进口量都比以前有所减少。

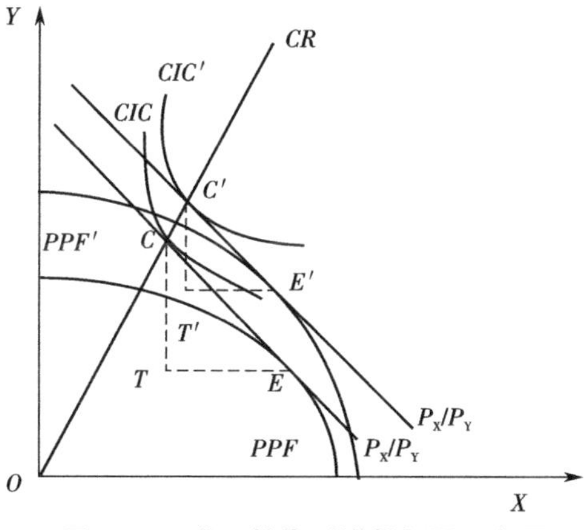

图 3-12　进口替代型增长与国际贸易

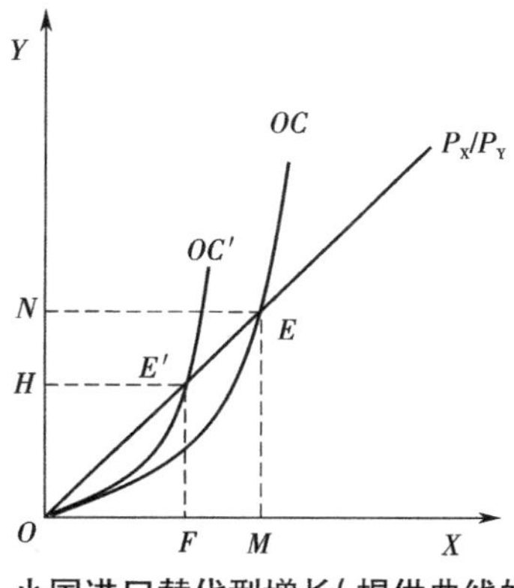

图 3-13　小国进口替代型增长(提供曲线的说明)

由此可见,小国经济增长无论是出口扩张型增长还是进口替代型增长,贸易条件并未发生改变,该国最终达到了更高的社会无差异曲线和社会福利水平。

3. 大国的经济增长与贸易变动

大国的进出口在国际市场上占有相对大的市场份额,大国经济增长所带来的贸易变化会造成贸易条件的变化,进而影响到其社会福利状况。为了研究大国的经济增长与贸易变动的关系,我们假定:某国生产两种商品 X 和 Y,生产过程中投入两种要素即资本(K)和劳动(L);其中 X 是劳动密集型商品，Y 是资本密集型商品;该国属于劳动要素禀赋相对充裕的国家,因此该国出口 X,进口 Y;该国是一个贸易大国,进出口数量变化会影响世界价格;

假定消费扩张的贸易效应是中性的，也就是说当两种商品的消费数量扩张时，两种商品消费的比例不变。

1）大国出口扩张型增长与贸易变动

由于技术进步的实质是生产要素的节约，相当于间接地增加了要素的供给，所以我们以生产要素增长引起的经济增长为例来说明大国出口扩张型增长引起的贸易变动。与小国不同，根据雷布津斯基定理，劳动增加导致劳动密集型产品的产量以更大比例增加以及资本密集型产品的产量下降。贸易大国的经济增长将给国际市场带来冲击，从而改变国际市场的均衡相对价格。大国的出口扩张型经济增长会导致出口供给大幅增加，从而导致出口商品价格大幅下降，而进口需求大幅下降，进口商品价格大幅上升，从而导致贸易条件严重恶化。

如图 3-14 所示，发生出口扩张型增长前，当贸易条件为 P_X/P_Y 时，C 和 E 分别为消费和生产的均衡点，发生了出口扩张型增长后，生产可能性边界由 PPF 扩展为 PPF'，向横轴扩展的幅度更大，假如贸易条件不变，仍然为 P_X/P_Y 的话，该大国新的消费和生产的均衡点为 C'' 和 E''，相对价格线可以与更高的无差异曲线 CIC'' 相切，但是大国出口供给大幅增加，会导致出口商品国际相对价格大幅下降，使该国生产再次调整到新的国际价格线（P_X/P_Y）′ 与生产可能性边界 PPF' 的切点 E' 上，在消费中性效应的假定下，均衡消费变为 C'。与小国增长的福利影响（过 C'' 点的社会无差异曲线）相比，大国的消费组合 C' 落在一条更低的社会无差异曲线上。虽然福利比增长前有所改善，但是低于贸易条件不变时的福利。这是因为增长带来的收益被恶化的贸易条件抵消了一部分。

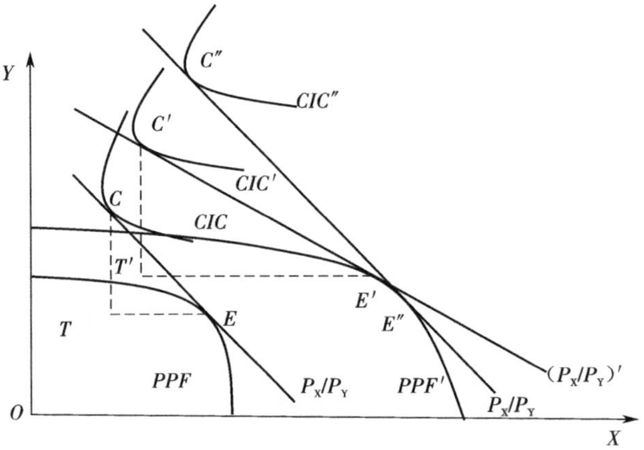

图 3-14　大国的出口扩张型增长与国际贸易

我们也可以用提供曲线来说明大国出口扩张型增长对贸易条件的影响。如图 3-15 所示，假设该国初始提供曲线为 OC，世界其他国家的提供曲线是 OC_W，该大国提供曲线与世界其他国家的提供曲线的交点 A 为均衡贸易点，对应的贸易条件为 P_X/P_Y，发生出口扩张型增长后，提供曲线右移到 OC'，假如国际市场的价格 P_X/P_Y 不变的话，该国均衡贸易点为提供曲线 OC' 与国际价格线的交点 B，X 的出口量增加（线段 MF 所表示的部分），Y 的进口量增加（线段 NH 所表示的部分），该国无论出口量还是进口量都比以前增加。但是由于该国是大国，当提供曲线右移到 OC'，就会与贸易对象国的提供曲线相交于 E 点，该大国出口量增加（线段 *ML* 所表示的部分），进口量增加（线段 *NK* 所表示的部分），均衡的国际市场价格为 $(P_X/P_Y)'$，$(P_X/P_Y) > (P_X/P_Y)'$，明显贸易条件恶化。与国际市场的价格 (P_X/P_Y) 不变时相比，X 出口量和 Y 进口量都减少了。

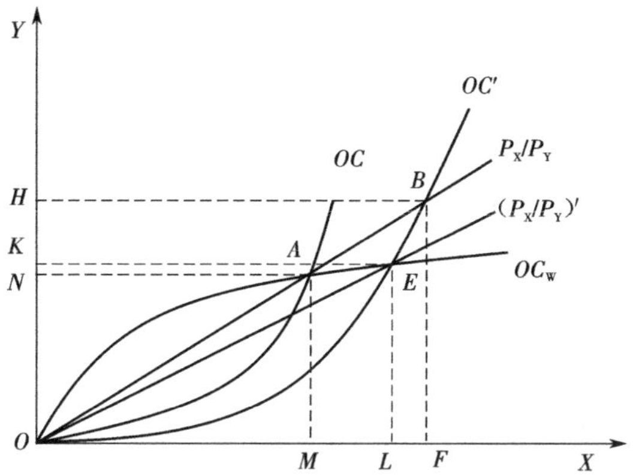

图 3-15　大国的出口扩张型增长（提供曲线的说明）

一般来说，尽管大国贸易条件的恶化部分地抵消了经济增长所带来的社会福利增进，但该国总的社会福利水平还是比经济增长前有所上升。然而，在极端情况下，经济增长使贸易条件恶化，贸易条件恶化对该国社会福利的负面影响甚至超过了经济增长对社会福利的增进效果，该国的社会福利水平就会因经济增长而下降。这种情况被美国经济学家巴格沃蒂（J. Bhagwati）称为“福利恶化型增长”或“不幸的增长”（immiserizing growth）。

如图 3-16 所示，发生出口扩张型增长前，*C* 和 *E* 分别为消费和生产的均衡点，该国贸易条件为 P_X/P_Y，发生了出口扩张型增长后，生产可能性边界线由 *PPF* 扩展为 *PPF'*，向横轴扩展的幅度更大，由于大国出口供给大幅增加会导致出口商品国际相对价格大幅下降，使该国生产再次调整到新的国际价格线 $(P_X/P_Y)'$ 与生产可能性边界 *PPF'* 的切点 *E'* 上，在消费中性效应的假定下，均衡消费点 *C'* 落在比原来的 *CIC* 曲线更低的社会无差异曲线 *CIC'* 上，社会福利恶化。

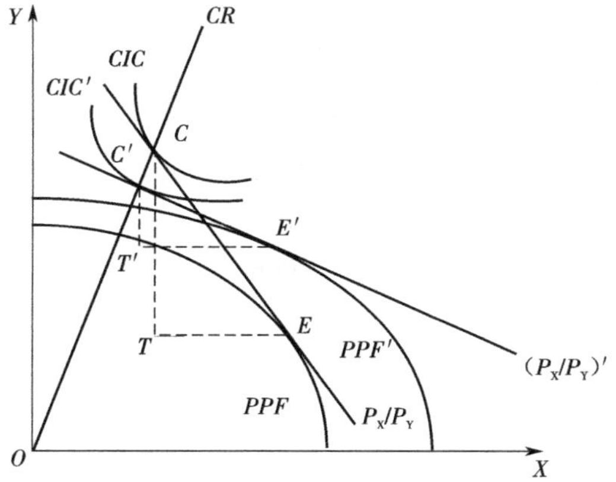

图 3-16　福利恶化型增长

福利恶化型增长的发生条件：①增长发生在出口部门，并使出口大大增加；②该国是出口大国，出口增加过大会导致贸易条件恶化，该出口国在该产品的国际市场上占有一定份额，从而其供应量的增长会影响到产品的世界市场价格；③国际市场对该出口商品的需求缺乏弹性；④该国具有单一经济的性质，在该产品的供给上缺乏弹性；⑤该国对贸易的依赖程度很强，贸易条件的恶化将引起国家福利的下降。

在国际贸易现实中，虽然不少国家由于出口工业增长而造成贸易条件的恶化，但真正使整个社会经济利益下降的例子还很少。这种情况更有可能发生在发展中国家而不是发达国家，比如那些初级产品出口国。即使发展中国家的贸易条件有时会恶化，但生产的增长会弥补这一点。因而，各国的真实人均收入和福利一般会提高。福利恶化型增长的分析主要从理论上指出了这种情况出现的可能性，也在实践中为各国制定经济发展战略时提出一种应当避免的结果。

2）大国的进口替代型增长与贸易变动

如果大国发生的是进口替代型增长，即进口替代商品生产部门密集使用的要素的增长超过出口商品生产部门的，一方面其进口替代商品生产能力的提高会造成国际市场需求的下降，在需求不变的情况下，会造成进口商品国际市场价格的下跌；另一方面，出口商品的生产将缩小，造成出口能力的降低，整个贸易量会因此而减少，导致出口产品的国际相对价格提高，贸易条件改善。由于贸易条件的改善，进口替代型增长给进口大国带来的经济福利的增加会大于小国，进口大国不仅得到了本国经济增长的好处，而且还得到了贸易条件改善的好处。

如图 3-17 所示，发生进口替代型增长前，当国际市场相对价格为 P_X/P_Y 时，C 和 E 分别为消费和生产的均衡点，△*TCE* 为该国贸易三角形，X 供大于求的部分（线段 *TE* 所表示的部分）出口，Y 供不应求的部分（线段 *CT* 所表示的部分）进口。发生进口替代型增长之后，生产可能性边界由 *PPF* 扩展为 *PPF′*，向纵轴扩展的幅度更大，假如国际市场相对价格（P_X/P_Y）不变，该国国际相对价格线与无差异曲线 CIC_1 相切于消费均衡点 C_1，但由于该国是大国，国际市场相对价格提高到（P_X/P_Y）′，贸易条件改善，则 C' 和 E' 分别为增长后消费和生产的均衡点，△*T′C′E′* 为该国贸易三角形。X 供大于求的部分（线段 *T′E′* 所表示的部分）出口，Y 供不应求的部分（线段 *C′T′* 所表示的部分）进口，贸易条件的改善使得该国出口更少的 X 换取更多的 Y，出口减少，进口减少。图中 *CIC′* 高于国际市场相对价格不变的无差异曲线 CIC_1，说明与小国相比，进口替代型增长导致大国的社会福利水平增加的更多。

大国经济增长的贸易条件效果可归纳为：如果大国的经济增长使其贸易规模在交易条件不变的情况下有所扩大，那么该国的贸易条件就会趋于恶化；反之，如果经济增长能使贸易规模在交易条件不变的情况下有所减小，那么该国的贸易条件就会趋于改善。

中国近十年国内生产总值与贸易条件指数如表 3-1 所示。

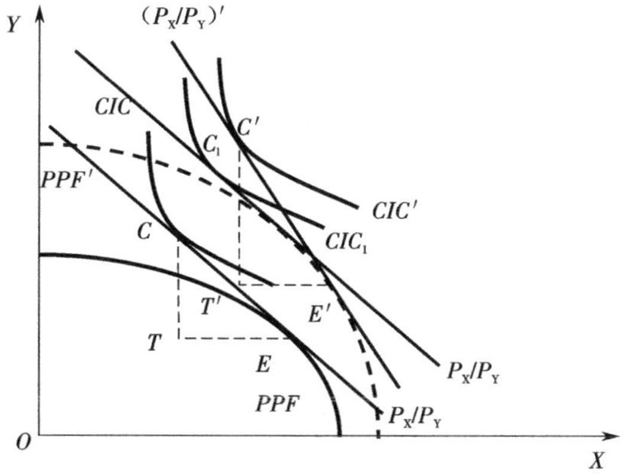

图 3-17　大国进口替代型增长与国际贸易

表 3-1　中国近十年国内生产总值与贸易条件指数

年份	国内生产总值(亿元)	贸易条件指数
2007 年	270 232.3	99
2008 年	319 515.5	94
2009 年	349 081.4	107
2010 年	413 030.3	91
2011 年	489 300.6	97
2012 年	540 367.4	103
2013 年	595 244.4	102
2014 年	643 974	103
2015 年	689 052.1	112
2016 年	743 585.5	100

数据来源:国家统计局

3.2　要素的跨国流动与国际贸易

生产要素的跨国流动是指劳动力、资本、技术等要素在国与国之间的转移。这种移动是由各国间生产要素禀赋的差异所引起的。前面各章探讨中的一个基本假定前提是生产要素不能在国家间流动,但事实上除土地之类的自然资源外,资本、劳动力、技术等生产要素的国际流动是经常发生的,而且流动量甚大。生产要素的流动在一定程度上影响了以要素禀赋为基础的国际贸易。

3.2.1　资本国际流动与国际贸易

在所有的要素中,资本是流动性最强的生产要素。

1. 国际资本流动的概念

国际资本流动是指资本在各国（或地区）之间，以及各国（或地区）与国际金融组织之间的转移。对于一个国家而言，国际资本流动包括流入和流出两个方面。

2. 国际资本流动的类型

当资本要素可以在国际上自由流动时，为了获得比较高的收益，实现利润最大化，投资者将进行对外投资，正是这种对外投资行为，使资本的国际流动成为可能。我们也根据投资者在投资行为中对所投入的资金的实际运行过程是否具有足够的影响力和控制权，将资本的国际流动划分为国际直接投资和国际间接投资两大类型。

1）国际直接投资

国际直接投资（foreign direct investment，FDI）指的是包括所有权与控制权的资本流动。根据国际货币基金组织的划分标准，其定义是“投资人在国外所经营的企业中拥有持续利益的一种投资，其目的在于对该企业的经营管理拥有有效的控制权”。

Ⅰ.按企业设立方式分类

（1）跨境并购。跨境并购是跨境兼并和跨境收购的合称。跨境兼并是指一国企业购买另一国企业的全部资产，合并组成另一家企业。跨境收购是指一国企业通过现金或股票等收购另一国企业的资产或股份，以取得另一国企业资产和经营的控制权和管理权。

（2）新建投资。新建投资指投资主体在国外设立分支机构、附属机构、子公司或与东道国合资创办新企业，也被称为“绿地投资”。

Ⅱ.按照是否在东道国企业中拥有股权或控制权分类

（1）股权投资。股权投资是指境外投资主体以直接投资的方法在其海外子公司占有一定的股权比例，以所有权为基础，以决策经营权为途径（持有普通股），以实现对企业有效控制或影响的直接投资方式。

（2）非股权投资。非股权投资是指投资主体通过与东道国企业签订有关技术、服务或工程承包等方面的合约，以获取利润或取得对该东道国企业的某种管理控制权的投资方式。

Ⅲ.按投资动机分类

（1）资源导向型。资源导向型是指为了开发油田、矿产等自然资源以及林业资源，在当地投资，建立企业。

（2）市场导向型。市场导向型是指以扩大商品销售、占领市场为目的而建立的企业。

（3）生产要素导向型。生产要素导向型是指在生产要素中，由于劳动力的流动受到限制，土地等自然资源没有流动性，为利用这些资源就必须到拥有这些资源的国家去投资。

（4）地缘导向型。地缘导向型以地理位置、空间距离来决定投资，建立企业。多发生在工业较为发达并具有向外辐射功能的地区。

（5）宗主国导向型。宗主国导向型是指殖民国家为了控制殖民地或附属国的政治经济，在殖民地或附属国投资，建立企业。在近代史上，一些发达国家往往采用这种方式进行投资。

（6）全球战略导向型。全球战略导向型是指企业为了实现其全球发展战略，取得最佳经营效果进行投资，建立企业，是跨国公司进行全球扩张的一种经营战略。

2）国际间接投资

国际间接投资（foreign indirect investment，FII）是国际资本流动的一种主要方式，具体又可分为国际借贷和国际证券投资两种形式。

Ⅰ. 国际借贷

（1）外国政府贷款。外国政府贷款是指一国政府向另一国政府提供的，具有一定赠予性质的优惠贷款。外国政府提供贷款的条件由双边协议予以一定约束，且资金成本较低，期限较长。

（2）国际金融组织贷款。国际金融组织贷款主要包括国际货币基金组织、世界银行及其附属机构（国际金融公司和国际开发协会）、亚洲开发银行、泛美开发银行和欧洲投资银行等提供的贷款。这些机构的贷款是另一类官方贷款来源，有软硬之分：软贷款指低息长期贷款，硬贷款指利率较高、期限较短的贷款。

（3）外国商业银行贷款。外国商业银行贷款是由国际金融市场上的私人银行提供的商业性贷款，借款人可以自由使用，但贷款的利率较高，还需要支付有关费用。目前国际上流行的此类贷款方式主要有辛迪加贷款、项目贷款和出口信贷等。

①辛迪加贷款，也称国际银团贷款，是由一家或多家银行牵头，多家分属于不同国家或地区的银行联合组成的一个银行集团，各自按一定的比例，共同向借款人提供一笔中长期贷款。银团贷款的利率有固定利率和浮动利率两种。它是商业银行采用的一种比较典型、普遍的贷款方式。

②项目贷款，也被称为项目融资，或项目筹资，是以项目本身具有比较高的投资回报可行性或者第三者的抵押为担保的一种融资方式。

（4）出口信贷。出口信贷是为支持本国出口提供的一种最普遍的信贷方式。由于有政府的支持和积极参与，出口信贷的条件一般都比金融市场借贷的条件优惠。

根据接受信贷的对象来划分，可分为以下两种。

①买方信贷可由出口方银行直接向进口商提供贷款，也可由出口方银行贷款给进口方银行，再由进口方银行向进口商提供信贷。

②卖方信贷是出口方银行通过本国的出口商向国外进口商提供的一种延期付款的信贷方式。

Ⅱ. 国际证券投资

（1）国际股票投资。国际股票投资包括让境外投资者直接购买本国上市或境外上市公司的股票。

（2）国际债券投资。国际债券投资指投资者在国际债券市场上购买外国企业或政府发行的债券，并按期获取债息收入和到期收回本金而进行的投资活动。

3. 资本国际流动的经济效益分析

在现实经济中，资本在国际上的大量流动会对东道国、投资国的产出以及资本和其他生产要素的收益率产生各种各样的影响。麦克杜格尔国际资本流动理论就是对这些影响进行分析的经典理论。国际资本流动理论亦称麦克杜格尔模式,是由美国经济学家麦克杜格尔(Macdougall)首先提出的,此后,西方学者肯普(M. C. Kemp)、琼斯(R. W. Jones)均对其做了更为细致的论述。该理论的要旨在于从经济学的角度研究国际资本运动的有关效果。麦克杜格尔国际资本流动理论认为,资本在各国间自由流动之后,可使资本的边际生产力在国际上得到平均化,从而可以提高世界资源的利用效率,增加全世界的财富总量,提高各国的经济效益。

如图 3-18 所示,假定经济世界由两个国家构成——国家 A 和国家 B,国家 A 拥有的资本数量比国家 B 多;经济中只有两种生产要素——资本与劳动;两国只生产一种同质的商品,该商品的价格外生给定。假设在两国资本流动之前,国家 A 的资本存量用 *OA* 的长度来表示,国家 B 的资本存量用 *O'A* 的长度来表示,两国的资本总量 *OO'* 固定不变。$MRPK_A$ 是国家 A 在不同投资水平上的资本边际产值,$MRPK_B$ 是国家 B 在不同投资水平上的资本边际产值。由于在完全竞争的假设前提下,资本的边际产值代表了资本的收益或报酬水平,由图 3-18 可以看出,国家 A 的资本相对丰富,国家 B 的资本相对短缺,并且国家 A 中资本的收益水平(*OC*)低于国家 B 中资本的收益水平(*O'H*)。由于总产出可以用相应的资本存量规模下边际产值曲线下方区域的面积来表示,因此国家 A 的总产出水平可用四边形 *OFGA* 的面积表示,其中长方形 *OCGA* 的面积是国家 A 中资本所有者的收益,△*CFG* 的面积代表的是国内劳动者的收益。从类似的推理可知,在国家 B 内,总产出水平可用四边形 *JMAO'* 的面积表示,其中 *O'HMA* 是资本所有者的收益,△*JMH* 的面积代表国内劳动者的收益。上述情况表明,B 国资本的边际收益高于 A 国资本的边际收益。

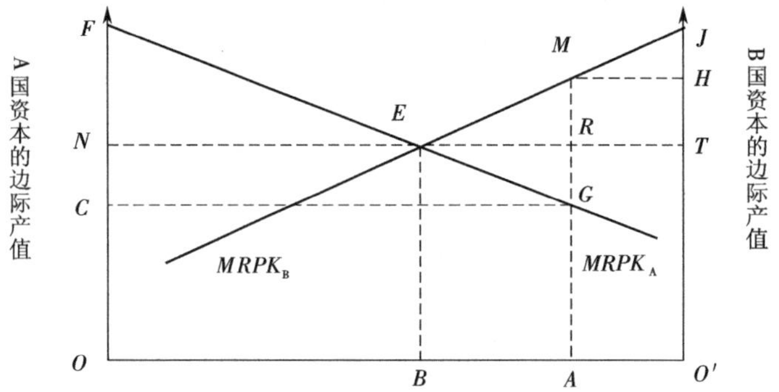

图 3-18 资本国际流动的产出与福利效应

在开放条件下,资本将会从比较丰裕的 A 国流向比较稀缺的 B 国,也就是从资本收益较低的 A 国流向资本收益较高的 B 国。随着资本的流动, A 国的资本存量逐步减少,而资本的边际收益会沿边际产量曲线 $MRPK_A$ 逐渐提高;B 国的情况则相反,随着资本的流入,B 国的资本存量将逐步增加,其资本的边际收益会沿边际产量曲线 $MRPK_B$ 逐渐下降。只要两国的资本边际收益还有差异,资本就会继续在两国之间流动;只有当 A 国资本的减少使其边际产量上升至 *E* 点而 B 国资本的增加使其边际产量下降至 *E* 点时,也就是只有当从 A 国流向 B 国的资本数量达到线段 *AB* 所表示的部分时,两国的资本收益才会相等,资本的国际流动才会停止。资本国际流动的结果不仅使两国资本的边际收益发生了变化,同时,也使得两国各自的产出发生了变化。A 国的产出减少到四边形 *OFEB* 所表示的部分，其中国内投入资本的收益为四边形 *ONEB* 所表示的部分，国内劳动者的收益为△*NFE* 所表示的部分；B 国的产出增加到四边形 *O'JEB* 所表示的部分，其中国内投入资本的收益为四边形 *O'TEB* 所表示的部分，国内劳动者的收益为△*TJE* 所表示的部分。在资本国际流动的情况下，世界总产出和总收入增长了△*EGM* 所表示的部分，增长部分中，△*ERG* 所表示的部分归 A 国，△*EMR* 所表示的部分归 B 国。资本跨国流动后产生了福利的增加，这是由 B 国相对富余的其他要素与 A 国相对富余的资本结合进行生产带来的结果。

尽管投资国的资本收益增加会增加其国民收入，但这部分资本收益是汇回国内还是用于追加投资，这对本国的福利水平也有不同的影响。

4. 资本跨国流动的贸易效应

资本跨国流动改变了两国的要素禀赋，进而影响两国之间的贸易。下面分析一定规模的要素跨国流动对贸易的影响。资本流动对国际贸易的影响是通过改变资本流出国与资本流入国的要素禀赋来实现的。资本丰裕的国家资本的流出将提高其资本的相对价格（P_K/P_L），资本稀缺的国家的资本流入将降低其资本的相对价格（P_K/P_L）。在资本的流动费用趋近于零的情况下，资本的充分流动将使资本流出国与资本流入国资本的相对价格相等。

国际资本流动的结果是各国的要素禀赋结构相似，从而削弱了产业间的贸易基础。近几十年来产业间贸易的发展大大落后于产业内贸易的发展盖缘于此。图 3-19 显示了资本国际流动对国际贸易的影响。我们仍然假定有 A、B 两国，两国都生产两种商品 X 和 Y，生产过程中投入两种要素即资本（*K*）和劳动（*L*）；其中 X 是劳动密集型商品，Y 是资本密集型商品；A 国属于劳动要素禀赋相对充裕的国家，B 国属于资本要素禀赋相对充裕的国家；假定消费扩张的贸易效应是中性的，也就是说当两种商品的消费数量扩张时，两种商品消费的比例不变。

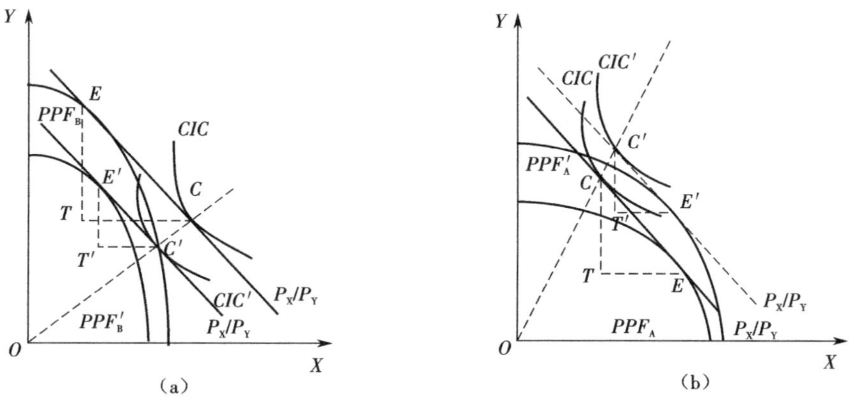

图 3-19　资本跨国流动的贸易效应

（a）资本流出国；（b）资本流入国

如果允许资本自由流动，B 国相对丰富而收益相对较低的资本就会向资本相对稀缺而收益相对较高的 A 国流动，直至 B 国与 A 国资本的相对价格相等，从而使 X 与 Y 两种产品的相对价格相等。在国家 B,资本流出对贸易的影响与一国富裕要素(资本)增加型经济增长的贸易效应正相反。如图 3-19(a)所示,生产可能性曲线由 PPF_B 内移到 PPF_B',在不变的贸易条件下,国家 B 的均衡生产点由 E 点变为 E' 点,X 的产量增加,Y 的产量减少,贸易规模减小。假定国内消费偏好不变的话,则资本流出的贸易效应是逆贸易的,资本流动前的贸易三角与流动后的贸易三角相似,但贸易量大幅度地缩小。

国家 A 资本流入意味着资本的规模扩张,与一国稀缺要素增加型经济增长的贸易效应相近。如图 3-19(b)所示,资本扩张导致生产可能性曲线外移,生产可能性曲线由 PPF_A 外移到 PPF'_A,横轴上劳动密集型商品 X 最大产量增加的幅度要小于纵轴上资本密集型商品 Y 的最大产量的扩张。在不变的贸易条件下,国家 A 的均衡生产点由 E 点变为 E' 点,X 的产量下降而 Y 的产量增加,贸易规模减小。假定国内消费偏好不变的话,则资本流入的贸易效应是逆贸易的,资本流动前的贸易三角与流动后的贸易三角相似,但贸易量大幅度地缩小。

资本从 B 国流入 A 国,一方面 B 国的资本相对丰裕度下降,生产 Y 的比较优势弱化,从而出口 Y 产品的数量大量减少;另一方面,A 国则因资本的流入,劳动的相对价格上升,生产 X 产品的比较优势减弱,结果是出口 X 和进口 Y 的欲望均减弱。因此,要素流动是对(产业间)贸易的一种替代。

中国历年外商投资企业进出口额如表 3-2 所示。

表 3-2 中国历年外商投资企业进出口额

年份	外商投资企业进出口总额(百万美元)	外商投资企业出口总额(百万美元)	外商投资企业进口总额(百万美元)	实际利用外资额(万美元)	实际利用外商直接投资金额(万美元)
2007 年	1 255 163.81	695 370.77	559 793.04	7 834 000	7 477 000
2008 年	1 409 921.19	790 492.7	619 428.48	9 525 300	9 239 500
2009 年	1 217 478.36	672 074.09	545 404.27	9 180 400	9 003 300
2010 年	1 600 615.24	862 228.82	738 386.42	10 882 000	10 573 000
2011 年	1 859 898.74	995 227.04	864 671.7	11 769 800	11 601 100
2012 年	1 894 120.2	1 022 620.08	871 500.12	11 329 400	11 171 600
2013 年	1 918 314.58	1 043 724.1	874 590.48	11 872 100	11 758 600
2014 年	1 983 557.68	1 074 619.92	908 937.76	11 970 500	11 956 200
2015 年	1 833 480.65	1 004 614.41	828 866.24	12 626 700	12 626 700
2016 年	1 687 536.53	916 766.9	770 769.62	12 600 100	12 600 100

【专栏】

2017 年中国跨境资本流动

私人资本流动方面，1993 年以来，我国私人资本跨境流动基本呈现净流入状态。然而从 2014 年第二季度开始，随着美联储退出量化宽松货币政策与加息进程的推进，以及中国经济增速放缓、美元升值，人民币贬值预期加剧，我国私人资本流动呈现连续 11 个季度的净流出状态，直到 2017 年第一季度重新转为净流入状态，私人资本净流入 368 亿美元，第二季度净流入 311 亿美元，第三季度小幅净流出 72 亿美元。其原因有两个方面：一方面，我国相关部门遏制非理性对外投资的措施效果显著；另一方面，对外负债在经历了一段去杠杆后呈现出逐渐稳定的态势。

从直接投资的角度看，2017 年前三季度直接投资项目由 2016 年同期净流出 798 亿美元，转变为净流入 213 亿美元。受到 2017 年以来国内主要经济指标表现良好和人民币汇率升值等因素影响，国内投资主体对外投资动力下降。同时，中国开始加强对外直接投资的规范审核和监督管理，使得 2017 年我国对外直接投资有了大幅的下降，2017 年前三季度我国对外直接投资项目净流出 411 亿美元，同比减少 66.94%。

从证券投资的角度看，我国证券投资总体延续了 2016 年同期净流出的态势，但规模有所回落。2017 年上半年证券投资项下净流出 195 亿美元，同比下降 41.12%。其中，我国对外证券投资增加 401 亿美元，同比小幅增加 6.29%，而境外对我国证券投资净流入 206 亿美元，同比增长 348.30%。可以看到，主要是境外主体对我国证券投资的加大导致了我国证券投资净流出的规模回落。一方面，我国进一步开放了银行间债券市场，有助于国际资本的流入；另一方面，我国 A 股将纳入明晟新兴市场指数（MSCI），这也增强了国际投资者对我国证券市场的信心。

从其他投资的角度看，2017 年上半年我国其他投资项目由上年同期净流出 938 亿美元转变为净流入 732 亿美元，其主要原因是我国企业更为积极地运用外部贷款，其他投资负债项下贷款项目上半年增加 547 亿美元，而 2016 年同期为减少 318 美元。另外，境外投资者对人民币信心增强，导致其他投资负债项下货币和存款项目增加 995 亿美元，同比增长 353.05%。

最后，净误差与遗漏项目可以在一定程度上反映未被记录的跨境资本流动，即隐形“热钱”的动向。2002—2008 年，我国国际收支平衡表中净误差与遗漏项目一直为正值，表明我国在一定程度上存在着长期的隐形资本流入。2009 年国际金融危机之后，净误差与遗漏项目开始转变为负值，说明在不安定的国际局势之下，国内部分资金通过隐形渠道外流。2017 年上半年，净误差与遗漏项目的负值达 1 081 亿美元，虽然环比下降了 19%，但同比仍然增加了 21%，说明我国隐形资本外流现象依然延续。然而，由于净误差与遗漏项目本身是一个轧平项，也会由统计原因产生，因此不能将该项目完全解读为隐形的资本流动。根据 IMF（International Monetary Fund，国际货币基金组织）标准，净误差与遗漏同国际收支口径货物贸易进出口额的比值维持在 5% 以内即为合理，而 2017 年上半年我国净误差与遗漏同货物贸易进出口总额的比值仅为 4.38%，处在合理范围内。

资料来源：中国科学院大学国际资本流动与金融稳定研究课题组，《国际资本流动分析》，《中国金融》2018 年第 2 期。

3.2.2 劳动力国际流动与国际贸易

劳动力的国际流动是生产要素国际流动的一种类型，是劳动力这种生产要素跨越国界而被优化配置到世界的其他地方。劳动力在国际上的流动性远不如资本。资本的流动一般都是经济原因引起的。而劳动的国际流动既有经济原因也有非经济的原因（非经济的原因如政治和宗教迫害），当然大多数的国际劳工流动还是由经济原因引起的，比如劳动力一般都是从低收入国家前往高收入国家的，年轻的劳工比年老的劳工更会坚持移民。

1. 劳动力国际流动的历史回顾

劳动力要素的流动虽然比资本要素的流动要少得多，但是劳动力流动的历史却很久远，自从哥伦布在 1492 年发现了美洲“新大陆”以后，劳动力的国际流动就开始了，至今也没有停止，而且更多的经济学家也越来越关注这个问题。通过对以往劳动力流动的分析，我们可以将劳动力的国际流动大致分为三个阶段。

第一阶段的劳动力流动主要指哥伦布发现美洲新大陆到第一次世界大战前的几百年间。在此期间的劳动力流动主要包括：1492 年以后西欧国家特别是英国人向北美的大规模移民，通过“三角贸易”从非洲经过欧洲被贩卖到北美去的黑人奴隶，以及为了逃避欧洲的宗教和政治迫害或者怀着各种经济目的的移民。而这一时期正是欧美资本主义生产方式产生并发展的重要时期，急需从国外输入大批劳动力进行工业化生产，这就决定了这一时期国际劳动力流动的主要流向是从亚非国家流向欧美新兴资本主义工业国家或新开发的国家。然而，我们可以看出第一阶段的劳动力流动并不等同于现代意义的劳务流动，它带有浓重的移民色彩。

第二阶段的劳动力流动主要指第一次世界大战开始到第二次世界大战结束期间。在这个阶段，劳动力的流动主要是战争劳务性质的。不仅大量殖民地的劳动力被迫充当前线士兵和后方劳动力，而且为了对付德、意、日法西斯，各个国家联合起来进行人力调动，以致各国的劳务合作快速发展，这种联合行动因为是有组织的临时的劳动力流动，所以它比较接近现代意义的劳务输出。另外，在这个时期的欧洲，由于工业化导致欧洲人口急剧扩张，生存压力也促使欧洲人口大规模向外迁移。

第三阶段的劳动力流动则主要从第二次世界大战之后至今，这时的劳动力流动则呈现多样化的趋势。劳动力的大量流动首先来自政治性的难民流动，第二次世界大战遗留下来大批无家可归的战争难民，许多难民长期留在国外难以返回家园或者不愿意返回家园，这就导致了难民的国际流动。其次，高技术人才的国际流动是 20 世纪 50 年代以来劳动力流动的一个突出特点，大量的高级人才从发展中国家流入发达国家，从欧洲流入美国。这给急需人才的发展中国家带来了巨大的损失。最后，为了获得更多的收入、过更好的生活，一些人铤而走险，以各种各样的方式进行非法移民。如表 3-3 所示，我们可以看出各时期世界主要地区移民净流入情况。

表 3-3 世界主要地区移民净流入情况 人

时期	非洲	亚洲	欧洲	北美洲	南美洲	中国
1995—2000 年	−2 447 785	−6 079 494	3 713 327	9 370 780	−1 095 009	−383 389
2000—2005 年	−2 094 346	−7 650 325	8 550 772	6 231 241	−1 270 888	−2 030 083
2005—2010 年	−3 351 750	−10 274 983	8 801 821	6 258 974	−1 042 417	−2 390 895
2010—2015 年	−3 277 904	−5 484 529	4 053 736	5 641 359	−570 148	−1 698 448
2015—2020 年	−2 310 559	−7 763 258	5 291 643	5 597 817	−449 447	−1 624 595

2. 劳动力跨国流动的经济效应分析

劳动力的国际流动具有广泛的影响。从经济方面来说，劳动力的国际流动能够引起国民生产总值、国民总收入、工资水平以至世界生产总值的变动。这里可以用一个两国模型来说明劳动力国际流动之前和之后的基本情况。我们首先假定，劳动力的国际流动不存在任何限制和障碍，其跨国流动是充分自由的，也是合乎理性的。从技术角度看，劳动力流动的规模取决于流动的成本与收益。流动的成本包括出国手续和旅行成本、两地生活成本差异，保健机构、教育机会以及政治环境差异等。流动的收益是在两地获得的工资差异，这正是劳动力跨国流动的动力所在。在此情况下，劳动力会从工资低的国家流向工资高的国家，也就是说，如果在两个国家，劳动的报酬是相等的，那么，劳动力的跨国流动就没有可能了。在封闭条件下，一国的工资水平取决于该国劳动力市场的供求。

我们假定，世界上只有两个国家，分别为 A 国和 B 国，每个国家只有两种生产要素，即劳动和资本。如图 3-20 所示，横轴代表世界劳动总量，纵轴为劳动的边际产出。在封闭经济条件下，A 国占有的劳动总量为线段 OA 所表示的部分，余下部分为 B 国所占有，即 B 国的劳动量为线段 $O'A$ 所表示的部分。劳动力没有跨国流动的时候，A 国劳动的边际产出为线段 OC 所表示的部分，B 国为线段 $O'H$ 所表示的部分，A 国的劳动收入为四边形 $OAGC$ 所表示的部分，B 国的为四边形 $O'AMH$ 所表示的部分。其他要素收入即资本收入，A 国为 $\triangle CGF$ 为所表示的部分，B 国为 $\triangle HMJ$ 所表示的部分。世界的总产出也是世界的总收入为多边形 $OFGMJO'$ 所表示的部分。劳动的边际产出就是劳动的收入。在开放经济条件下，如果劳动力的国际流动是完全自由的，由于 B 国的工资比 A 国高，那么劳动力将从 A 国流向 B 国，即由工资较低的 A 国流向工资较高的 B 国。其结果是，A 国的劳动力供给减少，实际工资水平将提高，即随着 A 国劳动力的逐步减少，A 国的实际工资水平将沿着其边际产出曲线或边际收益曲线 MPL_A 逐渐上升；与 A 国的情况相反，B 国的劳动力供给增加，实际工资水平将下降，即随着 B 国劳动力供给的逐步增加，B 国的实际工资水平将沿着其边际产出曲线或边际收益曲线 MPL_B 逐渐下降。直到 A 国的边际产出或收益曲线 MPL_A 和 B 国的边际产出或收益曲线 MPL_B 的交点 E，两国劳动边际产出或收益相同，劳动力将停止在两国间流动，E 点就是两国劳动边际产出或收益的均衡点。

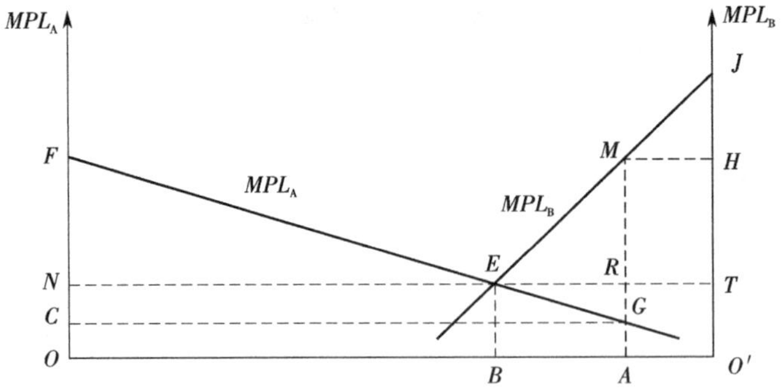

图 3-20 劳动力跨国流动的经济效应

劳动力的国际流动所带来的利益分配变动主要表现在三个方面。首先，是劳动边际收益即实际工资水平的变动。B 国的劳动量增加，相应线段的长度从 *O'A* 增加到 *O'B*。在均衡点 *E* 上，劳动的边际收益发生了变化，劳动力国际流动之前两国之间存在的劳动边际收益差异在劳动力国际流动过程中逐渐消失。其次，是劳动与资本收益分配的变动。资本收益在两个国家都发生了变动，但变动方向相反。在 A 国，资本收益减少，相应的三角形从△*CGF* 减小到△*NEF*，而劳动收益增加；在 B 国，资本收益增加，相应的三角形从△*HMJ* 增加到△*TEJ*，而劳动收益减少。再次，是产出的变化。由于劳动这一资源得到了更好的配置，即从效率较低的 A 国重新配置到了效率较高的 B 国，使得世界的总产出增加，从劳动重新配置之前的 *OFGMJO'* 所表示的部分增加到重新配置之后的 *OFEJO'* 所表示的部分，增加的部分为△*EGM* 所表示的部分。新增的△*EGM* 所表示的部分中的△*EGR* 所表示的部分归跨国流动的劳动者，△*ERM* 所表示的部分归于 B 国的新增资本。A 国的产出为四边形 *OBEF* 所表示的部分，同原来的四边形 *OAGF* 所表示的部分相比减少了四边形 *ABEG* 所表示的部分；B 国的产出增加了四边形 *ABEM* 所表示的部分。

【专栏】

世界移民报告 2018

国际移民组织（International Organization for Migration，IOM）与全球化智库（Center for China and Globalization，CCG）联合发布的《世界移民报告 2018》呈现了全球和区域层面移民的最新数据，并对日益复杂突出的移民问题进行了深入分析。这些数据和分析旨在帮助决策者和大众更好地理解与移民迁徙相关的问题。透过这些分析可以看出移民问题实际是一个跨领域涉及多方面的综合现象，思考移民与其他因素的相互关系也成为政策制定者需要考虑的一个重要方面。

全球移民最新趋势主要表现在以下几个方面。

第一，国际移民数量大幅上升，大多数移民生活在高收入国家。

《世界移民报告 2018》收集的数据来自联合国经社理事会、经济合作和发展组织、国际劳工组织、联合国难民署、境内流离失所监测中心等多个组织，并综合性地回顾了全球移民的数量和流动趋势，讨论了侨汇和诸如难民、境内流离失所和寻求庇护者等特殊移民群体。根据该报告的数据，至 2015 年全球国际移民人数已达 2.44 亿，远超 1990 年的 1.53 亿，而国内移民据估计也超过7.4亿。但移民占世界人口的比重保持相对稳定，2015年移民占世界总人口比重为3.3%。处于工作年龄的移民（20~64岁）是移民的主体，占移民总数的72%。

截至2015年，欧洲和亚洲为世界接收移民数量最多的两个大洲，接收的移民数量占全球移民总人数的62%。其次为北美地区、非洲、拉丁美洲加勒比海地区和大洋洲。同时，截至2015年，美国是最大的移民目的国，在2015年有4 600万移民，而印度是世界上最大的移民输出国，输出了超过1 500万移民。

2015年，三分之二的国际移民生活在高收入国家，数量达1.57亿。7 700万移民生活在中等收入国家，900万国际移民生活在低收入国家。

第二，外来务工人员构成国际移民的主体。

根据2013年的数据，2013年当年外来务工人员数量达1.53亿，占当年移民总数的近三分之二。其中绝大多数外来务工人员生活在高收入国家，去往中低收入国家的务工人员很少。同年，绝大多数务工人员从事服务业劳动。

第三，侨汇对发展中国家而言是重要的收入来源。

现有数据表明近几十年侨汇总体处于增长态势，从2000年的1 260亿美元增长到2016年的5 750亿美元。而自20世纪90年代起，侨汇数额已大大超过旨在帮助发展中国家经济发展的官方援助项目的总额。高收入国家是侨汇的重要来源。2015年，美国、沙特阿拉伯和瑞士是世界上最主要的侨汇汇出国。

第四，不同区域移民的显著特征差异明显。

非洲地区：非洲存在大量非常规移民，包括大量试图以非常规方式迁徙至欧洲的移民。冲突、政治动荡和自然灾害等使非洲大量民众流离失所。同时，非洲很多国家既是难民的主要输出国也是难民的主要接收国。

亚洲地区：在亚洲境内进行迁徙的移民数量最为显著，其次是离开亚洲的移民数量。亚洲内部的移民特征差异也十分明显。印度和中国是亚洲迁出移民数量最多的两个国家，但海湾合作委员国家的移民占人口比重远高于其他国家。如2015年，阿联酋的移民数量占总人口的88%，科威特的移民数量占总人口的74%等。亚洲地区的移民还和一系列历史事件相关，如印巴分治、苏联解体、阿富汗长年的战乱和叙利亚近些年的冲突等。此外，亚洲境内的劳工移民也是该区域移民的一个重要特征。

欧洲地区：全球超过一半的移民生活在欧洲，而欧洲的区域内移民尤其活跃。德国、俄罗斯和英国拥有欧洲最多的迁入移民数量，但瑞士、奥地利、瑞典和爱尔兰等国移民占人口的比例最高。在接收难民和寻求庇护者方面，德国是欧洲接收难民和寻求庇护者数量最多的国家，主要接收了来自叙利亚、伊拉克和阿富汗的难民。

拉丁美洲和加勒比海地区：拉丁美洲和加勒比海地区移民的重要特征是大量人口迁至北美地区。墨西哥是该地区迁出移民数量最多的国家，在世界范围内仅次于印度。该地区如哥伦比亚等国家长期的战乱也造成了大量流离失所者。

北美地区：北美地区移民的主要特征是有大量人口迁入，其中大部分来自拉丁美洲及加勒比海地区，其后是亚洲和欧洲。2015年该地区两个国家中的美国拥有世界上最多的移民数量,而加拿大的移民数量也排世界第七。

大洋洲地区:大洋洲吸引了大量来自欧洲和亚洲的移民群体。但该区域国家移民的鲜明特征在于有些国家是移民净输出国而有些国家是移民净接收国。澳大利亚和新西兰是该地区移民数量最多的国家,且移民数量持续上升,其中部分移民是来自中国、日本等国的学生。

此外,国际移民组织(IOM)与全球化智库(CCG)联合发布的《世界移民报告 2018》中文版也记录了与中国相关的移民数据。在亚洲,中国和印度是迁出移民数量最多的两个国家。2015 年来自中国的移民构成继印度、墨西哥和俄罗斯之后的世界第四大移民团体,接近 1 000 万中国出生的移民生活在中国以外地区,其中生活在美国的有超过 200 万人。

中国拥有大量迁出的劳工移民,这意味着中国也是世界上接收侨汇数量最多的区域之一。2016 年,汇入中国的侨汇数额超过 600 亿美元。而中国同时也是世界上汇出侨汇数量最多的国家之一,2015 年,中国汇出了约 204.2 亿美元。

境内移民是中国移民的重要特征之一。中国东西部的经济发展水平差异使得大量劳动力从西部流向东部以寻求更多的就业机会、更高的收入和教育水平。

此外,中国的迁出移民中,留学生组成了重要一部分。在美国、澳大利亚、新西兰等国,来自中国的留学生数目不断增多,并逐渐发展成当地人口重要的一部分。

3. 劳动力跨国流动的贸易效应

和资本的国际流动一样,劳动力跨国流动对国际贸易的影响也是通过改变劳动力流出国和劳动力流入国的要素禀赋来实现的。由于劳动力跨国流动的主流是从劳动力丰裕的国家(低工资的国家)流向劳动力稀缺的国家(高工资的国家),因而,劳动力的跨国流动将缩小劳动力流入国和流出国间的要素禀赋差距。要素禀赋的趋同将削弱劳动要素丰裕的国家在劳动密集型产品方面的比较优势,同时削弱劳动要素稀缺的国家在资本密集型产品方面的比较优势。因此,在其他条件不变的情况下,劳动力的国际流动将使国际贸易量缩小。

我们仍然假定有 A、B 两国,两国都生产两种商品 X 和 Y,生产过程中投入两种要素即资本(K)和劳动(L);其中 X 是劳动密集型商品, Y 是资本密集型商品; A 国属于劳动要素禀赋相对充裕的国家,B 国属于资本要素禀赋相对充裕的国家;假定消费扩张的贸易效应是中性的,也就是说当两种商品的消费数量扩张时,两种商品消费的比例不变。

如图 3-21 所示,在贸易前, A 国是劳动丰裕的国家,在劳动密集型产品的生产方面拥有比较优势。B 国是资本丰裕的国家,在资本密集型产品的生产方面拥有比较优势。因此,在允许劳动力流动的情况下,劳动力将从本国流向外国。劳动力流动的结果是本国在劳动密集型产品生产方面的比较优势下降,外国在资本密集型产品生产方面的比较优势下降。因此,本国劳动要素的流动在一定程度上替代了劳动密集型产品的出口。外国因劳动流入,资本丰裕度下降,致使其在资本密集型产品生产方面的比较优势下降,因而其资本密集型产品的出口也相应减少。在图 3-21 中,劳动力流动后, A 国与 B 国的贸易三角均小于劳动力流动前。

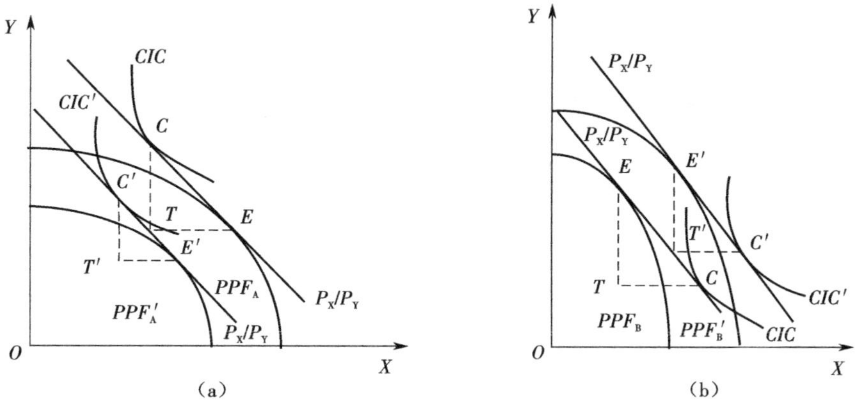

图 3-21　劳动力流动的贸易效应

(a)劳动力流出国;(b)劳动力流入国

A 国劳动力流出后,其消费组合从 C 点移至 C′ 点, A 国的福利水平下降,如图 3-21(a)所示,这是因为劳动力是人力资本的载体,劳动力的流出意味着人力资本的流失。而在本模型中,我们未考虑劳动流出后创造的收入是否有汇回国内的问题,如果有足够多的侨民汇款汇回本国,本国的总福利水平仍可能提高。不过,劳动力流出后,本国的人均福利水平仍可能上升。B 国劳动力流入意味着人力资本的流入,原有的物质资本与增加了的人力资本相结合将能创造更多的社会财富,结果是社会总消费水平在 C′ 点高于 C 点,如图 3-21(b)所示。

劳动力流动对流入国和流出国的净影响,取决于流出劳动者的人力资本含量。从理论上讲,流出劳动者的人均人力资本拥有量如果低于流出国的人均人力资本含量,流出国的人均福利会因为那些劳动者的流出而上升。反之,则下降。流入劳动者的人均人力资本拥有量如果低于流入国的人均人力资本含量,流入国的人均福利会因为那些劳动者的流入而下降。反之,则上升。

3.3　特定要素模型

H-O 理论假设生产要素可以在国内完全自由流动,生产调整时,生产要素可以快速地从一种产品的生产中退出,转移到另一种产品的生产,所以生产组合可以顺利地沿着生产可能性曲线移动。实际上,生产要素的移动很难做到快速而完全。能在部门间移动的生产要素称作可动(mobile)要素;不能在部门间移动的生产要素称作特定(specific)要素。现在将 H-O 模型变为三种要素和两种产品。三种要素两种产品的模型之一是“特定要素模型”(specific-factors model),这一模型的基本思想可以追溯到 20 世纪 30 年代的一些经济学家,包括哈伯勒(Haberler, 1936)、哈罗德(Harrod, 1939)、俄林(Ohlin, 1933)和维纳(Viner),但真正建立模型并对其进行系统分析的是萨缪尔森和琼斯。这个模型主要被用于解释短期内国际贸易对收入分配的影响,假定一个国家生产两种产品,劳动供给可以在两个部门间进行配置。与李嘉图模型不同的是,特定要素模型中存在劳动以外的生产要素,劳动可以在部门间流动，是一种流动要素。其他要素则是特定的，只能被用于生产某些特定产品。在20世纪70年代后期，经济学家尼瑞（Neary）和马萨（Mussa）又做了进一步分析，并将“特定要素模型”看作短期内某些要素不能流动的赫克歇尔－俄林模型。

3.3.1 特定要素模型的基本假设

（1）X、Y两种产品生产都使用劳动；

（2）规模收益不变；

（3）劳动是同质的，可在两个部门间自由流动；

（4）劳动总量是固定的，并且充分就业；

（5）资本是特定生产要素，即两个部门的资本不能互相使用；

（6）每个部门的资本投入都是固定不变的；

（7）所有商品市场和要素市场都是完全竞争的。

3.3.2 劳动在两个部门的分配

根据上述假设，X、Y的生产函数可表示成下列形式：

$$X = F_X(K_X, L_X)$$

$$Y = F_Y(K_Y, L_Y)$$

其中，K_X、K_Y均为常数，它们分别表示X和Y部门专门使用的两类特定资本。若劳动总量为L，则在充分就业时，存在以下条件：

$$L = L_X + L_Y$$

由于资本是特定不变的，所以两个部门的边际劳动生产率只取决于劳动投入量，劳动投入越大，边际劳动生产率就越低。由于劳动是公共要素，在两个部门自由流动。劳动力究竟怎样在两个部门之间分配，取决于劳动力市场上的供给与需求。两个部门对劳动的需求由边际劳动生产率和产品价格决定。在利润最大化的目标下，厂商支付的工资不会超过劳动为之创造的价值。因此，厂商对劳动的需求（厂商愿意支付的工资）等于产品价格（P）乘以边际劳动投入所生产的产品数量（边际劳动生产率，MPL）。根据边际产出递减规律，在其他要素投入不变的情况下，厂商雇用的劳动力越多，边际劳动产品越少。因此，对于任何给定的产品价格，劳动需求都是一条向下倾斜的曲线。

图3-22中，底边的长度表示劳动总量L，其他两边分别表示X、Y部门中的劳动价格或报酬。在完全竞争条件下，两个部门的劳动报酬分别为$w_X = P_X \times MPL_X$，$w_Y = P_Y \times MPL_Y$，向右下倾斜的是X生产部门的劳动需求曲线，等于X的价格（P_X）乘以X生产的边际劳动产出（MPL_X）。向左下倾斜的是Y生产部门的劳动需求曲线，等于Y的价格（P_Y）乘以Y部门的边际劳动产出（MPL_Y）。工资越低，两个部门所需的劳动越多。当工资等于w^*时，两个部门所雇用的劳动等于劳动的总供给，劳动力市场达到均衡（点E），劳动力不再流动。

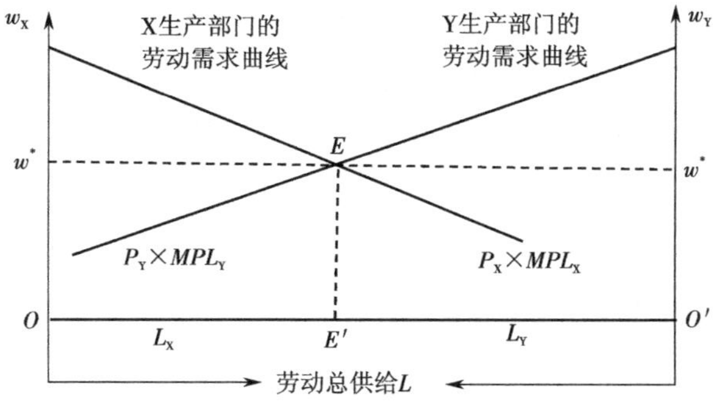

图 3-22　劳动在两个部门的分配

3.3.3　国际贸易的影响

假设一国在 X 商品上有比较优势,出口 X 商品进口 Y 商品,经济开放前,国际市场上 X 商品的相对价格高于国内自给自足时的价格, Y 商品的相对价格低于国内自给自足时的价格,贸易后, Y 商品价格下降, X 商品的价格上升, X 行业的劳动需求量曲线必然向上移。简单起见,假定商品的国际价格为 P'_X,高于国内自给自足时的价格 P_X,如果 X 生产部门的劳动需求曲线上移到($P'_X \times MPL_X$)而雇佣的劳动人数不变的话, X 生产部门的工资可以从 w_0 上涨到 w_2,如图 3-23 所示。但由于劳动力可以在部门之间自由流动, X 行业工资的上涨会使 Y 行业中一部分劳动力转移到 X 行业,从而使 X 行业的工资最终没有上涨到 w_2,而是上升到 w_1 点。同时, Y 行业厂商被迫提高工资以防止工人进一步流失,劳动力市场最终在 E_1 点达到均衡。在这一点上,新的 X 行业劳动需求曲线($P'_X \times MPL_X$)与 Y 行业劳动需求曲线相交。该点决定了均衡的劳动力分配 L_1 和均衡工资水平 w_1。一部分劳动力从 Y 行业流动到 X 行业, X 行业的劳动投入增加而 Y 行业的劳动投入减少,带来 X 商品产量增加和 Y 商品产量减少。均衡工资上涨,上涨幅度小于 X 商品价格上涨的幅度(线段 CE_0 代表的距离),所以用 X 商品价格衡量的实际工资下降了。假定 Y 商品的价格不变,用 Y 商品的价格衡量的实际工资水平上升。因此,在特定要素模型中,贸易后流动要素劳动的实际收入水平如何变化不明确,与劳动力的消费结构有关。如果劳动力主要消费 X 商品,其实际收入水平下降;如果主要消费商品 Y,则其实际收入水平上升。

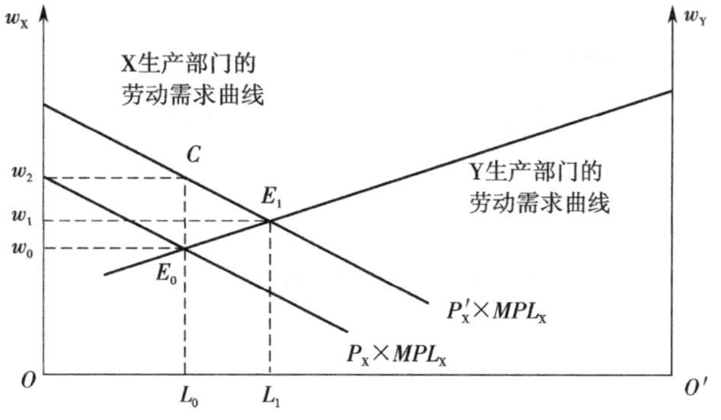

图 3-23　贸易与要素收益

特定要素资本的收益同样取决于其边际收益产品。X行业由于劳动投入数量增加,该行业资本的边际生产力上升,加之X商品的价格上涨,所以X行业资本的边际收益产品上升,且大于X商品价格上涨的幅度,所以用X商品衡量的资本实际收益上升。假定Y商品的价格不变,用Y商品衡量的X行业资本的实际收益也上升。Y行业劳动投入减少导致该行业资本的边际生产力下降,Y商品的价格不变,该行业资本的收益率下降,而且无论用商品X还是用商品Y衡量的Y行业资本的实际收益都下降。在资本短期内成为特定要素的情形下,出口部门的特定要素所有者受益,进口部门的特定要素所有者受损。

特定要素模型表明,当要素流动程度不同时贸易对要素收入的影响并非如斯托珀-萨缪尔森定理所言富裕要素所有者的收入提高,而稀缺要素所有者的收入下降。

特定要素模型主要用于解释在短期内国际贸易对收入分配的影响。长期来看,国际贸易对收入分配格局的影响基于商品要素密集度的差异;而在短期内,国际贸易对收入分配格局的影响则是因为要素的特定性或不流动性。特定要素模型对于国际贸易所带来的国内收入分配问题做了明确的回答。特定要素模型引入了特定于不同生产部门的生产要素,明确了不同利益集团的收入和国际贸易之间的联系。该模型表明,贸易开放会增加特定于出口部门的生产要素的收入,同时会减少特定于进口竞争产品的生产部门的生产要素的收入。这个结论看似简单直观,没有出乎意料之处,但它和现实生活中所观察到的不同利益集团对贸易开放的态度相吻合,因而对于分析贸易政策具有很强的应用价值。与要素价格均等化理论相比,特定要素模型关于国际贸易对收入分配影响的分析更接近现实。

3.4 运输成本与国际贸易

到目前为止,我们一直假设运输成本为零。这里,我们将放松这一假设。我们会看到运输成本可以通过影响进口国和出口国相互贸易的商品价格来直接影响国际贸易,也可以通过影响生产和产业的选址来间接影响国际贸易。

3.4.1 运输成本影响国际贸易的局部均衡分析

运输成本包括运输费、装卸费、货物保险费以及在商品运输期间的利息费用。因此,这里所指的运输成本是广义的,包括了商品从一个国家和地区到另一个国家和地区运输的所有成本。运输成本与一国的地理状况、基本设施质量和公司管理技巧有关,运输成本过高不利于该国的对外出口。对于一种商品,一国只有在两国的商品差价大于运输成本的前提下才可能参与国际贸易,否则,这种商品就会成为非贸易品。

运输成本对国际贸易的影响我们可以用图3-24来表示。我们假设有A、B两国,两国货币的汇率、收入水平以及其他条件均保持不变,A国在X商品生产上有价格优势,A出口X商品,而B国进口X商品。

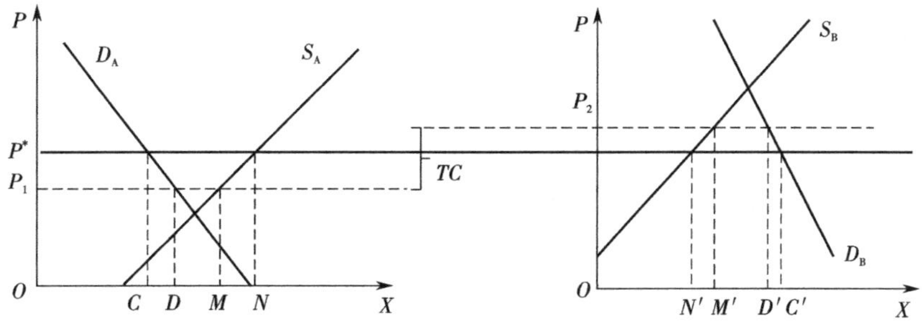

图 3-24　运输成本对国际贸易的影响

(a)A 国;(b)B 国

不考虑运输成本时,国家 A 以国际价格 P^* 向国家 B 出口商品 X,贸易规模为 *CN*(*N′C′*)所表示的部分,如果考虑运输成本 *TC*,出口品 X 进入 B 国后，X 的国内价格上涨,这导致国家 B 的进口需求下降。国际市场上 X 供过于求,出口国 A 的 X 商品的价格趋于下降,国内生产萎缩的同时需求增大,出口供给下降。出口国 A 国内的 X 商品价格下降,而进口国 B 国内的 X 商品价格上升,直到出口国的出口供给与进口国在国际价格加上运输成本时的进口需求相等,两国实现贸易平衡,这时 A、B 两国国内 X 商品的价格差就是运输成本。如图 3-24 所示,出口国价格为 P_1,进口国国内价格为 P_2 时,两国实现了贸易平衡,贸易量为 *DM*(*M′D′*)所表示的部分,而 P_1 和 P_2 的差异是运输成本,说明运输成本的影响是由两国分摊的。各国具体承担多少取决于各自的供求弹性:进口国的供给与需求越是缺乏弹性、出口国的供给与需求越有弹性,进口国负担的运输成本越多。运输成本的存在虽然降低了贸易量,但是没有改变两国的贸易结构。如果运输成本非常高,大于两国贸易前的价格差异,则商品 X 就不会参与国际贸易,而成为非贸易商品,否则成为可贸易商品。在存在运输成本的情况下,由于两国商品 X 的价格不相等,即使 H-O 模型的其他假设条件均满足,各国的要素价格也不会完全相等。总之,运输成本降低了贸易的总水平和生产的专业化程度。运输成本不仅使商品在两国的进出口价格不均等,使要素禀赋论的贸易品价格均等化定理扭曲,而且使要素价格均等化定理扭曲。当考虑运输成本的影响时,贸易后两国进出口商品不再有统一的价格,要素价格均等化理论也就不成立了。

运输成本的存在可以将商品分为贸易商品和非贸易商品。那些单位运输成本高于两国商品价格差的商品称之为非贸易商品,而另一些单位运输成本低于两国商品价格差的商品称为贸易商品。非贸易商品的价格是由国内的供求情况决定的,而贸易商品的价格是由国际市场的供求情况决定的。影响一种商品在国际市场竞争能力的不是单位产品运输成本的绝对量,而是运输成本在商品价值中的相对比重。水泥、砖瓦和砂石等这类产品的运输成本占其产品价值的比重非常大,它们不可能进入国际市场。而黄金和钻石的运输比较特殊,虽然运输成本较高,但与它们昂贵的价值相比,所占的比重甚小,所以它们都是国际贸易商品。国际贸易商品和非贸易商品之间没有绝对的界限。国外需求的提高,使得以前从未进入国际市场的商品能够通过贸易去获得利润。随着运输技术的进步,许多非贸易品可以转化为可贸易商品。

3.4.2 运输成本与产业选址

由于存在运输成本，到岸的进口商品的成本便会提高，加之假设进口竞争商品的国内生产者受到某些保护，所以运输成本会影响工业区位或工业布局。然而，运输成本在每一种商品的成本中的相对比重悬殊，各种工业在国家之间的分布也不同，从而不同程度地影响国际贸易的格局。工业企业在进行生产时，必须获得原料供应，成品必须运抵消费市场。为了获取最大利润，工业企业应努力使包括运输成本在内的产品单位成本最小化。为此，建厂时就要选择好厂址。这种研究厂址选择的理论被称为区位理论。俄林认为，国际贸易理论只是更一般的区位理论的一部分，区位理论充分考虑了定价的空间方面的因素。事实上，所有商品生产时都需要原料，而原料的运输价格往往比制成品来得低廉。不仅如此，在制造加工过程中由于其性质不同，有的大大减少了所使用的材料的重量，有的却在加工的完成阶段反而增加了成品的重量或体积。鉴于此，确定生产的最佳区位，变得较为复杂。一般来说，按商品的加工地点，可将产业区位分为以下三类。

1. 资源导向型产业

通常说来，资源导向型产业（resource-oriented industry）是那些原材料的运输成本高于制成品运往市场的费用的产业。如钢铁、基础化工、炼铝等，它们都是把大而重的原材料制成较轻的成品（这些产业在生产过程中有大量的重量减少）。其他如棉花的轧棉，甘蔗、甜菜糖、松油、松香的提炼，蔬菜的制罐，瓷器的制造等，也都是由原料决定生产区位的例子。第二次世界大战以后，由于运输技术和生产工艺的改进，降低了运输和生产成本，使得日本这个缺乏铁矿和煤炭的国家，由澳大利亚、秘鲁等国进口铁矿石，从澳大利亚和美国等地进口焦煤，在沿海地区建立起庞大的钢铁工业，钢产量已赶上并且超过了美国。这表明钢铁工业有可能由以资源定位的工业转变为以市场定位的产业。

2. 市场导向型产业

市场导向型产业（market-oriented industry）指的是选址靠近产品市场的产业。在生产过程中，产品的重量显著增加，制成品往往比较重或比较大，因而靠近消费市场可以节约运费。如软饮料产业通常都是把原汁运往靠近市场的工厂加水灌装。由市场决定区位的商品还有诸如面包、烘烤的食品、新鲜蔬菜、鲜花、冰以及新鲜的牛奶等容易损坏的商品。

3. 流动型产业

流动型产业（footloose industry）或称中性定位的产业、自由定位的产业，指那些生产中产品重量既没有显著减少也没有显著增加的产业，一般有较高的价值 / 重量比率，流动性比较强。这些行业一般选择在使其总制造成本最小化的地方建厂。典型例子就是美国苹果手机，它把美国生产的部件运往中国，使用廉价的中国劳动力组装零部件，然后运回美国市场销售。许多国家政府为吸引这类流动型产业，对本国和外国的投资者都给予较优惠的税收政策。

当运输成本或者因为本身微不足道，或者因为对市场和材料的吸引力大致相同而无足轻重时，其他的因素包括劳动力的供给状况、土地的价格等，在选择工业区位时便有了决定性的意义。

通过以上分析可以看出，运输成本是决定一国国际贸易比较优势的重要因素之一。那些毗邻国际市场或有广大的国内市场的国家，在发展以市场定位的工业方面有比较优势，而远离国际市场和没有大规模国内市场的国家在这方面则缺乏比较优势。

本章小结

（1）在规模效益和价格不变的条件下，如果劳动和资本同比例增长（平衡增长），国家的生产可能性曲线将以与要素增长相同的比例均匀地向所有方向移动，而每一工人的产量保持不变。若劳动比资本增长得快，生产可能性曲线将以更大的比例朝劳动密集型商品方向转变，且每一工人的产量下降。如资本的增长超过劳动，则发生相反的情况。雷布津斯基定理假定，在不变价格的条件下，一种要素禀赋的增长，将导致要素密集型商品的产量以更大的比例增长而减少其他商品的产量。所有类型的技术进步都会减少任何给定产量所要求的劳动和资本的数量，使生产可能性曲线外移，增加国家的福利。中性技术进步使劳动和资本的生产率以相同比例增长且对国家的生产可能性曲线产生如平衡要素增长时的同样的效应，结果在相对要素价格（工资率 / 利率比例）不变的条件下资本 / 劳动比率保持不变。劳动节约型技术进步使资本生产效率的增长超过劳动生产率的增长，结果是以资本替代劳动，在工资率 / 利率比率不变的条件下资本 / 劳动比率上升。资本节约型技术进步与劳动节约型的技术进步结果相反。

（2）两国间要素价格的差异吸引要素由低价格的国家向高价格的国家流动。这种流动一方面通过资源重新配置提高了世界福利水平，另一方面通过缩小国家之间要素禀赋的差异，降低了贸易规模。 要素跨国流动和基于要素禀赋差异的国际贸易具有替代性：贸易使国家之间的要素价格趋同，要素流动使国家之间的贸易减少。在现实经济中，资本在国际上的大量流动会对东道国、投资国的产出以及资本和其他生产要素的收益率产生各种各样的影响。资本在国际上的自由流动可以使要素在国家之间进行重新分配，从资本丰富的国家流入资本欠缺的国家，提高世界的总产出水平。投资国的资本边际收益率提高了但劳动力的边际收益率则下降了，因此投资国的资本所有者会主张资本外流，劳动力所有者则持反对态度。资本流入国则正好与之相反，劳动力所有者支持资本流入、资本所有者则反对资本流入。

（3）特定要素模型又称为李嘉图 - 维纳模型。特定要素模型的最大用途是对国内收入分配问题的分析。这个模型清楚地显示了不同生产要素集团之间的收入分配。当一个国家开放贸易时，该国出口部门的特定要素会得益，而该国进口部门的特定要素会受损。由此推知一个国家出口部门的生产要素会倾向于支持贸易开放，而进口部门的生产要素会倾向于反对贸易开放。在特定要素模型中，各国之间的贸易同样基于比较优势，贸易开放同样给每个国家带来整体的贸易收益。特定要素模型是一个短期静态模型。在这个模型中，每个国家所拥有的各种生产要素的数量是给定的。该模型假定某些生产要素特定于某些生产部门，这个假定只在短期内才成立。从长期来看，生产要素能够在部门之间流动，因此特定要素模型从长期来看是不适用的。

（4）在运输成本存在的条件下，只有那些贸易前价格差大于运输成本的商品才能产生国际贸易。当贸易达到均衡时，两国贸易产品的相对价格有一个相当于运输成本的差额。运输成本也可以通过影响生产和产业的选址来间接影响国际贸易。产业可以划分为资源导向型产业、市场导向型产业和流动型产业。

思考与练习

1. 名词解释

（1）雷布津斯基定理。

（2）荷兰病。

（3）福利恶化型增长。

（4）非贸易商品。

（5）资源导向型产业。

（6）市场导向型产业。

（7）流动型产业。

2. 思考题

（1）雷布津斯基定理说明了什么？

（2）技术进步对国际贸易有什么影响？

（3）福利恶化型增长的条件有哪些？

（4）本国有三种资源：劳动（L）、资本（K）和土地（T），生产布匹（C）和钢铁（S）。生产布匹需要劳动和土地两种资源，生产钢铁需要劳动和资本。劳动可以流动，资本和土地不能流动。同时本国有 100 单位劳动，10 单位资本和 5 单位土地。生产布匹和钢铁的生产函数为：

$Q_C = T\sqrt{L_C}$，$Q_S = K\sqrt{L_S}$ 本国消费布匹和钢铁的效用函数为：$U(Q_C, Q_S)=Q_C \cdot Q_S$。

①画出本国布匹和钢铁的生产函数。

②画出本国布匹和钢铁的生产可能性边界，求其方程。

③求本国布匹和钢铁的生产量、消费量、均衡价格及劳动在各部门的分配。

（5）假定中国有两个部门：以土地为特定要素的食品部门和以资本为特定要素的制造业部门，劳动可在两部门间流动。假定特别好的天气使得几个农业省获得了大丰收，使食品的价格下降了 8%。

①画出这一情形对食品部门和制造业部门劳动需求曲线的影响。

②这对工资有何影响？

③劳动在部门间的分配有什么改变？每个部门的产出有什么改变？

④食品价格相对于制成品价格的下降将怎样影响资本所有者与土地所有者的收入？

⑤这一变动对工人收入有什么影响？假如在一个工人的消费组合中食品是最重要部

分,能否给出一个更确定的回答?

延伸阅读

[1] HABERLER G V. The theory of international trade, with its applications to commercial Policy[M]. London: William Hodge, New York: Macmillan, 1936.
[2] HARROD R. An essay in dynamic theory[J].Economic Journal, 1939(49): 14-33.
[3] OHLIN B.Interregional and international trade[M]. Cambridge: Harvard University Press, 1933.
[4] VINE J. Studies in the theory of international trade[M]. New York: Harper and Row, 1937.

第 4 章　当代贸易理论

本章概要

第二次世界大战后，国际贸易领域出现了很多新古典贸易理论难以解释的新特点。战后工业国家越来越多地出现同一行业既出口又进口的现象，在资源禀赋模式基本不变的情况下，某些制成品的比较优势会从发达国家向发展中国家转移，这些问题在传统贸易理论的框架内都无法解释。为了解释这些新贸易现象，20 世纪 60 年代以后以保罗·克鲁格曼（Paul Krugman）为代表的国际贸易学家创建了一系列建立在不完全竞争的市场结构之上的贸易模型，这些贸易模型被统称为当代贸易理论或新贸易理论，以区别于以比较优势为核心概念的传统贸易理论。新贸易理论的基本观点是非比较优势理论，即各国并不仅仅利用成本差异而从事专业化生产和贸易。

本章放宽了新古典经济学的一些基本假定，考虑不完全竞争、规模经济、技术差距、产品差别、需求条件等对国际贸易的影响。首先，介绍了不完全竞争、规模经济与国际贸易；其次，从要素禀赋、技术差距和产品生命周期等方面讨论国际贸易的基础；再次，介绍了产业内贸易理论的相关内容；最后，从需求角度讨论产业内贸易的基础。

学习目标

（1）了解基于不完全竞争和规模经济的国际贸易理论；
（2）掌握产品生命周期理论的假设、贸易模式及其对国际贸易理论的发展；
（3）充分认识产业内贸易理论的界定、衡量及主要内容；
（4）认识偏好相似理论提出的原因及内容；
（5）掌握国家竞争优势的含义、决定因素及其发展阶段；
（6）了解国际贸易理论的最新进展。

4.1　不完全竞争、规模经济与国际贸易

国际贸易实践，特别是行业内贸易的发展，要求重构国际贸易理论并对国际贸易的新发展做出合理的理论解释。坎普最早注意到规模经济对国际贸易的影响，随后以保罗·克鲁格曼为代表的经济学家放弃了规模报酬不变和完全竞争的不现实假设，将国际贸易理论建立在不完全竞争和规模经济假设上，指出规模经济和产品差异使各国在一些商品上更易形成专业化生产优势。

4.1.1 不完全竞争与国际贸易

新贸易理论强调不完全竞争在国际贸易理论中的重要作用,认为不完全竞争会对参与国际贸易的各方产生重要影响。处在不完全竞争市场结构中的厂商或多或少具有对自己所生产产品的垄断力,因此在不完全竞争市场中,对于同一种产品,厂商可以针对不同消费者收取不同价格,即实行所谓的价格歧视,其中最典型的价格歧视是倾销。在研究当代国际贸易现象时,经济学家也将倾销给企业带来的收益看作一种出口激励,解释在不完全竞争条件下企业的出口动力和贸易原因。

1. 倾销的概念

倾销(dumping)是指出口商以低于本国市场价格或低于成本的价格在国外销售出口产品,它是厂商在不同国家间从事的一种价格歧视行为。只有具备如下条件的厂商才有可能实行倾销:①厂商必须处在不完全竞争市场中,有一定的垄断力,能决定自己产品的价格;②厂商准备倾销的国外市场的需求价格弹性不同于国内,其中国外市场的需求价格弹性较大;③厂商必须有能力有效地分割国内外市场,不存在国内居民回购出口产品的可能。

2. 倾销的种类

国际贸易中的倾销通常可分为四种类型:季节性倾销,是指在应季商品快到畅销季节末尾时厂商以很低价格向国外市场售出余下的库存,在本国市场并不降低价格的情况下由国外市场吸收多余库存;周期性倾销,是指在经济周期中需求不足的阶段,厂商以低于平均成本的价格出口商品,以便充分利用生产能力创造更多就业机会;持续性倾销,是指厂商为追求利润最大化在国外市场上无限期地进行倾销,前提条件是不同市场存在差别;掠夺性倾销,是指为把国外竞争对手挤出市场,达到赚取垄断利润的目的,厂商在国外以较低价格出售出口产品,一旦获得垄断地位后厂商将会把价格提高到垄断价格水平。

3. 倾销的经济学分析

与完全竞争企业不同,垄断企业或垄断竞争企业面对的是一条斜率为负、价格随数量增加而下降的需求曲线。在完全竞争的情况下,每个厂商规模之小以至于无论它生产多少产品都可以按照市场价格出售。因此,只有外国市场上的价格超过本国市场价格,企业才有出口的动机。垄断竞争市场的情况就不同了。企业并不能在国内无限制地生产和销售。垄断或垄断竞争企业每增加一个单位的产品销售,所有单位产品的价格就一齐下跌。企业的边际收益则下降得更快。垄断或垄断竞争企业为了保证利润的最大化,就不得不将在国内市场出售的产品数量控制在一定的范围里。这时,这些企业就有在国外市场上增加产品销售的动力。只要在国外市场上的价格超过产品生产的平均成本,企业出口就有利可图,而不论其价格是否高于本国市场。

如图 4-1 所示,假设厂商在国际市场上是一个完全垄断者,同时在国内市场和国外市场销售产品,并能成功地分割两个市场;假定厂商在国内市场拥有很强的垄断力量、占有绝大部分市场份额,在国外市场垄断力量较小、市场份额较小。

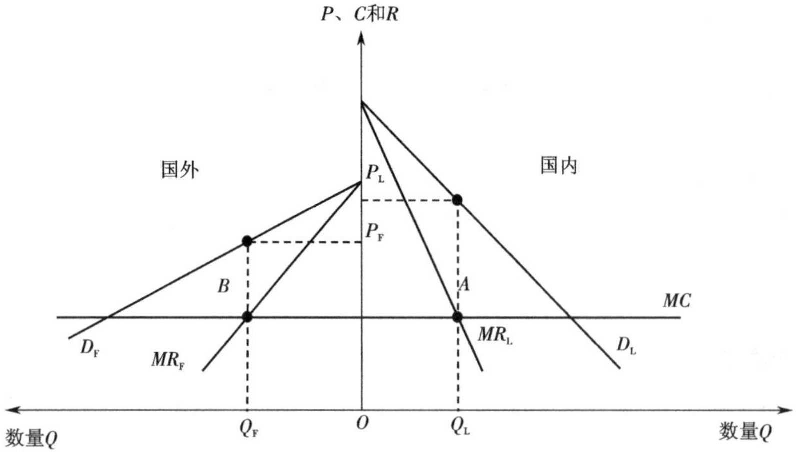

图 4-1　国内外市场的价格歧视

我们假设厂商的边际成本（MC）是个常数，且没有运输成本，所以无论在本国市场（用 L 表示）还是在外国市场（用 F 表示）上销售，产品的边际成本都是一样的。在本国市场上，在利润最大化的目标下，边际效益等于边际成本（$MR_L = MC$），企业生产和销售产品的数量是 Q_L，产品的价格可达到 P_L。为了保证利润不下降，企业不会再在国内市场上增加销售量。另一方面，企业看到外国市场上亦有对这一产品的需求并且存在着高于边际成本的一段边际收益（$MR > MC$）。只要是边际收益大于产品生产的边际成本，企业就会生产产品并将其出口到外国市场。由于企业在外国市场上的份额比较小，需求（D_F）的价格弹性较大，所以根据利润最大化原则（$MR_F = MC$），企业会以 P_F 的价格向外国出口 Q_F 单位的产品。因此，倾销是厂商利润最大化行为的一种策略选择，当国内和国外市场的边际收益相等且等于厂商的边际成本（$MR_L = MR_F = MC$）时，厂商的总利润达到最大。

只要一个产品的国内外市场满足价格歧视的条件，即使外国市场价格低于本国市场价格，企业为了追求利润的最大化，仍有出口的动力。外国的同类企业如果也在其他产品上采取类似的行为，各国就会出现相互倾销的现象。

4.1.2　规模经济与国际贸易

传统贸易理论假设产品规模报酬不变：产出的增长、下降幅度与要素投入的增长、下降幅度一样，投入增加一倍，产出增加一倍。在以初级产品生产为主的前工业化时代，该假设基本接近现实。然而在现实世界，随着生产规模的扩大，收益是会发生变化的。在规模报酬递增条件下，即便两国在各方面均完全相同，互利贸易也会发生，贸易形式是要素禀赋理论不能解释的。规模报酬递增理论也称规模收益递增理论，是 1985 年由克鲁格曼和赫尔普曼（Elhanan Helpman）在《市场结构与对外贸易》一书中提出的。其论点是规模报酬递增也是国际贸易的基础。当某一产品的生产发生规模报酬递增时，随着生产规模的扩大，单位产品成本递减而取得成本优势，因此导致专业化生产并出口这一产品。因此，规模经济可以说是有别于比较优势的另一种独立的国际贸易起因。

1. 规模经济的基本原理

1）规模经济的内涵

所谓规模经济（economics of scale，微观经济学称之为“规模报酬递增”）是指产出水平的增长比例高于要素投入的增长比例的生产状况，反之，则称为规模不经济（diseconomics of scale）。也就是说，如果所有的投入都增加一倍，产出将增加一倍以上，如果所有的投入都增加两倍，产出的增加将超过两倍，由于大规模生产可以更有效地利用劳动力进行专业分工，所以规模报酬递增是有可能发生的，即每一个工人可以专门从事一项简单的重复性工作，从而提高劳动生产率。另外，大规模的企业可以使用更加专业化和高效率的大型机器，而小企业却不能。

规模报酬与边际产量（marginal product）密切相关。边际产量是指在其他投入保持不变的情况下，由于增加一单位的某种投入而多生产出来的产品的产量。它描述的是其他投入不变时产出对于单一投入增加的反应。根据产量变化的程度，规模报酬可以分为三种：规模报酬递增（increasing returns to scale）、规模报酬不变（constant returns to scale）、规模报酬递减（decreasing returns to scale）。若厂商的生产函数为：$Q=f(L,K)$，假定资本（K）和劳动（L）的投入量都增加到原来的 λ 倍，则

$$f(\lambda L,\lambda K)=\lambda\alpha f(L,K),\lambda>1$$

当 $\alpha>1$，则存在规模收益递增；

当 $\alpha<1$，则存在规模收益递减；

当 $\alpha=1$，则规模收益不变。

2）规模经济的分类

规模经济（规模报酬）分为内部规模经济和外部规模经济。

Ⅰ. 内部规模经济

内部规模经济指企业的平均生产成本随着该企业生产规模的扩大而下降。由于生产规模的扩大和产量的增加，企业就能够充分发挥各种生产要素的效能，更好地组织企业内部的劳动分工和专业化生产，提高厂房、设备等固定资本的利用率，从而使分摊到单位产品的固定成本越来越少，进而使产品的平均成本降低。如图 4-2 所示，随着生产规模由 Q_1 扩大到 Q_2，企业的平均成本 AC 是下降的。具有内部规模经济的一般为大企业，多集中在汽车、钢铁、飞机等资本密集型产业中。内部规模经济是由具体生产要素的不可分性和企业内部分工造成的。规模巨大而复杂的生产设备的使用、高度的劳动分工和完善的管理、大量的科研和开发活动、巨量材料的买卖等，都只对那些已达到一定规模的企业来说才是可能的和经济的。

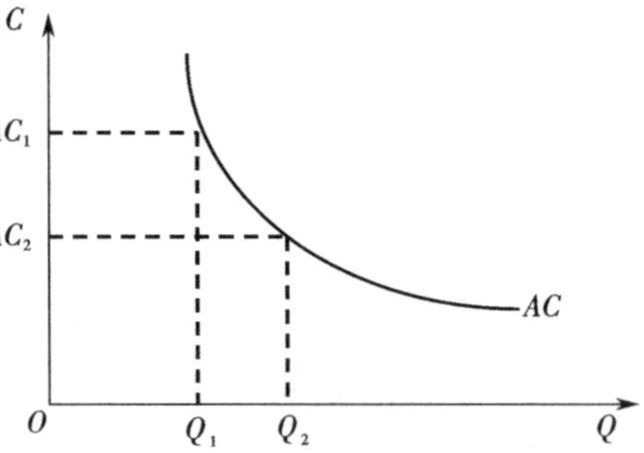

图 4-2　内部规模经济厂商的平均成本线

内部规模经济多见于产品差异性较强的行业。在内部规模经济条件下，企业规模越大，竞争优势越大，即大企业具有成本优势。这些行业中的企业通常面临的市场是不完全竞争的。

Ⅱ. 外部规模经济

外部规模经济指企业的平均成本随着整个行业生产规模的不断扩大而下降，即平均成本与单个厂商的生产规模无关，但与整个行业的规模相关，外部规模经济是一种经济外部性的表现，其产生的源泉有很多，主要来源于行业内企业数量的增加引起的产业规模的扩大。如图 4-3 所示，随着行业供给规模由 S 右移到 S'，由于外部规模经济的作用，企业 i 的平均成本线下移。

外部规模经济是由于同行业企业的增加及其地理位置的相对集中，使得企业能够更好地利用交通运输、通信设备、金融机构、自然资源、水力能源等生产要素，从而促使企业在运输、信息收集和扩散、知识积累和分享、产品销售渠道等方面的成本降低。例如，假设第一个在中关村开业的电脑公司只有一家店铺，一辆车从北京郊区的生产基地每天运送电脑的物流成本为 1 000 元；如果有 10 家电脑公司聚集中关村，这些公司可以共同雇用一辆车运送电脑，每个公司为此支付 100 元就够了，由此产生的成本下降就是外部规模经济。

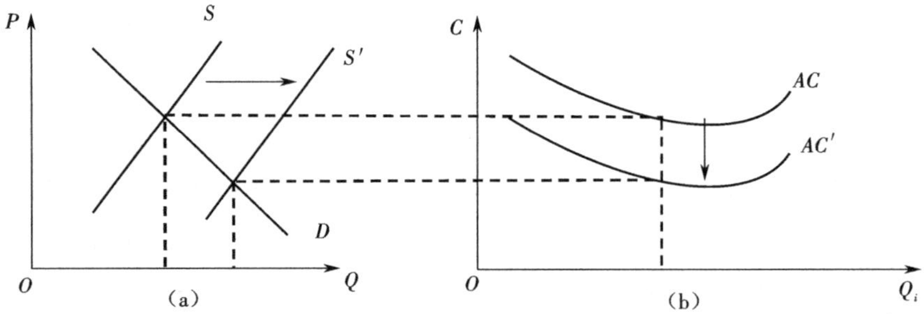

图 4-3　外部规模经济

(a)行业的供求曲线；(b)厂商的平均成本线

2. 内部规模经济与国际贸易

企业自身生产规模的扩大，使得分摊到每个产品的固定成本(管理、信息、研发成本)越来越少，产品平均成本下降；生产规模的扩大提升专业化生产水平进而提高生产率；大企业有经济实力集中进行研发与技术创新，提高生产率；随着产品累积，工人和管理者积累了更多经验，更熟悉产品生产过程，生产改善、销售组织、工作设计、任务协调、存货减少、绩效提高，这些都是内部规模经济的表现。具有内部规模经济的多为大企业、大公司，其集中于设计、管理、销售成本较高的制造业和信息产业，其特点是企业的规模大，生产的产品有差异，需求曲线向右下方倾斜。由于厂商之间的产品可替代，企业之间也存在相当的竞争。有利润，会吸引厂商进入，价格下跌，利润减少直至经济利润为零。有亏损，会导致部分厂商退出，价格上升，亏损减少直至没有，经济利润为零。

1）具有内部规模经济的垄断竞争企业

如图 4-4 所示，封闭经济中企业的规模经济表现为长期平均成本曲线逐渐降低，垄断竞争表现为企业面对向下倾斜的需求曲线，在长期竞争的条件下，企业的长期平均成本曲线与需求曲线相切于均衡点 E_1，产品价格等于其平均成本，利润为零。

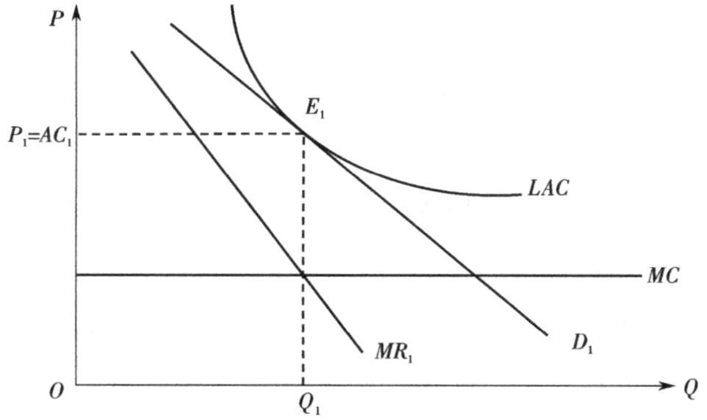

图 4-4　封闭经济中具有内部规模经济的垄断竞争企业的规模经济表现

然而在开放经济中，垄断竞争企业面临的总需求会扩大，如图 4-5 所示，需求曲线由原来的 D_1 移动到 D_2，同时垄断竞争企业的边际收益曲线由 MR_1 向右移动到 MR_2，企业按照边际收益等于边际成本（$MR_2 = MC$）的原则来确定供给数量，产量为 Q_2，高于封闭经济下的数量 Q_1；价格为 P_2，低于封闭经济条件下的均衡价格 P_1，需求的短期扩张使企业的平均成本下降到 AC_2，企业获得超额利润，如图阴影部分所示。由于产品价格的下降，从而使得本国消费者也受益，消费者剩余增加。

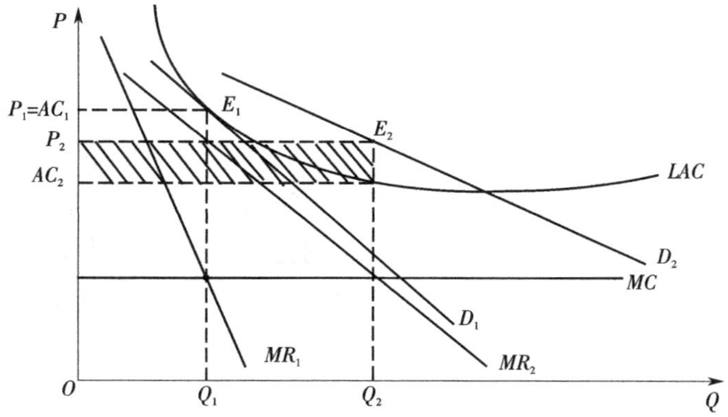

图 4-5　开放经济中垄断竞争企业内部规模经济的短期影响

长期来看，会有新的企业进入市场，市场需求被新进入的企业瓜分一部分，如图 4-6 所示，企业所面临的需求下降，参与贸易后的需求曲线变得更有弹性，需求曲线由原来的 D_2 移动到 D_3，同时垄断竞争企业的边际收益曲线移动到 MR_3，长期内企业经济利润回到零，企业按照边际收益等于边际成本（$MR_3 = MC$）的原则来确定供给数量，产量为 Q_3，企业的平均成本下降到 AC_3，本国消费者消费量增加，消费者剩余增加。从社会福利角度考虑，无论短期还是长期，整个社会福利水平比没有贸易时的要高。

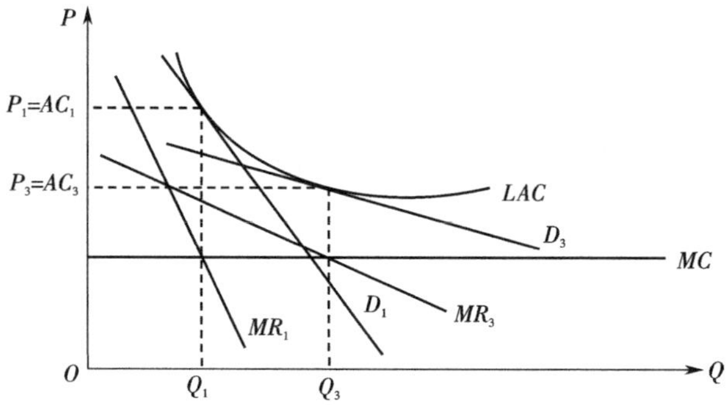

图 4-6　开放经济中垄断竞争企业内部规模经济的长期影响

2）内部规模经济与贸易模式

具有内部规模经济的企业参与贸易的具体情形，如图 4-7 和 4-8 所示，假设日本和美国都是资本富裕的国家，有相同的生产技术和资源禀赋，所以两国生产资本密集型产品汽车的成本曲线完全一样。并假定汽车行业有卡车和轿车两种差别产品，在两国也有完全相同的长期平均成本曲线。进一步假定两国对两类汽车的需求量都是 100 万辆。贸易前，两国都需要生产 100 万辆卡车和 100 万辆轿车。由于各自市场狭小，难以形成规模经济，产品的成本价格较高，都等于 2 万美元。开放市场后，如果美国先行一步，将轿车生产扩大至 200 万辆，成本和价格随之降到每辆 1.5 万美元，就有可能占领日本市场。在市场被瓜分的情况下，日本生产轿车的成本被抬高，没有必要继续生产轿车与美国竞争。因为竞争的最后结果是把美国轿车赶出日本市场，回到原来没有贸易时的状态。一国的资源总是有限的，美国不可能同时生产所有产品。日本可以将资源转移到卡车的生产上，将产量扩大至 200 万辆，并以每辆 1.5 万美元的低价向美国出口。由此形成两国的分工生产和汽车的双向贸易。分工和贸易的结果使两国生产成本和产品价格都降低了，资源得到更有效的利用，各国的消费量也没有减少。

在现实经济中，由于工业制成品的多样性，任何一国都不可能生产一个行业内的全部产品，从而使国际分工和贸易成为必然。这种发达国家之间制成品的双向贸易的基础是规模经济，而不是技术水平差异或资源禀赋差异产生的比较优势。但具体到哪一国分工生产哪一种差别产品，则没有固定的模式，既可能是自然竞争的结果，也可能是协议分工的结果。

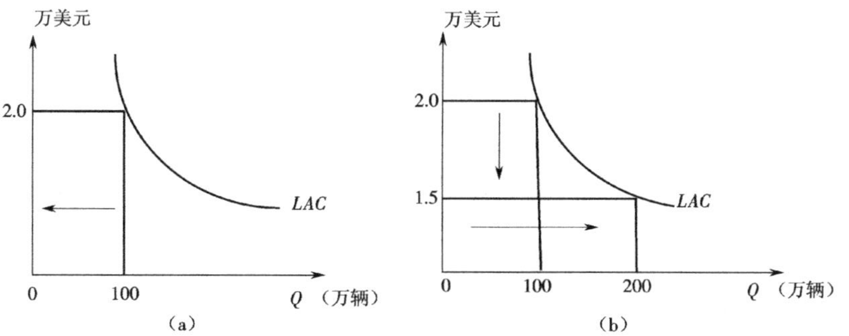

图 4-7　美国长期成本曲线与规模经济

(a)美国卡车;(b)美国轿车

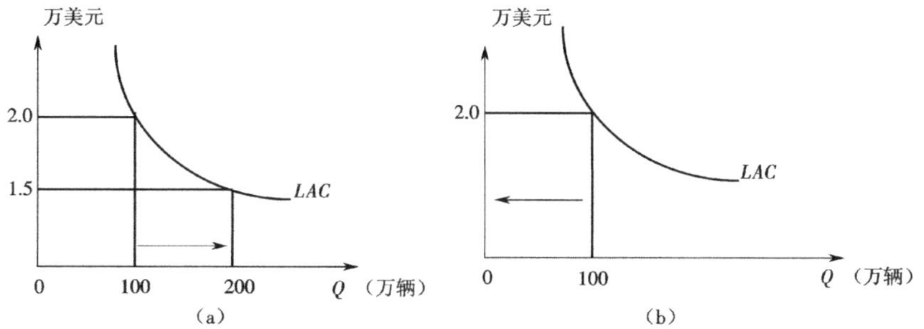

图 4-8　日本长期成本曲线与规模经济

(a)日本卡车;(b)日本轿车

3)克鲁格曼模型

克鲁格曼(Paul Krugman, 1979)在《报酬递增、垄断竞争和国际贸易》中,探讨了内部规模经济可以引致贸易的理论。克鲁格曼模型假定有两个国家、一个行业和一种生产要素:两国的偏好、要素禀赋及收入水平完全相同,单一生产要素为劳动;行业内有多个厂商,没有进入壁垒,每个厂商的长期利润为零;行业中各厂商生产不同质产品(水平差别),厂商数目代表了差别产品的种类;假定每个企业具有内部规模经济,生产函数是以给定产出水平所需的劳动数量来反映的,体现了内部规模经济:

$$L_i = a + bQ_i \tag{4-1}$$

L_i 代表行业中企业 i 的劳动投入数量,a 是由技术水平决定的常数,Q_i 代表该企业的产出水平,b 体现了产出水平与所需劳动数量之间的边际关系。假定该国的平均工资水平是 w,则该企业的总成本函数为:

$$TC=w(a+bQ_i) \tag{4-2}$$

单个厂商的平均成本和边际成本分别为:

$$AC=\frac{wa}{Q_i}+wb \tag{4-3}$$

$$MC=\frac{\Delta TC}{\Delta Q}=\frac{\Delta(wa+wbQ)}{\Delta Q}=wb \tag{4-4}$$

平均成本是产量的减函数,表明产出水平越高,平均成本越低,生产中存在内部规模经济。

单一行业内的企业生产不同质产品，但企业生产条件完全相同，生产函数均如公式(4-1)所示。行业内企业的数目反映了市场上该类产品的种类。行业具有一定竞争性，企业进出相对容易。由于是垄断竞争市场，企业在边际成本等于边际收益的产量上进行生产，根据市场需求确定价格，短期内可以获得垄断利润，长期内每个企业的利润均为零。克鲁格曼模型研究了垄断竞争企业短期和长期均衡时商品价格和需求之间的关系，并据此讨论贸易的基础及其对福利的影响。

短期内，垄断竞争企业实现短期均衡的条件是边际收益等于边际成本，其中边际收益(MR)与价格的关系为：

$$P_i = \frac{e_D}{e_D + 1} MR \tag{4-5}$$

其中 e_D 是产品需求的价格弹性。根据公式(4-4)，垄断竞争企业短期均衡的方程为：

$$P_i \frac{e_D + 1}{e_D} = wb \tag{4-6}$$

整理后，得

$$\frac{P_i}{w} = \frac{e_D}{e_D + 1} b \tag{4-7}$$

克鲁格曼用人均消费量反映对商品的需求。他认为需求的价格弹性 e_D 与人均消费量 c_i 有关，是 c_i 的函数。c_i 越大，对商品 i 的需求越缺乏弹性；$|e_D|$ 的值越小，$\frac{e_D}{e_D + 1}$ 的值越大，因而短期均衡时就有相应更高的 $\frac{P_i}{w}$ 值。因而，在短期内，经工资水平调整的商品价格 $\frac{P_i}{w}$ 与该商品的人均消费量 c_i 具有正相关关系。

在图 4-9 中，横轴表示经济中任何一个有代表性的消费者对商品 i 的消费量，即人均 消费水平 c，纵轴表示商品 i 的价格，具体为商品价格与工资水平的比率(P/w)。向上倾斜的曲线 P 反映了短期均衡时商品价格与人均消费量之间的相关性。

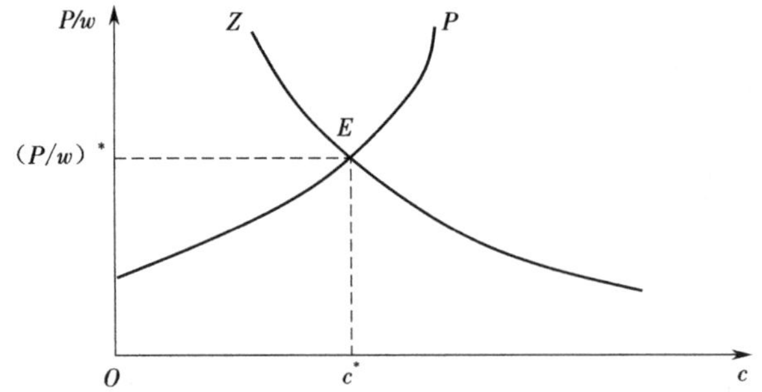

图 4-9　克鲁格曼模型：内部规模经济与贸易

向下倾斜的曲线 Z 反映了长期均衡中商品价格与人均消费量之间的负相关性。这是因为从长期来看，企业均衡的条件是零利润，即企业的总收益等于总成本：

$$P_iQ_i=(a+bQ_i)w$$

也就是：$\dfrac{P_i}{w}=b+\dfrac{a}{Q_i}$　　(4-8)

假定一国的总劳动力就是该国的总消费人口，对某种商品的总消费即为总劳动人数(L)与该产品人均消费数量的乘积。自给自足下的市场均衡意味着产品的总产出等于总消费，即 $Q_i=Lc_i$。将这个表达式代入公式(4-8)，得到长期均衡条件下商品价格与人均消费之间的相关关系：

$$\frac{P_i}{w}=b+\frac{a}{Lc_i} \tag{4-9}$$

克鲁格曼指出，长短期市场共同满足均衡条件，就实现了封闭经济中的均衡。在图 4-9 中，曲线 P 和曲线 Z 相交决定了封闭经济的均衡，交点 E 决定了每一个垄断竞争企业所生产的商品的价格水平和产出规模(人均消费量与劳动数量的乘积)。古典和新古典贸易理论均认为两个具有完全相同偏好、要素禀赋及收入水平的国家之间没有贸易基础，不会有贸易发生。但是在克鲁格曼模型中，开放经济条件下，两国的国际贸易促使两国国内市场统一成完整的国际市场，两国厂商在更大市场范围内销售产品，市场规模扩大后厂商充分发挥生产过程中的内部规模经济效应，而规模经济的作用使所有商品的生产成本都下降了。

图 4-10 所示，开放后，企业向更多的消费人口提供商品，L 值变大，Z 曲线向左下方移动，与 P 线相交于新的均衡点 E'。在新均衡水平上，P_i/w 的值更低，表明劳动者的实际工资水平上升，实际收入提高，该国福利得到改善；在新均衡水平上，c_i 也更低，每种商品的人均消费下降意味着企业的产出水平下降了。

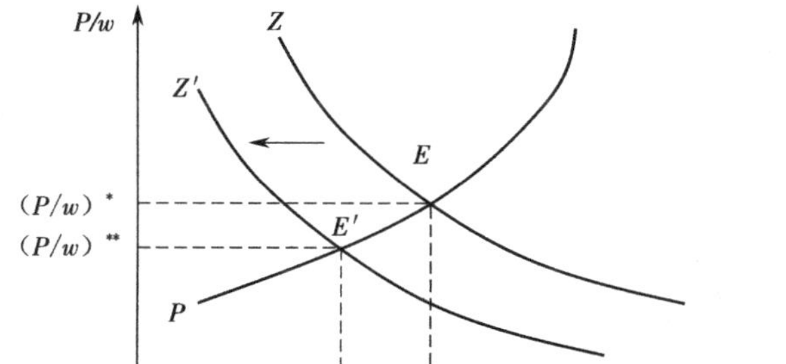

图 4-10　克鲁格曼模型——贸易收益

克鲁格曼模型还发现，贸易不仅影响了产品的价格和产量，还改变了行业中产品的种类数目。自给自足时，一国企业的个数，亦即差别产品的种类数取决于均衡的人均消费水平。因模型假设一国只有一个行业，一国的总人口就等于行业的总就业人口，用 L_f 表示贸易对象国的总劳动人口，我们可以推导出贸易对商品种类 n 的影响：

$$L+L_f=nL_i=n(a+bQ_i)=n[a+b(L+L_f)c_i] \tag{4-10}$$

$$n=\frac{1}{a/(L+L_f)+bc_i} \tag{4-11}$$

从公式(4-11)可知,开放经济条件下 n 的值显然大于没有国际贸易时的值,贸易后 n 的值变大了,也就是说贸易后,两国将提供更多的商品种类。消费者可以有更大的选择空间和多样化消费,福利得到进一步提升。

克鲁格曼模型表明,内部规模经济可以形成国际贸易的基础,生产和需求条件完全相同的两个国家也可以通过国际贸易获利。获利的形式不仅仅是劳动者实际收入水平的提高,还表现为消费者有更多样化的选择,通过产品种类的增加消费者福利得到提高。该理论令人信服的解释了发达工业国家之间的贸易和行业内贸易的重要原因,补充和发展了国际贸易的理论。克鲁格曼模型并不是对 H-O 定理的否定,要素禀赋决定了一国出口与进口的大类商品,但产品差别和规模经济促成了每一大类中各商品的贸易。

3. 外部规模经济与国际贸易

1)具有外部规模经济的竞争行业与国际贸易

外部规模经济是指整个产业产量增加时,每一个厂商的平均生产成本都会降低的现象。由于许多行业需要专门的设备及配套服务,单个企业无法维持供应商生存,行业集中则可以使厂商联合起来形成更大的市场;厂商集中能够为拥有专业技术的工人提供完善的劳力市场;行业集中为技术知识通过个人非正式交流方式提供了传播途径,因此行业内企业数量的增加和集中可以降低每一个厂商的平均生产成本。外部规模经济取决于整个产业的规模而非单个厂商的规模。外部经济多出现在竞争性强的同质产品行业,如华尔街的金融业、好莱坞的娱乐业、广东佛山的建筑陶瓷业、浙江定海的皮革生产业、内蒙古鄂尔多斯的羊毛衫生产业、广东顺德地区的家电制造业等。

假设图 4-11 所展示的是 A 国某行业的市场供求曲线和单个生产企业的成本收益曲线。如图 4-11(a)所示,D_1 是 A 国的需求曲线,S_1 是没有贸易时或行业扩大前 A 国某行业的短期供给曲线,LAC 向下倾斜表明该行业存在外部规模经济。如图 4-11(b)所示,MC_1 和 AC_1 分别是没有贸易时或行业扩大前某单个厂商的边际成本和平均成本曲线。最初 A 国该行业供求均衡点在 S_1 与 D_1 的交叉点上,对应的产品价格为 P_1,产量为 Q_1。由于 P_1 的价格没有优势,所以贸易不会产生。随着行业规模扩大,有更多的企业进入这一行业,供给曲线右移到 S_1'。由于存在行业的规模经济,单个企业的边际成本和平均成本分别下移到 MC_2 和 AC_2,于是整个行业的 S_1' 会继续右移到 S_2,那么产品价格就从 P_1 下降到 P_2,产量增加到 Q_2,各企业的产出 q 不变。行业规模的扩大和平均成本的下降使行业在国际市场上具有了竞争优势,企业就具有出口产品的积极性,国际贸易产生。从贸易所得来看,各个企业在短期内可能会由于成本下降先于价格下降而出现利润,但长期来看经济利润又会回到等于零的状况。对企业来说,短期可能有所得,长期则无所失。对于国内消费者来说,从长期来看,价格下降,消费量上升,消费者剩余增长。因此,整个社会由于贸易而获得净收益。

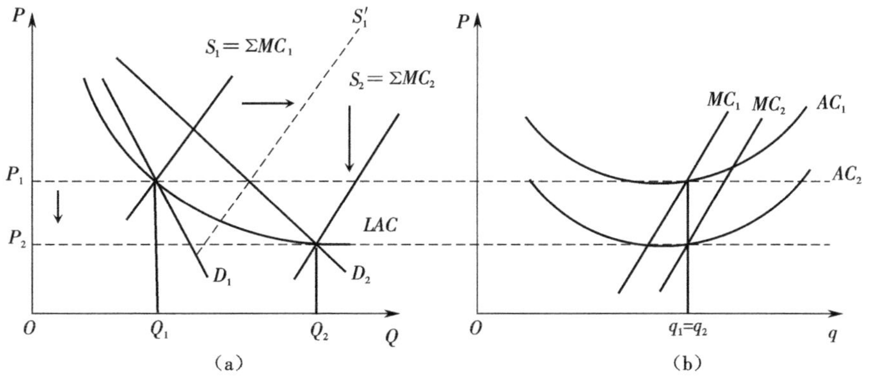

图 4-11　存在外部经济时的生产和贸易

(a)行业;(b)企业

假设 B 国在 X 行业的技术上领先 A 国,能以更低的成本生产 X,但是由于历史的原因, A 国先生产并发展到一定规模,规模经济效应使得 A 国 X 行业的成本迅速下降到 C_{A1},如图 4-12 所示, B 国的平均成本曲线是 AC_B,如果 B 国生产 X,成本可以下降 C_{B1}。此时若 B 国想进入该市场,其平均成本是 C_B, 会高于 A 国规模经济下的成本 C_{A1},可见虽然 B 国相对 A 国有生产 X 的比较优势,但由于外部规模经济会锁定现有的贸易模式,使得 B 国无法进入 X 市场。无论国家间是否存在相对价格差别,外部规模经济的存在都会引导各国厂商专业化生产部分产品。在外部规模经济存在的情形下,贸易模式并不能根据比较优势而加以确定,外部经济会巩固现有的贸易模式,可能导致一国被“锁定”在并不是按照比较优势的原理来形成的专业化分工中,甚至可能导致该国因国际贸易而遭受损失。

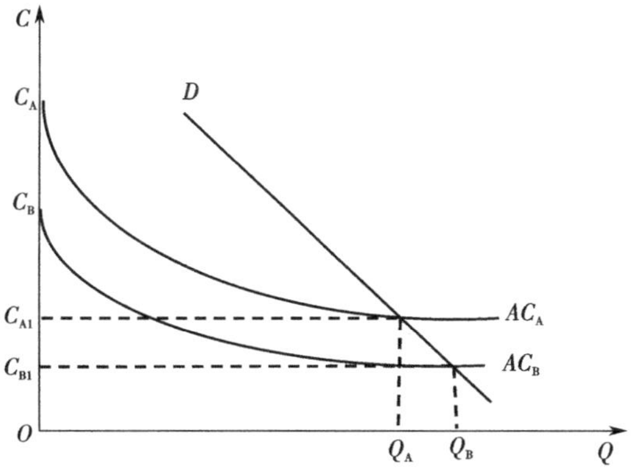

图 4-12　外部规模经济锁定的分工模式

【专栏】

动态规模经济理论

动态规模经济源于知识的积累。它可能产生于厂商内部,也可能产生于厂商外部。当产生于厂商内部时,厂商的生产成本会随着累计产量的提高而降低。由于马歇尔的外部经济性,当某个厂商通过经验积累而提高其产品质量或生产技术时,其他厂商就有可能对该技术加以模仿并从中受益。随着某一产业整体知识的不断积累,这种知识外溢将有助于产业的各个厂商的生产成本下降，从而导致整个产业的平均成本下降，使得本国该产业在国际市场上具有竞争优势，特别是成本优势。动态规模经济广泛地出现于技术密集性产业，特别是高科技产业。

“干中学”是指劳动者在不断重复的生产过程中，进一步提高技术和熟练程度，从而提高生产效率，即使投入不增加，生产能力也会不断增强。“干中学”的学习效应是产业累计产量每翻一番，其平均成本会下降 20%~30%。

如图 4-13 所示，横轴表示随时间推移该产品的累计产量，纵轴仍然表示平均成本。曲线 AC_A 表示 A 国的平均成本随着累计产量的增加而下降，当累计产量为 Q_1 时，平均成本为 C_1，而当产出量达到 Q_2 时，平均成本则下降为 C_2。曲线 AC_B 表示 B 国的学习曲线，如果 B 国的产量为 Q_2 时，其平均成本可以下降到 C_3。如果此时 B 国还未生产该产品，其初始成本将为 C_0，而 C_0 要高于 C_1 或 C_2，因而 B 国不可能进入该产业。国际贸易的格局取决于哪个国家在某种产品的生产上率先达到规模经济。这种规模经济推动的国际分工有两种实现形式。一种是先起步并发展较快的国家最先实现规模经济（自发）；另一种是两个起步相同的国家为避免资源的浪费，互相协调，分别发展两种产品的生产。

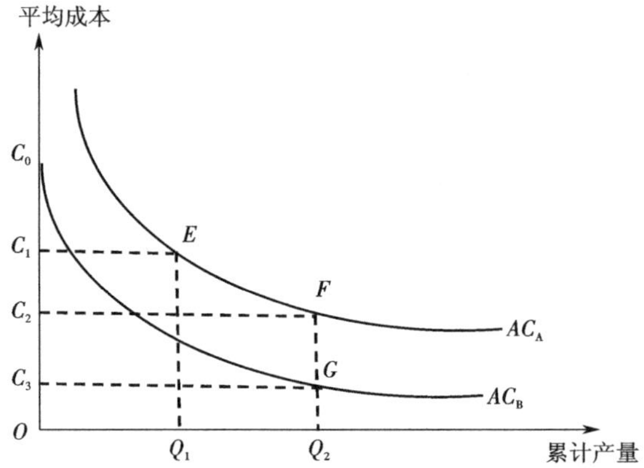

图 4-13 动态的外部规模经济

2）坎姆模型：规模经济和同类国家之间的国际贸易

坎姆模型是由经济学家默瑞·坎姆在 1964 年提出的用来说明外部规模经济导致国际贸易从而解释“北北贸易”的一个模型。我们可以用坎姆模型来说明两个技术相同、资源禀赋相同甚至需求相同的国家为什么会进行贸易。

假设两个国家（A 国和 B 国），生产两种产品 X、Y，而且这两个行业都具有外部规模经济且使两种产品的机会成本递减，因此生产可能性曲线是一条凸向原点的曲线。为了集中说明规模经济与贸易的关系，我们假设 A、B 两国的生产技术、资源禀赋和需求偏好都相同，因此，两国的生产可能性曲线（*PPF*）和社会无差异曲线（*CIC*）也完全相同，根据新古典贸易理论，生产条件和需求条件完全相同的两国不存在贸易的基础，两国不发生贸易，都如图 4-14 所示。

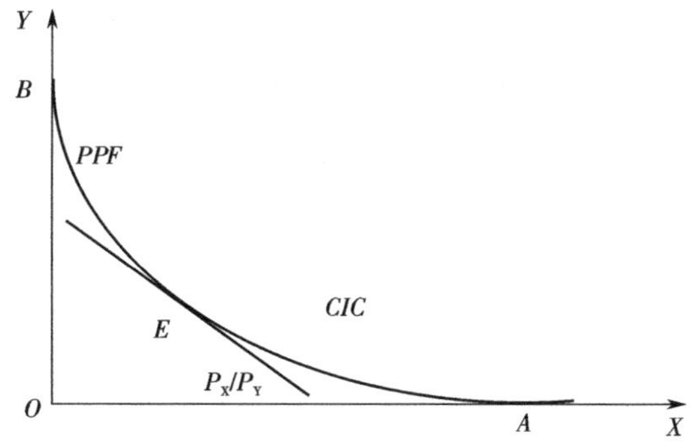

图 4-14　外部规模经济与凸向原点的生产可能性曲线

假定在自给自足的经济条件下,两国国内均衡相对价格水平是 P_X/P_Y,价格线 P_X/P_Y 与生产可能性曲线 PPF、社会无差异曲线 CIC 相切于 E 点,实现了国内经济均衡。这一自给自足的均衡点是不稳定的均衡点。由于机会成本递减,当生产组合沿着生产可能性曲线向右下方移动时,商品 X 的相对边际成本随着产量增加越来越低,生产者更有动力增加 X 的生产,当专业化生产 X 时,生产者获得最大收益。如果出于某种原因,生产组合沿着生产可能性曲线向左上方移动,同样的原因,经济中将存在继续增产 Y 的动力,当专业化生产 Y 时,生产者将获得最大收益。因而,均衡点 E 是不稳定的,一旦经济偏离了 E 点,就会沿着最初的偏离方向进一步偏离下去而不能回到 E 点。

如图 4-15 所示,现假设 A 国 X 产业发展迅速,有更多人从事商品 X 的生产,该国经济将由 E 点沿着生产可能性曲线向右下移动, 比如在 G 点达到暂时的稳定,由于外部规模经济的存在,行业的长期平均成本逐步下降,相对价格下降到$(P_X/P_Y)_1$。与此同时,假如正好 B 国的 Y 行业发展较快导致生产组合由 E 点向左上方移动到 M 点,这时商品 Y 的相对价格下降到$(P_X/P_Y)_2$,这时两国就出现了价格差异, A 国生产 X 的相对价格低于国家 B,于是形成了贸易的需求。设贸易条件为$(P_X/P_Y)'$,国家 A 将在 G 点生产,在 E′ 点消费,贸易三角形为△E′FG,出口 FG 所代表的数量的 X,进口 E′F 所代表的数量的 Y。国家 B 在 M 点生产,在 E′ 点消费,贸易三角形为△MNE′,出口 MN 所代表的数量的 Y,进口 NE′ 所代表的数量的 X。两国都在更高的社会无差异曲线 CIC′ 上消费,说明两国的福利都得到改善。

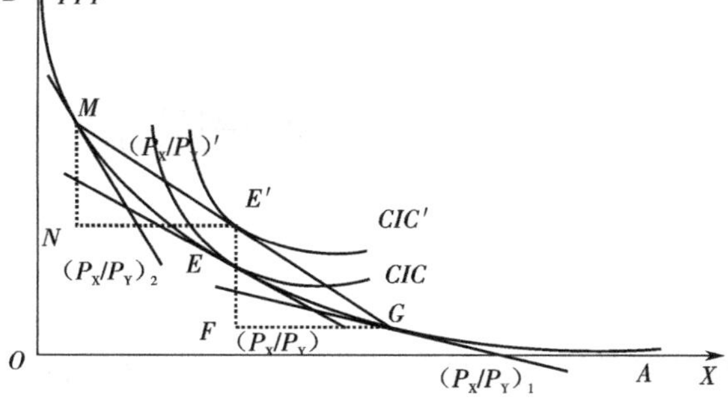

图 4-15　坎普模型:外部规模经济与贸易

图 4-16 中展示了 A、B 两国分别专业化生产 X、Y 然后进行贸易的情形。因为存在规模经济，一旦由于某种原因导致经济偏离初始均衡点 E，两国就有专业化生产的趋势，假设 A、B 两国分别专业化生产 X、Y，这时各国的成本降到最低，两国按照（P_X/P_Y）″的价格进行贸易，那么两国贸易三角形分别为△JME'' 和△HNE''，两国都在更高的社会无差异曲线 CIC'' 上消费，两国都获得福利最大化。

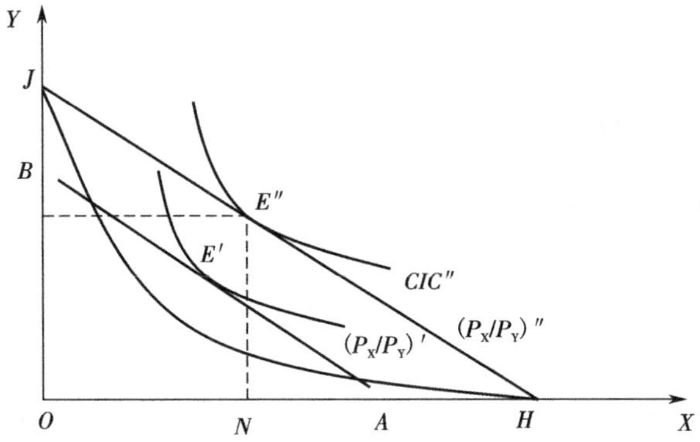

图 4-16　专业化生产与国际贸易示意图

【专栏】

全球价值链——新的国际规模经济

所谓全球价值链（global value chain，GVC），是指一种商品或一项服务从概念到最终消费和回收处理所涉及的所有价值活动，包括设计、研发、加工、制造、营销、交货、消费、售后服务、循环利用等，它们由全球范围的企业协调实现。国际组织聚焦的全球价值链研究发现，世界各国平均 GVC 参与率已超过 50%，出口额中约有四分之一为进口国外附加值，四分之一为供应他国出口的附加值，这印证了在信息通信技术创新及贸易投资自由化和便利化的推动下，全球价值链已成为国际生产最重要的组织形式之一。产品价值链的各工序（或价值活动）不再局限于特定国家，而是以产业内国际分工的形式由全球范围的企业协调实现，这也是 iPhone 手机背面印上"加利福尼亚苹果公司设计，中国组装"的原因所在。在当今迅速缩小的世界，企业必须不断寻求更廉价的资源和海外生产从而保持竞争力。这一过程可以看作是经济全球化中新的国际规模经济。

资料来源：葛顺奇、罗伟，《跨国公司进入与中国制造业产业结构：基于全球价值链视角的研究》，《经济研究》2015 第 50 卷第 11 期。

4.2　要素禀赋、技术差距和产品生命周期理论

4.2.1　新赫克歇尔－俄林模型

新赫克歇尔－俄林模型是尽可能符合赫克歇尔－俄林理论假设来解释国际贸易的模型，最早是由法尔维（R. E. Falvey）就垂直差异产品的产业内贸易进行研究而提出的相关观

点，后来进一步体现在法尔维和基尔茨考斯基（R. E. Falvey and H. Kierzkowski）提出的模型中。

法尔维认为，如果由许多不同厂商生产质量不同的产品品种且这些产品品种都没有规模效应，那么在垂直型产业内贸易就可能发生。垂直型产业内贸易与经典的以要素禀赋为基础的产业间贸易有相似之处，资本相对充裕的国家出口质量高的物品，劳动力相对充裕的国家出口质量低的物品。法尔维和基尔茨考斯基认为，即使不存在不完全竞争和收益递增，垂直型产业内贸易也会存在。在供给方面，假设每一个国家只有两个部门，其中一个部门生产一种同质性产品，另一个部门生产同种商品中不同质量的产品（这些商品在国家之间的贸易将是垂直型产业内贸易）。每一个部门都雇佣劳动力，资本的使用随着产品质量的不同而有所不同，高质量的产品体现了相对较高的资本/劳动比率。技术（劳动生产率）在两国之间的差距使得它们之间的贸易不会引致各国工资均等化，资本的租金也不会相等。工资相对较低的国家在生产低质量产品上有比较优势，工资相对较高的国家在生产高质量产品上有比较优势（在这些国家，资本的价格相对较低）。在需求方面，假设两国消费者有相同的偏好，在相对价格一定的情况下，对不同质量的产品的需求依消费者的收入而定：收入越高就越倾向消费更高质量的产品。由于分配不均，每一个国家都既有低收入的消费者，也有高收入的消费者，所以每个国家都有对不同质量产品的需求。

模型假定条件如下。

（1）两个国家1和2；两种生产要素——劳动和资本；两个产业；劳动可以在两个产业间移动，资本是一种产业特定的要素。

（2）法尔维为定义产品质量（垂直差异）引入了一个数值α，产品质量越高，对应的α越大。用α_i表示两国任意产品i的产品质量，进一步假设生产质量越高的产品，相应每单位劳动所需的资本数量越大。

（3）在完全竞争条件下，对于任何质量水平的产品而言，价格都等于单位产品的生产成本，以w表示工资率，以r表示资本的报酬，下标1和2代表国家1和2，有：

$$P_{1i}(\alpha_i)=c_{1i}=w_1+\alpha_i r_1 \tag{4-12}$$

$$P_{2i}(\alpha_i)=c_{2i}=w_2+\alpha_i r_2 \tag{4-13}$$

产品i在两国的成本差异为：

$$c_{1i}-c_{2i}=(w_1-w_2)+\alpha_i(r_1-r_2) \tag{4-14}$$

假定有一特殊产品m在两国的成本正好相同，即

$$\mathrm{w}_1+\alpha_m r_1=w_2+\alpha_m r_2 \tag{4-15}$$

产品i在两国的成本差可表示为：

$$c_{1i}-c_{2i}=(w_1-w_2)-\alpha_i(w_1-w_2)/\alpha_m=(w_1-w_2)(1-\alpha_i/\alpha_m) \tag{4-16}$$

假定国家1是资本富裕的国家，则国家1的劳动力工资水平高于国家2，我们只要知道任一产品相对于特定产品m的复杂程度，就可以判断该产品在两国的成本的大小。如图4-17所示，对于比m产品更复杂的产品（$\alpha_i>\alpha_m$），$c_{1i}< c_{2i}$，表明高质量的产品在国家1的价格较低，因而资本富裕的国家1将出口高质量的产品，即相对资本密集型产品。对于复杂度

低于 m 的产品($\alpha_i < \alpha_m$), $c_{1i} > c_{2i}$,表明低质量的产品在国家 2 的价格较低。于是,劳动富裕的国家 2 将出口低质量的产品,也是相对劳动密集型产品。

法尔维认为,产品的差别和要素禀赋直接相关,越复杂的产品在生产中需要越高的资本劳动投入比。因此,差别产品之间的贸易完全可以由要素禀赋理论解释,也就是资本富裕的国家向劳动富裕的国家出口高质量的商品,从后者进口较低质量的商品。

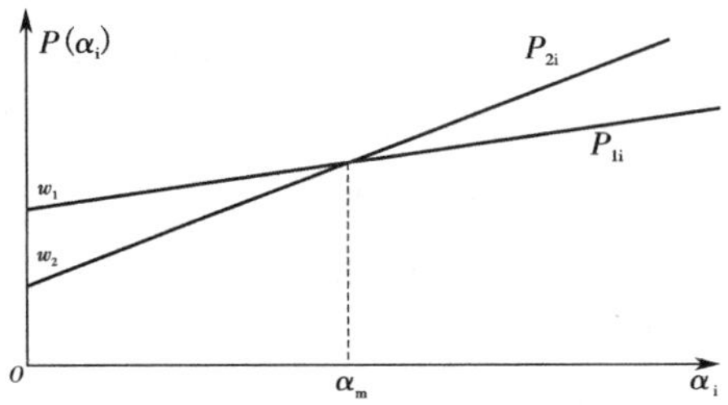

图 4-17　垂直差别与商品价格

4.2.2　技术差距论

技术差距论(technological gap theory),又称创新和模仿理论(innovation and imitation theory),是把技术看作独立于传统的三大要素之外的新生产要素,探讨技术差距或技术变动对国际贸易的影响的理论。克拉维斯(Kravis)最早指出 H-O 理论不能解释工业品贸易,他曾以袖珍计算器为例说明技术对于贸易模式的重要性。最早系统提出技术差距理论的是美国经济学家波斯纳(M. V. Posner)。为了修正 H-O 理论, 1961 年,波斯纳在《牛津经济论丛》发表《国际贸易和技术变化》一文,对技术差距论进行了系统论述。他认为,工业化国家之间的工业品贸易,有很大一部分是以技术差距的存在为基础进行的。波斯纳的技术差距论认为,技术进步或技术创新意味着一定的要素投入量可以生产出更多的产品,这样技术进步会对各国生产要素禀赋的比率产生影响,从而影响各国产品的比较优势,对贸易格局的变动产生作用。因而,技术差距也是国家间开展贸易的一个重要原因。

1. 主要观点

(1)技术是一种生产要素,是过去对研究和开发进行投资的结果。技术能够改变土地、劳动和资本在生产中的比例关系。

(2)各国的技术水平存在差距,在某项技术领先的国家拥有生产该种技术密集型产品的比较优势,因而将产品出口到技术比较落后的国家。

(3)这种技术会通过转让专利权、直接投资、国际贸易的示范效应等机制传播到其他国家,当其他国家的技术积累到一定程度的时候,原来的进口国可能会减少对进口的依赖,甚至不再进口,以技术差距为基础的贸易随之消失。

2. 技术差距与贸易模式

一国的技术优势使其在获得出口市场方面占优势,当一国创新某种产品成功后,在国外掌握该项技术之前,技术领先差距便产生了,该国可出口技术领先产品。但因新技术会随着专利权转让、技术合作、对外投资、国际贸易等途径流传至国外，当一国的创新技术为外国模仿时，外国即可自行生产而减少进口，创新国渐渐失去该产品的出口市场，因技术差距而产生的国际贸易逐渐缩小。随着时间的推移，新技术最终将被技术模仿国掌握，使技术差距消失，贸易即持续到技术模仿国能够生产出满足其对该产品的全部需求为止。

波斯纳把技术差距产生到技术差距引起的国际贸易终止之间的时间间隔称为模仿时滞，其全期又分为反应时滞和掌握时滞两个阶段。其中，反应时滞阶段初期为需求时滞阶段。反应时滞是指技术创新国家开始生产新产品到其他国家（技术模仿国）模仿其技术开始生产新产品的时间。掌握时滞是指其他国家开始生产新产品到其新产品进口为零的时间。需求时滞是指技术创新国开始生产新产品到开始出口新产品的时间，如图 4-18 所示。

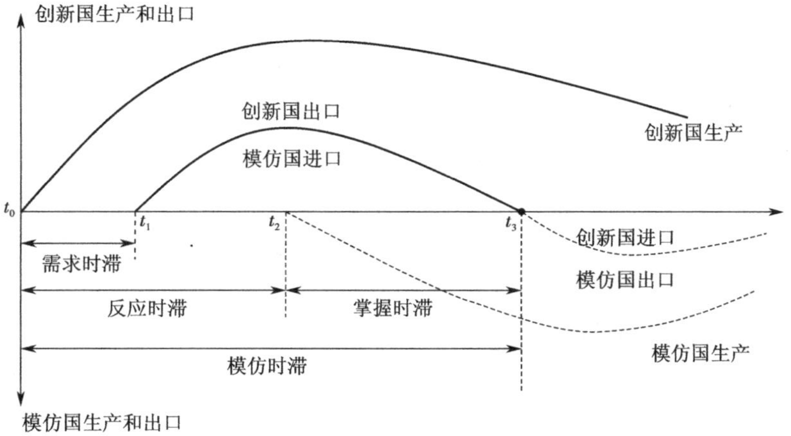

图 4-18　技术差距与贸易模式

t_0 至 t_1 为需求时滞阶段，这时模仿国对创新国的新产品没有需求。从 t_1 开始，模仿国开始模仿创新国的消费，对新产品有了需求，并随着时间的推移，创新国的出口量不断扩大。到 t_2，模仿国掌握新技术开始模仿生产新产品，反应时滞阶段结束，掌握时滞阶段开始。此时，创新国的出口达到最大。过了 t_2，模仿国生产规模扩大，创新国出口量下降。到 t_3，模仿国生产规模进一步扩大，新产品成本下降，开始出口。这说明即使在要素禀赋和需求偏好相似的国家间，技术领先也会形成比较优势，从而产生国际贸易。模仿国的优势在于工资水平低。

1963 年，哥登·道格拉斯（Gordon Douglas）运用模仿时滞的概念，解释了美国电影业的出口模式。1966 年，盖·瑞·胡佛鲍尔（G. C. Hufbauer）利用模仿时滞的概念，解释了合成材料产业的贸易模式。胡佛鲍尔按照各国的模仿时滞对国家进行排序，发现模仿时滞短的国家最先引进新合成材料技术，并开始生产并向模仿时滞长的国家出口；随着技术的传播，模仿时滞长的国家也逐步开始生产这种合成材料，并逐步取代模仿时滞短的国家的出口地位。

3. 理论评价

技术差距论从技术创新出发，论述了产品贸易优势在创新国与模仿国之间的动态转移，这是富有创新意义的，也为研究一个具体产品创新过程的产品生命周期理论提供了坚实的基础。但技术差距论只解释了差距为何会消失，而无法充分说明贸易量的变动与贸易结构的改变。技术差距论揭示了由于技术差距而给后进国家的工业化和经济发展所带来的潜在优势，但是技术差距论撇开技术转让的条件和技术的适用性，讨论先进国家的技术转让对后进国家的经济影响，其结论不可避免地带有极大的片面性。

4.2.3 产品生命周期理论

技术差距论只解释了技术差距为何会消失，无法说明贸易量的变动与贸易结构的改变。产品生命周期论则分析了在产品的发展变化过程中各国贸易地位的变化过程，从而解释了技术变化对贸易的影响。1966 年，雷蒙德·维农（Raymond Vernon）在《国际投资和产品生命周期中的国际贸易》一文中提出了产品生命周期理论（product life cycle theory）。维农认为，技术的传播就是比较优势从技术领先的发明国转移到技术落后的国家的过程，即发明国生产并出口新产品，标准化之后则是落后国家生产并出口该产品。

产品生命周期（product life cycle，PLC）是产品的市场寿命，即一种新产品从开始进入市场到被市场淘汰的整个过程。

1. 产品生命周期理论的前提

国家之间的信息传递是有限制的；生产函数是变化的，有规模经济；产品在生命周期各阶段的要素密集度不同；不同收入水平的国家需求和消费结构是不同的。

2. 产品生命周期的三个阶段

维农认为，产品生命周期可分为三个连续的时期：产品创新阶段、产品成熟阶段和产品标准化阶段。这三个阶段产品的要素密集类型会发生变化。

1）产品创新阶段

创新阶段指产品的研究和试销阶段。这一阶段的特点表现为：从技术特性看，创新国企业发明并垄断着制造新产品的技术，但技术尚需改进、工艺流程尚未定型；从生产特性看，由于新产品的设计和设计的改进要求靠近市场和供应者，因此新产品生产地确定在创新国；从成本特性看，由于没有竞争者，所以成本对于企业来说不是最重要的问题；从价格特性看，这一阶段生产厂商数目很少，产品没有相近的替代品，因此价格比较高；从进口特性看，制造新产品的企业垄断着世界市场，国外的富有者和在创新国的外国人开始购买这种产品，出口量慢慢增多。

2）产品成熟阶段

所谓成熟阶段是指产品批量生产并能在一定程度上普及的阶段。这一阶段的特点表现为：从技术特性看，生产技术已经定型且达到优势极限，由于出口增大，技术诀窍扩散到国外，仿制开始，技术垄断的优势开始丧失；从生产特性看，创新国从事新产品制造的公司开始在其他发达国家设立子公司进行生产；从价格特性看，由于这一阶段是产品成长时期，产品有了广泛的市场，参加竞争的厂商很多，消费需求的价格弹性加大，厂商只有降低价格才能扩大自己的销路；从成本特性看，随着出口增加及技术的扩散，其他发达国家也开始制造创新国的新产品，由于其他发达国家不需要支付国际运费和缴纳关税，也不需要创新国在创新阶段花费的大量科技发明费用，故成本要比从创新国进口的产品的成本低；从进出口特性看，其他发达国家厂商在本国生产新产品的成本虽然能够和从创新国进口的商品相竞争，但在第三国市场就不一定能和创新国企业的产品相竞争（受运费、关税及规模收益影响）。因此，在成熟阶段，创新国虽然可能对其他发达国家的出口有所下降，但对其他多数市场的出口仍可继续，当然出口增长率要减慢。此时，产品的知识和技术投入减少，资本投入增加，即转变为资本密集型产品。此时，厂商开始寻求国外市场，同时寻找国外生产基地。

3）产品标准化阶段

产品标准化阶段指产品的生产已经发展到标准化与规范化阶段。这一阶段的特点表现为：从技术特性看，产品已经完全标准化，一般发达国家已经掌握产品的生产技术，就是一些发展中国家也开始掌握这种产品的生产技术；从生产特性看，产地已逐渐开始向一般发达国家甚至发展中国家转移，范围在不断扩大；从成本特性看，由于其他国家的厂商产量不断增加，生产经验不断积累，加之工资水平也低，所以产品成本开始下降；从价格特性看，这一阶段生产技术已经成熟，市场供给能力充足，价格在相对较低水平趋于稳定；从进出口特性看，其他国家的产品开始在一些第三国市场上与创新国产品竞争，并逐渐替代了创新国而占领了这些市场，当这些国家成本下降的程度抵补了向创新国出口所需的运费和关税后，便开始与创新国的产品在创新国市场竞争，创新国开始从出口转变为进口。

3. 产品生命周期贸易模式的动态变化

如图 4-19 所示，第一阶段，创新国研制与开发新产品，于 t_0 开始投产，产量较少，产品主要在本国市场销售。在这个阶段创新国处于垄断地位。第二阶段，随着创新国经营规模的扩大和国外需求的发展，于 t_1 开始其向国外出口该产品。第三阶段，于 t_2 处，国外生产者开始模仿新产品生产，与创新国竞争，新产品进入第三阶段。第四阶段，随着国外生产者增多及其生产能力增强，创新国的出口量下降，其他发达国家于 t_3 变为净出口者，使该产品进入第四阶段。第五阶段，产品已高度标准化，国外生产者利用规模经济大批量生产，降低生产成本，使创新国开始失去竞争优势并于 t_4 变成净进口者，使该产品进入第五阶段，到 t_5，由于发展中国家的低工资率使它们具有该产品生产的比较优势，该产品由低收入的发展中国家出口到高收入的发达国家，即产品由发达国家完全让位给发展中国家。

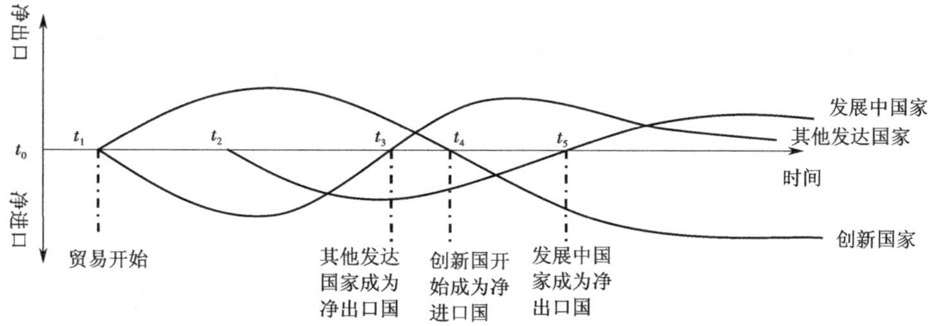

图 4-19　产品生命周期贸易模式的动态变化

产品生命周期理论是一个动态理论。首先，生产要素动态变化。工业制成品的生产要素随其生命周期不断变化。在新产品的生命周期的不同阶段,制造新产品所投入的要素比例是变动的。在新产品阶段,产品属于技术密集型。到了成熟阶段,产品由技术密集型转向资本密集型。进入标准化阶段,价格竞争成为占领市场的关键(劳动密集型)。其次,贸易国比较利益动态转移。根据产品生命周期各阶段的要素密集型的特点,比较优势会在国与国之间转移。在产品生命周期的不同阶段,不同类型的国家比较优势是不同的。产品创新阶段,技术创新国在开发新产品方面具有比较优势。产品成熟阶段其他发达国家生产产品具有比较优势。发展中国家半熟练劳动资源丰富,在生产标准化产品上具有比较优势。因此,一种产品在它的生命周期的运动过程中,比较优势是从一种类型的国家转变为另一种类型的国家的。产品生命周期带来的动态变化如表 4-1 所示。

表 4-1 产品生命周期带来的动态变化

阶段	生产区位	竞争优势	产品需求	贸易格局
产品创新阶段	生产中心为发达国家(创新国)	技术	技术创新国及其他发达国家	技术创新国为生产和贸易中心,并向其他发达国家少量出口
产品成熟阶段	生产中心在其他发达国家	资本	所有发达国家及发展中国家	技术创新国和其他发达国家为生产中心,并向发展中国家出口
产品标准化阶段	生产中心在发展中国家	劳动	生活必需品,全世界都需要	发展中国家成为世界生产中心,并开始向国外市场大量出口

4. 理论评价

产品生命周期理论从动态角度解释了国际贸易,说明了由于技术的传递和扩散,不同国家在国际贸易中地位的不断变化,新技术和新产品像波浪一样在不同类型的国家之间推进,其被认为是对要素禀赋理论的动态化延伸。该理论成为对第二次世界大战后,工业制成品贸易模式和国际直接投资进行解释的动态理论。它考虑了要素密集性质的动态变化、贸易国比较利益的转移及进口需求的动态变化,对落后国家利用直接投资和劳动成本优势发展制造业具有较大的指导意义。

产品生命周期理论的缺憾:某些产品由于革新速度快,生命周期较短,以至于不可能通过产地转移获得成本节约,比如电子产品;某些奢侈品,消费者并不十分关注价格;某些产品运输费用昂贵,以至于尽管生命周期较长,也几乎不可能出口销售;某些公司采取差别化战略,以高促销维持消费者的需求,而不是靠低成本;某些产品在生产中十分强调专业化技能,需要不断培养新的技术工人,不断发展新一代技术,如美国的医疗设备等。

4.3 产业内贸易理论

产业内贸易理论又称差异化产品理论,是解释产业内同类产品贸易增长特点和原因的理论。该理论博采第二次世界大战后国际贸易新理论的研究成果,是当前国际贸易理论的热门课题之一。

产业内贸易（intra-industry trade）是指一国同时发生着出口和进口同类产品的贸易活动，或者说贸易两国彼此买卖着同一产业所生产的产品。

4.3.1　产业内贸易的概念

产业内贸易，也被称为双向贸易或重叠贸易，至今学术界对产业内贸易的概念也未形成统一的界定。目前，国内对产业内贸易概念的阐述主要有以下类型。

1. 现象描述型界定

产业内贸易是指同一产业部门内部相同或相似产品在不同国家或地区间的双向流动，即一个国家既进口又出口相同的产品。

2. 统计分类型界定

产业内贸易是指一个国家既出口同时又进口某种同类型产品。在这里，相同类型的商品是指按国际商品标准分类法统计时，至少前 3 位数都相同的商品，也就是至少属于同类、同章、同组的商品，其既出现在一国的进口项目中，又出现在该国的出口项目中。一般各国都奉行联合国统计署制定的《国际贸易标准分类》（*Standard International Trade Classification, SITC*），该分类将所有产品分为 10 类（如表 4-2 所示），共 90 章。如果一国某一章的商品既有出口，又有进口，则存在产业内贸易。如果一国的出口和进口是分属不同章的商品，则该国没有产业内贸易，全部是产业间贸易。

表 4-2　国际贸易标准分类

初级产品	0 类	食品及主要供食用的鲜活动物
	1 类	饮料及烟草
	2 类	非食用原料（不包括燃料）
	3 类	矿物燃料、润滑油及有关物质
	4 类	动植物油、油脂和蜡
工业制成品	5 类	未列名的化学品和有关产品
	6 类	主要按原料分类的制成品
	7 类	机械和运输设备
	8 类	杂项产品
其他	9 类	未分类的其他商品

3. 性能替代型界定

产业内贸易是指同一产业内在需求或供给方面有替代关系的产品之间的国际交换。

4. 要素密集型界定

产业内贸易指一国进口和出口要素密集度相同的产品。

5. 综合归纳型界定

产业内贸易指同一产业的产品同时输出和输入的活动。产业内部范畴的贸易产品属于《国际贸易标准分类》中的同一类产品，即这一类产品相互具有相当程度的消费替代性、相当接近的技术密集度和相当程度的生产替代性。

4.3.2 产业内贸易的特点

与产业间贸易相比，产业内贸易具有以下特点：①产业间贸易是建立在国家之间要素禀赋差异产生的比较优势的基础上的，而产业内贸易是以产品的异质性和规模经济为基础的；②产业间贸易的流向可以凭借贸易前同种商品的价格差异来确定，而产业内贸易则不可以简单地凭贸易前同种商品的价格差来确定贸易模式；③按照要素禀赋理论，产业间贸易会提高本国丰裕要素的报酬而降低本国稀缺要素的报酬，而产业内贸易是以规模经济为基础的，所有的要素都可能从中受益；④产业间贸易是由各国要素禀赋之间存在的差异引起的，要素的流动在一定程度上是贸易的一种替代品，但是在一个以产业间贸易为主的世界里，要素流动带来了作为产业内贸易载体的跨国公司的兴起，从这点上看，产业内贸易与要素流动之间存在着一定的互补关系。产业间贸易与产业内贸易的区别如表 4-3 所示。

表 4-3 产业间贸易与产业内贸易的区别

区别	产业间贸易	产业内贸易
贸易基础	国家之间的要素禀赋差异	产品的异质性和规模经济
贸易流向	根据贸易前同种产品的相对价格来确定	具体流向很难确定
收入分配	提高本国丰裕要素的报酬，降低稀缺要素的报酬	所有要素都可能从中获益
要素流动	替代关系	互补关系

4.3.3 产业内贸易的分类或表现

1. 同质产品的产业内贸易

同质产品（homogeneous products）或相同产品是指产品间可以完全相互替代，也就是说产品有很高的需求交叉弹性，消费者对这类产品的消费偏好完全一样。这类产品的贸易形式通常都属于产业间贸易，但由于这类产品可以完全相互替代或生产区位不同或制造时间不同，故也会发生产业内贸易。

同质产品的产业内贸易可有以下几种情况。

（1）不同国家间大宗产品的交叉型产业内贸易，如水泥、木材、玻璃和石油的贸易。如果运输成本在总成本中占的比重很大，那么使用国便会从使用者最近处的国外生产地购入产品，而不会在国内远距离运输，以国产产品去供应使用者。例如，中国在东北出口水泥而在华南进口水泥便属于这种情况。

（2）大量的转口贸易。这时同类产品将同时反映在转口国的进口项目与出口项目中，便会形成统计上的产业内贸易。

（3）政府干预产生的价格扭曲，尤其是相互倾销，会使一国在进口的同时，为了占领其他国家的市场而出口同种产品，从而形成产业内贸易。另外，在存在出口退税、进口优惠时，国内企业为了与进口货物竞争，就不得不出口以得到退税，再进口以享受进口优惠，也会导致产业内贸易。

(4)季节性产品贸易，为了调剂市场而在不同时间进出口。如欧洲一些国家之间为了“削峰填谷”而形成的电力进出口。

2. 异质产品的产业内贸易

异质产品(differentiated products)又称差异产品，指的是那些要素投入具有相似性，用途也基本相同，存在替代性但是不能完全替代的产品，大多数产业内贸易的产品都属于这类产品。产品差异可具体表现在同类产品的质量性能、规格型号、材料构成、色彩及商标牌号、包装装潢、广告、售前售后服务、企业形象、企业信誉等方面。

差异产品及其贸易存在的差异主要可分为三种：水平差异、技术差异和垂直差异。水平差异指由同类产品相同属性的不同组合而产生的差异，例如烟草、化妆品等，这类产品的产业内贸易大多与消费者偏好的差异有关；技术差异是指新产品出现带来的差异，处于不同产品生命周期阶段的同类产品在不同类型国家进行生产，继而进行进出口贸易，便会产生产业内贸易(例如不同档次的家用电器)；垂直差异指产品在质量上的差异，受财力、物力、人力、市场和技术等要素的制约，一个国家往往并不生产所有质量档次的同类产品，高收入水平的国家可能进口中低档产品来满足国内低收入阶层的需求，中低收入水平的国家可能进口高档产品来满足国内高收入阶层的需要，从而导致了不同质量档次的同类产品的产业内贸易。

4.3.4　产业内贸易程度的测定

经济学家通常使用产业内贸易指数(index of intra-industrial trade, IIT)来测度一个产业的产业内贸易发展水平。不同的学者提出了不同的指标公式，主要包括以下几种。

1. 巴拉萨指数

巴拉萨指数是指衡量显示性比较优势的指数。该指数将一个特定产业部门在一国出口中所占的份额与其在世界出口中所占的份额进行比较，如果该指数大于 1，则这个国家在该产业部门实现了专业化，表明这个国家的该产业部门具有比较优势。计算公式如下：

$$A_{\mathrm{j}}=\frac{X_{\mathrm{j}}-M_{\mathrm{j}}}{X_{\mathrm{j}}+M_{\mathrm{j}}}$$

X_{j} 为一国 j 产品的出口额，M_{j} 为一国 j 产品的进口额。其经济含义是净出口额在多大程度上被进口额所抵销，当 X_{j} 或 M_{j} 为 0 时，$A_{\mathrm{j}}=1$；当 $X_{\mathrm{j}}=M_{\mathrm{j}}$ 时，$A_{\mathrm{j}}=0$，这样，该指数 A_{j} 与产业内贸易水平呈反比关系。

2. 格鲁贝尔－劳埃德指数(*G-L* 指数)

格鲁贝尔和劳埃德认为，巴拉萨指数至少存在两大不足：①该指数只是一个简单算术平均数，不能反映出每个产业的权重；②该指数没有考虑贸易不平衡对该指数的影响。他们认为，产业内贸易是产业贸易总额减去产业内进出口贸易差额后的余额部分。他们给出了至今仍为众人引用的产业内贸易指数(*G-L* 指数)，用以测度产业内贸易水平。其计算公式如下：

$$G\text{-}L_j = 1 - \frac{X_j - M_j}{X_j + M_j}$$

即1减去巴拉萨指数。其中，$G\text{-}L_j$为产业内贸易指数，X_j为特定产业的出口贸易额，M_j为特定产业的进口贸易额。很显然，$0 \leqslant G\text{-}L_j \leqslant 1$，若$X_j=M_j$，则$G\text{-}L_j=1$，即所有贸易均为产业内贸易；若$X_j=0$或$M_j=0$，则$G\text{-}L_j=0$，表示所有贸易均为产业间贸易，不存在产业内贸易。以每个产业进出口值占总进出口值的比重作为权重，对所有产业的产业内贸易指数加权平均，得出一个国家的产业内贸易指数，其计算公式如下：

$$G\text{-}L_j = \left[\sum_{i=1}^{m}(X_{ij} + M_{ij}) - \sum_{i=1}^{m}|X_{ij} - M_{ij}|\right] / \sum_{i=1}^{m}(X_{ij} + M_{ij})$$

其中i为j国的产业数，其他符号的含义基本同于上式。$G\text{-}L_j$取值范围在0到1之间，当$G\text{-}L_j$等于0时，表示j国该产业是完全的产业间贸易；$G\text{-}L_j$值越大，表示j国该产业的产业内贸易程度越高；当$G\text{-}L_j$等于1时，表示j国该产业为完全的产业内贸易。

但是，上述公式只能反映进出口平衡时，一个国家的产业内贸易水平。如果进口和出口不相等，该公式就无法成立。因此，它无法很好地表示一个国家或产业在贸易不平衡时的产业内贸易状况，而贸易不平衡在缺乏强有力的宏观调控条件下又是时有发生的。当产业或国家存在较大贸易顺差或逆差时，该指标反映的产业内贸易水平将偏低。鉴于此，格鲁贝尔和劳埃德又提出了一个修正公式：

$$G\text{-}L_j = \frac{\sum_{i=1}^{n}(X_i + M_i) - \sum_{i=1}^{n}(X_i - M_i)}{\sum_{i=1}^{n}(X_i + M_i) - \left|\sum_{i=1}^{n}X_i - \sum_{i=1}^{n}M_i\right|}$$

相比之后可以发现，在分母中减除贸易失衡的部分后，贸易失衡对产业内贸易水平的扭曲就可以得到有效修正。所以，调整后的产业内贸易指数$G\text{-}L_j$能够更加合理地反映产业内贸易水平，能在一定程度明确地将产业内贸易与产业间贸易区分开，同时还可以比较准确地反映产业内贸易水平的变动。但是它也只是考虑了一国总的贸易顺差（或逆差）对计算的影响，而没有考虑具体某个产业的顺差（或逆差）对总的产业内贸易水平的影响。

此外，它还存在一些明显的不足：首先，调整后的$G\text{-}L_j$指数部分消除了贸易失衡造成的影响，更适合于研究整体产业内贸易，而计量具体产业的产业内贸易水平，仍然有一定的局限性；其次，$G\text{-}L_j$指数无法反映一个国家产业内贸易的规模和发展速度，也无法准确反映一个国家在国际分工中地位的变化；再次，该指数可以用来衡量一国产业内贸易的程度，但却未表明在一国的贸易流中，有多少贸易流是产业内贸易，有多少是产业间贸易；也不能区分一国产业中，哪些是属垂直差异产品的产业内贸易，哪些是属水平差异产品的产业内贸易。

3. 阿奎诺指数（*AQ*指数）

针对*G-L*指数的不足，1978年，阿奎诺（A. Aquino）提出了一个试图校正该指数的测算指标，即*AQ*指数。他认为，贸易不平衡发生在各个具体产业之中，一个国家整体的产业内贸易水平是由各个产业的产业内贸易加权所得，如果低估了一个国家的产业内贸易水平，也必然低估了一个产业的产业内贸易水平。

$$X_{ij}^{e}=X_{ij}^{e}\frac{1/2\sum_{i=1}^{m}(X_{ij}+M_{ij})}{\sum_{i=1}^{m}X_{ij}}$$

$$M_{ij}^{e}=M_{ij}^{e}\frac{1/2\sum_{i=1}^{m}(X_{ij}+M_{ij})}{\sum_{i=1}^{m}M_{ij}}$$

$$\sum_{i=1}^{m}X_{ij}^{e}=\sum_{i=1}^{m}M_{ij}^{e}=1/2\sum_{i=1}^{m}(X_{ij}+M_{ij})$$

$$AQ_{j}=\frac{\sum_{i=1}^{m}(X_{ij}+M_{ij})-\sum_{i=1}^{m}|X_{ij}^{e}-M_{ij}^{e}|}{\sum_{i=1}^{m}(X_{ij}+M_{ij})}$$

整理得：

$$AQ_{j}=1-1/2\sum_{i=1}^{m}\left|\frac{X_{ij}}{\sum_{i=1}^{m}X_{ij}}-\frac{M_{ij}}{\sum_{i=1}^{m}M_{ij}}\right|\times 100$$

AQ 的值介于 0~1 之间，如果所有产业在总进口和总出口中的权重一样，则 *AQ*=1，完全表现为产业内贸易；如果进口和出口集中在不同的产业（产品）上时，则 *AQ* 趋于 0，表现为产业内贸易。

尽管阿奎诺计量法在一定程度上消除了运用 *G-L* 指数时因贸易不平衡造成的计量偏误，但该指标在修正贸易失衡的同时，也带来了新的问题。首先，公式假定所有的贸易不平衡在各产业中按比例分布，这在实际中是不可能出现的；其次，阿奎诺计量法忽视了周期和其他因素对一国整体贸易收支的影响；再次，阿奎诺指数的提出虽然在理论界引起了不小的震动，但由于存在的问题较多，并未得到学术界的认可。

4. 其他指数

对贸易失衡的认识，赫尔普曼指出，产业内贸易指数的计量偏差根源于现实的贸易现象，统计上的简单调整是无济于事的。这无疑否定了调整后的 *G-L* 指数和阿奎诺指数。在理论界不断有学者探索新的产业内贸易的计量方法，以求更完美地衡量产业内贸易水平，如伯格斯特朗德、埃穆克森等。

1）伯格斯特朗德指数

尽管 *G-L* 指标在衡量单个国家的产业内贸易程度时有效，但在衡量两国双边产业内贸易程度时却存在明显不足，它无法对两国双边的产业内贸易程度进行衡量。因此，伯格斯特朗德公式尝试使用新的方法考察两国双边产业内贸易指数。该公式的如下：

$$G_{ij}^{K^{*}}=1-\left[\frac{\left|X_{ij}^{K^{*}}-X_{ji}^{K^{*}}\right|}{X_{ij}^{K^{*}}+X_{ji}^{K^{*}}}\right]$$

$$X_{ij}^{K^*}=\frac{1}{2}\left[\frac{(X_j+M_j)}{2M_j}+\frac{(X_i+M_i)}{2X_i}\right]\times X_{ij}^{K}$$

$$X_{ji}^{K^*}=\frac{1}{2}\left[\frac{(X_j+M_j)}{2X_j}+\frac{(X_i+M_i)}{2X_i}\right]\times X_{ji}^{K}$$

其中：$G_{ij}^{K^*}$ 代表i、j两国K产品双边产业内贸易指数；

$X_{ij}^{K^*}$ 代表调整后i国向j国出口K产品双边贸易值；

$X_{ji}^{K^*}$ 代表调整后j国向i国出口K产品双边贸易值；

X_{ij}^{K} 代表i国向j国出口K产品双边贸易值；

X_{ji}^{K} 代表j国向i国出口K产品双边贸易值；

X_i 代表i国出口贸易总值；X_j 代表j国出口贸易总值；

M_i 代表i国进口贸易总值；M_j 代表j国进口贸易总值。

在计算出 $G_{ij}^{K^*}$ 后，如果 $G_{ij}^{K^*}$ 接近1，则表示i、j两国的贸易更偏向产业内贸易，如果 $G_{ij}^{K^*}$ 接近0，则表示两国间的贸易更偏向产业间贸易。

2）埃穆克森指数

为了克服因贸易失衡造成的计量偏差，埃穆克森（Ramkishen，1995）在研究新加坡同日本、美国的产业内贸易时，尝试了另一种计量方法。其计算公式为：

$$D_i=\left\{\left[\frac{\min(X_i,M_i)}{2M_i}\right]+\left[\frac{\min(X_i,M_i)}{2X_i}\right]\right\}$$

其中，X_i 为一国i产品的出口贸易总值，M_i 为一国i产品的进口贸易总值。

与G-L指标不同的是，D的取值区间为[0.5，1]，而G-L指标的取值区间为[0，1]。D的取值越接近1，表示产业内贸易比例越高；D的取值越接近0.5，则表示产业内贸易比例越低。当然有一种极端情况，如果没有进口或是出口，D_i 将趋于无穷大，D也就无法表示。所以，对于这种极端情况的出现还需专门定义，如果一个产业没有进口或出口，则完全属于产业间贸易。这种计量方法在解释新加坡同美国和日本的特定产业内贸易时发挥了很大的作用，不仅有效避免了国与国之间贸易失衡造成的影响，一定程度上还客观反映了新加坡同美国和日本的产业内贸易水平。

4.3.5 产业内贸易的发展规律、理论形成及其评价

1. 产业内贸易发展的一般规律

（1）从要素禀赋角度看，如果两个国家的生产要素禀赋差异越小，其产业内贸易比重就越大。

（2）从需求角度看，如果两个国家中的人均收入较高，并且两国的人均收入差别较小，则两国间的产业内贸易比重较大。

（3）从区位角度看，两国间相距较近，则产业内贸易的比重较大。

（4）从产业或产品角度看，产业内贸易的规律是具有异质产品的产业的产业内贸易比

重会大于具有同质产品的产业；具有先进技术和工艺革新度较高的产业的产业内贸易比重高于具有简单技术和技术相对停滞的产业；存在大量中间产品的产业的产业内贸易比重会大于中间产品较少的产业。

2. 产业内贸易理论的形成

第二次世界大战后，国际贸易发展呈现出以下明显倾向：①发达国家间的贸易量大大增加并大于与发展中国家间的贸易；②同类产品在一国内进出口的数量（产业内贸易）迅速增长；③由于产业竞争程度的加剧导致市场不完全竞争的存在。产业内贸易理论的形成正是起源于对发达国家间相似产品贸易的研究并逐步拓展到对不完全竞争市场等其他有关问题的研究。产业内贸易理论的发展可分为两个阶段。20世纪70年代中期以前，经济学家佛丹恩、迈凯利、巴拉萨和考基玛对产业内贸易做了大量的经验性研究。20世纪中期，以格鲁贝尔、劳埃德、格雷、戴维斯、克鲁格曼、兰开斯特等人为代表的一大批经济学家对产业内贸易现象做了开创性、系统性的研究，使产业内贸易理论的发展从经验性检验进入理论性研究阶段。20世纪70年代中期以后，在对产业内贸易的理论性研究不断深化的同时，对产业内贸易的经验性研究也步步深入。

Pagoulatos和Sorensen（1975）认为，非关税壁垒的水平和差异与产业内贸易水平无关；人均收入水平的相似性与产业内贸易正相关；运输成本较低的商品的产业内贸易比较发达。Loertscher和Wolter（1980）认为，国家间产业内贸易的程度和发展阶段的差异、市场规模的差异以及贸易伙伴之间的空间距离具有明显的负相关关系；和关税同盟则明显正相关。Balassa（1986）认为，更高的人均收入、更高的国民收入、更高的开放程度以及与主要贸易伙伴存在共同边界都与IIT水平正相关；贸易伙伴国间的距离（代表运输费用）与IIT水平负相关。Hansson和Lundberg（1989）认为，产业内贸易的份额在具有极端要素条件的部门，即非常高或非常低的资本密集度的行业是最低的。对发展中国家产业内贸易的研究认为，关税同盟或区域性集团的成员是影响产业内贸易的积极因素；收入水平的相似性和工业化阶段对产业内贸易有所帮助。总体看来，国家的特征比产品的特征更能够解释有发展中国家参与的产业内贸易。

3. 对产业内贸易理论的评价

产业内贸易理论的三支柱：①产品的异质性是产业内国际贸易的基础；②需求偏好的相似性和多样性是产业内贸易的动因；③规模经济是产业内贸易的主要利益来源。该理论从需求、产品差异、规模经济等角度对国际贸易进行了考察，这一理论是对比较优势理论的补充和发展。其创新之处表现在以下两个方面。首先，其揭示了原来静态比较优势学说所掩盖和忽视的问题。比较优势理论特别是要素禀赋理论，强调的是贸易的互利性。产业内贸易理论认为，一国的规模经济借助垄断竞争的力量，占据较大的市场份额而获得贸易利益，这种利益不会随着国际贸易的发展而转移。其次，产业内贸易理论将产业组织理论引入贸易理论。产业内贸易理论所提出的规模经济优势，不是指一国的产业规模，而是指作为国际贸易主体的企业规模。通过企业创造出口优势，这是分析国际贸易竞争条件的新角度。

此外，产业内贸易理论也存在不足。该理论基本上是静态分析。首先，其在论述产业内贸易时所提到的产品差异性指的是最终产品在质量和性能上的差异,没有看到由于生产国际化的深化,产业内专业化分工的发展,越来越多的中间产品进入国际贸易中,这也促进了产业内贸易的发展。其次,对规模经济优势的作用,应规定在什么样的范围,产业内贸易理论也没有提及。

【资料】

2001—2014 年中国和南非两国产业内贸易静态指数(*G-L* 指数)如表 4-4 所示。

表 4-4　2001—2014 年中国和南非两国产业内贸易静态指数(*G-L* 指数)

年份	SITC0	SITC1	SITC2	SITC3	SITC4	SITC5	SITC6	SITC7	SITC8	SITC9
2001	0. 794 4	0.061 1	0.096 8	0.534 1	0.459 1	0.991 8	0.862 6	0.384 3	0.023 1	0.007 8
2002	0.468 2	0.281 5	0.109 2	0.680 6	0.572 3	0.897 6	0.755 4	0.081 7	0.022 5	0.009 9
2003	0.212 3	0.042 4	0.117 6	0.181 8	0.483 2	0.904 4	0.629 3	0.205 5	0.012 2	0.005 8
2004	0.450 1	0.140 9	0.081 1	0.284 2	0.405 0	0.887 2	0.670 5	0.187 8	0.021 4	0.001 5
2005	0. 722 7	0.442 3	0.081 1	0.983 8	0.123 5	0.867 4	0.702 8	0.100 8	0.011 3	0.002 0
2006	0.444 0	0. 292 5	0.057 8	0.478 2	0.453 1	0.730 7	0.831 7	0.090 6	0.011 5	0.001 1
2007	0. 350 0	0. 732 8	0.046 9	0.145 4	0.305 3	0.655 7	0.792 1	0.056 7	0.008 1	0.001 0
2008	0. 329 9	0.948 1	0.034 7	0.752 4	0.205 3	0.478 8	0.783 2	0.056 4	0.013 5	0.001 6
2009	0. 334 1	0. 846 8	0.032 7	0.748 1	0.638 7	0.631 0	0.670 7	0.036 8	0.016 0	0.000 9
2010	0. 577 0	0.918 6	0.029 8	0.270 0	0.299 8	0.544 8	0.724 0	0.051 4	0.020 3	0.000 5
2011	0. 554 4	0.659 5	0.021 4	0.128 1	0.898 5	0.433 8	0.736 6	0.041 7	0.023 7	0.000 1
2012	0.612 9	0.747 0	0.020 8	0.062 0	0.778 1	0.452 7	0. 828 6	0.088 4	0.019 4	0
2013	0.735 0	0.782 1	0.015 9	0.089 2	0.121 3	0.494 4	0.718 3	0.118 7	0. 023 4	0
2014	0.998 4	0.658 6	0.019 5	0.338 9	0.825	0.501 3	0.566 2	0.074 4	0. 032 0	0

【专栏】

1966 年, B. Balassa 首次提出产业内贸易概念,将产业内贸易定义为一个国家在出口某类产品的同时又进口着相同或类似产品的现象。Grubel(1981)将产业内贸易定义为:一是有类似生产要素投入的产品的贸易,二是在消费上具有替代性的产品之间的贸易。根据传统贸易理论,在各国贸易中不会出现同一产品的相互交换,但大量事实却表明,同一产品的相互交换不仅存在,且在各个国家的交换中占有重要地位。这是传统贸易理论无法解释的现象,然而利用产业内贸易理论可解释这一现象,所以产业内贸易理论一经提出,立刻引起了国内外学者的广泛关注,且随着产业内贸易数量、品种和地域范围的不断扩大,各国学者对产业内贸易的研究也更加深入。Grubel 和 Lloyd(1975)选取加拿大、美国、日本等 10 个国家为研究对象,通过对各国 1959—1967 年贸易数据的统计分析发现,这些国家贸易总额在这期间增加约 1 910 亿美元,其中产业内贸易增长额约为 1 530 亿美元,占比高达 80%。Hellvin(1996)通过对 1980—1990 年中国和 OECD(经济合作与发展组织)贸易数据进行实证分析,得出中国与 OECD 之间产业内贸易大都是垂直型的,且中国出口质量较低。Greenaway 和 Torstensson(1997)以 OECD 国家作为研究对象,通过计量回归分析发现 OECD 国家制成品出口质量与人力资本和市场规模有关。林琳(2006)以中美工业制成品产业内贸易为研究对象,经实证研究得出,中美工业制成品产业内贸易额有所上升,并且在双边贸易中所占比重越来越大,两国产业内贸易主要形式是垂直型产业内贸易。赵放和李季(2010)借助产业内贸易指数,以中韩贸易 1991—2008 年的数据为基础,分析出中韩贸易特别是工业制成品的产业内贸易特征十分显著,且水平型产业内贸易比重较贸易初期有了很大的提升。吴燕和邓荣荣(2012)通过运用 *G-L* 指数等相关指数对中国与东盟国家的产业内贸易加以界定,同时使用面板数据的随机效应模型,探究影响中国与东盟国家产业内贸易的国家特定因素和产业特定因素。周丽等(2013)通过运用 2000—2010 年中印两国进出口贸易数据,测算出中印 *G-L* 指数和 MIIT 指数(边际产业内贸易指数),实证分析发现两国以垂直型产业内贸易为主,而水平型产业内贸易发展水平较低。

资料来源:胡剑波、郭风,《中国与南非产业内贸易实证研究:基于 2001—2014 年的数据分析》,《国际经贸探索》2017 年第 33 卷第 2 期。

4.4　需求决定的贸易理论

20 世纪六七十年代,国际贸易理论的发展进入一个相对平缓的时期,要素禀赋理论已经日臻完善,在国际贸易理论中占据着绝对统治地位。但这些理论在对贸易问题的解释方面还存在着一些问题。无论是古典贸易理论,还是要素禀赋理论,都是从供给方面来探讨国际贸易基础的,即从技术差异、要素禀赋差异等供给方面的因素来解释比较优势的决定,而关于需求方面的因素对国际贸易的决定作用则并未涉及。鉴于此,一些学者脱离贸易理论发展的“主航道”,从需求角度来探讨国际贸易的新基础。

4.4.1　需求相似理论

需求相似理论(theory of preference similarity)又称偏好相似理论或需求重叠理论,是瑞典经济学家斯戴芬·伯伦斯坦·林德(Staffan B. Linder)于 1961 年在其论文《论贸易和转型》中提出的,其从需求角度论述了国际贸易的产生原因。

1. 消费者行为假设

假设在一国之内,不同收入阶层的消费者偏好不同,收入越高的消费者就越偏好奢侈品,收入越低的消费者就越偏好必需品;假设世界不同地方的消费者如果收入水平相同,则其偏好也相同。根据上述两条基本假设,我们可推断出两国的消费结构与收入水平之间的关系,即两国收入水平越接近,消费结构也就越相似。

2. 理论的主要观点

需求相似理论的主要观点主要包括以下几点。

(1)一种潜在的出口产品,首先必须是本国消费或投资生产的产品,即它的国内需求是其能够出口的前提条件,产品的出口结构、流向及贸易量取决于本国的需求偏好。

（2）两国的偏好越是相似，其需求结构越是接近，它们之间就越有可能开展贸易。

（3）影响一国需求结构的最主要因素是平均收入水平，高收入国家对技术水平高、加工程度深、价值较大的高档商品的需求较大，而低收入国家则以低档商品的消费为主，满足基本生活需求。两国人均收入水平越接近，其需求结构越相似，它们之间的贸易量也就越大。所以，收入水平可以作为衡量两国需求结构或偏好相似程度的指标。

（4）人均收入水平相近的国家之间的需求重叠范围也越大，两国存在重叠需求的商品都有可能成为贸易品，所以两国经济发展程度越相近，人均收入越接近，需求偏好越相似，相互需求就越大，贸易的可能性也就越大。如果各国的国民收入不断提高，那么由于收入水平的提高，新的存在重叠需求的商品便会不断地出现，贸易范围也会相应调整，贸易中的新品种就会不断地出现。

反映一般收入水平的需求水平称为“代表性需求”。因为代表性需求代表了一国对各类产品需求中规模最大的部分的需求量，厂商为达到生产的规模经济效果，它总是瞄准本国具有代表性需求的产品档次，增加其产量或扩大产出规模，以达到企业的规模经济效果。当每个国家的厂商都追求本国的代表性需求以实现规模经济时，该国的非代表性需求就难以在一国范围内得到满足，因而需要借助国际贸易加以实现。更重要的是，通过国际贸易，本国生产的满足代表性需求的产品的生产规模也会随之扩大，从而规模经济效果更加明显。这种国际贸易或相互贸易不是无条件的，它只有在收入水平相近的国家之间才可能存在，因为它们有相近或重叠的需求部分。如图 4-20 所示，横轴表示一国的人均收入水平（Y），纵轴表示消费者所需的各种商品等级（Q）。所需的商品越高档，则其品质等级就越高。人均收入水平越高，则消费者所需商品的品质等级也就越高，二者的关系由图中的射线 OP 表示。A 国的人均收入为 Y_A，对商品质量的需求在 aa' 范围内。B 国的人均收入为 Y_B，高于 A 国，消费产品的质量范围为 bb'，高于 A 国。对于两国来说，落在各自范围之外的物品不是太高档就是太低劣，是不能或不愿购买的。两国需求产品质量等级存在 CD 所代表的范围的重叠，即在 CD 范围内的商品两国都有需求，这就是两国开展贸易的基础。 当两国的人均收入水平越接近时，则重叠需求的范围就越大，两国重复需要的商品都有可能成为贸易品，所以，收入水平相似的国家，互相间的贸易关系也就可能越密切。

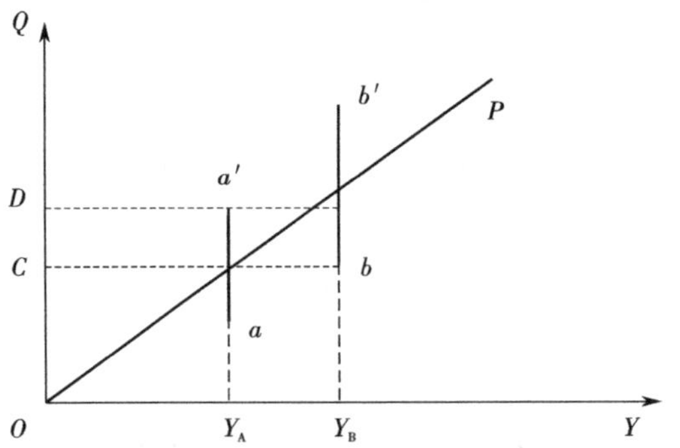

图 4-20 重叠需求与国际贸易

3. 理论评价

需求相似理论与要素禀赋理论的区别:要素禀赋理论主要解释发生在发达国家与发展中国家之间的产业间贸易(inter-industry trade),即工业品与初级产品或资本密集型产品与劳动密集型产品之间的贸易;需求相似理论则适合于解释发生在发达国家之间的产业内贸易(intra -industry trade),即制造业内部的一种水平式贸易。

在世界经济形成买方市场的情况下,林德理论具有非常大的影响,第一次从需求的角度对生产和贸易进行分析,即你需要什么,我生产什么,从需求和分配的角度入手同时分析生产和贸易。林德的需求相似理论更适用于解释发生在发达国家之间的贸易现象,但对发达国家和发展中国家之间贸易的解释能力有限。因为初级品的需求与收入的相关性不大,初级品的国际贸易不需要以国内贸易的存在为前提,因此需求相似理论也不能解释初级品的贸易格局。

4.4.2 Lancaster & Helpman 模型

兰开斯特和赫尔普曼认为消费者的不同需求偏好 决定了水平差别产品之间的贸易。假定一国在自给自足条件下只提供Ⅰ、Ⅱ、Ⅲ、Ⅳ四种式样的某种产品,一些消费者正好偏好其中某一款,而另一些消费者或者没有找到更好的款式,或者稍偏向某一款,或认为某两款之间无差异。没有贸易时,这些消费者不能得到最大满足。 而伙伴国正好生产Ⅴ、Ⅵ、Ⅶ、Ⅷ四种样式的同类商品,与本国已有款式存在差别,但是生产条件、成本、价格相同。开放贸易后, 国内市场无法满足的需求转向国外市场,在本国得不到最大满足的消费者就可能通过差别产品的贸易获得自己最偏好的商品。

4.4.3 Grubel 模型

格鲁贝尔认为即使两国具有相似的人均收入,但两国总收入的分配不同还是会导致产业内贸易。比如说国家1和国家2有着相近的人均收入水平,但收入分配的公平程度不同。假设国家1低收入家庭较多,而国家2的高收入家庭较多。如果两国的生产者都考虑满足本国大部分人口的需求,则国家1大多数低收入家庭可以在本国得到满足,而少数高收入家庭的需求得不到满足,只能通过进口国家2较为高档的差别化产品得到满足。国家2大多数收入水平高的家庭可以在本国得到满足,但是低收入水平家庭的需求需要从国家1进口较为低档的差别化产品得到满足。 这样,就形成了平均收入水平相同的两国之间的垂直差别产品贸易。

4.4.4 国家竞争优势理论

迈克尔·波特(Michael E. Porter)是哈佛大学商学院的大学教授,是竞争战略和国家竞争力领域的国际权威之一,被誉为“竞争战略之父”。20世纪80年代,美国面临国家竞争力减弱的问题,西欧国家、日本甚至一些新兴工业化国家对美国的传统支柱产业乃至新兴产业造成了巨大的冲击。为提高美国国际竞争力,里根总统于1983年设立了由企业家、劳工领袖、学术界和政府官员组成的直属白宫的产业竞争力委员会。作为该委员会的成员之一,波特开始研究美国的竞争力问题。迈克尔·波特于20世纪八九十年代出版了三部著作《竞争战略》《竞争优势》《国家竞争优势》,分别从微观、中观、宏观的角度论述了"竞争力"的问题。波特认为,具有比较优势的国家未必具有竞争优势,这向传统理论提出了挑战。该理论试图归纳国际贸易理论各学派的观点,被认为是对国际贸易理论的一个重要综合与发展。

1. 国家竞争优势理论的主要内容

所谓国家竞争优势是指一个国家使其公司或产业在同一产业领域创造和保持竞争优势的能力。国家竞争优势理论提出:一国兴衰的根本在于能否在国际竞争中赢得优势,而能否取得国家竞争优势的关键在于国家是否有合适的创新机制和充分的创新能力。

波特理论的中心思想是一个国家的四个基本方面的特质构成该国企业的竞争环境,并促进或阻碍国家竞争优势的产生。这些特质包括:生产要素,国内需求,相关产业和支撑产业,以及企业的战略、结构和同业竞争(图4-21)。这四组因素的每一组都可单独发挥作用,但又同时对其他因素产生影响。四组因素结合成一个体系,共同作用决定国家竞争优势。因此,国家竞争优势理论实际上就是研究这四组因素的性质及其相互作用的理论。

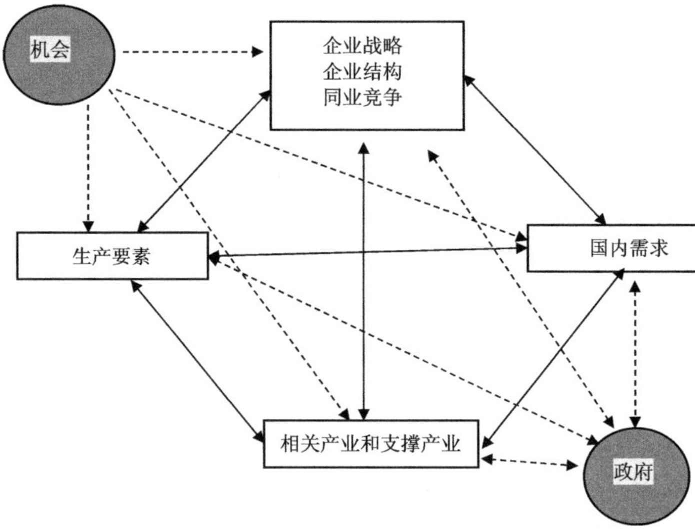

图4-21 波特的钻石模型

1)生产要素

一个国家所拥有的生产要素包括:人力资源,具体包括劳动力(包括管理人员)的成本、技能和数量;自然资源,包括土地、水资源、矿藏、森林、渔场等及其成本和质量,以及气候条件、区位、地理规模等;知识资源,包括科学知识、技术知识、市场知识等;资本资源,包括支持产业的资本数量、质量、成本和形式;基础设施,包括运输系统、通信系统、邮政系统、金融系统以及健康保健系统等及其质量与成本。

波特认为,以上要素可以分为基础要素和高级要素。基础要素指自然资源、气候、简单劳动力等一国天然拥有的要素,其产生需要较少或简单的私人投资和社会投资。由于科学技术的发展，对基础要素的需求减少，靠基础要素获得的竞争优势难以持久。高级要素需要长期对人力资本、物质资本进行投资才能得到。要创造高级要素，创造机构本身就需要高级的人力资源和技术资源，高级要素才是竞争优势的长远来源。一个国家如果拥有对某一产业十分重要的某类低成本基础要素禀赋或独特的高级要素禀赋，该国的公司就有可能在该产业内获得竞争优势。比如新加坡处于日本和中东之间的重要贸易航道上，这使它成为轮船修理中心；瑞士在不同的语言和文化方面的优势（瑞士有德语地区、法语地区和意大利语地区）使它在国际金融、贸易等方面十分成功。

波特还根据专业化程度的不同将要素分为一般性生产要素和专业性生产要素。一般性生产要素包括公路系统、融资、受过大学教育且上进心强的员工等适用范围广泛的要素，提供基本类型的竞争优势。专业性生产要素则指专业领域的技术型人才、先进的基础设施、专业知识领域及其他定义更明确且针对单一产业的因素，比如掌握光学技术的研究所、专门处理化学药品的港口等。越是高级的要素越可能是专业性生产要素，专业性生产要素比一般性生产要素更能为一国创造持久的竞争优势。

波特对要素进行详细区分的目的在于强调一国比较优势的基础并不拘泥于先天拥有的要素禀赋，高级要素和专业性生产要素都可以通过后天积累获取。也就是说，一国完全可以能动地创造和发展要素条件，突破自己基于要素禀赋的比较优势，形成自己的竞争优势。可见，先天资源贫乏的国家完全不用担心在国际竞争中会永远处于不利地位。

2）国内需求

波特将需求条件视为产业冲刺的动力。国内市场不仅通过对规模经济的影响力而提高了效率，国内市场更重要的意义在于它是产业发展的动力，刺激企业的改革和创新。全球竞争并没有降低国内市场的重要性。国内市场深深影响了企业认知，诠释顾客需求的能力。国内庞大的需求规模有利于公司形成国际竞争优势，但比需求规模更重要的是国内购买者对需求的质量要求。如果国内购买者是世界上最老练、苛求的产品和服务购买者，那么该国的公司就能获得竞争优势。因为老练、苛求的购买者打开了满足高级顾客需求的一扇窗户，迫使公司达到更高的标准，刺激公司不断改革、创新和提升竞争力。

3）相关产业和支撑产业

相关产业指共用某些技术、共享同样的营销渠道和服务而被联系在一起的产业或具有互补性的产业。相关产业对某一产业的促进表现在：促进有关产业的创新（相关产业一旦进入某一产业，其新资源、新技术和新的竞争方法往往会促进有关产业的创新和升级），如日本复印机业、照相器材业和通信业对传真机行业的促进；相关产业的国际成功还可带动有关产业的国际成功（共享营销渠道和服务使有关产业从生产开始便能够迅速打开市场），如美国计算机在国外的大量销售使计算辅助设备、软件、数据服务等产业也在国外获得了很大市场。

支撑产业指某一产业的上游产业，支撑产业是为主导产业提供投入品的产业，如先进的汽车工业需要有先进的发动机制造行业、橡胶轮胎生产行业等的支撑。支撑产业对下游产业的作用表现在：以最有效的方式及早地为国内公司提供低成本投入，降低下游产品的生产成本；不断与下游产业合作，促进下游产业的创新；世界一流供应商可以帮助下游公司看到利用新技术的新方法、新机会，让其尽快得到新信息和供应商的新创产品；有竞争力的供应商还充当把信息和创新从一个公司传到另一个公司的渠道，从而使整个行业的创新速度加快。

波特认为，一群在地理上互相靠近、在技术和人才上互相支持并具有国际竞争力的相关产业和支撑产业所形成的产业集群，是国家竞争优势的重要来源。地理上的相对集中加剧了同业之间的竞争，缩短了相互之间沟通的渠道，使它们能够快速地相互学习，不断地进行创新和观念交流，并不断扩大其专业人才队伍和专业研究力量，形成产业集群内部的一种自加强机制。这种产业集群如果参与国际竞争，则其所形成的竞争优势是难以被其他地区的企业夺走的。波特指出，一个具有国际竞争力的优势产业群体中的企业最好全部由国内企业组成（而不是某一环节的产品需要从国外采购），特别是由本地企业组成上下游配套齐全的产业发展链条，这样所形成的国际竞争优势才是稳定的、可靠的。

4）企业的战略、结构与竞争

波特认为，真正能够形成竞争优势的是企业的发展战略，因为在经营管理层次，由于企业之间的激烈竞争和优秀企业之间在竞争中的相互学习，已使竞争性企业之间的差别不大，而企业之间真正不容易被学习或模仿的差别是企业战略。国内市场强有力的竞争对手可以创造产业的持续竞争优势。这一观点挑战了很多传统的经济学观念（例如国内市场如果竞争太激烈，资源会过度消耗，妨碍规模经济的建立）。

波特认为，国内竞争是唯一能够刺激企业进步和推动创新的动力。本地竞争迫使企业相互降低成本，提高质量，改善服务。本地企业之间的竞争不仅竞争市场份额，而且竞争人、竞争技术，或许还有最重要的，即竞争“炫耀权”。

国内市场的竞争可以协助企业克服生产要素的不利部分，会促使政府建立更公平和超然的立场，刺激挑剔型客户的出现，建立先进、有创意的世界级供应商系统。这种强化效果一旦形成，构建竞争优势所需的本地供应商体系、充沛的高级人力资源以及钻石体系的其他部分自然能水到渠成。

以上四组因素构成了波特钻石模型的主要支柱，它们相互依赖，缺一不可。此外，政府和机会的作用是两个重要的辅助因素。波特指出，繁荣是政府的一种选择。在现代全球经济中，以自由放任和干预来划分政府的角色已经过时。政府需要考虑的是何时干预、怎么干预的问题。波特认为，政府以补贴、本币贬值、设置贸易壁垒等方式提高竞争力的做法是不可取的。政府应该致力于推动充分、公平竞争和自由贸易，加强基础设施建设，执行严格的产品、安全和环境标准，严格限制竞争者之间的直接合作，鼓励在人的技能、创新和物质资产方面的持续投资。波特强调，政府政策的影响力固然可观，但也有它的局限性。他解释道：“产业发展如果没有其他基本要素的配合，政府政策再帮忙，也是扶不起的阿斗。若政府政策是运用在已经具备其他基本要素的产业上面，就可以强化产业的优势，加速产业的发展并提高厂商的信心，但政府本身并不能帮助企业创造竞争优势。”

波特认为，可能形成机会、影响产业竞争的情况大致包括：基础科技的发明创新、传统技术出现断层、生产成本突然提高、全球或区域市场需求剧增、外国政府的重大决策及战争等。引发机会的事件很重要,因为它会打破原本的状态,提供新的竞争空间。这些事件使得原本的竞争者优势顿失,创造新的环境,凡是能取代旧势力、满足新需求的厂商就能获得现身的空间。

2. 对国家竞争优势理论的评价

该理论首次从多个层次、多个角度阐明了国家竞争优势的确切内涵,提出国家优势形成的根本在于竞争,在于优势产业的确定,从而对国际经济贸易理论做出了重要贡献。第一,该理论弥补了其他国际贸易理论的不足,比较成功地回答了理论界一些长期未能解答的问题。第二,该理论发展了传统贸易理论中以要素禀赋形成优势的静态观点,突破了以单项因素或其简单组合为出发点来展开理论分析的不足。第三,该理论充分反映了竞争的丰富内涵。第四,该理论着重对产业和企业的研究,使国际贸易理论的研究有了微观基础。第五,该理论强调国内因素对于形成竞争优势的重要性。第六,该理论使用了贸易和投资相结合的分析思路。

本章小结

(1)第二次世界大战以后,特别是20世纪60年代以来,国际贸易出现了许多新的倾向,主要表现在:同类产品之间的贸易量大大增加,发达的工业国家之间的贸易量大大增加,以及产业领先地位不断转移。这些现象用传统的赫克歇尔－俄林模型都无法解释。

(2)当代贸易理论用“规模经济”和“不完全竞争”来解释资源储备相似国家之间和同类工业产品之间的双向贸易。这种双向贸易的基础是由企业生产规模不同而产生的成本差异。这一理论的代表人物包括保罗·克鲁格曼、坎姆等。

(3)新赫克歇尔－俄林模型是尽可能符合赫克歇尔－俄林理论假设来解释国际贸易的模型,认为产品的差别和要素禀赋直接相关,越复杂的产品在生产中需要越高的资本劳动投入比。因此,差别产品之间的贸易完全可以由要素禀赋理论解释,也就是资本富裕的国家向劳动富裕的国家出口高质量的商品,从后者进口较低质量的商品。

(4)波斯纳的技术差距论认为,技术进步或技术创新意味着一定的要素投入量可以生产出更多的产品,这样一来技术进步会对各国生产要素禀赋的比率产生影响,从而影响各国产品的比较优势,对贸易格局的变动产生作用。因而,技术差距也是国家间开展贸易的一个重要原因。

维农用产品生产技术的周期变化来解释各国比较优势的变化。产品生产技术发展的不同阶段对生产要素的需求不同,生产该产品的比较优势会逐渐从技术发达国家转移到劳动力充裕的国家。

(5)贸易的基础也可以是需求的不同。对同一产品的不同需求会造成价格的差别从而产生贸易。林德从收入和需要的变化来解释发达国家之间工业制成品贸易的发展。兰开斯特和赫尔普曼模型认为消费者的不同需求偏好决定了水平差别产品之间的贸易。格鲁贝尔认为即使两国具有相似的人均收入,但两国总收入分配不同还是会导致产业内贸易。

(6)国家竞争优势理论认为:具有比较优势的国家未必具有竞争优势,对传统理论提出了挑战。该理论试图归纳国际贸易理论各学派的观点,被认为是对国际贸易理论的一个重要综合与发展。

思考与练习

(1)下述例子中,主要显示出的是外部规模经济还是内部规模经济?

①云南省昆明市郊斗南镇的鲜花市场;②天津的南市食品街;③微软公司;④香港作为亚洲的金融中心;⑤美国的大型家庭农场。

(2)下述例子中,决定贸易模式的主要是比较优势还是规模经济?

①加拿大是主要的新闻纸出口国;②英特尔公司生产了世界上半数以上的 CPU;③美国和日本相互出口复印机;④中国是主要的电视机出口国;⑤东南亚国家大量出口运动服装和鞋。

(3)分别计算中国与不同国家贸易的产业内贸易指数,分析其差异性。

(4)在产品生命周期理论中,比较优势有作用吗?

(5)讨论美国为什么在喷气式飞机制造方面还保留有比较优势,而在钢铁制造和汽车生产方面都正在失去比较优势?

(6)需求相似理论对发展中国家向发达国家出口的前景持什么态度?结论和现实相符吗?

(7)一个后发国家参与国际分工究竟应该发挥比较优势,还是努力创造竞争优势?

延伸阅读

[1] KRUGMAN P R. Increasing returns, monopolistic competition, and international trade[J]. Journal of International Economics, 1979, 9(4): 469-479.

[2] AQUINO A. Intra-industry trade and inter-industry specialization as concurrent sources of international trade in manufactures[J]. Weltwirtschaftliches Archiv, 1978, 114(2): 275-296.

[3] PAGOULATOS E, SORENSEN R . Two-way international trade: an econometric analysis[J]. Weltwirtschaftliches Archiv, 1975, 111(3): 454-465.

[4] LOERTSCHER R, WOLTER F. Determinants of intra-industry trade: among countries and across industries[J]. Weltwirtschafrliches Archiv, 1980, 116(2): 280-293.

[5] BALASSA B. Intra-industry specialization: a cross-country analysis[J]. European Economic Review, 1986, 30(1): 27-42.

[6] HANSSON P.Intra-industry trade: measurements, determinants and growth: a study of Swedish foreign trade[D]. Umeå: Umeå Universitet , 1989.

[7] GRUBEL H G.International economics[M].Homewood：Richard D.Irwin Inc.，1981.

[8] GRUBEL H G，LLOYD P J. Intra-industry trade：the theory and measurement of international trade in differentiated products[M]. London：Macmillan Press Ltd.，1975.

[9] HELLVIN E.International trade between China and OECD countries：technical paper No.144[R].Paris：OECD Development Centre，1996.

[10] GREENAWAY D，TORSTENSSON J.Economic geography，comparative advantage and trade within industries：evidence from the OECD：working paper series 114[R].Trade Union Institute for Economic Research，1997.

[11] 林琳. 中美产业内贸易研究 [J]. 国际贸易问题，2006（1）：33-39.

[12] 赵放，李季. 中韩双边产业内贸易实证分析 [J]. 国际经贸探索，2010（3）：17-23.

[13] 吴燕，邓荣荣. 中国与东盟国家产业内贸易研究：基于面板数据随机效应模型的分析 [J]. 国际经贸探索，2012（9）：15-24.

[14] 周丽，范德成，张文文. 中印两国产业内贸易发展研究 [J]. 国际商务（对外经贸大学学报），2013（5）：5-12.

第二编

国际贸易政策

第 5 章　贸易壁垒

本章的重难点

从经济的角度来看，不论是出口还是进口，自由贸易给双方都带来净收益。通过国际分工和自由贸易，各国的福利水平都得到了提高。可是在现实中，自由贸易会受到许多国家的各种政策的干涉。本章主要介绍进口保护的贸易壁垒。进口保护的主要措施包括关税和以配额为代表的非关税壁垒。关税通过提高进口商品价格达到减少进口的目的，而配额则直接使用数量限制的办法减少进口。本章的重难点：

（1）理解关税的局部均衡分析；

（2）掌握关税、非关税壁垒的基本概念、非关税壁垒的类型及其内容。

5.1　关税壁垒及其影响

5.1.1　进口关税的基本概念

进口关税是一国政府通过海关向进口商品或服务征收的税赋。

征收关税的具体形式很多，有的是根据进口商品价值征收一定比例的关税，其被称为从价税（ad valorem tariff）。例如，2006 年中国的汽车关税率为 25%，如果一辆进口汽车的价值为 2 万美元，关税额就是 5 000 美元。有的则根据进口商品的实物数量征收一个给定数额的关税，其被称为从量税（specific tariff）。从量税将货物的计量单位（重量、长度、面积、容积、数量等）作为征税标准，是以每一计量单位应纳的关税金额作为税率的关税。例如，中国对啤酒征收的从量税普通税率为每升 7.5 元人民币，优惠税率为每升 3.5 元人民币。从量税的优点在于对数量众多、体积庞大、价值低廉的产品征收手续简便，可以节约大量征收费用。在第二次世界大战以前使用从量税的国家较多，目前单纯使用从量税的国家已经很少。在实际操作中也有把从价税和从量税混合使用的，这种形式被称为复合税（compound tariff），即在税则的同一税目中，定有从价和从量两种。中国 1999 年起对部分商品征收复合税。例如，对于完税价格低于或等于 2 000 美元 / 台的录像机执行单一从价税，普通税率是 130%，优惠税率为 45%（2002 年降到 36%）；但对完税价格高于 2 000 美元 / 台的录像机，每台征收复合税，普通税率是每台 20 600 元人民币的从量税，再加 6% 的从价税；优惠税率是每台 7 000 元（2002 年降到 5 480 元）人民币的从量税，再加 3% 的从价税。另外，还有一种关税被称为滑准税。滑准税是一种与进口商品价格呈反向关系的关税计征办法，即进口品价格越高其进口关税税率越低，而价格越低税率越高。其主要特点是，可以保持滑准税商品的国内市场价格的相对稳定，尽可能减少国际市场价格波动的影响。在实践中，各国还常常将关税和配额一起使用，其被称为关税配额。关税配额的实行方法是对配额内进口的商品免税或征收低关税，对超过配额的进口商品征收较高的关税。中国对许多农产品的进口实行关税配额，例如，对配额内的进口小麦根据品种不同征收 1% 到 10% 的关税，但对配额外的进口小麦则征收高达 71%（最惠国税率）到 180%（普通税率）的关税。

5.1.2 关税的局部均衡分析

我们先假设本国进口商品的市场是完全竞争的，国内生产同类商品的行业存在着许多生产者（企业），市场价格是由消费者和许多生产者共同决定的，每个生产者都只占供给方面很小的一部分，谁也没有对市场价格的影响力。

征收进口关税使得外国商品无法自由进入国内市场，势必影响国内的价格、生产量和消费量。关税对本国经济的影响取决于该国国内的供给与需求情况，也取决于该国在国际市场上的地位。例如，如果某国是国际钢铁市场上的进口小国，那么该国进口钢铁的价格则是给定的，国际钢铁市场价格不受该国钢铁进口量变动的影响；反之，如果某国是钢铁进口大国，那么国际钢铁市场价格则会由于该国征收关税减少进口而发生变动，该国的经济也会受到与进口小国不同的影响。我们的分析也将小国与大国的情况分开。

1. 竞争条件下关税对国内生产、消费和进口的影响

1）小国征收关税的影响

首先，用图 5-1 来分析小国征收关税对某国内生产、消费和贸易量的影响。我们可以看到，在自由贸易情况下，某小国钢铁价格等于国际市场价格，为每吨 1 000 元。在此价格下，其国内生产量是 S_1（假定为 60 吨），国内钢铁的消费量为 C_1（假定为 120 吨），进口量为 M_1（60 吨）。

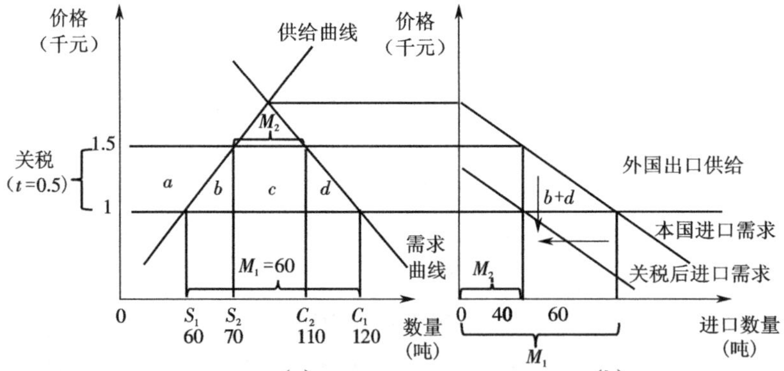

图 5-1 关税对进口小国的影响

（a）小国市场；（b）小国钢铁进口市场

如果政府决定征收关税，并假设税额为每吨 500 元或税率为 50%，第一个受影响的是进口商品的成本。由于要上税，每吨进口钢铁的成本上升了 500 元。为了不亏本，进口商必须将价格提高。

由于进口钢铁价格上升，对进口钢铁的需求量就自然减少，在图 5-1（b）中，表现为小国的进口需求曲线向下平移 500 元(在预算不变的情况下,消费者愿意支付的进口钢铁价格会下降 500 元),或向左平移 20 吨(如果价格不变的话就少购买 20 吨)。但由于该国是钢铁进口小国,国际市场价格没有受到影响,仍是 1 000 元。进口钢铁价格的提高使一部分消费者转向购买其国内钢铁,从而刺激了国内钢铁的生产。一些原来由于生产成本较高无法与国际市场价格竞争的厂商也可能投入了生产。小国钢铁产量的增加会引起边际成本的提高,而边际生产成本的提高自然也提高了其国产钢铁的价格,但只要这一价格仍然低于加关税后的进口钢铁的价格,其国产钢铁就有市场,生产就会扩大。当国产钢铁的生产成本和市场价格都等于进口钢铁的税后价格时,小国国内生产的扩张就会停止(新的国内钢铁产量 S_2 假设为 70 吨)。在新的市场均衡下,国产钢铁与进口钢铁的价格一样,都是 1 500 元,等于国际市场价格(1 000 元)加上关税(500 元)。

关税对小国国内生产的影响过程还可以从某一个角度来看。我们假定政府突然宣布对每吨进口钢铁征收 500 元的关税,进口钢铁价格骤然升至 1 500 元。而其国产钢铁仍是 1 000 元,这时,钢铁消费者自然而然涌向国产钢铁,从而使其出现短缺。短缺的结果会造成国产钢铁价格上涨,直至与进口钢铁价格(包括关税)相同,此时供给又变得无限,短缺消失。国产钢铁价格就不会再涨。在这一价格下,国内钢铁产量增加到 S_2。

另一方面,由于价格的上涨,一部分工矿企业不得不减少对钢铁的使用,从而使总消费量从 C_1(120 吨)下降到 C_2(110 吨),消费量与国内生产量的差额等于进口,在实行关税后,进口量减少到 M_2(40 吨)。

2)大国征收关税的影响

如果某国是国际钢铁市场上的主要进口国,也就是我们所说的进口大国,那么对进口钢铁征收关税不仅会影响某国内的生产和消费,还会影响国际钢铁市场的价格。

如图 5-2 所示,由于关税使进口钢铁价格提高,该国的进口量随之减少,在国际市场上,该国的进口需求曲线向下移动(平移 500 元)。由于该国是一个钢铁进口大国,面对的外国出口供给曲线不再是一条水平曲线,而是向上倾斜(供给量与价格正向变动)的市场供给曲

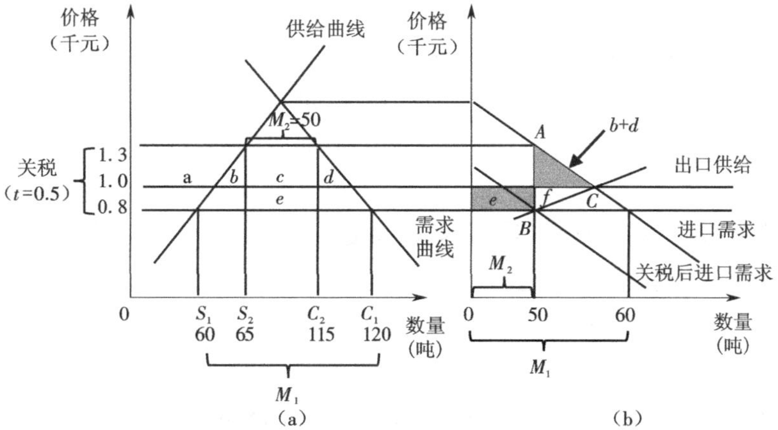

图 5-2 关税对进口大国的影响

(a)大国市场;(b)大国钢铁进口市场

线。当该国的进口需求下跌时，国际市场均衡价格就会下跌。本来进口需要支付每吨 1 000 元的价格，现在则便宜了（假设为 800 元）。但是，该国国内的钢铁价格再加上关税后仍会比自由贸易时的价格要高，在新的降低了的国际市场价格上加上 500 元的关税，新的国内钢铁价格为 1 300 元。虽然价格上涨幅度低于小国的情况，但仍比自由贸易时高了，因此，大国国内的钢铁生产也因此扩大到 S_2（假定为 65 吨），消费水平则降低到 C_2（假定为 115 吨），进口数量也减少为 M_2（50 吨）。

由上分析可以看到，无论大国还是小国，不管一国有无能力影响国际市场价格，征收关税的结果都会导致产品国内价格上升，生产增加，进口减少，消费缩减，但影响的程度则会因其在国际市场上地位的不同而不同。

2. 关税的经济利益分析

对进口商品征收关税到底给本国带来了什么经济利益呢？从直觉上说，消费者是不喜欢进口关税的，因为关税提高了商品的价格。国内与进口产品竞争的企业是欢迎或者说要求政府征收关税来保护它们的生产的，显然它们是从中受益的。但消费者究竟受到了多少损失，生产者又得到了多少好处，整个社会的经济利益究竟增加了还是减少了呢？关税的经济利益分析不仅可以证实人们的直觉，还可以计算出利益和损失。

我们还是通过“生产者剩余”和“消费者剩余”来衡量利益。

我们仍然用图 5-1 来说明小国的利益变动。在自由贸易时，国内市场的价格是 1 000 元，征收关税后，上升为 1 500 元。价格的上升和生产的扩大，给生产者增加的“剩余”（利益）是图 5-1（a）中 a 所代表的部分。政府当然也愿意征收关税，通过课税，政府可以得到收入，总额等于商品的单位税额乘以进口总量，在图 5-1（a）中，这是 c 所代表的部分。消费者剩余则会由于价格上升和消费量的下降而缩减。消费者的损失为图 5-1（a）中整个（$a+b+c+d$）所代表的部分。如果我们把所有的利益和损失加在一起，不难发现，由于征收进口税，整个国家实际损失了 b 和 d 所代表的部分。其中 b 是由生产扭曲造成的无谓损失（deadweight loss），d 是由消费扭曲造成的无谓损失。a 和 c 分别是生产者和政府的收益，但这部分收益并非真正通过提高效率或从国外出口商那里得来的，而是本国消费者的转移支付。如果用具体金额来计算的话，生产者增加了 3.25 万元，政府得到了 2 万元，消费者则损失了 5.75 万元，净损失（$b+d$）为 5 000 元。显然，关税政策使小国的整体利益有所损失。

再来看图 5-2（a）中的大国的情况。与小国不同的是，大国征收关税，降低了国际市场价格从而使国内市场价格涨幅较小，由此引起的各部门的利益变动也小一些。生产者剩余增加了 a 所代表的部分，消费者剩余减少了（$a+b+c+d$）所代表的部分，政府税收收入为（$c+e$）所代表的部分，整个社会经济利益的净变动是 $[e-(b+d)]$，由于 e 是收益，所以关税政策对大国的整体利益是有损还是有利的是不确定的。如果 e 小于（$b+d$），整个国家是净损失，但如果 e 大于（$b+d$），整个国家则可以从征收关税中获益。

在图 5-2（b）中，征收关税导致的国际市场价格的下降使国外出口商的利益损失了（$e+f$）部分，又因为本国的净损失为（$b+d-e$），所以世界整体的福利净损失为（$b+d-e$）+（$e+f$）$=b+d+f$，即在图 5-2（b）中的$\triangle ABC$ 所表示的部分。

为什么小国征收关税会造成社会经济净损失而大国征税有可能提高国民收益呢？其主要原因是大国在国际市场上有左右价格的能力，通过减少进口，大国可以迫使出口国降低价格。这实际上是迫使出口国也承担一部分税赋。图 5-2 中的 e 所表示的部分是由出口国间接支付的。对进口国来说则是一笔额外的收入，如果这笔收入大于因关税造成的经济损失的话，进口国就可能在总体上得益。小国则不然，国际市场价格不会因小国进口减少而下降。因此，小国无法让外国出口商通过降价来支付一部分税收，整个关税的负担完全由小国消费者承受，总体上不得不是净损失。

不过，大国想完全由出口国来支付关税也不大可能，除非出口国的出口供给曲线是完全没有价格弹性的垂直曲线。在完全没有弹性的情况下，出口国必须把一定数量的商品销售出去而不管什么价格，也只有在这种条件下，进口国才能将全部关税都转嫁到出口国头上。如果关税全部由出口国承担的话，进口国的国内市场价格不会上涨，国内生产也不会增加，进口量最终也不会减少，那么通过关税来减少进口保护国内工业的政策目标就不能达到。不过，政府倒是通过关税获得了收入，整个社会福利也会因此增加。

3. 最优关税率

从以上分析中我们得知，对贸易小国，任何关税都会给其带来社会福利的纯损失，而对于大国来说，关税有可能带来收益。那么对于大国来说，是否关税越高收益越大呢？不一定。高关税固然使进口商品的单位税收额增加，但也造成了进口数量的减少，总的关税收入不一定增加。如果关税过高，进口量下降严重，关税收入有可能下降。另外，如果进口缩减得厉害，造成国内价格大幅上升，消费下降，消费者所受的损失也会增加。因此，只有在适当的税率下，进口国才有可能使净收益达到最大。这个能使本国的经济收益达到最大的适当税率被称为“最优关税率”。

最优关税率的选择原则是税率上的任何微小变动所引起的额外损失不能超过由此带来的额外收益，在最优点上两者正好相等，用图 5-2（b）中收益损失的部分来表示的话，最优关税率的条件是：

$$\left|\frac{\mathrm{d}e}{\mathrm{d}x}\right|=\left|\frac{\mathrm{d}\ (b+d)}{\mathrm{d}x}\right| \text{或} M'\frac{\mathrm{d}P^*}{\mathrm{d}x}=xP^*\frac{\mathrm{d}M}{\mathrm{d}x}+\frac{1}{2}\frac{\mathrm{d}P}{\mathrm{d}x}\frac{\mathrm{d}M}{\mathrm{d}x} \tag{5-1}$$

我们也可以用图 5-3 来说明最优关税率的确定。

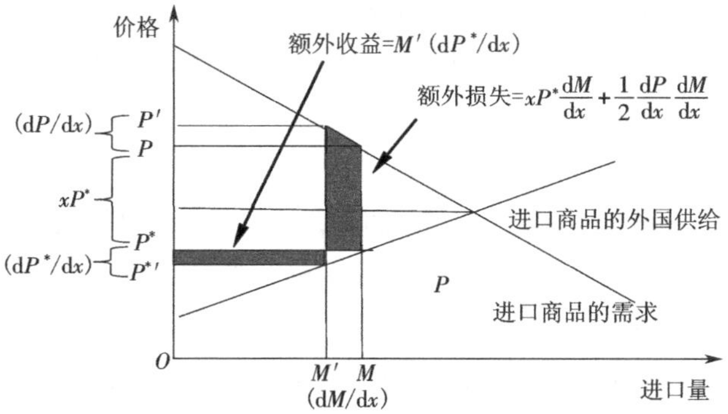

图 5-3　稍微提高关税率引起的收益及损失

在图 5-3 中，M 和 M' 分别是关税变动前后的商品进口数量；P 和 P^* 分别表示关税变动前的国内价格和国际价格，$P=(1+x)P^*$。x 是税率，xP^* 是单位商品关税额。大国的税率变动会引起进口量的变动，从而引起的国际市场价格变动。一般来说，税率与国际价格反向变动：税率提高，大国进口量减少，国际市场价格下降，$\mathrm{d}P^*/\mathrm{d}x<0$。另一方面，税率又与国内价格正向变动：税率提高，大国进口量减少，国内市场价格上升，$M'(\mathrm{d}P^*/\mathrm{d}x)>0$。$M'(\mathrm{d}P^*/\mathrm{d}x)$ 的绝对值就是由于提高（或降低）税率而增加（或减少）的由外国出口商间接支付的政府税收收入部分。对本国来说，这是收益的变动。$\mathrm{d}M/\mathrm{d}x$ 是由于税率变动而造成的进口量的变动。如果税率提高，进口量必定减少，两者反向运动，$\mathrm{d}M/\mathrm{d}x<0$。因此，$xP^*(\mathrm{d}M/\mathrm{d}x)+1/2(\mathrm{d}P/\mathrm{d}x)(\mathrm{d}M/\mathrm{d}x)$ 的绝对值是提高（或降低）关税率而造成的本国社会损失的变动。本国的社会损失包括消费者剩余的减少和由于进口量下降而造成的税收减少。不管是降低还是提高关税率，在最优关税率上，两者的绝对值都必须相等。

根据此条件，可进一步推导出最优关税率的公式。为了计算简便，我们将式（5-1）化简，得到式（5-2）：

$$M'\frac{\mathrm{d}P^*}{\mathrm{d}x}\approx xP^*\frac{\mathrm{d}M}{\mathrm{d}x} \tag{5-2}$$

移项后进一步整理，得到式（5-3）：

$$x=\frac{M'\mathrm{d}P^*/\mathrm{d}x}{P^*\mathrm{d}M/\mathrm{d}x}=\frac{\mathrm{d}P^*}{\mathrm{d}M}\frac{M'}{P^*} \tag{5-3}$$

由于（$\mathrm{d}M/\mathrm{d}P^*$）（$P^*/M'$）是进口产品的供给价格弹性，可写为 ε_τ，则（$\mathrm{d}P^*/\mathrm{d}M$）（$M'/P^*$）即这一供给价格弹性的倒数，所以，最优关税率则可化简为式（5-4）：

$$\tau=1/\varepsilon_x \tag{5-4}$$

由于小国在国际市场上面临的供给曲线是完全弹性的，则有 $\varepsilon_x=\infty$，因此对于小国来说，最优关税率是 0，即没有关税。大国面临的供给曲线具有弹性但不是无限的，x 就会大于零。外国的出口供给曲线越没有弹性，关税率就越可以提高，最优关税率的确定完全取决于外国出口供给的价格弹性。根据供给价格弹性制定的关税率使进口国的经济利益达到最大，低于这一税率，进口国会失去一部分可以获得的利益，高于这一税率，损失开始增加。

值得指出的是，最优关税率只是对本国利益而言的，对整个世界来说，任何关税都会带来效率的损失。最优关税率给进口国带来的收益，实际上只是出口国损失的一部分。另外，这一最优关税率的设计是假设出口国不报复的情况，如果出口国也采取同样方法进行报复，那么通过关税所得利益就会在出口中失去，甚至有得不偿失的可能。

4. 有效保护率

关税使进口行业的商品价格提高，进口量减少，国内同类商品的产量增加。因此，关税起到了保护国内商品的作用。一般来说，对某一商品征收的关税税率越高，对该行业国内商品的保护力度越大。但是，任何一个行业中的企业，既受到该行业最终产品进口征收关税的影响，也受到对其原材料或中间投入征收关税的影响。例如，汽车生产企业会由于对钢材或橡胶征收关税而增加成本受到损害。反之，也会因为钢材或橡胶的减免关税而获益。因此，分析对某种行业的实际保护程度不仅要看该行业最终产品的名义关税率,还要了解这一行业的结构及对其中间投入产品的保护程度。

为了正确反映对一个行业的实际保护程度,经济学家使用了"有效保护率"(effective rate of protection)的概念。一个行业的有效保护率被定义为一个国家的整体保护措施使该行业每单位产出增加值提高的百分率。这里的"整体保护措施"指的是对一个行业所有产品(包括最终产品、中间产品和原材料)的关税与非关税保护。用公式表示,对行业的有效保护率的计算公式为:

$$e_n=(V'_n-V_n)/V_n \tag{5-5}$$

其中,V_n 为自由贸易时 n 行业单位产品的增加值,V'_n 为有关税或非关税壁垒保护下的 n 行业单位产品的增加值。举例来说,如果没有任何保护时每辆汽车的增加值是 2 000 美元,而在支付了汽车和生产汽车所用的钢铁和橡胶等中间产品的关税后,汽车的增加值为 5 000 美元。那么,汽车行业的有效保护率为(5 000−2 000)/ 2 000=150%。我们用图 5-4 中的例子来说明有效保护率的计算及其含义。

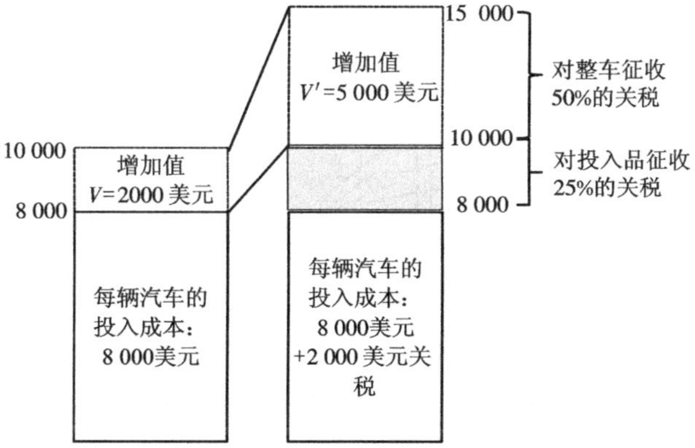

对汽车行业的有效保护率＝（V′−V）/V＝(5 000−2 000）/2 000=150%

图 5-4　有效保护率的计算图解

在图 5-4 中,我们假设在自由贸易条件下,本国汽车售价为 10 000 美元。其中,投入成本为 8 000 美元,增加值为 2 000 美元。假定政府对汽车整体征收 50% 的关税,而对所有零部件和原材料等只征收 25% 的关税。其结果是,本国汽车售价涨至 15 000 美元,而成本只涨到 10 000 美元,增加值提高到 5 000 美元。有效保护率达到 150% 使得本国汽车行业得到了比名义保护率(即名义关税)更高的保护。此外,如果进口零部件和原材料的关税率为 75%,那么汽车生产的成本就会升至为 14 000 美元,增加值只有 1 000 美元。与自由贸易时相比,行业的增加值反而减少了。增加值的增长率,即有效保护率是 −50%。

计算有效保护率的另一个公式为:

$$e_n=\frac{t_n-\sum a_{mn}t_{mn}}{1-\sum a_{mn}} \tag{5-6}$$

公式(5-6)中,t_n 是 n 行业最终产品的名义关税率,a_{mn} 是在自由贸易下 n 行业中各种投

入 m 占总收益的份额，t_{mn} 是对投入 m 征收的名义关税率。这个公式与前面所用的公式实际上是一致的。在图 5-4 中，$1-\sum a_{mn}$ 为 0.2，投入的关税率为 25%，所以 $\sum a_{mn}t_{mn}$ 为 0.2，已知最终产品关税率 t_n 是 0.5，其有效保护率 e_n=(0.5−0.2)/0.2=150%。

5.1.3 关税的总体均衡分析

分析关税对进口商品市场的影响，这是局部均衡分析。但是，关税保护的作用不仅表现在进口部门，也体现在对出口部门生产和消费的影响上。我们必须用总体均衡的方法来分析这种影响。

1. 小国征收关税的影响

图 5-5 是对小国征收关税的总体均衡分析。我们假设某国只生产两种商品——钢铁和大米。钢铁价格为 P_s，大米价格为 P_r。在自由贸易时，该国进口钢铁，出口大米。给定国际相对价格 P，该国的生产点为 S_1，社会福利最大化下的消费点是 D_1。D_1O_1 为进口的钢铁量，S_1O_1 为出口的大米量，社会福利水平为 CIC_1。

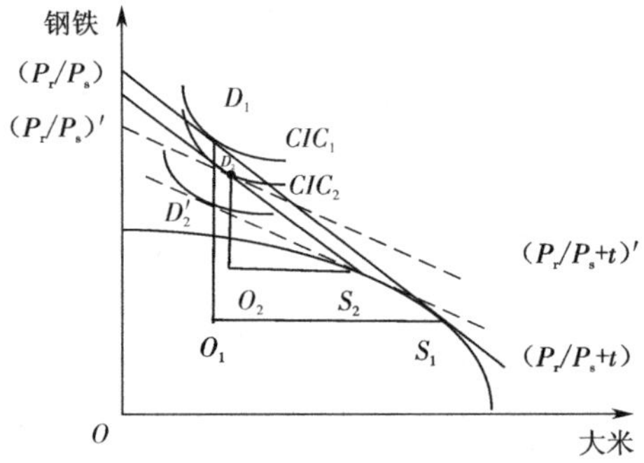

图 5-5 小国关税总体均衡分析

如果该国政府对进口钢铁征收关税(t)，从而使得钢铁的国内市场价格变成了(P_s+t)，高于国际市场价格(P_s)。在国际大米价格不变的情况下，国内大米相对价格下降了，在国内市场上，人们现在需要用更多的大米来换取同样数量的钢铁。在图 5-5 中，这一变化表现为国内大米相对价格变成了一条斜率为(P_r/P_s+t)的低于国际相对价格的直线。国内两部门的生产者和两种产品的消费者都对关税下的新价格做出反应。降低了的国内大米相对价格（或提高了的钢铁相对价格）使一部分资源从大米部门转移到钢铁生产，从而使大米生产量下降，钢铁生产量增加，生产点移到了点 S_2。在 S_2 点上，相对价格曲线与生产可能性曲线相切，生产大米的边际成本等于关税下的大米相对价格。与 S_1 相比，关税虽然提高了国内的钢铁生产量，却也因此减少了大米的生产。在资源本已充分就业的情况下，保护和支持了一个部门的生产必定会减少其他部门的生产。在有关税的相对价格下，消费者会怎样选择新的消费点呢？就消费者本身来说，面对新的带有关税的相对价格，消费只能选择 D_2'，钢铁相对价格的上升不仅使钢铁的消费下降，其产生的负收入效应也可能减少大米的消费。

但是，在关税保护下，经济的参与者除了生产者与消费者以外，还多了一个政府。政府通过征收关税提高了收入。无论是政府将这一部分收入返还给消费者，还是政府直接用来消费，都应算作该国消费的一部分。因此，作为一个整体来说，该国的消费不是在 D_2'，而是在 D_2 上。从 D_2' 到 D_2 之间的消费变动实际上是税收收入所带来的消费。在最终消费点 D_2 上，有两个条件必须得到满足。第一，点 D_2 必须在从生产点 S_2 向左上方延伸出来的国际相对价格曲线上。这是该国的消费可能性曲线。换句话说，该国在 S_2 点上生产，但可以在国际相对价格上与别国进行贸易，从而在国际价格线上选择消费。第二，由于消费者面对的是国内价格，在最终消费点上，反映福利水平的社会无差异曲线必定与国内价格曲线相切。在这一点上，商品的边际替代率（无差异曲线的斜率）等于包括关税的商品相对价格（国内相对价格曲线的斜率）。这是社会福利最大化的选择。

由于该国是小国，其关税和由此引起的进出口变动不会影响国际市场价格。因此，从 S_2 向左上方延伸的国际价格曲线是与通过 S_1 的价格曲线平行的。但由于生产发生了变化，在最终消费点 D_2 上的社会无差异曲线（CIC_2）则低于自由贸易下的水平（CIC_1），反映了社会总体福利水平的下降。另外，对进口的钢铁征收关税后，不仅减少了钢铁进口量（从局部均衡分析中已得知），也减少了该国大米的出口。

虽然进口竞争行业的生产增加了，但本国出口行业则为此付出了代价。从总体均衡分析中我们可以看到，一国对进口行业的保护不仅直接影响该行业的生产消费及福利变动，而且也影响其他行业的生产和消费。

总之，征收关税对小国经济的影响可以概括为：增加进口竞争行业产品的生产，减少出口产品的生产；减少进口竞争产品的消费；减少贸易量；降低社会的福利水平。

2. 大国征收关税的影响

下面我们再来看一下大国征收关税的总体均衡分析。现在假定某国是一个钢铁进口大国，并假定大国征收与小国一样的关税税率，大国的生产点也会从 S_1 向 S_2 移动，但由于大国征收关税后进口减少，引起国际钢铁市场价格的下跌。即使征收与小国同样税率的关税，由于市场价格的下降，加税后的国内钢铁价格的增长幅度要低于小国。因此，关税对生产的影响也要小于小国。与图 5-5 来进行对比分析的话，大国征收关税后的国内相对价格曲线会比小国陡一些（斜率大一些），与生产可能性曲线相切的点会在 S_2 的右下方。大国征收关税的结果虽然也会增加进口产业（钢铁）的生产，减少出口产业（大米）的生产，但变动幅度会小一些。新的生产点（假定为 S_2'）会位于 S_1（自由贸易生产点）与 S_2（小国关税后的生产点）之间。

同样，大国会在从 S_2' 向左上方延伸的新国际相对价格曲线上选择与新的国内相对价格曲线相切的消费点 D_2''。新的国际相对价格不再与原来的价格曲线平行，其斜率会大于原来的价格曲线。这是因为大国对进口商品征收关税而改善了贸易条件。由于小国的国际价格不变，新的消费点所代表的社会福利水平一定低于自由贸易时的水平。但是，大国的情况却不一定。一方面，由于生产的扭曲，大国的消费可能性曲线（即从生产点上延伸的国际相对价格曲线）比自由贸易时内移了。另一方面，由于贸易条件的改善，新的消费可能性曲线的斜率变大了。因此，与最终消费点相切的社会无差异曲线有可能在原来消费点的右下方。换句话说，由于贸易条件的改善，大国征收关税有可能会提高整个社会的福利水平。这一点，与局部均衡分析所得出的结论是一致的。

至此，我们可以概括征收关税对大国经济的影响：增加进口品的生产，减少出口品的生产；进口产品的相对价格下降，贸易条件改善；社会福利水平下降，但也有可能上升。

5.2 非关税壁垒及其影响

我们不仅要分析非关税贸易保护政策所造成的各种经济后果，还要分析影响贸易的国内产业政策、消费政策和其他经济政策，这些国内经济政策虽然不直接控制进出口价格和数量，但会通过对本国生产和消费的影响来间接影响贸易。

5.2.1 进口配额

各国在限制外国商品进口、保护本国市场方面，除了征收关税以外，还有许多非关税措施，其中最流行的非关税壁垒是进口配额。

配额是对进口商品设置一定的限额，其目的与征收关税一样，为了限制进口，保护国内的工业。但与关税不同的是，进口配额是直接的数量控制而不是通过提高进口商品价格间接地减少进口。

配额的种类方式很多，有在全球范围内的配额，也有分国别的配额，有进口国单方面设置的，也有双方协议的，但不管什么方式，这种对进口商品数量的控制，都会对本国商品的价格、消费、生产以及整个社会经济的利益变动带来一定的影响。这种影响的大小则不仅取决于进口国在国际市场上的地位（大国还是小国），还取决于本国进口工业的市场结构。由于我们分析关税的影响时已经讨论过大国与小国的区别，在配额的情况下，这种区别类似，所以就集中分析不同市场结构产生的影响，且假定进口国在国际市场上只是小国。

1. 竞争条件下的进口配额

我们仍然用前面的例子，假定某国进口钢铁，且假定该国钢铁行业是完全竞争的。在自由贸易的情况下，该国钢铁行业中的许许多多企业必须与国外同类商品生产者竞争，由于其不具有生产钢铁的比较优势，国外产品很自然地进入该国市场，在自由贸易的情况下，其国内市场价格等于国际市场价格，亦由国际市场的出口供给和进口需求决定。

在图 5-6 中，商品的国内市场价格与国际市场价格一样，假定为每吨 1 000 元。在这一价格下，该国国内的钢铁生产量为 S_1（60 吨），消费量为 C_1（120 吨）。现假定该国政府实行钢铁进口配额，只允许进口 Q（Q=40）吨钢铁，其总量一定小于自由贸易下的进口量（C_1-S_1=60 吨）。整个供应量从原来在国际价格下的无限量变成了有限供给。消费者的需求也变成了分割的两部分。在满足了对进口钢铁 Q 吨的需求之后，其余对钢铁的需求只能由本国产品来供给。在总需求曲线 D 下扣除了 Q 之后，就是对本国钢铁的需求，用 D_d 表示。在原来每吨 1 000 元的价格下，对本国钢铁的需求量大于供给量，出现短缺，从而引起国内钢铁价格上涨。在竞争的条件下，该国钢铁业中的各企业生产增加，一些本来在国际市场价格下无法经营的企业也投入了生产。一方面国内的生产量随价格上涨而不断增加，另一方面，国内的需求量则由于价格上升而减少，短缺逐渐消失，当国内生产量与对本国钢铁的需求量相等(都等于 S_2 所代表的数值,即 70 吨)时,市场达到新的均衡。在新的国内价格(1 500 元)水平上,本国生产 70 吨,进口 40 吨(等于配额),总供给量为 110 吨,等于在这一价格上的总需求量 C_2。

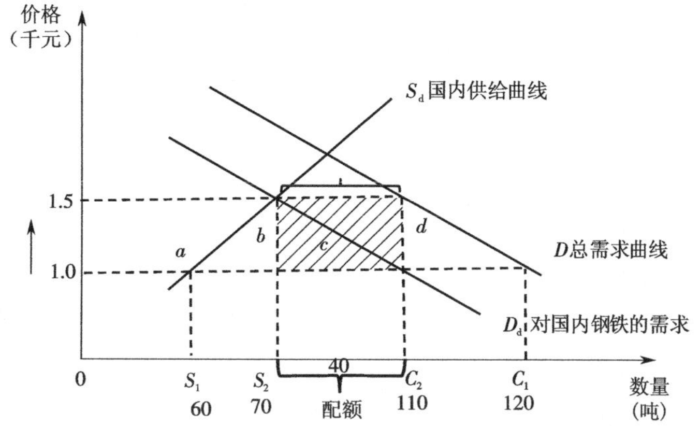

图 5-6 竞争条件下进口配额的影响

在竞争条件下,进口配额对本国生产、消费、价格的影响都与减少同样数量进口的关税相似,只不过关税是通过提高进口商品的价格来减少进口和增加国内生产,而配额则从相反的途径,先减少进口造成价格上涨从而增加国内生产。

但是,配额对国内各集团和整个社会的经济利益的影响则与关税略有不同。这个不同主要反映在政府税收上。关税给政府带来收益,而配额中的这部分利益就不一定归政府了。这部分利益(图 5-6 中的 c 部分)被称为"经济租"(economic rent),其归属完全取决于政府怎样分配这些进口配额。一般来说,政府有以下几种方式分配进口配额,而每一种方式所产生的福利变动都是不同的。

(1)政府直接颁发进口许可证给进口商。颁发给谁由政府决定,许可证是免费的,谁拿到就可以从进口中获利。进口商在进口时只需要支付国际市场的价格,转手在国内市场就能按国内的高价出售,其所得的利润正好等于政府的税收部分 c。当然,进口许可证也许会直接发给需要使用钢铁的消费者(企业),对于这些企业来说,相当于花费了较低的价格(1 000 元)购置了价值 1 500 元的商品,c 代表的这部分利益直接到了获得钢铁进口许可证的企业手中。在这种情况下,进口国的社会总利益变动与关税一样,只不过 c 部分从政府转到了国内的进口商或一部分消费者手里。

(2)政府根据进口商或消费者的申请颁发许可证。这种方式与前一种略有不同的是,谁都可以申请许可证,政府在申请的基础上审批颁发,其过程比前者复杂。为得到许可证,进口商或消费者必须详细说明为什么需要进口,互相之间还要竞争,得到许可证的过程不像前一种那么容易,其在申请过程中(被称为"寻租"行为)必然会付出一定代价。最后,拿到许可证的进口商或消费者获得的利益,减去所用花费,会小于 c。由于这些在申请过程中所耗费的人力物力是额外的,因此,整个社会的利益少于征收关税的情况。

1974 年,安妮·克鲁格曾估计,进口权分配程序花费的代价占土耳其和印度两国国民生产总值相当大的比重(1964 年在印度占 7.3%，1968 年在土耳其占 15%)。根据粗略的估计,她指出,这种资源成本大致等于潜在经济租的数额。

(3)政府公开拍卖许可证。谁愿出高价谁就可以拿到许可证。作为进口商,愿出的最高价不会超过进口所能获得的利润,即不超过 c 部分。一般来说,拍卖中的竞争会把价格最终抬到最高,从而使许可证的价值等于 c 部分。但不管进口商最终出什么价,他们所付的正好等于政府所收的。c 部分即由政府和进口商共分。这种情况下各集团间的利益分配与关税更为相似,整个社会的利益变动也与关税一样。罗伯特·芬斯阙(Robert Feenstra)曾在 1989 年做过估计,如果拍卖美国的钢铁、纺织品、服装、机床、糖和奶制品进口配额权,会使政府在 1987 年前后每年增加收入大约 50 亿美元。

(4)政府在设置限额以后,将权限交给出口国,由出口国自行分配。这种情况相当于将进口许可证免费交给了外国的出口商,出口商将他们的商品按进口国国内市场的高价出售而获得本来属于进口国政府或进口商的利益。c 部分利益到了外国出口商手中,对进口国来说,是一种额外损失,整个社会的净损失变成了 $b+d+c$,大于征收关税时的净损失。

从以上四种情况看,不管政府怎样分配这些进口配额,整个社会的利益变动至多也与征收关税相似,不会比征收关税更好。那么,在现实生活中为什么许多政府对一些商品不选择征收关税却用配额呢？其主要原因有以下几点。第一,配额可以比关税更有效地控制进口,实现其保护国内产业或控制进口外汇支出改善国际收支的目标。关税是间接的,而配额是直接的。如果本国的进口需求是有弹性的,在关税的情况下,外国厂商可以通过降低价格来保持竞争力,本国进口也许并不能减少多少。而配额则可以直接控制进口量,在控制外汇支出或保证本国企业市场份额方面的结果是确定的。第二,配额比关税灵活,政府可以通过发放进口许可证随时调节进口数量。而政府在调节关税方面却不那么容易。除非某种例外条款允许,政府是不能随意提高关税的。第三,实行配额给政府更多的权力。这种权力不仅表现在对贸易的控制上,也体现在对企业的控制上。在进口配额制度下,政府官员通常对谁能得到进口许可证拥有决定权力,并能利用这种权力控制企业,得到好处。对于利益集团来说,他们也可以在配额制度下通过游说或其他活动来谋取许可证特权。第四,国际贸易自由化的压力。关税是最古老的贸易保护的武器之一,而且是明显的保护,在国际贸易谈判中也是最令人注目的。在关贸总协定成立后最初十几年的贸易谈判中,主要的议题是降低关税税率。从 1986 年到 1994 年结束的“乌拉圭回合”,发达国家的平均关税从大约 40% 降到了 3% 左右,发展中国家的平均关税在“乌拉圭回合”后平均水平降至 10% 左右。而且关贸总协定的原则之一是关税只能降不能升,从而使得关税保护在现实中使用也越来越困难。国际上对于非关税壁垒的限制开始得晚一些,只在 1973—1979 年的“东京回合”上,才就取消非关税壁垒达成一些协议。配额虽然被认为应该取消,但实施中仍有许多灵活方式。当然,随着世贸组织中多边谈判的进展,配额也正被作为陈旧的保护手段而逐渐淘汰。

2. 垄断条件下的进口配额

如果说在竞争条件下的配额对社会的影响可能与关税相似,那么,在垄断条件下实行配额对社会经济利益的损失则绝对比关税大。这是因为,在进口国国内市场是独家垄断的情况下，使用配额对国内生产、消费、价格和利益会产生与征收关税很不同的影响。这一点，我们通过以下分析就可知道。我们先来解释一下垄断企业在没有贸易和自由贸易下的行为。

图 5-7 显示的是某国钢铁市场的情况。D 是需求曲线，在完全自由竞争市场上，S 是供给曲线。由于整个市场只有独家企业经营，因此，竞争市场的供给曲线（S）也就是本国垄断企业的边际成本曲线（MC）。垄断企业面对的需求是整个市场的需求，其销售多少也直接影响价格，如果垄断企业要想扩大销售，就必须不断降低价格，那么，每增加一个单位的销售量所能得到的收益（即边际收益）也会下降，而且边际收益下降的速度要快于价格（由需求曲线表示）的下降速度。因为为了促销，不仅新增的部分要下降，连原来已经生产的商品也要跟着一起降低。因此，垄断企业的边际收益曲线（MR）的斜率大于需求曲线。

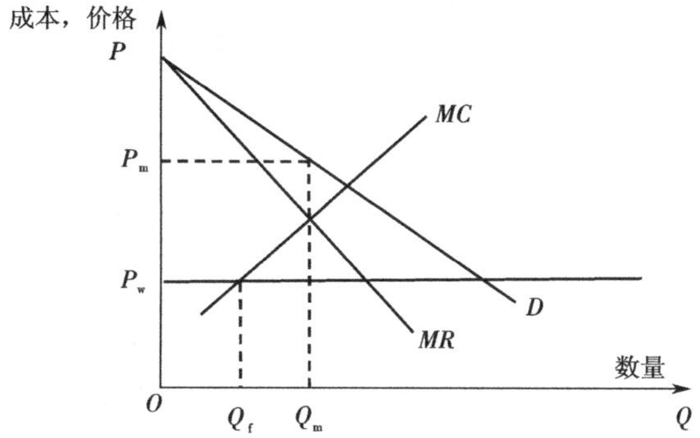

图 5-7　垄断企业在自由贸易时的行为

在利润最大化的原则下，企业的生产量取决于产品的边际成本和边际收益。如果边际收益大于边际成本，企业还会扩大生产，反之则缩减。企业的最终产量会确定在边际收益等于边际成本的地方。在图 5-7 中，如果没有贸易，该企业独占国内市场，其生产量会选择在 Q_m，而以 P_m 的价格在市场出售。但在自由贸易的情况下，国外低价商品可以自由进口，使得国内的独家企业失去了垄断地位，不能再控制价格，不得不以与国际市场相同的价格（P_w）在市场出售，否则没人购买他们的商品。由于价格给定不变，边际收益就等于价格。

根据利润最大化（或损失最小化）的原理，国内垄断企业会在其边际成本等于市场价格的地方（Q_f）进行生产，自由贸易迫使国内独家企业失去垄断地位，不得不参与国际市场的竞争。

如果政府征收关税，会提高进口商品的市场价格。如图 5-8 所示，国内价格变成了 P_w+t，国内独家企业的产品也提高了价格，便相应地扩大了生产，但是由于关税并没有限制进口数量，只是提高了价格，国内独家企业仍然不能拥有垄断地位，只能在新的国内价格上与国外生产者竞争，如果国内企业的钢铁价格高于加了关税后的国际钢铁价格，人们宁可加关税也要买进口钢铁而不买国产钢铁，因为进口钢铁加了关税后仍比国内生产的钢铁便宜。况且在征收关税的条件下进口钢铁并没有数量限制，进口多少都可以。因此，即使在征收关税的情况下，国内独家企业仍然没有垄断地位。在利润最大化的原则下，企业生产 Q_t，以 P_w+t 的价格出售，消费为 C_2，进口为 M_2，整个社会的损失与以前分析征收关税时一样，为 $b+d$。

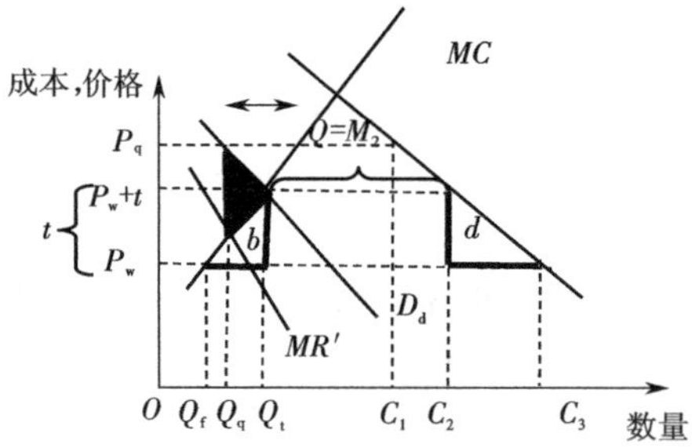

图 5-8 垄断条件下配额与关税的比较

如果政府使用配额(Q),并且假定配额正好等于征收关税时的进口量:$Q=M_2$,情况会怎么样呢?由于配额限制了进口的数量,在进口所能满足的那部分以外,国内其他的需求就完全取决于国内企业的供给。对国内企业来说,减去了进口部分以外的市场即可由其独家垄断了。国内垄断企业现在所面临的只是一个比没有贸易时稍稍缩小了的市场需求(D_d),有一条比以前缩小了的边际收益曲线(MR'),其行为也与封闭经济时一样,在边际收益与边际成本相等时停止生产,然后在其垄断的市场上根据需求定价而不再需要受国际市场价格影响。在配额下,垄断企业生产Q_q,低于征收关税时的产量,甚至有可能低于自由贸易时的生产量Q_f,而价格则是P_q,高于征收关税时的国内市场价格(P_w+t),其结果是使国内消费者不得不支付更高的价格,消费更少量的商品(C_1)。整个国家的损失除了由于贸易政策扭曲带来的$b+d$(跟征收关税时相同)以外,还包括了图中的阴影部分。这部分的损失是由于国内市场上的垄断造成的。垄断致使消费者支付高价并减少消费,而消费者的全部损失中只有一部分变成了垄断企业的收益,阴影部分则是净损失。如果再加上企业在寻租活动中的耗费,损失就更大了。因此,在国内市场处于垄断的情况下,使用配额给社会造成的损失绝对比征收关税的损失更大。

3. 国内或国际市场变动时配额与关税的区别

通过前面的分析我们知道,配额与关税的区别在于:关税是通过提高进口商品价格从而减少进口;而配额则通过数量限制直接减少进口,结果也抬高了商品价格。二者在保护本国生产者和影响国内产品市场价格上的最终效果是一样的。但是,在国内或者国际市场状况发生变化时,这两种手段对经济的影响会有什么区别呢?

首先,我们探讨国内市场变化时关税和配额的不同影响。为了描述方便,我们仍用某国钢铁市场的例子并假定某国为钢铁进口小国,进口变动不会引起国际市场价格的变化。

在图 5-9 中,(a)是某国国内钢铁市场,(b)是某国的钢铁进口市场,D_M是该国征收关税前的钢铁进口需求曲线,进口价格由国际钢铁市场的供求决定,等于 1 000 元。该国按政府征收 500 元的关税后,国内市场价格变为 1 500 元,进口量为 40 吨。如果该国政府采用配额的政策,将进口量限制在 40 吨,其结果与关税相同,国内价格上升为 1 500 元。从这个意义上来说,配额与关税的影响是一样的。

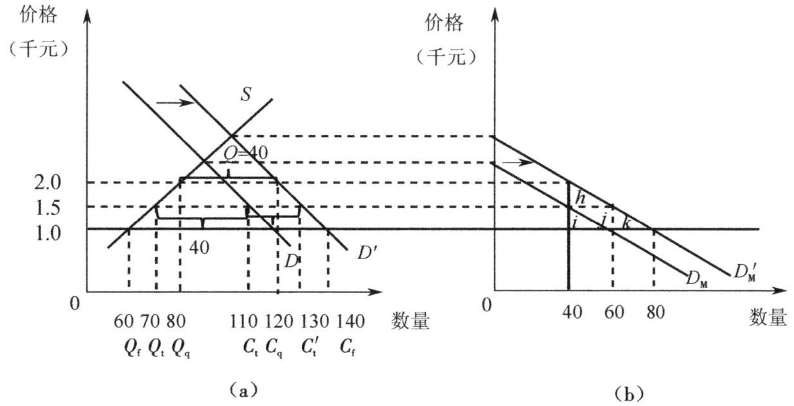

图 5-9 国内市场变化时关税和配额的不同影响

（a）国内钢铁市场；（b）某国钢铁进口市场

现在我们假设该国国内对钢铁的需求突然增加了，国内的需求曲线（*D*）向右移动至 *D′*（假定移动 20 吨的需求）。在供给不变的情况下，该国在国际市场上的钢铁进口需求曲线 D_M 也右移（D_M'）。由于该国是进口小国，因此，国际价格并没有变动，仍是 1 000 元。如果关税税率不变，仍是 50%（或每吨 500 元），进口需求的增加会导致进口量的增加（如图 5-9（b）所示从 40 吨增加到 60 吨），但不会对国内价格（仍为 1 500 元）产生任何影响。国内的钢铁生产也不会发生任何变化。但是，如果该国政府采用的是配额政策，结果就大不一样了。

如果配额量不变，仍然限制在 40 吨，那么，当国内需求增加时，就会在原有的价格下产生一个供需缺口（缺 20 吨），结果是，国内钢铁价格上涨，供给量增加，需求量减少，直至这一缺口消失。这时，进口量仍为 40 吨，但价格涨至 2 000 元，本国钢铁生产增加了（假定从 70 吨增加到 80 吨），总消费量下降了（从 130 吨降到 120 吨），市场达到了新的均衡。但是与需求变动之前相比，消费量还是增加了（从 110 吨提高到 120 吨）。

配额与关税的不同结果还表现在福利变动上。当该国的钢铁需求增加时，进口需求曲线向右移动。如果是自由贸易，该国会进口 80 吨钢铁。在关税不变（仍是 50%）的情况下，该国进口为 60 吨，社会福利净损失为 k，政府税收收入增加了（$i+j$）。在配额不变（仍是 40 吨）的情况下，虽然“配额租”增加了，但与自由贸易相比社会净损失也增加了，为（$h+i+j+k$）。与关税政策相比，配额造成了更多的损失（损失比征收关税造成的损失多 $h+i+j$）。

现在我们再来分析国际市场变化时关税和配额两种手段产生的不同影响。

在图 5-10 中，（a）显示的是某国钢铁进口情况，D_M 是某国钢铁进口需求曲线。由于该国是进口小国，面对的国际市场钢铁供给是一条水平曲线，即钢铁的国际市场价格。而钢铁的价格则是由国际市场（图 5-10（b））上的出口供给与进口需求所决定的。在国际市场发生变动之前，钢铁的国际价格是 1000 元。该国征收 500 元关税之后，钢铁的国内价格涨为 1 500 元，实际进口 40 吨。如果政府采用 40 吨的进口配额政策，结果是一样的。

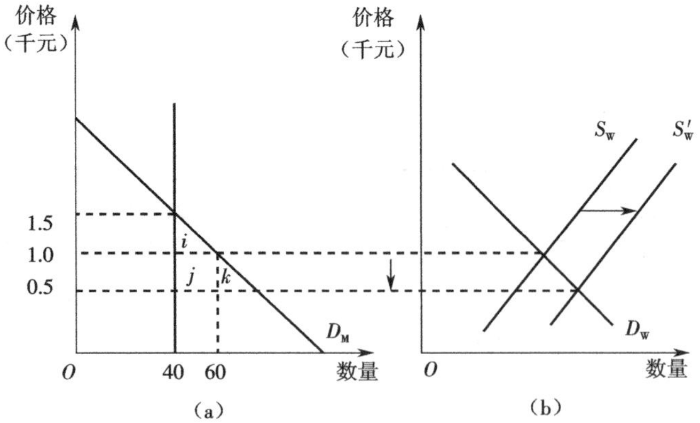

图 5-10 国际市场变化时关税与配额的不同影响

(a)某国钢铁进口市场;(b)国际市场

现在假设国际钢铁市场发生了变动,全世界钢铁的出口供给增加了。在图 5-10(b)中,供给曲线 S_W 向右移动,在需求不变的情况下,造成国际钢铁价格的下跌(假定跌至 500 元)。如果该国的单位关税不变的话(假定仍收每吨 500 元)。在支付关税之后,国内的价格下降到 1 000 元,该国钢铁进口量就会增加到 60 吨,社会福利净损失为 k。

如果该国政府制定的配额不变的话(仍是 40 吨),进口量不会增加,国内的价格也不会变动,唯一的变化是配额的“租”增大了,在图 5-10(a)中,“租”由原来的 40(1.5-1.0)变成了 40(1.5-0.5),增加了一倍,与此同时,跟自由贸易相比的社会福利损失也扩大了,由原来的 i 变成了($i+j+k$),比关税情况下的损失多($i+j$)。

与关税相比,实行配额常常会引起进口产品质量的上升。简单来说,有两方面的原因。

第一,由于存在数量限制,在利润率相同的情况下,外国厂商愿意销售价格高的产品来获得较大的利润总额,而价格高一般意味着产品的质量比较好。如果美国只允许进口 100 辆日本汽车,日本厂商是出口 1 万美元经济型轿车每辆赚 1 000 美元呢(假定利润率都是 10%),还是出口 4 万美元的高级轿车以获得每辆 4 000 美元的利润呢?

第二,在同样的单位产品运输成本下,厂商更愿意运价值高的产品而使单位价值的成本比重下降。假如每辆汽车的运输成本都是 500 美元,出口商是运 1 万美元的车还是运 4 万美元的车呢?在以上两种情况下,厂商都会选择出口质量较好、价格较高的产品。运输成本导致的产品质量升级也被称为“华盛顿苹果”效应。在 1964 年发表的论文中,埃尔钦(Alchian)和艾伦(Allen)研究了这一现象。他们注意到美国华盛顿州出产许多种苹果却把最好的苹果运到最远的东岸市场。其原因就在于每个苹果的运输成本相同,运最好的苹果比运一般的苹果划算。

综上所述,我们可以看到,尽管配额与关税在一定程度上对本国经济产生同样的影响,但当国内或国际市场发生变动时,实行配额和实行关税政策的结果则不同。

5.2.2 自愿出口限制

非关税贸易保护的另一种手段被称为“自愿出口限制”(voluntary export restraints,

VERs)，即出口国“自愿”限制其出口量，对进口国来说，由于对方自愿限制，其进口量也就自然减少。它是配额的特殊形式。所谓“自愿”，其实并不完全自愿，只是在进口国的要求和压力下出口国不得不采取的限制政策。因此，经济学家只把自愿出口限制看成进口配额的一种特殊形式，其区别只在于：对进口国来说，自愿出口限制听起来少一点保护主义的味道，少受一点舆论的谴责。对于出口国来说，如果同样受到数量限制，那么“自愿出口限制”肯定要比强迫限额要好，两者中挑选，宁可选“自愿”。事实上，许多配额采用的就是自愿出口限制，亦称“被动配额”。进出口双方可绕开关贸总协定法律原则或相关规定，针对某项产品达成双边或多边的“自愿出口限制”“自愿节制”或“有秩序安排市场”等歧视性的贸易协议。另外，与进口国设置配额相比，“自愿出口限制”对出口国的好处多一些，出口国可以控制出口配额分配，出口国政府或企业可以因此获取“出口配额租”。

自愿出口限制最早出现于 20 世纪 80 年代初的美日汽车贸易中。1986 年 12 月，美国依据《1962 年贸易扩大法》第 232 节关于国家安全的规定，对从日本、中国台湾进口的机床、汽车等实行由出口国实施的“自愿出口限制”。随后，又对从德国进口的相关产品实行“最大份额市场份额水平”的限制。韩国在汽车市场开放后，也以日本汽车、美国汽车超过其认为的合理数量为由，一度采取了限制日本汽车和美国汽车进口的措施。美国、日本、芬兰、挪威等国要求中国对这些国家的纺织品出口实行自愿出口限制，欧盟也要求中国对他们的农产品出口实行自愿出口限制的政策。

自愿出口限制对进口国国内市场的价格、生产、消费的影响都跟配额相同，影响程度也会因进口国市场结构的不同而出现差别。在社会的经济利益方面，生产者和消费者所得所失与配额时也一样，但社会整体利益的变动会有区别。自愿出口限制的具体数量可以由进口国与出口国协议商量，也可以由进口国提出。但这一数量一旦确定后，则由出口国自行分配这些限额。这样一来，在配额时可以属于国内进口商的那部分利益（图 5-6 中 c 部分）就由外国出口商获得了。对进口国来说，其总共损失为 $b+d+c$。

5.2.3　对进口竞争行业的生产补贴

除了限制进口量的方式，一国也可以通过对进口竞争性行业提供补贴来保护国内生产。如图 5-11 所示，假设政府对国内生产厂商每单位生产提供 1 元的补贴，意味着生产者实际可以得到比市场价格更高的收入，所以愿意提供更多产品，供给曲线垂直向下移动 1 元到 S'。这样一来，当国际生产价格等于 5 元时，国内生产者愿意提供 120 单位的进口竞争性产品，而不是原来的 100 单位。生产者实际得到的收入是每单位 6 元，和征收 1 元从量税时的情形一样。不同的是，国内价格并没有上涨，消费者福利没有受到任何影响，消费水平依然是 190 单位。政府支付补贴，损失 $a+b$，其中面积 a 为生产者剩余的增加，面积 b 为生产扭曲带来的绝对效率损失。对进口竞争性行业的生产补贴属于产业政策。广义上来说，产业政策对进口竞争性行业的生产补贴可能是直接的，也可能是间接的，具体形式包括现金补贴、减免税收、提供研究与开发基金、低利等补贴性贷款、对贷款提供保险等。另外，政府也可以通过直接采购和区域支持的方法帮助国内进口竞争性行业。

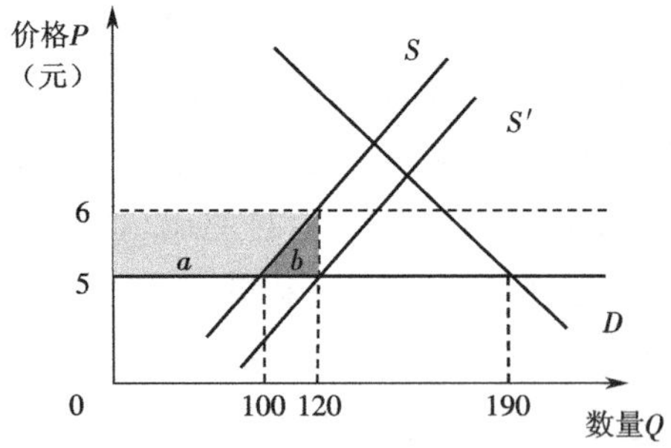

图 5-11 对进口竞争行业的生产补贴

5.2.4 技术性贸易壁垒

技术性贸易壁垒（technical barrier to trade，TBT）是指一国以维护国家安全、保护人类健康和安全、保护动植物的生命和健康、保护生态环境，或防止欺诈行为、保证产品质量为由，采取一些强制性或非强制性的技术性措施，对外国进出口产品制定过分严格的技术标准、卫生检疫标准、商品包装和标签标准，通过提高对进口产品的技术要求，增加进口难度，最终达到限制进口目的的一种非关税贸易壁垒。

WTO（World Trade Organization，世界贸易组织）的《技术性贸易壁垒协议》将技术性贸易壁垒分为技术法规、技术标准和合格评定程序。技术法规是规定强制执行的产品特性或其相关工艺和生产方法，包括可适用的管理规定在内的文件，如有关产品、工艺或生产方法的专门术语、符号、包装、标志或标签要求。技术标准是经公认机构批准的、规定非强制执行的、供通用或反复使用的产品或相关工艺和生产方法的规则、指南或特性的文件。技术标准是非强制性的，这是其与技术法规的关键区别，后者具有强制性。合格评定程序是任何用以直接或间接确定是否满足技术法规或标准有关要求的程序，包括：抽样、检测和检验程序；符合性的评价、验证和保证程序；注册、认可和批准程序以及它们的组合。具体而言，指按照国际标准化组织（International Organization for Standardization，ISO）的规定，依据技术规则和标准，对生产、产品、质量、安全、环境等环节以及对整个保障体系进行全面监督、审查和检验；确定合格后，由国家或国外权威机构授予合格证书或合格标志，以证明某项产品或服务是符合规定标准和技术规范的。认证有产品认证和体系认证之分。产品认证主要指产品符合技术规定或标准的规定，其中产品的安全认证为强制认证。例如，美国有 UL（Underwriter Laboratories Inc.，美国保险商试验所）认证，加拿大有 CSA（Canadian Standards Association，加拿大标准协会）认证，日本有 JIS（Japanese Industrial Standards，日本工业标准）认证。体系认证是指确认生产或管理体系符合相应规定。目前最为流行的国际体系认证有 ISO 900 质量管理体系认证和 ISO 14000 环境管理体系认证；行业体系认证有 QS 9000 汽车行业质量管理体系认证、TL 9000 电信产品质量管理体系认证等。

技术性贸易壁垒的具体措施除了严格、繁杂的技术法规和技术标准和复杂的合格评定程序之外，还包括严格的包装、标签规则和产品检疫、检验制度。

发达国家有各种形式的包装和标签要求，如通过立法禁止使用某些包装材料，比如禁止使用含有铅、汞和镉等成分的包装材料，没有达到特定的再循环比例的包装材料等。有些国家建立存储返还制度，要求啤酒、软性饮料和矿泉水一律使用可循环使用的容器，消费者购买这些物品时缴存一定的押金，退还容器时再收回押金。也有一些国家通过税收优惠或处罚的方式鼓励可再生资源的使用。例如，厂家生产包装的原材料或者包装全部或部分使用可以再循环的包装材料而给予厂家免税、低税优惠或征收较高的税赋。

发达国家大多制定了严格的产品检疫、检验制度，以确保人类和动植物的健康。例如，欧委会发表的《食品安全白皮书》推出了包括 80 多项具体措施的保证食品安全计划。2000 年，欧盟对进口的茶叶实行新的农药最高允许残留标准，部分产品农药的最高允许残留量仅为原来的 1/200~1/100。美国食品和药物管理局依据《食品、药品、化妆品法》《公共卫生服务法》《茶叶进口法》等对各种进口物品的认证、包装、标志及检测、检验方法都做了详细规定。日本依据《食品卫生法》《植物防疫法》《家畜传染预防法》对入境的农产品、畜产品及食品实行近乎苛刻的检疫、防疫制度。

此外，还有为了保护环境而直接或间接采取的限制甚至禁止贸易的措施，被称为绿技术壁垒，如《濒危野生动植物物种国际贸易公约》《保护臭氧层维也纳公约》《控制危险废物越境转移及其处置巴塞尔公约》《生物多样化公约》《联合国气候变化框架公约》《生物安全议定书》以及《关于消耗臭氧层物质的蒙特利尔议定书》及其修正案等一系列国际公约。一些发达国家在空气、噪声、电磁波、废弃物等污染防治，化学品和农药管理，自然资源和动植物保护等方面制定了多项法律法规和产品的环境标准。

5.2.5　其他非关税壁垒

除了配额等公开的进口数量限制以外，还有其他许多非关税壁垒从不同程度上直接地或间接地起着限制进口、保护贸易的作用。这些非关税壁垒包括以下几种。

1. 烦琐的海关手续

一些国家虽然名义上没有什么进口限制，但把进口的海关手续弄得非常烦琐复杂，即使不用审批的话，也要层层填表、盖章，或故意拖延时间，降低过关效率。一个典型的例子是，法国在 1982 年规定，所有从日本进口的录像机都必须通过普瓦提埃（Poitiers）海关，而那个海关在位于法国北部港口数百英里（1 英里≈ 1.61 千米）的小镇上。海关人员不多，屋子非常窄小。法国政府的目的不言而喻，为日本录像机的进口制造麻烦。结果是，进入法国的日本录像机从每月 6 万多台骤减到每月不足 1 万台。另一个例子是，有的国家对进口新鲜农产品的海关手续复杂，时间很长，致使出口国担心有些新鲜农产品因时间过长出现腐烂而不敢再出口。

2. 国产化程度要求

许多国家提出产品的国产化程度要求，规定产品中一定比例的零部件必须使用国产货。发展中国家的汽车产业政策中经常会出现这种要求。例如，印尼曾经规定，根据国产化率对汽车中使用的进口汽车部件减税或免进口关税。对设备、商标及技术方面达到国产化规定标准的公司，可视为国产汽车，免除奢侈品税和进口零部件的关税。另外该国还规定，如果外国生产的汽车中使用的印尼生产的零部件达到汽车价格的25%以上,可以视为满足了20%国产化率的要求。印尼的汽车国产化政策遭到了许多国家的反对,最后不得不在1999年做了修改。

中国在加入世贸组织以前的《汽车工业产业政策》中也明确要求:"汽车工业企业在引进产品制造技术后,必须进行国产化工作。引进技术产品的国产化进度,作为国家支持其发展第二车型的条件之一。"在上整车项目时,要求企业必须以40%的国产零部件作起步,如果引进车型国产化率不足40%,将按整车交纳关税,如果汽车散件进口按单件计算超过60%的话,也将按整车交纳关税。在此基础上,政府不仅要求企业制定不断提高国产化率的进程表,还通过贷款支持、上市指标的分配等手段,根据企业国产化水平的差别安排了不同的优惠政策,以鼓励企业提高产品的国产化率。另外,中国在建筑设备、科学仪器、IT产品等方面都曾有过国产化要求,加入世贸组织后都立即取消了。

国产化要求虽然没有明确限制国外零部件的进口,但通过要求使用本国生产的产品而起到了保护国内同类零部件行业的作用。

3. 进出口的垄断经营

进出口的垄断包括国家机关的直接经营和交由某些垄断组织的独家经营。垄断的范围既可以是全部商品也可以是部分商品。在中国外贸体制改革以前基本上是国家垄断,西方国家则有许多大公司对某种产品的经营垄断。

进出口垄断的保护作用不是通过政府贸易政策而是通过垄断组织的行为实现的。由于独家经营,垄断机构为了牟利就可以通过控制进口量来提高进口商品在国内市场的价格,其结果一方面减少了进口,另一方面刺激了国内生产。

4. 外汇管制和不合理的汇率

实行外汇管制后,进口商和消费者不能自由兑换外汇,自然也就没有能力来自由进口了。另外,外汇管制往往伴随着不合理的汇率,所谓不合理的汇率指的是偏离实际价值比率的汇率。当官方汇率偏离市场汇率时,政府无力或不愿进行干预,民间又没有足够的能力来调整,从而使本国货币高估或低估。有时为了限制进口,政府故意让本国货币贬值从而使进口商品用本国货币购买时变得更贵,这降低了本国居民购买进口商品的能力,自然也就减少了进口。

【专栏】

记者手记:关税"子弹"射向自己——美国对华加征关税恐重创本国海产品业

马修·法斯的海产品公司位于美国东海岸的弗吉尼亚州,公司在美国海域捕捞,产品在美国市场销售,看似和中美经贸摩擦没太大关系;但美国拟对价值约3 000亿美元中国输美商品加征关税却让他非常担忧。

这是因为法斯公司的海产品在经过粗加工环节后,有一部分要被运到中国进行二次加工,这意味着这些商品再运回美国时就成了"中国进口"商品,并可能被列入新一轮加征关税清单。

"加征关税将加重企业负担并带来不确定性,美国海产品行业上下游都会受到冲击。"

法斯在美国政府于本周就加征关税举行的系列听证会上警告说。

据业内人士介绍，美国的海产品加工能力最多只能满足本土市场 20% 的需求，将海产品出口到中国等地进行再加工是供应链中的关键一环，因此美国海产品厂商对中国的依赖度很高。

与法斯在同一小组发言的罗伯特·祖瓦尼奇来自盛产海产品的美国阿拉斯加州。他告诉新华社记者，在中国加工三文鱼等海产品成本低、效率高，加征关税将严重削弱公司海产品的市场竞争力。

这不是美国海产品厂商第一次向美国政府陈述加征关税的危害。海产品曾出现在去年（2018 年）美国针对价值 2 500 亿美元中国输美商品加征关税的清单上，后在美国业界人士的共同呼吁下得到豁免。

但遗憾的是这口气松了还不到一年，他们又被迫“踏进同一条河流”，而且水流似乎还更加湍急。

阿拉斯加州数位国会议员近日联名致信美国贸易代表办公室说，这几个月对阿拉斯加州乃至整个美国的海产品厂商都十分关键，因为他们要在这段时间里同客户协商并签订销售合同，可突如其来的关税威胁让所有人措手不及。

据法斯透露，他最近为一位餐饮业客户提供了两份报价，区别在于是否考虑额外关税因素。他说，如果加征关税导致价格上涨，这位客户可能考虑不再采购。“现在的情况就是这样，我真的不知道该做些什么。”法斯感到很无奈。

除了法斯和祖瓦尼奇，其他海产品业界代表也表达了类似忧虑。他们一致强调，拟加征关税的海产品基本上都是美国渔民开美国渔船在美国海域捕捞、送到中国加工后再运回美国的，面向的也主要是美国市场和消费者。换句话说，美国政府加征关税名义上是针对中国进口商品，实际上伤害的是美国自身。

此外，就目前情况来看，如果额外加征的 25% 关税“落地”，美国海产品厂商将被迫把部分成本转移给普通消费者，一些平价海产品涨价或最为明显。

美国罗得岛州一家海产品公司负责人乔治·苏扎表示，到时候涨价是必然的，因为美国海产品业无法承受这么高的额外成本。他预计，涨价将造成他公司海产品销售量下滑，甚至美国家庭可能会减少海产品消费。

当有贸易官员问及他们能否找到合适的替代加工地或完全在美国进行加工时，这些美国海产品厂商的态度也比较一致：不行或者非常困难。

法斯说，一些政策制定者似乎确信，供应链可以轻易调整，但在海产品业可不是这么回事儿。除了要花很多年打造技术和安全资质，合作关系和相互信任也不是一天建立起来的。对于食品业来说，这些因素都非常重要，毕竟食品安全问题容不得一丝马虎。

资料来源：孙丁、邓仙来、许缘，《记者手记：关税“子弹”射向自己——美国对华加征关税恐重创本国海产品业》，新华社华盛顿（2019 年）6 月 20 日电，www.gov.cn/xinwen/2019-06/21/content-5402137.htm。

延伸阅读

[1] 保罗·克鲁格曼. 国际经济学 [M]. 北京:经济科学出版社,2002.
[2] 克里斯·马歇尔. 国际贸易学 [M]. 党晶波,译. 北京:经济管理出版社,2008.
[3] 丹尼斯·阿普尔亚德,等. 国际经济学 [M]. 北京:机械工业出版社,2003.
[4] 陶涛. 国际经济学(第二版)[M]. 北京:北京大学出版社,2014.
[5] 甘道尔夫. 国际经济学Ⅰ:国际贸易理论(第 2 版)[M]. 周端明,江争红,胡承晨,等译. 北京:中国人民大学出版社,2015.
[6] 海闻,P. 林德特,王新奎. 国际贸易 [M]. 上海:格致出版社,上海人民出版社,2012.
[7] 程鉴冰. 新兴贸易保护政策:技术性贸易措施 [M]. 北京:中国社会科学出版社,2017.
[8] 王亚星. 中国出口贸易壁垒监测与分析报告 [M]. 北京:中国经济出版社,2017.
[9] 朱秋沅. 欧盟关税法及其壁垒性研究 [M]. 北京:法律出版社,2017.
[10] 罗伯特·凯伯. 国际经济学 [M]. 北京:中国人民大学出版社,2018.
[11] 江凌. 技术性贸易壁垒的经济效应及应对策略选择:基于我国农产品出口的分析 [M]. 北京:科学出版社,2018.
[12] 葛和平. 国际分工视野下贸易壁垒的新兴古典经济学阐释 [M]. 北京:经济管理出版社,2019.
[13] 张嵘, 李翀, 邓志祥. 基于特别贸易关注的技术性贸易壁垒跨越路径研究 [M]. 北京:中国商务出版社,2019.
[14] 郭根龙,崔景医. 国际经济学 [M]. 西安:西安交通大学出版社,2008.
[15] 黄卫平,彭刚. 国际经济学简明教程(第二版)[M]. 北京:中国人民大学出版社,2015.

第 6 章　贸易保护政策

本章的重难点

对国际贸易的系统研究始于重商主义经济学时代，最早的国际贸易理论体系——重商主义便是关于贸易保护的理论体系。国际贸易的实践总结和理论分析都回答了贸易保护永久存在的客观必然性。不同的国家需要制定不同的贸易保护政策，对现实的国际经济政治的变化做出灵活反应，只有这样，才能抗衡来自内部或外部的冲击。本章主要介绍贸易保护政策，对鼓励出口、管制出口、进口鼓励等主要的贸易政策工具进行经济分析，讨论它们对生产、消费、贸易以及福利的影响；简要分析贸易制裁工具的经济影响。本章的重难点：

（1）掌握贸易保护政策的类型及内容；

（2）理解鼓励出口政策的内容和福利影响；

（3）理解管制出口政策的贸易和福利影响；

（4）理解进口鼓励政策的贸易和福利影响；

（5）了解贸易制裁的贸易和福利影响。

6.1　鼓励出口措施

6.1.1　出口补贴

出口补贴是向出口行业的出口产品生产发放的补贴。补贴的方式既可以是直接的现金支付，也可以是间接降低出口商品的成本。直接补贴的办法之一是价格补贴，对每单位出口商品给予一定补贴，或者由政府设立保证价格，保证支付出口产品国际市场和国内市场的差价。直接补贴的另一种方式是收入补贴，如对出口企业的亏损进行补偿等。间接补贴的方法很多，包括低息贷款、外销退税、免费或低费为本国出口产品提供服务等。其中，低息贷款指政府通过银行系统对用于出口商品生产和销售的贷款实施优惠利率。例如，美国于 20 世纪 30 年代创办了进出口银行，负责向美国出口商及其外国买主提供条件优惠的贷款。外销退税指企业在商品出口以后，可以申请退回进口原材料时支付的关税，或出口商品免征国内同类商品所缴纳的各种国内税等。在实施外汇管制的国家，有时可通过实行双重汇率降低出口商品的外币成本。为了降低出口商品的成本，一些政府还向出口企业免费或低价提供出口市场信息，组织各种推销商品的博览会等。

出口补贴对生产、消费、价格和贸易量的影响也因一国在国际市场上份额的不同而不同，出口量不大且对国际市场影响甚微的小国，只是价格的接受者，其出口补贴不会影响国际市场价格。图 6-1 说明的便是小国的情况。

在没有补贴时，某商品生产量为 S_1，国内需求量是 D_1，出口 X_1。现在假设政府对每单位商品的出口补贴 100 元，商品出口的实际所得变成 $P_W + 100$ 元。在这一价格下，生产者愿意扩大生产增加出口，新的生产量为 S_2，国内的需求量则因为国内市场价格的上升而下降至 D_2，供给在满足了国内需求之后的剩余即为出口，用 X_2 表示。

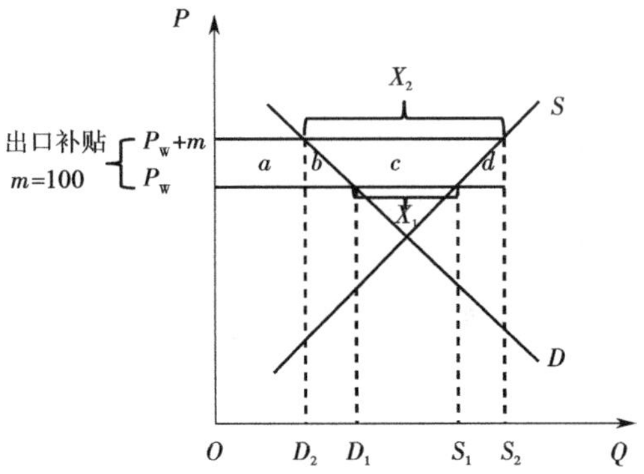

图 6-1 贸易小国进行出口补贴

出口补贴的结果是某商品的国内价格上涨，出口工业生产增加，国内消费减少，出口量增加。出口补贴为什么会引起国内市场价格上涨和消费下降呢？因为出口补贴使得出口比在国内销售更加有利可图，而且政府没有限制出口数量。在这种情况下，企业当然要尽量出口，除非在国内市场销售也能获得同样的收入。由于补贴只是面向出口的商品，要想在国内市场获得同样的收入，除了提价别无他法。在涨价之后，消费自然减少。从另一个角度说，国内消费者也必须付出与生产者出口所能得到的一样的价格，才能确保一部分商品留在国内市场而不是全部出口。

国内价格上涨自然使消费者遭受损失，损失量为 $a+b$。消费者的损失变成了生产者剩余，生产者还可以从政府补贴中得到一部分收益，总收益增加了 $a+b+c$。除去消费者损失，还有净收益 c。但政府的出口补贴总量为 $b+c+d$（100 元带来的出口量的增加），减去生产者所得，仍有净损失 $b+d$。

如果出口国是大国，出口补贴对其国内价格、生产、消费及社会利益的影响是同质的，但程度不同。如图 6-2 所示，大国通过补贴增加出口的结果会造成国际市场上的供给大大增加，价格下降（假定从 P_W 跌到 P'_W）。生产者虽然可以从政府处得到每单位商品 100 元出口补贴，但每单位出口销售所得要低于补贴前的价格，单位商品出口的实际收入增加不到 100 元，比小国生产者出口补贴时的所得要少。因此，在同样的 100 元的政府补贴下，生产和出口的增长也会小于小国的情况。国内价格等于新的出口产品国际价格加上 100 元（P'_W+100），其涨幅会低于小国的涨幅，从而使得国内商品消费量的下降幅度也小于小国。举例来说，假设补贴前的国际价格是 1 000 元，政府出口补贴为 100 元。在小国，国际价格不变，国内市场价格就变成 1 100 元，涨幅为 10%。若是大国，国际价格会下跌（假设跌到 950 元），这时的国内价格为 950 加 100 元，等于 1050 元，涨幅只有 5%。国内生产和消费的变动也要小。

但是,在大国搞出口补贴对本国经济利益造成的损失会大于小国。除了补贴造成的生产扭曲和消费扭曲外,大国的出口补贴还会造成出口产品的国际市场价格下降,贸易条件恶化。整个社会的净损失比小国进行出口补贴时要大。

在图 6-2 中,大国的净损失为 $b'+d'+e+f+g$。其中 b' 是消费价格扭曲减少国内消费造成的净损失,d' 是生产价格扭曲过多生产造成的净损失,$e+f+g$ 是出口产品国际价格下跌造成的贸易条件恶化损失。由于 $b'+e$ 相当于小国进行出口补贴时的 b, $d'+g$ 相当于小国进行出口补贴时的 d, 大国的实际净损失比图 6-1 中的小国情形中的净损失 $b+d$ 多了 f 的面积,而大国的出口增长量却小于小国。因此,在出口已占世界市场很大份额时再使用补贴来刺激出口在经济上未必是明智有效的政策。

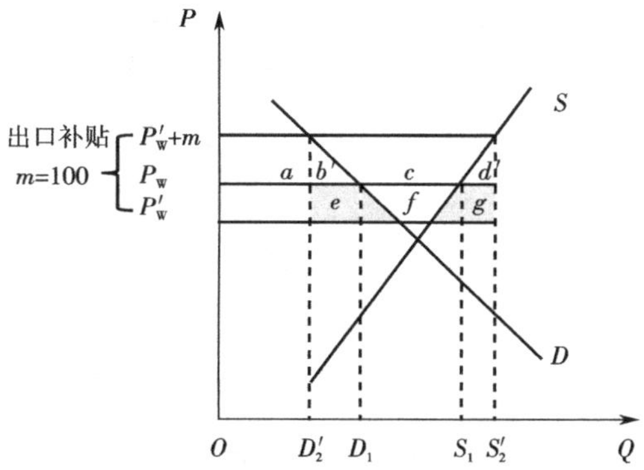

图 6-2　贸易大国进行出口补贴

6.1.2　对出口产业的生产补贴

与保护国内进口竞争工业一样,鼓励发展出口工业除了出口补贴等贸易政策以外,也可以使用产业政策。产业政策之一是对出口产品进行生产补贴。什么是生产补贴?世贸组织规定,"除出口补贴以外的补贴"都是生产补贴。生产补贴与出口补贴的区别在于,生产补贴对所有生产的产品进行补贴,不管该产品是在国内市场销售的还是向外国出口的。这些补贴包括政府对商业企业的资助、税收减免、低利贷款等直接的方式,也包括对某些出口工业生产集中的地方给予区域性支持(如以优惠价提供土地或电力支持,加强交通通信等基础设施的建设等)、资助研究与开发项目等间接的做法。所有这些政策手段虽然看上去只是对具体企业或行业的支持,但实际上降低了这些出口企业的生产成本,提高了其出口竞争能力,起到促进出口的作用。

我们可以通过图 6-3 来说明产业政策怎样促进出口。图中的 S 和 D 曲线分别代表美国国内小麦的供给和需求。假设在自由贸易的情况下,美国生产 S_1 吨小麦,出口 X_1 吨小麦,本国消费 D_1 吨小麦。如果政府对本国小麦进行生产补贴,并且假设农民每生产 1 吨小麦平均可以得到 100 元补贴。每吨补贴 100 元的结果相当于每吨小麦生产成本下降 100 元,供给曲线向下平移 100 元。在国际市场价格不变的情况,农民会在新的供给曲线上将生产扩

大到 S_2。农民仍然会按原来的市场价格（P_W）出售，但实际收益则是每单位（P_W+100）元。由于农民没有提高国内价格，也没有降低国内价格，国内的需求量也就没有变动，新增的产量就成了新增的出口。生产补贴使出口从原来的 X_1 增加到 X_2。

与出口补贴不同的是，生产补贴没有影响国内市场价格，从而也没有在增加出口的同时牺牲本国消费者的利益。其主要原因是产业政策按产量而不是按在哪个市场销售进行补贴的，对农民来说，在小麦进入市场以前就已得到了补贴，因此在哪里销售也就不是主要问题了，即使在国内销售也可同样得到与在国外销售一样的报酬，农民也就没有必要在本国提高价格了。

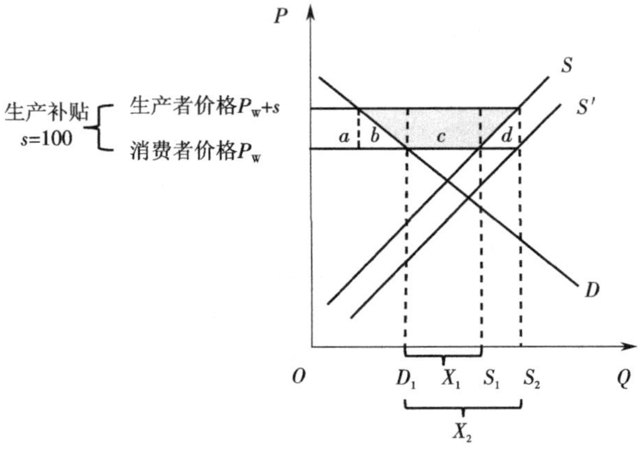

图 6-3 对出口产业进行生产补贴

这一点，对于分析社会经济利益的变动很重要。由于消费者价格不变，消费者也就没有损失。与政府每吨 100 元的出口补贴相比，整个社会的净损失要小。在图 6-3 中我们可以看到，生产补贴的结果使企业增加了利益（$a+b+c$），但政府的补贴支出是 $a+b+c+d$，社会净损失为 d。但在出口补贴的情况下，社会的净损失是 $b+d$（见 6.1.1 的分析）。因此，从整个社会的利益来说，生产补贴要好于出口补贴，但对政府来说，生产补贴则要比出口补贴多支出不少。

由于生产补贴的形式多种多样，不像出口补贴那么明显，所以，在出口补贴受到限制的情况下，不少政府则通过生产补贴等产业政策来支持本国的出口行业。发达国家对其农业的补贴是最明显和最普遍的生产补贴。

6.1.3 鼓励出口的其他政策

1. 货币贬值

政府有时通过本国货币贬值来促进出口。一般来说，一国货币贬值使本国产品用外币衡量的价格下降，从而会增加出口贸易量。举例来说，假定原来日元与美元的汇率是 100 ： 1，即 100 日元的商品只需 1 美元就可以购买。现在日本政府为了刺激出口，将日元对美元的汇率贬为 120 ： 1。这样一来，买 100 日元的日本商品不再需要用 1 美元，只要 0.83 美元就够了。在其他条件不变的情况下，美国对日本出口商品的需求量就会增加，用美元支付的其他国家对日本商品的需求量也会增加,也就意味着日本出口的增加。

中国在 1994 年汇率并轨以前就对外贸企业实行不同汇率。国家的官方汇率是 1 美元 =5.7 元人民币,而在外汇调剂市场上的汇率则是 1 美元 =8.7 元人民币。从 1985 年 1 月起,中国政府为促进出口,允许出口企业保留出口外汇收入的 50% 自主使用。企业在按规定上交外汇后可将留成部分通过外汇调剂市场换成人民币。由于外汇调剂市场上的美元汇率高于官方汇率,企业的出口能力和积极性大大增加。一方面,企业可以将留成的外汇通过外汇调剂市场获得更多的人民币(增加收入),另一方面,企业也可适当降价以增加出口,因为这相当于有 50% 的汇率实行了贬值。

然而,要使本国货币贬值起到增加出口量并增加收益的作用,必须满足两个条件:①出口商品具有较大的价格弹性,即由于贬值引起的出口销售量增加幅度会大于本国货币的贬值幅度;②其他国家不采取任何报复性措施,否则货币贬值的效果会被其他国家同样的措施所抵消。

2. 经济特区

一些国家或地区为了促进出口,在其领土上的部分经济区域内实行特殊政策。在这个区域内,政府通过降低地价、减免关税、放宽海关管制和外汇管制、提供各种服务等优惠方法,吸引外国商人发展转口贸易,或鼓励和吸引外资,引进先进技术,发展加工制造业,以达到增加货物出口、提高外汇收入、促进本国或本地区经济发展的目的。

目前,世界各国设置的经济特区主要分为以下四种。

1)自由贸易区

自由贸易区是划在国境以内关境以外的一个区域,对进出口商品全部或大部分免征关税,并且准许在港内或区内进行商品自由储存、展览、加工和制造等业务活动,以促进地区经济及本国对外贸易的发展。

国际上通行的自由贸易区内基本没有关税或其他贸易限制,实施贸易与投资自由化的政策与法规,贸易区内人、财、物及信息的流动都比较自由。办事程序简便、透明、政府部门办事效率高、通关速度快以及资金融通便利。自由贸易区通常还有完善的海、陆、空交通基础设施,有发达的国际化多式联运体系和物流体系,有满足现代大型集装箱船舶需要的深水港及其港务体系,有通向世界各地的航线及发达的内支线。

尽管自由贸易区本身是对进出口的双向鼓励,但多数国家在本国境内开设自由贸易区的目的是为了促进出口。

2)出口加工区

出口加工区是一国专门为生产出口产品而开辟的加工制造区域,在此区域内,一些以出口为导向的经济活动受到一系列政策工具的刺激和鼓励,而这些政策工具通常不适用于其他经济活动和其他经济区域。加工区生产的产品全部出口或大部分供出口。

在不发达国家所建立的大部分出口加工区内,生产活动占统治地位;加工区内的大部分公司是跨国公司的子公司,而这些公司生产的产品均销往国外。东道国提供各种鼓励措施以吸引外国公司进入出口加工区,这些措施包括免税,提供廉价的劳动力和土地租金,放宽管制等。对跨国公司来说,所有这些特权(优惠政策)均可通过出口加工区转化成比向其他地方投资来得高的赢利潜力。

2000年,中国批准了15个出口加工区试点,它们位于大连、天津、北京天竺、烟台、威海、昆山、苏州、上海松江、杭州、厦门杏林、深圳、广州、武汉、成都、吉林珲春。这些加工区的功能比较单一,仅限于产品外销的加工贸易,区内设置出口加工企业及相关仓储、运输企业。加工区对出口产品免征增值税和消费税,有力地促进了产品出口。区内实行封闭式的区域管理模式,海关在实行24小时监管的同时,提供更快捷的便利通关服务,实现出口加工货物在主管海关"一次申报、一次审单、一次查验"的通关要求。

3)保税区

保税区是海关所设置的或经海关批准注册的特定地区和仓库。外国商品存入这些保税区内,可以暂时不缴纳进口税,如再出口,不缴纳出口税。运入区内的商品可进行储存、改装、分类、混合、展览、加工和制造等,主要是为了发展转口贸易,增加各种费用收入,并给予贸易商经营上的便利。

保税区是中国借鉴国外自由贸易区、出口加工区的成功经验,并结合中国国情而创办的特殊的经济区域,其主要功能与自由贸易区和出口加工区相似。自1990年国务院批准设立全国第一个保税区——上海外高桥保税区后,我国已在天津、大连、青岛、张家港、宁波、厦门、福州、海口、汕头、珠海、广州、深圳等多地设立了保税区。

4)自由边境区

自由边境区一般设在本国的一个省或几个省的边境地区,其目的和功能都与自由贸易区相似,只是在规模上小一些。对于在区内使用的生产设备、原材料和消费品可以免税或减税进口。如从区内转运到本国其他地区出售,则须照章纳税。外国货物可在区内进行储存、展览、混合、包装、加工和制造等业务活动,其目的在于利用外国投资开发边区的经济,也可通过这些地区自由出口一些商品。美洲的一些国家设有自由边境区,中国在中俄边境、中越边境也有少量的自由边境区。

6.2 管制出口措施和进口鼓励

大多数情况下,各国政府是鼓励出口、限制进口的,但对某些商品或在某些时候或对某些国家也采取出口限制或进口鼓励的政策。

6.2.1 出口限制

出口限制的目的有经济方面的,也有政治方面的。从经济方面来说,许多国家对本国比较稀缺而又比较重要的商品常常会实行出口限制,以保证国内的需要。例如,不少发展中国家对其粮食或其他农产品出口都实行限制政策。一些缺乏资源的发达国家如日本等对其原材料的出口也加以限制。很多国家对其重要的文物、艺术品、黄金等都限制出口。

限制出口的另外一种经济原因是控制或稳定国际市场价格。例如,石油输出国组织

(Organization of the Petroleum Exporting Countries, OPEC)为了保证国际油价不下跌,往往限制石油的生产和出口。也有不少国家(主要是发展中国家)为了增加政府收入而对其大宗出口的商品征收出口税,从而在客观上限制商品的出口。

从政治上来说,向"敌对"国家或"不友好"国家的出口往往受到政府的限制,被限制的商品一般包括武器、军事设备、先进技术、重要战略物资等。当实行贸易制裁时,被限制出口的商品种类会更多。以政治目的实行出口限制的主要例子是美国。早在 1917 年美国国会就通过了《对敌对国家贸易法案》,而后又有 1949 年的《出口管制法案》。这些法案都从所谓"保证国家安全"的角度管制出口。1949 年 11 月在美国主导下,西方国家成立了"输出管制统筹委员会"(又称"巴黎统筹委员会"),主要负责对社会主义国家的出口管制问题。美国的《出口管制法案》近年来几经修改已经放宽很多,巴黎统筹委员会的作用也随着苏联的瓦解和东欧各国社会制度的改变而减弱,但出于政治目的而限制出口的做法在美国及其他国家仍然存在。

出口限制的手段包括直接的数量管制和间接的税率调节,既可以通过发放出口许可证来控制出口商品的品种和数量,也可以通过征收出口关税或对出口工业企业的生产增加税收来减少出口。不同的管制措施对国内出口商品的生产、消费和社会经济利益有不同的影响。中国政府也对出口实行管理,对某些商品禁止出口或限制出口。确定哪些商品的出口需要管制的因素包括保障国家经济安全,保护国内有限资源,支持国家对有关产业的发展规划、目标和政策,以及国际、国内市场的需求和产销情况。2008 年,我国公布了《禁止出口货物目录》(第五批)。我国目前禁止出口的货物有四氯化碳、犀牛角、虎骨、麝香、发菜、麻黄草、天然砂、森林凋落物和泥炭等。

1. 出口关税

与进口关税正好相反,出口关税是针对某些特殊商品出口征收的税赋。出口关税限制产品出口,但同时会对本国的生产、消费和社会福利带来影响,其影响也会因各国在世界市场上地位的不同而不同。我们首先用图 6-4 来分析小国征收出口关税的影响。

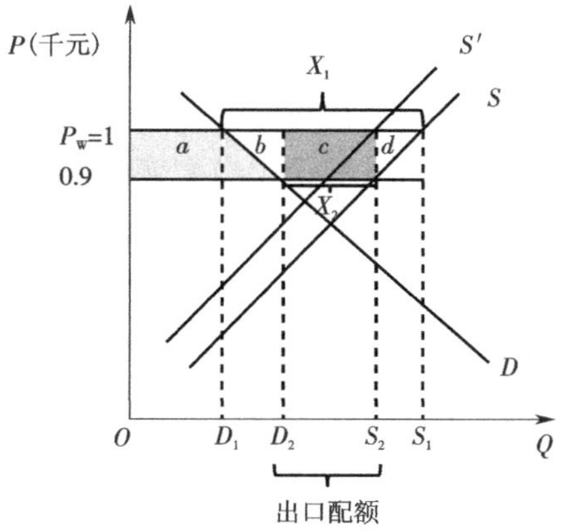

图 6-4　小国实行出口限制的影响

假设这是某国的大米市场,在自由贸易的情况下,该国按国际大米市场价格(1 000 元/

吨)进行生产和消费,生产量为 S_1,消费量为 D_1,生产超过消费的部分(X_1)出口。如果该国政府对出口的大米征收每吨 100 元的关税,农民出口大米在交付关税后的所得便降低为 900 元(0.9 千元)。在国内市场仍能卖 1 000 元的情况下,农民自然把大量原来准备出口的大米在国内市场上推销,结果造成国内大米市场供过于求,大米价格也迅速下跌。价格的下跌会增加需求量也减少生产量,如果国内大米价格跌到 900 元以下时,农民就会减少在国内的销售而向国外出口,去赚 900 元;如果国内大米价格仍然超过 900 元,农民就会继续在国内市场销售。只有当国内价格等于国际价格减去出口税(即 900 元)时,市场才会重新达到均衡。但生产减少到 S_2,国内消费增加到 D_2,生产超过消费的部分(X_2)会出口,但比原来的出口量(X_1)减少。

对大米征收出口税减少出口从而使得国内市场价格下跌。城镇居民对此高兴,少付钱多消费,其收益为 a 部分;政府增加了税收收入(c 部分),自然也高兴;只有农民不高兴,其损失为($a+b+c+d$),大于大米消费者和政府的收益,社会的纯损失为($b+d$)。如果该国是一个出口大米的大国,政府征收出口关税会产生什么结果呢?除了国内的大米价格下降、政府税收增加、农民收入下降等在小国出现的情况以外,整个国家的贸易条件会得到改善。社会的净损失会比小国征收同样比率的关税要小。如果贸易条件改善所得超过价格扭曲所带来的损失,整个社会有可能获得净收益。关于大国征收出口税的分析,我们在此不再详细展开论述,留给读者自己去画图证明。

2. 出口配额

政府限制出口的另一种政策是实行出口配额,即控制出口商品的数量。有些出口配额是本国政府主动设立的,也有的配额是应进口国政府要求而设立的,即“自愿出口限制”。中国输往欧美的纺织品出口配额就是在欧美政府的要求下设置的,因此也叫被动配额。

出口配额对一国经济的影响如何呢?我们仍然用图 6-4 来分析小国的情况。为了与出口关税对各利益集团和整个社会经济利益的影响相比较,我们假定出口配额与关税下的实际出口量一样,等于 X_2。在国际大米价格等于 1 000 元的情况下,农民愿意生产 S_1 吨大米,但国内消费量(D_1)加上限制后的出口量(X_2)却少于生产量。国内生产就会出现供大于求的局面,造成国内市场大米价格的下降。价格下降对生产和消费的影响与征收出口关税时相同,大米消费者与生产者利益的变化也相同。与出口关税不同的是,政府有可能失去了税收收入。如果出口配额是免费分配的话,获得出口配额的部门(出口商或农民)则得到了这部分由出口差价带来的利益,即图 6-4 中的 c。但是如果政府拍卖出口配额的话,政府就会获得 c 部分所代表的收益。对整个社会来说,这两种方式所产生的利益变动与出口关税的情况一样。但是,如果政府采用由出口商申请、政府审核批准的办法,就会有一部分配额利益在这过程中丧失,出口商最后获得的利益要小于 c,整个社会的福利损失就会大于 c。出口配额和出口关税的比较很像前文分析进口配额时与进口关税的比较。

我国政府在分配出口配额时既有根据申请将其直接分配到中央和地方出口企业的做法,也实行招标的方式。商务部负责对招标工作的领导和监督。中标企业必须交纳中标保证金和中标金。招标收入纳入中央外贸发展基金。实行招标方式分配出口配额的主要是农产品和纺织品。

3. 出口行业的生产税

如果政府不用贸易政策限制出口，既不征出口税也不使用出口配额，允许大米自由出口，但对大米生产征收与关税相同的生产税（如 100 元），其结果又如何呢？我们仍然用图 6-4 来分析小国对出口行业征收生产税的情况。

从生产方面来说，生产税使每吨大米的生产成本增加了 100 元，在图 6-4 中，大米供给曲线向上平移 100 元，变成 S' 。在国际大米价格不变的情况下，国内大米生产也会因成本的上升而减少到 S_2。从消费方面来说，没有出现任何价格变动（仍是 1 000 元/吨）。由于政府并没有限制出口或强迫出口，生产者仍能按每吨 1 000 元的国际价格出售，也就没有必要增加或减少在国内的销售，从而对国内市场价格和消费者的需求量都没有影响，消费者仍然支付每吨 1 000 元的价格，消费 D_1 吨大米，但整个国家的大米出口量从 X_1 降为（S_2-D_1），小于 X_1 但大于 X_2。

生产者在交付了生产税以后，每吨大米实际所得只有 900 元，其利益损失是（$a+b+c+d$），与出口关税和出口配额一样。但对消费者来说，生产税所带来的利益变动与关税和配额不一样。由于国内大米市场价格没有下降，消费者的利益没有变动。对于政府来说，征收生产税的税收收入却比出口关税时增加，总共为 100 元乘以 S_2，相当于 $a+b+c$。原来的消费者获得的利益 a 现在变成了政府的收入，政府还额外得到原来浪费的部分 b。因此，实行产业政策的结果使政府的税收增加，大米生产和出口减少，社会利益损失为 d。

从以上分析中我们可以看到，无论使用什么政策，限制出口虽然可能使消费者和政府受益，但会给生产者带来损失。对整个社会的福利影响则取决于出口国在世界市场上的地位。在我们的例子中，我们假设某国是大米出口小国，世界大米市场价格没有因为该国的出口限制受到影响，但如果该国是大米的主要出口国，该国大米的出口减少会造成国际大米市场价格上涨，该国的贸易条件会因此得到改善而获得额外利益，整个社会的经济利益损失会减少甚至有可能增加。

跟前面一样，我们将大国情况留给读者自己去分析。

6.2.2　进口鼓励

对于某些商品，政府有时也采取鼓励进口的政策，鼓励进口的目的之一是支持国内消费者。对一些国内缺乏、进口价格偏高但又关系到国计民生的商品，如粮食、肉类、实用油等，政府有时会鼓励进口。鼓励进口有时也是为了保护国内稀缺资源，尤其是那些具有战略意义而不能再生的资源，如石油、森林资源等，在能进口的时候就尽量少开发、少使用本国的。鼓励进口的另一个目的是促进国内一些需要支持或保护的产业的发展。在这种情况下，鼓励进口的多是本国不能生产而对国内这些产业非常重要的零部件、中间产品或原材料。

鼓励进口政策包括进口补贴、进口产品的消费补贴和对进口竞争产业征收的生产税。进口补贴包括对每单位进口商品的直接补贴和优惠贷款等方式的间接补贴。中国政府过去经常在国际市场购买粮食、砂糖等转而在国内以低于国际市场价格出售给消费者，这实际上就是进口补贴。进口补贴会影响国内市场价格。在没有补贴时,国内价格等于国际价格,有了进口补贴后,国内市场价格等于国际价格减去补贴从而比没有补贴时要低。国内市场价格的下降一方面会增加消费量,但也同时减少国内同类产品的生产量,使进口量增加。进口补贴对国内生产者、消费者和社会经济利益的影响与进口税收正好相反:消费者得益,生产者受损,政府增加财政支出,整个社会福利水平下降。如果是进口大国的话,进口增加还会引起进口产品的国际价格上涨,贸易条件恶化,整个社会的福利损失更大。

对进口商品的消费补贴主要通过支持消费来间接扩大进口。对消费者的支持包括对该种商品直接发放消费补贴或减免消费税。我们用图 6-5 来说明进口行业消费补贴的影响。

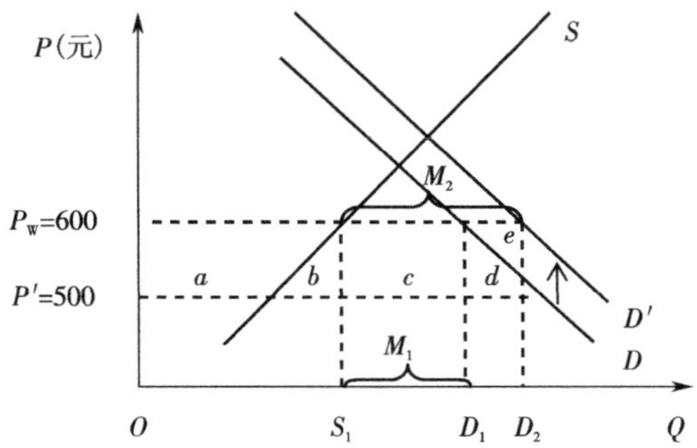

图 6-5　小国进行消费补贴的影响

假定这是埃及的粮食市场。在没有任何政策之前,埃及粮食的市场价格(等于世界市场价格)为 $P_W = 600$ 元,生产量为 S_1,消费量是 D_1,进口量为 M_1。如果政府为了保证人民的基本生活而对粮食消费进行补贴(每单位粮食补贴 100 元),对于消费者来说,这就相当于每单位的粮食消费现在可以少付 100 元。在图 6-5 中,表现为粮食需求曲线向上平移 100 元,变成 D'。在新的需求曲线 D' 上,埃及的粮食消费量增加到 D_2。但从生产方面来说,消费补贴并没有对埃及的生产价格产生影响,因而埃及的粮食生产量没有增加。增加的消费量就不得不从国外进口,进口量从 M_1 增加到 M_2。

从图 6-5 的分析中我们可以看到,消费补贴没有影响本国生产者的福利水平,但使消费者的福利增加了($a+b+c+d$)。不过,消费者的福利增加来自政府的补贴:政府为此共支付了($100 \times D_2$)元,相等于 $a+b+c+d+e$。如果将消费者的福利变动减去政府的补贴支出,社会的利益净损失为 e。

另一种鼓励进口的政策是对本国竞争行业征收生产税。假如政府为了保护环境或资源而限制本国生产,政府可以对本国的生产企业征收或增加生产税。结果,本国生产量下降,消费量不减,进口量增加。在许多情况下,政府对进口竞争行业征收生产税的本意并不一定是为了鼓励进口,但在自由贸易下,生产税造成的本国生产量的下降自然会增加同类产品的进口。

从以上分析中我们可以看到,鼓励进口虽然可能使消费者受益,但代价是整个社会福利水平的下降。对于进口大国来说,进口增加还会造成国际市场价格上涨,贸易条件恶化而遭受额外损失。可见,任何对自由贸易进行干预的经济政策都会造成一定的资源配置扭曲和社会福利的损失。无论经济政策的目标和长期影响是什么，政府干预的福利损失是不可不计的。

6.3 贸易制裁

国际贸易政策有时也用来为政治目的服务，用作对别国的政治或经济政策进行报复的手段。最典型的做法是通过进出口抵制和商品禁运等实行贸易制裁。

贸易制裁的目标是通过削减进出口造成被制裁国经济上的损失从而迫使其做出某种改变。采用这种手段来实现某些政治目标的做法最早可以追溯到 15 世纪国际贸易的初期，但真正频繁使用这种手段是在第二次世界大战之后。世界上使用贸易制裁最多的是美国，从 20 世纪 50 年代初到 80 年代末，全世界 96 次主要贸易制裁中有 66 次是由美国发起的，包括五六十年代对中国的经济封锁；1960 年开始的对古巴的贸易禁运；七八十年代对罗得西亚、柬埔寨、越南、乌干达、利比亚、伊朗、苏联、波兰、尼加拉瓜、伊拉克、巴拿马等的贸易制裁。20 世纪 90 年代以来，由于伊拉克入侵科威特、海地政变推翻了民选总统、南联盟的种族冲突，美国又先后发起了对伊拉克、海地和南联盟的贸易禁运。

贸易制裁有时也出于经济目的。例如，当巴西拒绝进口美国的电脑类产品后，美国也用削减从巴西进口进行报复。由于欧洲共同体对农产品的生产和贸易一直采取补助等保护政策，美国在多年谈判不达目的后，也曾扬言要对欧洲共同体实行贸易制裁。

无论是出于政治目的还是经济目的，这些贸易制裁的效果如何呢？我们不打算去考察被制裁国是否会因此而做出让步和改变，我们只研究贸易制裁的经济效果，研究贸易制裁对所涉及国家经济利益的影响。

6.3.1 贸易制裁的利益变动

在贸易制裁中直接涉及的国家有制裁国（发起和参加制裁的国家）和被制裁国。在多数情况下，由于各国政治经济的具体情况不同，并不是所有的国家都参与贸易制裁，因此，还有一些非制裁国仍与被制裁国发生贸易往来。另外，制裁可能是全面的，即禁止所有商品的进出口，也可能是局部的，只限于某些商品；制裁可能只是在出口或只是在进口方面，也可能是既禁止出口又禁止进口。如果是禁止向被制裁国出口商品，我们称之为“出口禁运”；如果是禁止从被制裁国进口商品，则我们可称之为“进口抵制”，下面我们分别对“出口禁运”和“进口抵制”进行分析。

1. 出口禁运

图 6-6 分析的是“出口禁运”的经济效果。为了分析方便，我们假设制裁国是美国，被制裁国是古巴，不参与制裁的是俄罗斯。在美国与俄罗斯的市场图（图 6-6（a），图 6-6（c））中，分别表示其本国工业品的供求曲线。在古巴的图（图 6-6（b））中显示的是古巴对进口工业产品的需求曲线和外国对古巴出口的供给曲线。在没有贸易制裁的情况下，美国与俄罗斯都向古巴出口（图中把美国的出口记为 S_e，俄罗斯的出口记为 S_n），在古巴市场上，总的供

给曲线是 S_e+S_n，在供求均衡时，价格是 P_0，在此价格下，美俄总共向古巴出口 20 个单位的商品，其中美国出口 10 个单位的商品，俄国也是出口 10 个单位的商品，美国向古巴出口所得的利益是三角形面积 a 所代表的部分，俄罗斯所得是三角形面积 b 所代表的部分。

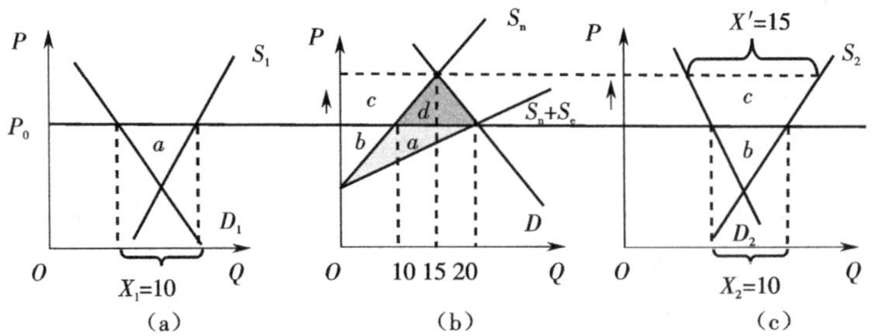

图 6-6 “出口禁运”的利益变动

(a)制裁国(美国);(b)被制裁国(古巴);(c)非制裁国(俄罗斯)

实行贸易制裁后，美国不再向古巴出口，古巴的外国商品供给曲线中的 S_e 部分消失了，但俄罗斯不加入制裁行列，S_n 还存在。由于供给减少，造成古巴的进口工业品价格上涨，其结果一方面减少了古巴对进口工业品的消费，另一方面则刺激了俄罗斯向古巴的出口。在新的价格上，俄罗斯向古巴共出口 15 个单位的工业品，比以前增加了 5 个单位。古巴仍然能进口 15 个单位的工业品，但必须支付比以前更高的价钱。

各国在这场贸易制裁中的利益变动如何呢？古巴自然受到了一定的打击，表现在消费者剩余减少了 $c+d$ 部分，这是贸易制裁者所希望达到的。但是制裁者美国也付出了代价，失去了在古巴的市场，其损失是 a。俄罗斯作为非制裁国却从中捞到了便宜：通过扩大出口和提高价钱，增加了收益 c。从整个世界角度看，“出口禁运”仍然带来了净损失 $a+d$，而这一净损失除了被制裁国的损失，也包括了制裁国美国的损失。

除了直接的损失以外，贸易制裁还有许多间接的和延续的负面影响。制裁国一旦停止向被制裁国出口，就相当于放弃了被制裁国的市场。非制裁国的商品就会部分地替代制裁国原来的商品而占领被制裁国的市场。这样一来，即使制裁结束，制裁国也不一定能马上恢复对被制裁国的出口。更重要的是，一些国家如果经常采用贸易制裁或制裁威胁的办法，其他国家不得不事先提防，为降低依赖程度，减少受损风险而减少从这些制裁国家的进口，对制裁国也是一种损失。

2. 进口抵制

“进口抵制”的效果与“出口禁运”相似(如图 6-7 所示)。这次我们假设美国发起对伊朗的贸易制裁，禁止从伊朗进口石油。在“进口抵制”前，美国和日本都从伊朗进口石油，日本的进口需求曲线是 D_n，美国的进口需求曲线是 D_e，在伊朗石油市场上的总需求曲线是 D_n+D_e。

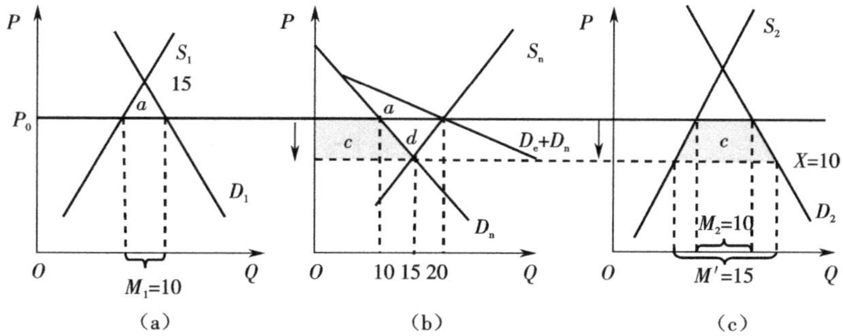

图 6-7　“进口抵制”的利益变动

(a)制裁国(美国);(b)被制裁国(伊朗);(c)非制裁国(日本)

在三国石油供给均衡时价格为 P_0,美国进口 10 个单位的石油,日本进口 10 个单位的石油,总量为 20 个单位的石油。由于伊朗扣留美国人质,掀起反美浪潮,美国决定对其进行贸易制裁,停止从伊朗进口石油,但日本不想参与进口抵制,仍然存在着对伊朗石油的需求曲线 D_n。

伊朗石油的价格因为美国的抵制而下跌,而日本趁着低价增加了对石油的进口。“进口抵制”的结果,伊朗石油价格下跌,出口量减少,生产者损失为 $c+d$。美国停止从伊朗进口低价石油,其损失为 a。日本没有参加制裁,却付更少的钱进口了更多的石油,其收益为 c。与“出口禁运”一样,制裁和被制裁双方都在“进口抵制”中受到了伤害,唯有不参与制裁者从中渔利,得到了好处。

6.3.2　贸易制裁的失败与成功

什么是成功的贸易制裁?什么是失败的?不论贸易制裁是否能达到最终的政治目的,经济方面的影响也不一定奏效。如果连经济上都不足以使被制裁者受到足够的损失,那么更不用提在政治上会有什么效果了,这种贸易制裁应算是失败的。

贸易制裁是否失败,很大程度上取决于被制裁国对国际贸易尤其是对制裁国的依赖度。这种依赖会表现在进口需求弹性和出口供给弹性上,被制裁国的贸易弹性越低,制裁对其的伤害越大,反之则越小。一般来说,对进口和出口弹性都较高的国家实行贸易制裁的成功率较低。

图 6-8 中的两种情况都是由于被制裁国的出口供给弹性大而造成“进口抵制”失败的例子(假设 x 国为被制裁国, e 国为制裁国, n 国为非制裁国)。在第一种情况下,供求双方都很有弹性,互相依赖不大,禁止从被制裁国进口,其结果虽然自己损失不大(a 部分),被制裁国也不伤筋骨($c+d$ 部分)。第二种情况则更糟糕, 被制裁国的出口供给弹性很大,而制裁国对该国商品的进口需求则没有多少弹性。“进口抵制”的结果没有使被制裁国受到多少损失($c+d$ 部分很小),自己倒伤得很重(a 的面积很大)。抵制进口使国内出现严重短缺,市场价格大幅上涨,消费者利益严重受损。

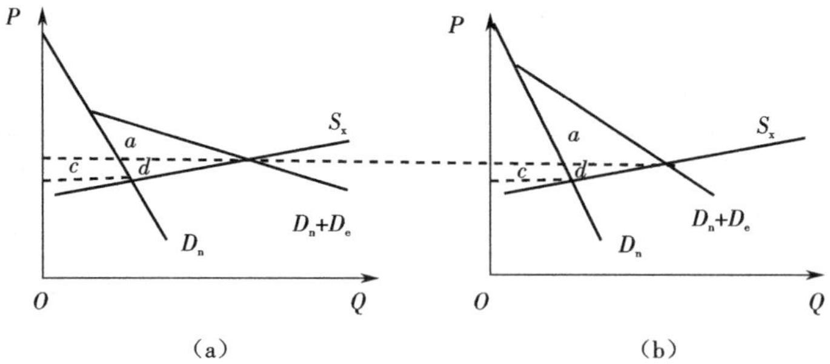

图 6-8 失败的“进口抵制”

(a)有弹性的进口需求;(b)缺乏弹性的进口需求

被制裁国的贸易弹性大小或贸易制裁的成功与否取决于以下几方面因素。

(1)贸易在整个国民生产中的比重。如果比重很小,则弹性较大。一般来说,大国的国内市场大,回旋余地大,自给自足程度高,外贸的供给和需求弹性也相应高一些,对大国进行贸易制裁的成功率就低;而大国对小国进行制裁成功的可能性就大。

(2)进出口商品的性质。有些商品对某些国家特别重要,如日本对石油等资源的需求。生活必需品的需求弹性相对低,而耐用消费品尤其是奢侈品的进口需求弹性较高。对奢侈品的出口禁运作用不大,但对生活必需品的禁运又容易伤害普通人民,在道义上难获一致的支持。

(3)制裁的时间性。一般来说,时间越短,需求和供求的弹性越低。因为突然遇到制裁,在短期内来不及准备,不容易做出调整,但时间一长,或制裁从提出到真正实行有很长时间的间隔,被制裁国就可以做出调整或以别的办法取代,制裁的作用也就被大大缩小了。

(4)制裁的完全性。如果只有少数几个国家参与制裁,即使被制裁国的贸易弹性很低,对其伤害也不会很大,因为制裁国撤出后的一部分空间会立即被非制裁国填补上。只有在全部或大多数国家都参与的情况下,才能重创被制裁国,增加成功的可能性,不过这一点做起来也很难,各国间政治、文化、宗教的不同,很难做到所有的国家都参与对一国的贸易制裁,除了 1990 年在伊拉克入侵科威特时出现的各国比较一致的行动外,历史上这样的情况不多。由此可见,贸易制裁并不是一件容易的事,而贸易制裁的结果也是双方都受到损害,制裁的成功率也就不会很高。1990 年,美国经济学家胡佛鲍尔等曾对 115 次贸易制裁的结果做了研究,发现有多达三分之二的制裁是失败的。因此,与其强调贸易制裁的有效结果,还不如注意其表明的政治立场。

【专栏】

日本要用贸易制裁解决日韩争端

2019 年 7 月 1 日,刚刚结束 G20 峰会举办工作的日本政府突然宣布,最快将于 7 月 4 日起限制向韩国出口用于制造电子设备的 3 种半导体核心原料。自去年至今,第二次世界大战劳工赔偿案、日韩“火控雷达照射”等事件,已让日韩关系跌入谷底,此次日方突然发动贸易制裁,无疑让日韩关系雪上加霜。

精准打击 直击要害

日本贸易部 7 月 1 日发布的公告显示，此次对韩出口管制的限制项目包括用于智能手机和芯片产业的氟聚酰亚胺、抗蚀剂和高纯度氟化氢。这对于韩国出口的心脏产业——半导体和液晶显示屏来说，不啻当头一棒。

据悉，日本氟聚酰亚胺和抗蚀剂的产量约占全球产量的 90%，氟化氢产量约占全球产量的 70%。一旦制裁生效，韩国买家将很难找到替代供应渠道，这将对韩国三星和 LG 等公司带来潜在冲击。复旦大学朝鲜韩国研究中心主任郑继永认为，此举可谓“精准打击”。

在日本贸易部发布的这份公告中，还表明了日本计划于 8 月 1 日左右，把韩国排除在“白名单”国家之外，使其无法享受尖端技术出口免申请优惠。《日经亚洲评论》指出，这一系列措施意味着，日本供应商今后向韩方出口相关材料时，每一笔合同都要经过政府批准。而据业内人士介绍，相关的许可和审查程序大约需要 3 个月的时间。

当下韩国经济正处低迷。数据显示，今年（2019 年）一季度韩国国内生产总值呈现负增长；4 月出现 7 年来首次逆差；6 月前 20 天日均出口额为 19.6 亿美元，同比减少 16.2%。此外，近期受中美贸易纠纷影响，韩国出口已连续 7 个月负增长。日本此举带来的变数让韩国政府备感压力。

在 G20 大阪峰会的大背景下，日本此举更是被解读为“开自由贸易倒车”。韩国《中央日报》认为，G20 大阪峰会强调维护自由、公平贸易的重要性，但峰会一闭幕，日本就对韩国“拔刀”。韩联社报道称，韩方认为这违反了三权分立常识和民主主义原则，也与在日本发表的《二十国集团领导人大阪峰会宣言》精神背道而驰。

《韩国经济》称，韩国政府表示准备反击，这是两国邦交正常化后首次在经济领域爆发正面冲突。韩国通商部门官员 2 日表示，政府已着手研讨相关法律程序，将日本限制对韩出口一事向世贸组织申诉。

劳工之伤 如芒在背

日韩新一轮外交冲突的深层原因再次直指历史积怨。1 日下午，韩国外交部第一次官（副部长）赵世暎召见日本驻韩大使长岭安政，认为此次经济制裁是日本政府不满韩籍二战劳工对日索赔胜诉而采取的报复性措施。

去年起，历史问题的“乌云”一直笼罩日韩两国。

1910 年至 1945 年，日本在朝鲜半岛施行殖民统治，强征大批劳工做苦力。据韩联社报道，去年以来，韩国最高法院多次裁决日本公司赔偿韩国强迫劳动的受害者案件。日方坚持拒绝赔偿，抗议称所有殖民时代的赔偿问题都已在 1965 年协议中得到解决。

今年，日方多次提议设立“仲裁委员会”解决问题但未果。日方认为，早在日韩关系正常化时期，即朴槿惠时代已实现赔偿，韩国做法等于无视目前韩日关系的局面，是过度向日本要求赔偿。韩国法院的多次裁定令日本背负道德压力，日本感觉如芒在背。

郑继永将此次的贸易限制定性为日本对韩国劳工赔偿案进行的反制裁，其目的在于试图改变韩国在这一问题上的态度和决定，减少韩国长期以来对日外交上的滋扰，扭转日本多年来“如芒在背”的立场，以“经济敲打”来避免引发更多波澜。

然而贸易制裁能否解决劳工问题？外交学院国际关系研究所教授周永生认为："这只会进一步扩大和深化日韩两国之间的矛盾，让历史和现实的仇恨变得更加难舍难分。"

从长远来看，此次贸易制裁同样会反作用于日本。《日本经济新闻》称，这项措施可能会引起"脱离日本"行动，三星等在全球扩大供应网的大企业可能在中长期内寻找替代采购对象。周永生亦表示，日本的做法很可能造成韩国的"去日本化"，使得 3 种半导体材料在市场中的占有率减少。"现在是买方市场而非卖方市场，日本作为韩国的卖方，亦遭受巨大损失。"

伤敌一千，自损八百。法新社援引韩国国家外交学院前院长尹德敏的话说，这场争吵最终将没有胜者。

日韩矛盾 解套尚难

日本对韩国贸易制裁，是日韩关系的一次重大事件。周永生认为，这意味着日韩两国间的矛盾已经从历史问题的深刻矛盾、军事上的相互不信任与对抗，扩展到了经济领域，走向全面对抗的局面。长此以往，如果不能够"解套"，结局必定是"双输"的。同时，这对东北亚地区的经济合作、中日韩自由贸易协定的签署等也十分不利。

当前，历史遗留问题虽仍未达成共识，但日韩两国关系倾向于在不断修复中慢慢上行。据郑继永分析，韩对日经济依赖程度较大，在经济状况不容乐观的背景下，双方会尽快找到妥协方案。加之日韩作为美国在亚太地区的同盟国，需要在东亚和印太等共同问题上保持友好合作。美国必定会在相应的过程中发挥一些作用。

美国国务院 1 日接受韩联社书面采访时即强调，美韩日三边紧密合作应对区域问题尤为重要，美国将致力于加强与韩日两国的三边合作。

韩国目前正积极采取应对措施。据韩联社报道，韩国外长康京和 2 日称，韩将根据今后形势研究反制日本经济制裁的跟进对策。韩国产业通商资源部长官成允模也表示，为了防范日本的单方面措施，韩国政府将与有关行业一道谋求进口市场多元化和关键技术多元化，扩充国内生产设施。今后仍将与业内保持密切沟通，力争把韩国企业的损失减至最低，并借此机会努力提升韩国零部件、材料、设备产业竞争力。

韩国贸易协会首席研究员文炳基认为，通过经济手段解决韩日历史问题不可取。他对《韩国经济》说，比起相互经济报复或者在世界贸易组织相互起诉，更好的办法是通过政治和外交途径解决强征劳工赔偿问题。

资料来源：曹文潇、郑雨珂，《人民日报》（海外版），2019 年 07 月 04 日第 6 版。

延伸阅读

[1] 薛荣久. 国际贸易 [M]. 北京：对外经济贸易大学出版社，2003.

[2] 甘道尔夫. 国际贸易理论与政策 [M]. 王根蓓，译. 上海：上海财经大学，2005.

[3] 何海燕，任杰，乔小勇. 贸易安全政策与实践研究：补贴与反补贴新论 [M]. 北京：首都经济贸易大学出版社，2011.

[4] 丹尼斯·R. 阿普尔亚德,小艾尔弗雷德·J. 菲尔德. 国际经济学:国际贸易分册(原书第 8 版)[M]. 赵英军,译. 北京:机械工业出版,2014.

[5] 莫迪凯· E. 克赖宁,唐· P. 克拉克. 国际经济学:政策视角(第 2 版)[M]. 北京:北京大学出版社,2017.

[6] 赵景峰. 贸易保护主义的新发展与应对策略 [M]. 北京:经济科学出版社,2017.

[7] 魏浩. 国际经济学 [M]. 北京:北京大学出版社,2018.

[8] 黄卫平,彭刚. 国际经济学教程(第三版)[M]. 北京:中国人民大学出版社,2019.

[9] 保罗· R. 克鲁格曼,茅瑞斯·奥伯斯法尔德. 国际经济学:理论与政策(第十版)[M]. 北京:中国人民大学出版社,2016.

[10] 彭爽. 出口管制:理论与政策 [M]. 北京:经济科学出版社,2019.

[11] 理查德·庞弗雷特. 国际贸易理论与政策讲义 [M]. 殷德生,译. 上海:格致出版社,上海人民出版社,2017.

[12] 埃尔赫南·赫尔普曼,保罗·R. 克鲁格曼. 贸易政策和市场结构 [M]. 李增刚,译. 上海:格致出版社,上海人民出版社,2014.

[13] 帕米拉·史密斯. 全球贸易政策:问题与答案 [M]. 北京:化学工业出版社,2019.

[14] 廖良美,张梅. 精编国际贸易:理论、政策与实务 [M]. 武汉:武汉理工大学出版社,2019.

[15] 姜文学. 国际贸易理论与政策 [M]. 北京:科学出版社,2019.

[16] 陶涛. 国际经济学 [M]. 北京:北京大学出版社,2005.

[17] 海闻,P. 林德特,王新奎. 国际贸易 [M]. 上海:格致出版社,上海人民出版社,2012.

[18] 黄卫平,彭刚. 国际经济学简明教程(第二版)[M]. 北京:中国人民大学出版社,2015.

第 7 章　贸易的政治经济学分析

本章的重难点

在实践中，有一些贸易保护措施，不论从短期、长期还是静态、动态看，都只会导致经济上的无效率，使一国的整体福利水平下降。这类贸易保护政策为何会实施呢？在公共选择理论的启示下，从 20 世纪 80 年代起，一些经济学家从国际贸易会影响一国不同利益集团之间的收入再分配的角度出发，考察不同利益集团如何通过其政治活动去影响一国贸易政策的制定，这就是贸易的政治经济学分析的内容。本章主要介绍贸易政策决定的基本框架和政治经济学模型，以及贸易谈判的政治经济学和发达国家农业保护的政治经济学。本章的重难点：

（1）理解利益集团对贸易政策制定的影响；

（2）掌握贸易政策的制定框架；

（3）理解中点选民模型；

（4）了解贸易谈判的作用与过程；

（5）理解发达国家保护农业的效果。

7.1　贸易政策决定的基本框架

在介绍和分析了各种贸易保护的理论后，我们在本节讨论贸易政策的决定因素。即使我们知道现实中有各种各样的理由支持贸易保护。但为什么政府最终采用的是这样一种保护措施而非那一种呢？为什么政府对一种商品征收的关税较高而对另一种商品则较低呢？事实上，贸易政策的决定不仅仅是政府的一种经济选择，同时也是一项政治与社会决策。

在贸易政策的政治经济学分析中，贸易政策也被视作一种经济产品，就像产品的均衡产出由其供求决定一样，贸易政策的产出或决定也由其供求决定。贸易政策的供给取决于政策制定者对政策的偏好以及政策的决策机制。一般来说，政府的经济目标应该是资源的最有效利用和社会福利的最大化，但在实践中，经济目标的最大化有一个基本前提，那就是政权的稳定。每一届政府在出台某项政策时都必须考虑对其政权稳定的影响，所以一项政策的出台是对经济目标和政治、社会目标综合考虑的结果。

对贸易政策的需求来自可能从贸易政策中获益或受损的人或集团，如商品的生产者、消费者以及生产要素的投入者。他们要么游说政府，要么通过政府中代表他们利益的政党或代言人来表达自己的政策需求，或者通过社会舆论或民间团体间接对政府施加影响。一个国家的政治体制决定了利益集团表达政策需求的主导方式。一个实行民主选举的国家和一个中央集权国家的利益集团表达其政策需求的方式肯定不同。

7.1.1　利益集团及其政治活动

1. 利益集团的形成

贸易政策通过改变商品的相对价格从而影响生产商品的要素所有者之间的收入分配。受到某一项贸易政策正面（或负面）影响的同一群体便形成了利益集团。如果假设要素是可以自由流动的，根据斯托珀－萨缪尔森定理（SS 定理），自由贸易政策会使一国丰富要素所有者的收入上升，使稀缺要素所有者的收入下降。贸易保护政策的作用则相反。假设在短期内存在不能流动的特定要素，根据特定要素模型，自由贸易政策会使一国出口部门特定要素所有者的实际收入上升，使与进口相竞争的部门特定要素所有者的实际收入下降。贸易保护政策产生的作用相反，或至少会保护后者的利益。相对于某项贸易政策而言，某个居民属于哪个利益集团取决于该居民所拥有的要素禀赋的状态。如一国对高技术产品的出口实施补贴，对劳动密集型产品的进口实施限制，则高技术产业就业者就是获利者，劳动密集型产业的就业者就是受损者。如果一个劳动密集型产业的工人还拥有一些高技术企业的股票，那么，他则要根据这项政策对他个人收入的实际影响，来判断他是获利者还是受损者。

2. 利益集团的政治活动

利益集团为了自身利益，会从事多种政治活动，以促使政府制定有利于自己的贸易政策。在实行民主政治的国家，这些政治活动可分为两大类。第一类，不同利益集团的成员就某一项或一系列贸易政策进行投票，这种形式叫全民公决。第二类，利益集团通过各种方式去影响政治代表的投票或政府官员的决策。这些方式有：在选举时投票给那些承诺当选后会制定有利于本集团利益的贸易政策的政治家；对政府官员和议员进行游说或雇用其他人（一般为政治公关公司）为自己游说；对竞选者给予捐献赞助，或向政府官员行贿等；通过媒体制造有利于自身利益的舆论以及通过游行示威等活动给社会和政府施加压力等。

3. 政治活动的成本与收益

利益集团从事政治活动会考虑成本与收益。相对于当前利益而言，某项贸易政策带来的预期利益或减少的预期损失就是收益。从事这些政治活动的成本包括直接货币支出、时间支出以及由时间支出产生的机会成本等。成本和收益都是政治活动数量的增函数。要使政治活动的利益最大化，利益集团会把政治活动的数量选择在其边际收益等于边际成本的点上。

4. 搭便车行为

根据博弈论的观点，一个团体的人数越多越难以达成合作。因为一部分人总把维护团体利益的责任寄托在其他人身上，而自己却坐享其成，这就是搭便车现象。一项活动给予个人带来的净收益越少，越容易产生搭便车现象。例如，如果实施一项限制某种消费品进口的政策，作为受损者的消费者群体很难组织起来，反对这项政策的实施。

7.1.2 贸易政策的制定框架

像产品的价格是由市场的供给与需求决定的一样,一项具体贸易政策的决定也是由对这项政策的需求和供给决定的。从需求方面来看,一项政策的制定是要考虑相关的个人利益和集团利益的,而他们的利益则需要能反映其需求的组织来表达。任何一项政策的实施必定会涉及各种集团的利益,这一点,我们已在对自由贸易理论和贸易政策的分析中谈到。如斯托珀－萨缪尔森理论就告诉我们,开放贸易的结果使本国原来充裕的要素受益,原来稀缺的要素受损。因此,我们不难知道,一国的稀缺要素通常会要求保护而充裕的要素会希望有更自由的贸易环境。在对贸易政策的分析中,我们也知道了生产者和消费者对贸易政策的不同要求。

那么,这些不同的利益集团是通过什么样的形式和渠道来表达对政策的偏好和需求的呢？是通过对政府的游说工作,通过在政府中代表这些利益集团的政党或代言人来表达,还是直接通过社会舆论或民间团体来对政府施加压力？具体的表达方式取决于一个国家的政治体制。不同的政治体制会使同样的政策需求出现不同的表现方式,对政策的最终制定也会产生不同的影响。

从政策的供给角度看,也有两个重要方面:一个是政府对政策的偏好,另一个是制定具体政策的机制。政府对政策的偏好取决于政府的目标函数,也就是说,政府采用不同政策所要达到的目的是什么。从经济理论上说,政府应是全民利益的代表,政府经济政策的目标应是资源的最有效利用和社会福利的最大化。但在现实中,政府的目标往往是多重的,既有经济的考虑,也有政治和社会的考虑。对于任何执政党来说,维持政权的稳定和保证继续执政都是最根本的。因此,不管政治体制如何,政府在制定或选择经济政策(包括贸易政策)时,都会权衡利弊,考虑其对政治、经济和社会的影响。

在经济学的分析中,是否实行某种贸易政策应取决于社会总体福利水平。在国际贸易政策的政治经济学分析中,任何一项贸易政策的实施是利益集团的需求和政府的供给的均衡。经济学家罗德瑞克(Dani Rodrik)用一张示意图描述了贸易政策的制定框架(如图 7-1 所示)。图中包括了贸易政策制定中的四个重要部分,为贸易政策制定的政治经济学分析提供了一个基本思路。一些经济学家在此基础上建立了贸易政策的政治经济学分析模型。

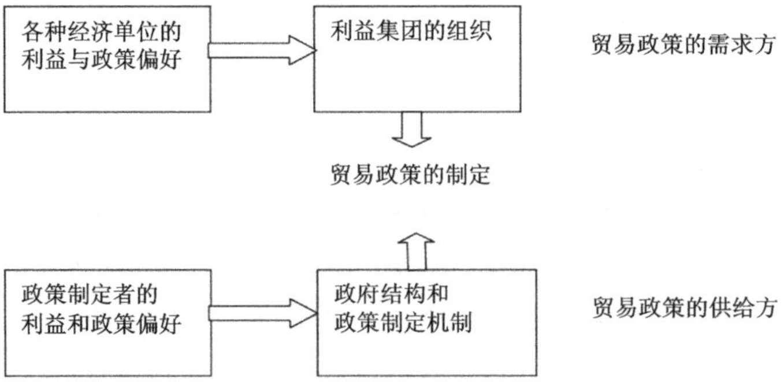

图 7-1 贸易政策的制定框架

7.2　贸易政策制定的政治经济学模型

20 世纪 80 年代以来，国际贸易政策制定中的政治和社会因素越来越被经济学家重视。相应的，经济学家们在国际经济学领域中建立起了一些政治经济学模型，包括梅耶（Mayer）的中点选民模型、集体行动有效游说模型和格鲁斯曼（Grossman）与赫尔普曼（Helpman）的利益集团政治贡献模型等。在这些模型中，政府的目标是成功地掌握政权和维护政权的稳定而非实现社会福利最大化。

7.2.1　中点选民模型

中点选民模型假设政府是民主选举产生的。任何一个政党得到了多数选民的支持，该政党就有可能执政，因此，政府在选择任何经济贸易政策的时候，必须要考虑如何得到多数选民的支持。

怎样才能选择得到多数选民支持的政策呢？

重要的方法就是尽可能地选择靠近中点选民的意见的政策。中点选民的意见一般表现为两种观点之间的意见。以中点意见为界，一边更为保守，另一边更为激进，且两边人数一样。

让我们用一个简单的例子来说明这一模型。假设一国有 9 个选民，他们对关税的偏好都不同，我们对他们的关税意见按税率（%）从低到高进行排列，如图 7-2 所示。

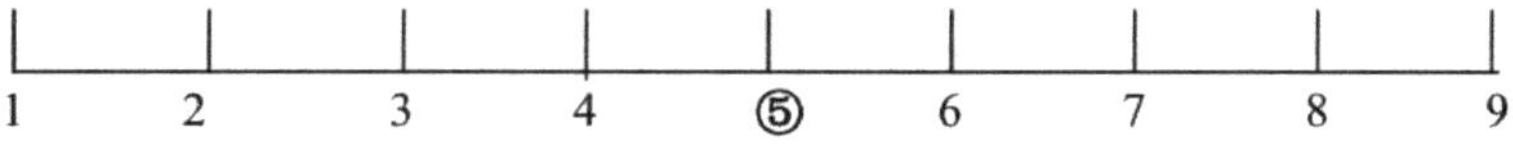

图 7-2　选民的关税意见排序

假设第 1 人主张关税税率为 1%，第 2 人主张 2%，依此类推，第 9 个人主张 9% 的关税税率。在这里，中点选民是第 5 个，中点选民的意见是 5% 的关税税率。再假设一国有两个政党存在，如民主党和社会党。两党都想得到大多数选民的支持。在贸易政策的选择中，假定民主党选择了征收 7% 的关税，而社会党选择了 6% 的关税，这时，主张高关税的选民（7、8、9）就会支持民主党，但主张低关税的选民，包括从第 1 个到第 6 个选民就都会支持社会党。从第 1 个到第 5 个选民的意见虽然没有被采纳，但相对于主张 7% 的关税的民主党来说，社会党的选择更接近他们的意见，如果这时有一个第三党，比如说进步党，选择了关税率为 5% 的政策，那么，从第 1 个到第 5 个选民就会转而支持进步党，支持社会党的就只剩下第 6 个选民一人了。我们再反过来看，假如民主党主张征收 3% 的关税，而社会党选择征收 4% 的关税政策，那么，只有第 1 个到第 3 个的 3 位选民会支持民主党而其余的 7 人会偏向社会党。由此可见，越接近中点选民意见的政策越能得到大多数选民的支持。这就是中点选民模型。

中点选民模型假定在政府由民主选举产生的国家，政党只有得到多数选民的支持才能执政，所以政策越靠近中点选民意见，越有可能获得多数人的支持，从而保证政权的稳定。

如果把每单个选民按照他对某项政策的预期成本或收益进行排序,中点选民就是在这一序列中处于中心位置的选民。如果大多数人预期将从某项特定政策中获益,那么中点选民也将对该项政策持赞同意见,并将支持赞同该项政策的政党或政客。如果大多数人都认为某项政策有损他们的利益,中点选民亦不会赞同该项政策,并且不会支持试图为此说情的政党候选人。

中点选民模型成立的前提是选民们对某项特定政策带来的利益或损失拥有完全的信息,且他们将真正按照自身的偏好进行投票。但在现实世界中这两项假定中的任何一项都不总是成立的,所以中点选民的偏好可能无法体现出来,结果是大多数选民支持的政策有可能最终只能让少数人受益。更为现实的假定是存在信息搜集的成本以及与实际投票相关的机会成本,这时,一些潜在的选民可能就会简单地选择放弃投票,尤其当预期收益较小从而使预期净获利为负的情况下更是如此。

7.2.2 集体行动和有效游说

贸易政策的中点选民决定论在理论上似乎没有问题,可是如果观察一下实行民主选举制的国家的贸易政策实践,我们不难发现,在许多情况下,贸易政策保护的恰恰是少数人。例如,几乎所有的发达国家都保护农产品,而农民占这些国家总人口的比例却不到 10%。在发展中国家中农民是大多数,但这些占大多数的农民不但得不到保护,政府还通过对出口的控制压低国内的农产品市场价格,间接地保护了人数较少的城市中的农产品消费者。

钢铁、纺织品等行业在美国也是夕阳工业,就业人数越来越少,但他们受到的保护却很多,而且为了保护这些少数人使占大多数的消费者付出了不小的代价。那么,怎样解释政府选择这种牺牲大多数人利益来保护少数人利益的贸易政策的行为呢?

研究公共政策的经济学家提出了集体行动(collective action)的理论,认为一项政策是否被政府采纳并不在于受益或受损人数的多少,而在于利益集团的集体行动是否有效。假如一国政府在考虑是否要对进口的苹果征收 10% 的关税,征税的结果是损害消费者的利益,消费者因而会反对这项政策,而该国的苹果生产者得到保护、获得利益,会支持征税。从人数上来说,苹果的消费者一定比生产者多,但在集体行动方面,消费者的行动一定不如生产者的有效,其主要原因是,人越多,“搭便车的人”(free rider)越多,积极参与的人反而越少,意见也不容易统一,从而导致集体行动的效率低,而人少却更容易组织得好。在影响政府政策的游说中,人数较少的利益集团容易统一,从而在集体行动中步调一致,在游说中容易取得成效。

决定利益集团集体行动有效性的另一个重要因素是集团中个人利益的大小。政府如果对苹果征收 10% 的关税,消费者作为一个整体来说,其总损失要比生产者收益和政府关税收入的总和还要大,但如果将总损失除以消费者总人数,每一个消费者的损失就很小了。另外,对于每个生产者来说,这一政策所产生的利益就会很大,值得为此不遗余力地拼搏一下。为了更清楚地说明这个问题,我们不妨用一些假设的数字。假定有 100 名消费者和 2 个生产者,政府是否征收关税对消费者总利益的影响为 100 元,对生产者总收益的影响为 50 元,政府税收变动为 30 元，有 20 元的社会福利净损失。从社会福利水平看，应该不征关税，但从政治经济学角度看，政府废除这项政策取决于这项政策对其政治统治的影响。对消费者来说，虽然他们反对实行关税政策，但实行这一政策对他们每个人的损害（1 元）和不征关税的个人所得（1 元）都不很大。所以，消费者不会为此而花费太多的精力去游说，即使政府最终坚持征税，消费者也不愿意为这 1 元钱而游行示威甚至反对政府。但是，从生产者角度看，50 元虽然不多，但因为只有两个人，每人的所得所失都有 25 元，是消费者人均利益变动的 25 倍。在这种情况下，生产者参与影响政府政策的集体行动和游说活动的积极性要远远超过消费者，甚至会因此而极力支持政府或反对政府，对政府能否实现其稳定执政的目标影响较大。政府面对的一边是对任何政策实际上都无所谓的 100 名消费者，另一边却是弄得不好会为此拼命的 2 名生产者。在这种情况下，政府往往会选择使总体福利水平下降、大多数人利益受损而少数人受益的贸易政策。

集体行动和有效游说认为，一项贸易政策是否出台并不在于受益或受损人的多少，而在于支持该政策的利益集团的集体行动是否有效。集体行动的有效性取决于两个因素，首先是利益集团的人数，并不见得人数越多越有力量，因为人数越多，意见分歧越多，越不容易形成一致的意见，反而是人数越少越容易步调一致；其次要看利益集团中个人利益的大小，个人受益或受损越大，越有动力游说决策者。如果个人受益或受损的程度不大，容易滋生搭便车心理，使其不愿付出努力。总体来说，利益集团大到能被看见但又小到足以控制其成员的搭便车行为，具有严格意义上的利益一致性且人均组织成本和信息搜寻成本也相对较低，此时其集体行动成功的可能性较大。

7.2.3　竞选贡献或政治贡献

竞选贡献说是指在实行民主选举的国家中，执政党支持者的利益往往得到保护。因为每个政党都代表一些特殊集团的利益，而这些利益集团在竞选中积极支持能考虑他们利益的政党，所以利益集团撤回竞选资助或暗示要资助敌对的候选人能够有效地激发政客对某一特定政治立场的关注与支持。政府实行有利于这些利益集团的贸易政策是为了对其支持进行回报，保护这些利益集团就是保护政府本身。

例如，在美国的两党中，工会（尤其是劳联—产联）一般支持民主党，大财团或企业主一般会支持共和党。这些利益集团在国会和总统的竞选中出钱出力，极力支持各自的党派当选，这些党派的候选人一旦当选就会在其力所能及的范围里制定或维持有利于这些利益集团的政策，否则他们就会在下一轮竞选中失去这些利益集团的资金支持和选票。

由于大多数政府政策的目标函数是维护其政权的稳定性，所以对于帮助其当选或连任的利益集团，政府会极力地去加以保护。政府实行有利于这些利益集团的贸易政策是对他们政治支持的一种回报，保护这些利益集团本身也就是保护政府本身。

关于贸易政策决定中的政治贡献因素，经济学家麦基（Magee）、布罗克（Brock）和杨（Young）于 1989 年建立了一个竞选贡献模型。1994 年，格鲁斯曼和赫尔普曼则在更广泛的意义上建立了政治贡献模型，明确地提出了政治因素在贸易政策制定中的作用。格鲁斯曼－赫尔普曼模型还可以用来解释非民主选举国家中的贸易保护现象。

7.3 贸易谈判的政治经济学

前面的分析可能会得出一些令人失望的结论，如贸易保护范围可能会越来越广，贸易保护力度可能会越来越大。然而事实并非完全如此，客观地看，整个世界的关税税率在不断下降，从20世纪30年代中期以来，包括美国在内的许多发达国家已逐步取消了关税及其他一些贸易壁垒，世界贸易大致朝着贸易自由化的方向发展，国际经济一体化的水平逐步提高，导致这种局面出现的一个重要原因是两国或多国之间的贸易谈判。

7.3.1 贸易谈判的作用与过程

贸易谈判包括双边贸易谈判和多边贸易谈判。贸易谈判有两个重要作用：推动贸易朝自由化方向发展；有助于避免贸易战。假设有A、B两国，贸易谈判前两国对来自对方国家的进口产品都设置了一定的壁垒，如关税。关税壁垒在保护了各国进口替代产品生产者利益的同时，却损害了本国消费者和出口产品生产者的利益，而且损失大于收益。在这种情况下，各国的进口替代产品生产者和出口产品生产者会各自进行游说活动，进口替代产品生产者会游说政府继续保持征税甚至提高关税；出口产品生产者会游说政府降低关税甚至取消关税以换取对方同等回报；两国政府会各自强调本国的损失，感觉受损严重的一方会制造更多的舆论甚至采取强硬的态度逼迫对方让步。但是，如果他们的头脑都非常清醒的话，是能够准确地分辨出贸易保护的得失的，最终两国会进行理性的贸易谈判。大多数贸易谈判的结果都避免了关税升级，或降低了关税或减少了部分非关税壁垒。

7.3.2 贸易谈判的历史与成果简述

1. 关税与贸易总协定下的贸易谈判

1945年12月6日，美国政府提出《扩大世界贸易和增加就业的建议》，并召集各国政府，提议召开世界贸易和就业会议，进行多边贸易谈判，实施关税减让政策。其后，23个国家的代表经过讨论签署了《国际贸易组织宪章》。在《国际贸易组织宪章》被各国国会正式批准之前，美国、英国、法国、澳大利亚、加拿大、比利时、卢森堡和荷兰在1947年10月30日签署了《关贸总协定临时适用议定书》，中国等15国也相继在议定书上签字。由于美国在1950年宣布不打算推动其国会批准的《国际贸易组织宪章》，在经过临时议定书缔约国讨论后，各国决定继续执行该临时协议。在关税与贸易总协定存续的47年间，在总协定的指导和约束下，共进行了八项多边贸易谈判，取得了许多重要成果。

第一轮谈判（1947年4月至10月）至第六轮谈判（1964年5月至1967年6月）的内容以关税减让为主要内容。这六轮谈判分别使关税在原来的基础上降低了15%~35%不等，参加谈判的国家从23个发展到102个。

第七轮谈判（1973年9月至1979年4月）以消除非关税壁垒为主要内容。此次谈判达成了 9 项反对非关税壁垒的协议，这些壁垒包括歧视性公共采购政策、技术性贸易壁垒、进口许可证与海关估价制度等，同时使世界 9 个主要工业国家制成品的加权平均进口关税从 7% 降到了 4. 7%。

第八轮谈判（乌拉圭回合，1986 年 9 月至 1994 年 4 月）以一揽子解决多边贸易体制问题为主要内容。此次谈判的主要成果有：发达国家的平均关税削减 40%，税率从 6.3% 下降到 3.9%；大大推进了农业和纺织服装业两个部门的世界贸易自由化；构建了使服务贸易自由化的一套法律框架；产生了世界贸易组织以取代原来的关税与贸易总协定，使解决贸易争端的效率和效力大幅提高等。

在每一次谈判中，各国不同的利益集团都会进行游说国会议员和政府官员等大量的政治活动，各国政府在谈判时既要顾及本国这些利益集团的诉求，又要考虑其他国家的反应，因此，每一个谈判协议都是各方相互争斗与妥协的结果。

2. 世界贸易组织与新一轮多边贸易谈判

1995 年 1 月 1 日，世界贸易组织成立。2001 年 11 月，在卡塔尔首都多哈举行的世界贸易组织第四次部长会议上启动了新一轮多边贸易谈判，该轮谈判又称“多哈回合”。该轮谈判确定了 8 个谈判领域，即农业、非农产品市场准入、服务、知识产权、规则、争端解决、贸易与环境以及贸易与发展问题。2003 年 9 月，在墨西哥坎昆举行的世界贸易组织部长级会议上，各成员在农业问题上没有达成一致意见，之后，经过各方努力，世界贸易组织 147 个成员在 2004 年 8 月就多哈回合的主要议题达成框架协议。但美国、欧盟等国家对农业补贴始终难以达成一致协议，世界贸易组织总干事拉米于 2006 年 2 月 24 日建议全面中止持续近 5 年的多哈回合谈判，并表示不为恢复谈判设定任何时间表。尽管多哈回合还没有达成最终协议，但经过各成员的努力，多哈回合已经取得了相当大的成果。

多哈回合谈判显示了国际贸易对各国不同利益集团利益的影响以及由此而产生的政治活动的复杂性。

7.4　发达国家农业保护的政治经济学

在现实中和历史上有两种极端的农业政策模式，一种是发达国家或高收入国家对农业的极端保护和补贴，这类政策甚至会使完全不适宜小麦生产的沙特阿拉伯出口小麦，使国土面积狭小、人口众多的日本出口稻米。另一种是有些发展中国家对农业征收高额税收和通过其他途径盘剥农民，如加纳政府的可可销售委员会按国际市场价格的 40% 向农民收购可可，从中赚取 60% 的差价。

1. 发达国家保护农业的原因

发达国家对农业的保护和补贴主要基于以下两个原因。

（1）在经济的发展过程中，农业占有劳动力总量和国内生产总值的份额比任何产业都下降得更快，依靠农业生存的人口的下降，使得他们能更有效地组织大型的、多样化的能紧密团结的集团。当农业的兴衰与更少人的利益联系在一起时，这样的集团为保证自身的利益会积极对政府进行游说。此外，在工业高度发展的国家，在许多城市居民心中，农村和农业体现为一种“田园牧歌式”的生活方式，虽然许多人不愿像农民一样生活在农村，但他们却不愿看到这种生活方式衰落，这些人愿意为保护这种生活方式而同意政府用从他们身上征来的税收去补贴农业和农民。这种情绪在工业化国家是普遍存在的，而且会随着农业衰落的程度和规模不断加重。

（2）随着农业人口的不断减少，农民生产的农产品中自身消费的份额越来越少，贸易的份额越来越多，市场价格的涨落对农民的实际收入影响越来越大，因此，农民对价格的变化愈加敏感，农业生产集团越易受到价格变化的激励，对政府进行游说活动，而政府有能力通过多种方式对价格加以控制。

2. 发达国家保护农业的效果

1）使出口增加

如图 7-3 所示，某一发达国家没有对小麦给予价格支持前是一个小麦净出口国，出口量为线段 *AB* 所代表的部分，该国对小麦给予价格支持后，小麦的出口增加至线段 *EF* 所代表的部分。

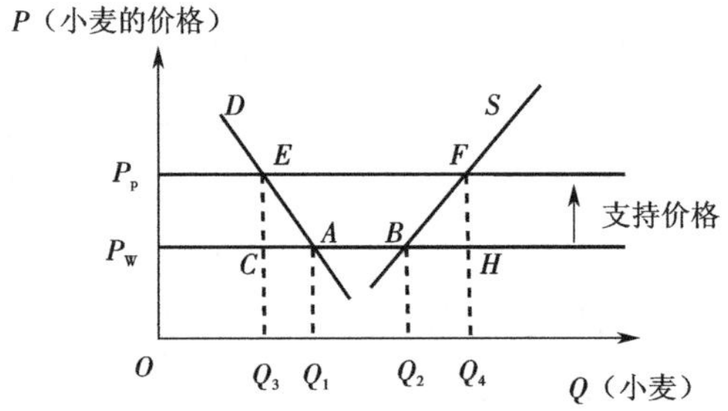

图 7-3 价格支持对出口量的影响

图 7-3 中，P_W 为自由贸易时小麦的国际价格，线段 *AB* 所代表的为出口量。P_p 为该国政府对国内小麦的收购价格，收购量为线段 *EF* 所代表的部分，政府收购后再以 P_W 向国外销售。该国对小麦给予价格支持的净损失为△*ACE* 和△*BHF* 所代表的部分。如果该国是一个小麦生产出口大国，则该国出口量的增加还会导致国际价格下降，这意味着其损失更大。

2）创造可出口商品

一国对国内生产者实行价格支持政策措施，会使一种产品由原来的进口产品转变为出口产品，这类产品被称作“转向商品”。如图 7-4 所示，该国没有对小麦给予价格支持前是一个小麦净进口国，进口量为线段 *AB* 所代表的部分，该国对小麦给予价格支持后，变成了一个小麦净出口国，出口量为线段 *EF* 所代表的部分。

图 7-4 中，P_W 为自由贸易时小麦的国际价格，线段 *AB* 所代表的为进口量。P_p 为该国政府对国内小麦的收购价格，收购量为线段 *EF* 所代表的部分。政府收购后再以 P_W 向国外销售。该国政府的补贴为四边形 P_pFHP_W 所代表的部分。生产者增加的福利为四边形 P_pFAP_W 所代表的部分。消费者减少的福利为四边形 P_pEBP_W 所代表的部分。该国对小麦

给予价格支持的净损失为△*AFH* 和△*BEC* 所代表的部分。

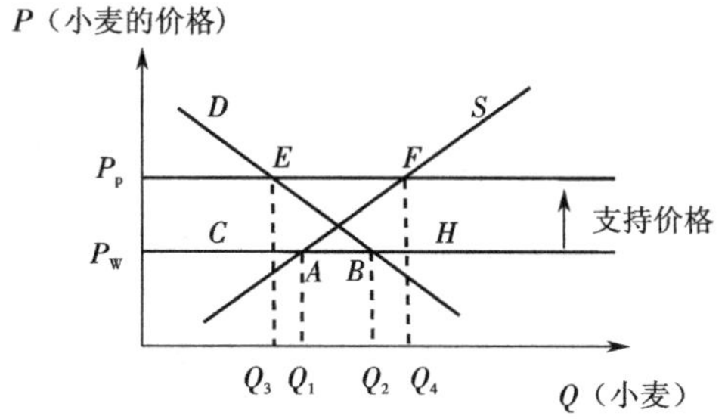

图 7-4　价格支持对贸易模式的影响

3)对世界市场的影响

如前所述,如果对小麦给予价格支持的是一个出口大国,那么该国的出口增加会导致国际价格下降,从而使其他小麦出口国的贸易条件恶化和利益受损。例如美国的贸易政策不公平会伤害澳大利亚农民的利益。此外,更低的国际小麦价格会给小麦进口国带来利益。

【专栏】

美国“贸易零和论”是一种危害世界的心魔

“试图用关税壁垒解决本国在多边贸易中的赤字问题,只会适得其反”“美国政府绕开世贸组织对华加征关税将损害以规则为基础的国际贸易体系”……这几天,美方对中国产品强征关税的举动招致国际社会一片嘘声。

美国决策圈里未必没有人懂得这些道理。然而,其背后隐含着一种心魔:“国际贸易只有竞争、难有共赢”“别国跑快了,美国就要受威胁;别国发展好了,美国就要遭殃”。美国这种“贸易零和论”,违背规律,逆流而动,不仅冲击着中美经贸合作,也给整个世界经济带来很大的不确定性。

经贸合作的基石是优势互补,而非零和博弈。比较优势理论早已证明,一个开放的商品、服务和资本市场,将推动相关国家经济增长和繁荣。中美经贸合作正是这一理论的生动实践之一。尺有所短、寸有所长,作为全球最大发展中国家和最大发达国家,无论是发展阶段、经济结构还是资源禀赋,中美均有很大差异,形成高度互补关系,为双方经贸合作提供了强大驱动力,美国擅长的高附加值设计、研发活动,能与中国具有优势的低成本生产、组装环节一拍即合,逐渐建立深度融合、相互依赖的利益共同体,这些现实基础决定了中美之间合则双赢、斗则俱伤。

经贸合作的本质是互利共赢,而非你输我赢。去年(2017 年)中美货物贸易额已达 5 837 亿美元,是 1979 年两国建交时的 233 倍。让全世界看重的庞大中国市场,日益成为美国企业全球布局中的重要业务增长点和利润中心。美中关系委员会近期报告显示,对华出口为美国创造了 100 万个就业岗位。国际贸易史再三证明,单边保护主义是一项零和游戏,谁玩谁倒霉,除了引发贸易战,没有任何好处,既解决不了本国结构性问题,也保护不了本国工人的“饭碗”,更会损害全球广大消费者利益。近期美方作茧自缚的玩火举动,只可能使更多美国企业失去中国这个全球瞩目的大市场,错过中国新一轮改革开放带来的更多机遇。

经贸合作推动共同繁荣，而非此消彼长。经济全球化是世界人民的福祉所系、利益所托，也是推动实现共同繁荣的强劲引擎。中美经贸合作是经济全球化的重要一环，有着巨大外部效应，关系到全球经济的稳定。作为国际经济大循环中的两个重要参与方，中美两国去年（2017 年）货物和服务进出口总额已分别占全球的 10.4% 和 11.4%，对世界贸易额增长的贡献合计达 18.6%。当前，全球经济复苏尤其需要稳定的全球投资贸易活动，美方一意孤行、乱舞贸易保护主义大棒，注定会搅乱国际贸易秩序，阻碍经济全球化发展进程。

当今世界，经济全球化深入发展，各国利益休戚相关，构建人类命运共同体是时代的呼唤、智慧的抉择。作为在世界经济版图上举足轻重的最大发达国家，美国更有责任和义务顺应时代潮流，秉持你好我好大家好的理念。奉行你输我赢、赢家通吃的旧逻辑，必然是想封上别人的门却堵住了自家的路，到头来损害的是本国利益，侵蚀的是自身发展根基。没有哪个国家能退回到封闭的状态，多“打开窗子”，让“空气对流”，以合作共赢作为基本价值取向，各国的经济增长才会更可持续。

“万物并育而不相害，道并行而不相悖。”然而，在零和思维操控下，“美国优先”正在演变为极端的利己主义。如果想凭借自身体量优势，以单边挑战多边、以强权挑衅规则，让他国牺牲本国核心利益为美国不合理的诉求埋单，这就是一种落后、过时的贸易观，实不足取。

世界足够大，容得下更多国家共同繁荣与发展。美国只有摈弃“贸易零和论”，顺势而为，才有可能与全世界各国一道做大经贸合作蛋糕，给全世界各国人民带来更多福祉，创造更多发展红利。

资料来源：《美国“贸易零和论”是一种危害世界的心魔》，《人民日报》，2018 年 7 月 9 日第 3 版。

延伸阅读

[1] 大卫·李嘉图. 政治经济学与赋税原理 [M]. 郭大力，王亚南，译. 北京：商务印书馆，1962.

[2] 查尔斯·R. 麦克马尼斯. 不公平贸易行为概论 [M]. 陈宗胜，王利华，侯利宏，译. 北京：中国社会科学出版社，1997.

[3] 张向晨. 发展中国家与 WTO 的政治经济关系 [M]. 北京：中国法律出版社，2002.

[4] 保罗·R. 克鲁格曼，茅瑞斯·奥伯斯法尔德. 国际经济学：理论与政策（上册 国际贸易部分）[M]. 北京：中国人民大学出版社，2006.

[5] 余淼杰. 国际贸易的政治经济学分析：理论模型与计量实证 [M]. 北京：北京大学出版社，2009.

[6] 张继民. 美国对华贸易政策的决定：政治经济视角下的均衡 [M]. 上海：复旦大学出版社，2009.

[7] 郭根龙. 国际经济学（第 2 版）[M]. 西安：西安交通大学出版社，2012.

[8] 白洁. 中国服务贸易保护的政治经济学分析 [M]. 北京：经济科学出版社，2013.

[9] 刘海云. 国际贸易摩擦的政治经济学分析与对策研究 [M]. 武汉：华中科技大学出版社，

2015.
[10] 李淑俊. 美国贸易保护主义的政治经济学分析 [M]. 北京：时事出版社，2016.
[11] 樊安群，徐雪竹，邵李津. 国际经济学 [M]. 北京：清华大学出版社，2016.
[12] 史蒂文·赫斯特德，迈克尔·梅尔文. 国际经济学 [M]. 北京：中国人民大学出版社，2017.
[13] 贺平. 全球贸易摩擦：贸易政治学的新挑战 [M]. 上海：上海人民出版社，2019.
[14] 爱德华· 曼斯菲尔德，海伦·米尔纳. 表决、否决与国际贸易协定的政治经济学 [M]. 陈兆源，译. 上海：上海人民出版社，2019.
[15] 杨宏玲，李敏，郑明慧，等. 国际经济学 [M]. 北京：对外经济贸易大学出版社，2015.
[16] 黄飞鸣. 国际经济学教程 [M]. 上海 ：复旦大学出版社，2014.
[17] 湛柏明. 国际经济学 [M]. 上海：复旦大学出版社，2010.
[18] 陶涛. 国际经济学 [M]. 北京：北京大学出版社，2005.
[19] 黄卫平，彭刚. 国际经济学简明教程（第二版）[M]. 北京：中国人民大学出版社，2015.

第 8 章　经济一体化与关税同盟理论

本章的重难点

第二次世界大战后，伴随着经济全球化的发展，国际经济一体化成为引人瞩目的国际经济新现象。世界主要经济体都在加紧行动，构筑有利于自身发展的地区依托，以期达到既能最大限度地获取全球化进程中的好处，同时又能尽量避免全球化对本国带来的伤害和冲击。这一现象对世界经济产生了重大影响，从而形成了当前世界经济中经济全球化和区域经济一体化并存的局面。本章主要介绍经济一体化与关税同盟理论。本章的重难点：

（1）掌握国际经济一体化的内涵；

（2）掌握国际经济一体化的基本类型和主要特征；

（3）理解关税同盟理论的静态效应和动态效应；

（4）掌握当代区域经济一体化组织对国际贸易的影响；

（5）了解世界主要区域经济一体化组织的发展实践。

8.1　国际经济一体化

8.1.1　国际经济一体化的内涵

在经济学中，一体化（integration）起初源于企业之间的联合，分为“水平一体化”和“垂直一体化”两种类型。“水平一体化”指竞争者之间的合并，而“垂直一体化”是指互补性厂商之间的结合。在经济学的一般理论中，经济一体化至今没有完全统一的明确定义，《新帕尔格雷夫经济学大辞典》是这样描述的：“在日常用语中，一体化被定义为把各个部分结为一个整体。在经济文献里，经济一体化这个术语却没有明确的含义。”事实上，对于国际经济一体化，学术界至今也没有一个统一的标准定义。

1950 年之前，经济一体化（economic integration）还只在欧洲个别场合偶尔使用。20 世纪 50 年代初，欧洲国家在酝酿欧洲煤钢共同体时就使用了“经济一体化”一词，认为实现经济一体化是实现欧洲统一的基础，于是一些经济学家开始了经济一体化的理论研究。1958 年 1 月，在 1952 年诞生的欧洲煤钢共同体的基础上欧洲经济共同体正式成立，经济一体化不再只是一个概念，而是变成了活生生的实践。经济一体化的概念因此得到了不断丰富和发展。

美国经济学家贝拉·巴拉萨（Bela Balassa）于 1961 年给出的定义是“我们建议将经济一体化定义为既是一个过程，又是一种状态。就过程而言，它包括采取种种措施消除各国经济单位之间的歧视；就状态而言，则表现为各国间各种形式的差别的消失”。

“经济一体化”这一词条在《新帕尔格雷夫经济学大辞典》中即是由贝拉·巴拉萨所撰写的。贝拉·巴拉萨的这一定义在西方经济界获得了广泛认可，后来很多学者在对经济一体化概念进行描述时都围绕着“过程”和“状态”两个方面展开。

经济一体化指两个或两个以上的国家或经济体通过达成某种协议建立的经济合作组织，分为全球经济一体化和区域经济一体化。第二次世界大战后全球经济一体化得到了快速发展，其中以关贸总协定的成立为代表，后又发展成为世界贸易组织（WTO）。但进入20世纪90年代中期以后，全球经济一体化组织的发展停滞不前，相反，区域经济一体化组织却得到迅猛发展。

所谓区域经济一体化（regional economic integration）是指有一定地缘关系的两个或两个以上国家或地区，为了维护共同的经济和政治利益，通过签订某种条约或协定，乃至建立共同机构而组成的经济乃至政治联盟。

丁伯根（Jan Tinbergen）进一步的阐述是从生产要素流动性与政府机构之间关系入手的，主要强调了政府在经济一体化中的作用及其如何发挥作用。丁伯根把经济一体化区分为消极一体化和积极一体化两种类型。消极一体化主要是指取消各种规章制度，消除成员国之间各种生产要素流动的障碍。积极一体化主要是指建立新的规章制度以纠正自由市场的错误信号，同时使正确信号得以强化，最终使经济一体化的自由市场力量得到加强。之后，约翰·平德（John Pinder）对丁伯根的概念做出了新的解释，他说消极一体化指取消差别，积极一体化则是建立和运用协调的、共同的政策实现经济和福利目标，而非取消差别。平德和丁伯根的根本区别在于，丁伯根认为建立超国家的机构是经济一体化的必要条件，而平德则认为经济联盟通过集体决策就能实现其主要目标，并不需要建立超国家的机构。

国内学者关于国际经济一体化的定义也有很多，下面列举比较有代表性的两例。伍贻康和周建平在合著的《区域性国际经济一体化的比较》一书中给出了如下定义：经济一体化是“两个或两个以上国家的产品和生产要素可以无阻碍地流动和经济政策的协调，一体化程度的高低是以产品和生产要素的自由流动的差别或范围的大小来衡量的，从而区域性国际经济一体化组织也有不同的形式”。张幼文在《世界经济一体化的历程》一书中的定义是区域经济一体化简要地说可以表述为“在生产过程各个阶段上国际经济障碍的消除”。李坤望主编的《国际经济学》教材中的定义是“区域经济一体化是指，两个或两个以上的国家、经济体通过达成某种协议所建立起来的经济合作组织”。

总体来说，国际经济一体化的含义不是一成不变的，随着国际经济一体化实践的发展，其含义也不断被修正，最初的经济一体化只局限于贸易障碍的消除，后来逐渐扩展到生产要素自由流动的障碍的拆除和经济政策的协调统一。随着20世纪80年代后期新区域主义的兴起和开放的一体化形式APEC（Asia-Pacific Economic Cooperation，亚太经济合作组织）的出现，国际经济一体化出现了许多新特征，经济一体化的定义也越来越宽泛，甚至很难用一个统一的标准来界定了。

综合上述中外学者的表述，结合国际经济一体化的新发展，现对国际经济一体化定义如下：国家或经济体之间为了实现共赢的经济或战略目标，通过签订协议实现成员间互惠互利，减少或取消贸易壁垒乃至协调或统一经济政策的制度性或非制度性安排。在这个过程中，成员间的交易成本不断降低，贸易规模扩大，带来贸易收益增加，制度的扩展与普及带来其他方面广泛的收益。国际经济一体化是指两个或两个以上的国家或地区，通过协调、缔结条约或协定，实施共同的政策与措施，逐步消除各国或地区之间在经济发展水平和经济制度安排方面的差别，互惠互利，以便在经济上联结成一个单一的经济实体。

8.1.2 国际经济一体化的基本类型

不同学者根据不同的方法把国际经济一体化划分为不同的类型，最常见的是根据经济一体化的程度来划分。最常见的几种划分如表 8-1 所示。

表 8-1 有代表性的经济学家对国际经济一体化类型划分

经济学家	林德特	巴拉萨	萨尔维托	李普西	阿格拉
类型数量	4	5	5	6	6
类型	自由贸易区 关税同盟 共同市场 全面的经济联盟	自由贸易区 关税同盟 共同市场 经济联盟 完全经济一体化	特惠贸易协定 自由贸易区 关税同盟 共同市场 经济联盟	特惠贸易协定 自由贸易区 关税同盟 共同市场 经济联盟 完全经济一体化	单一商品的经济一体化 自由贸易区 关税同盟 共同市场 全面经济联盟 完全政治一体化
出处	《国际经济学》 第 11 版 2001 年	《经济一体化理论》 1961 年	《国际经济学》 第 8 版 2004 年	《国际一体化：经济联盟论文》 1968 年	《欧洲共同体经济学》 1980 年

从上述划分来看，自由贸易区、关税同盟和共同市场三种形式是所有学者都认可的，我国学者近年出版的教材和学术著作中大多采纳了巴拉萨和李普西的分类方法。二者的区别仅在于特惠关税制度算不算区域经济一体化的一种基本类型。由于特惠关税制度并没有完全消除成员间的关税壁垒，最基本的商品市场一体化并没实现，所以一些学者认为它不算国际经济一体化的形式，只是经济一体化的雏形。实际上，要在现实的经济一体化各种形式之间划一条明确的界限是困难的。下面简要介绍各种类型的内涵和特征，它们的比较如表 8-2 所示。

表 8-2 经济一体化各种形式的比较

类型 \ 特点	减少贸易壁垒	取消贸易壁垒	共同的对外贸易壁垒	生产要素自由流动	宏观经济政策的协调或统一	由中心机构决定共同货币和财政政策
特惠贸易协定	有	无	无	无	无	无
自由贸易区	有	有	无	无	无	无

续表

类型＼特点	减少贸易壁垒	取消贸易壁垒	共同的对外贸易壁垒	生产要素自由流动	宏观经济政策的协调或统一	由中心机构决定共同货币和财政政策
关税同盟	有	有	有	无	无	无
共同市场	有	有	有	有	无	无
经济联盟	有	有	有	有	有	无
完全经济一体化	有	有	有	有	有	有

1. 特惠贸易协定(Preferential Trade Agreements,PTA)

特惠贸易协定是指区域内的成员国通过协定或缔结条约,对部分或全部的商品规定特别的关税优惠。这种一体化形式只是部分减免关税,而不是全部免除关税,它是经济一体化最松散的形式。例如,中国参与的亚太贸易协定就是一种典型的特惠贸易协定。

2. 自由贸易区(Free Trade Area,FTA)

自由贸易区是指国家或经济体之间通过达成协议,相互取消关税与非关税壁垒而形成的区域贸易一体化组织。自由贸易区尤其是双边自由贸易区以其主动性、灵活性和广泛性等优点成为目前区域经济合作的主要方式。1994 年 1 月 1 日正式启动的北美自由贸易区就是这种一体化的典型。

自由贸易区的特点包括:区域内商品可以自由流动,真正实现了成员经济体之间商品的自由贸易;成员经济体之间没有共同的对外关税;实行严格的原产地原则,以避免贸易偏转现象的发生。所谓贸易偏转是指来自非成员经济体的产品从对自由贸易区外关税较低的成员经济体进入自由贸易区市场后,再进入关税水平较高的成员经济体,从而造成高关税成员经济体的对外贸易政策失效的情形。自由贸易区不仅要求各国继续在边境检查进口货物,而且还需要制定一套详尽完备的原产地原则,以确定某种商品是否符合免税进口的条件,由此所造成的沉重的日常文件工作负担也成为自由贸易的很大障碍,还经常由此引发成员之间的扯皮和争端,美国和加拿大在执行原产地原则时就时有争端。

自由贸易区的传统含义是缔约国之间相互取消货物贸易关税和非关税贸易壁垒。近年来,自由贸易区的发展出现了一些新变化,其内容不仅包括货物贸易自由化,而且涉及服务贸易、投资、知识产权保护等更多领域的内容,这种广义的自由贸易区又被称为“经济合作协定”(Economic Partnership Agreement,EPA),日本所缔结的自由贸易协定就以 EPA 为主。

3. 关税同盟(Customs Union,CU)

关税同盟是指国家或经济体之间通过达成协议,相互取消关税和与关税具有同等效力的其他限制措施,并建立共同对外的关税或其他统一限制措施的经济一体化组织。这在自由贸易区的基础上又进了一步,开始带有超国家的性质,典型的如欧洲经济共同体。欧共体最早于 1968 年 7 月建成 6 国关税同盟,以后又于 1977 年实现 9 国关税同盟, 1992 年建成 12 国关税同盟。关税同盟的成员国在相互取消进口关税实现自由贸易的同时建立了共同的对外关税,即成员国将关税的制定权让渡给了经济一体化组织,成员间不再需要附加原产地原则。关税同盟对成员的约束力比自由贸易区加强了。但随着成员之间关税的取消，各成员国的市场完全暴露在了其他成员国厂商的竞争之下，为了保护本国的某些产业，各成员国纷纷采取更加隐蔽的非关税壁垒措施，因此关税同盟有“鼓励”成员国增加非关税壁垒的倾向。

4. 共同市场(Common Market，CM)

共同市场是指两个或两个以上的国家或经济体通过达成某种协议，不仅实现了自由贸易，建立了共同的对外关税，而且还实现了技术、资本、劳动力等生产要素自由流动的国际经济一体化组织，它是比关税同盟更高一级的经济一体化形式。典型的如 1992 年底欧共体建立的欧洲统一大市场。为实现生产要素的自由流动，各成员国之间要实行统一的技术标准、统一的间接课税制度，协调成员之间同一产品的课税率，协调金融市场管理的法规，以及实现成员国学历相互承认等。因此，共同市场的建立需要成员国让渡更多方面的权利，这表明各成员国政府干预经济的权利在削弱，而经济一体化组织干预经济的权利在增强。

5. 经济联盟(Economic Union，EU)

经济联盟是比共同市场更高一个层次的一体化组织，它要求成员国在共同市场的基础上进一步实现经济政策的协调或统一。这样一来，一体化范围从商品交换扩展到生产、分配乃至整个国民经济领域。欧盟是目前这种一体化最典型的例子。经济联盟的成员国不仅让渡了建立共同市场所需让渡的权利，更重要的是成员国让渡了使用宏观经济政策干预本国经济运行的权利。而且，成员国还让渡了干预内部经济的财政政策和货币政策以保持内部平衡的权利，经济联盟由一个超国家的权威机构把成员国的经济组成一个整体，形成自由的市场经济，发挥“看不见的手”的作用有非常重要的意义。

6. 完全经济一体化(Perfectly Economic Integration)

完全经济一体化是经济一体化的最后阶段。它除了具有经济联盟的特点外，各成员国之间消除商品、资本、人员等自由流通的全部人为障碍，实现经济各个方面的完全统一。此时的一体化已经从经济联盟扩展到了政治联盟。目前，欧盟正在向此目标迈进，统一的欧洲一直是欧洲人的梦想。

完全经济一体化就其过程而言是逐步实现经济及其他方面制度的一体化，从结构上看，它是类似于一国的经济一体化组织。完全经济一体化的形式主要有两种：一种是邦联制，其特点是各成员国的权利大于超国家的经济一体化组织的权利；二是联邦制，其特点是超国家的经济一体化权利大于各成员国的权利。联邦制的经济一体化组织类似于一个联邦制的国家。

自由贸易区、关税同盟、共同市场、经济联盟和完全经济一体化是出于不同层次上的国际经济一体化组织，根据它们让渡国家主权的不同，一体化组织也从低级向高级排列，但是这里不存在低一级的经济一体化组织向高一级经济一体化组织升级的必然性。各成员国可以根据自身的情况决定经过一段时期的发展是停留在原来的形式上，还是向高一级经济一体化组织过渡。关键的问题是各成员国要权衡自己的利弊得失。

随着关税的作用不断降低和服务贸易的迅速发展，关税同盟的地位将会不断降低甚至会消失。所以,未来国际经济一体化的组织形态可能演变为自由贸易区、共同市场、经济联盟和完全经济一体化。

8.1.3 国际经济一体化组织建立的条件

一个国际经济一体化组织的建立需要多方面的条件,具备这些条件有助于经济一体化组织的稳定和发展。一般来说,一个经济一体化组织应具备以下条件。

(1)成员国在地理位置上应当邻近。各国之间达成建立某种经济一体化组织协议的目的是促进相互之间经济和贸易的发展。地理位置上的邻近是经济一体化组织形成统一的内部大市场的客观基础,地理位置上相距遥远的国家之间很难建立起成员国之间统一的内部市场。因此,国际经济一体化组织更多地被称为区域经济一体化组织。

(2)成员国之间在经济上应当互补。经济一体化组织能否建立和稳定发展在于成员国产业优势或贸易优势的互补。这种互补既包含着产业间贸易优势的互补,也包括产业内贸易优势的互补。一般来说,成员国之间经济的互补性越强,国际经济一体化组织越容易建立和稳定性越强,否则,会面临崩溃的危险。

(3)经济一体化组织的建立和稳定发展需要照顾到每个成员国的利益。各个参加国际经济一体化组织的国家总是希望能够获得一些经济利益,尽管它们需要让渡一部分权利,但由于这种权利让渡所带来的利益大于由此付出的代价,所以成员国还是希望参加。相反,如果一个经济一体化组织只照顾少数大国的经济利益,而忽视其他大多数国家的利益,这些国家很可能就会退出这个组织,从而会影响一体化组织的稳定发展。

(4)成员国之间的政治制度应当比较接近。一般来说,国际经济一体化组织的建立需要各成员国让渡一部分国家主权,如果参加国的政治制度比较接近,这种权利让渡就不会导致一国政治制度的根本性变化。相反,如果各参加国的政治制度差异巨大,某种主权的让渡就是非常敏感的。

8.2 关税同盟理论

经济一体化的实践最早产生于欧洲,因而相关的理论探讨也始于欧洲。对国际经济一体化理论最早进行系统研究的是美国经济学家维纳(Jacob Viner),他提出了大于国际贸易的次优理论,即关税同盟理论。关税同盟理论一般被认为是区域经济一体化理论的基石,在国际经济一体化的各种理论中,只有关税同盟理论得到了较为严密系统的阐述和发展。关税同盟理论认为,关税同盟的建立既产生静态经济效应,也产生动态经济效应。

8.2.1 关税同盟的静态效应

国际贸易的一般理论认为,自由贸易将带来世界资源的有效利用和福利水平的提高,因此传统观点认为,关税同盟在不增加对世界其他国家贸易壁垒的前提下,成员国贸易壁垒的消除意味着贸易向更加自由化的方向迈进了,相对于全世界实现自由贸易的帕累托最优状况而言，关税同盟在一定区域内实现自由贸易是一种“次优”的选择。维纳在其 1950 年出版的《关税同盟问题》一书中改变了这一传统认识，他指出，关税同盟既可以带来贸易创造（trade creation）效应，增加成员国福利，同时也产生贸易转移（trade diversion）效应从而带来福利减少的损失，因此，参加国福利是否净增加取决于贸易创造和贸易转移效果的比较。

贸易创造和贸易转移是关税同盟建立产生的两种相反的静态效应，后来的学者对国际区域经济一体化静态效应的分析都使用了这两个重要概念，将其作为评价建立一体化组织的重要标准。贸易创造是指成员国之间相互取消关税和非关税壁垒所带来的贸易规模的扩大和福利水平的提高。由于从成员国进口的产品比本国成本低，本国就可以把更多的资源转移到生产成本较低的产品，资源从而得到了更合理的配置和利用，因而就获得了利益的增加，同时由于取消关税，本国消费者可以享受较低的价格也会带来福利的增加。

贸易转移是指由于关税同盟是对内自由和对外保护的，建立关税同盟后，成员国之间相互取消关税并建立起共同的对外关税，由此带来的相互贸易就取代了与低价非成员国的贸易，从而造成贸易方向的改变和参加国福利的损失。贸易转移降低了资源配置效率，世界净福利也因此减少。

后来，金德尔伯格（1995）和林德特（1992）在他们的《国际经济学》中分别给出了一个简单的模型来分析贸易创造和贸易转移效应。此外，米德、丁伯根、李普西、兰开斯特、库珀、马塞尔等学者对关税同盟理论的完善也做出了贡献。

下面我们用图 8-1 来说明这两种效应。

在图 8-1 中，假设有 H 和 P 两个国家，S_H 表示 H 国的供给曲线，D_H 表示 H 国的需求曲线，图中 P_P 表示 P 国某商品的生产成本，P_H+T 是 H 国某商品征收关税后的国内价格，P_W 是自由贸易下的世界市场价格，$P_W<P_P$。在关税同盟建立之前，P 国某商品的国内价格 P_P 高于世界市场的价格 P_W，因此 H 国不会从 P 国进口某商品而是以 P_W 的价格从其他国家进口，并征收 7% 的从量税，关税由国内消费者承担，于是 H 国国内市场价格为 P_H+T，此价格下的国内供给量为 Q_1，国内消费量为 Q_2，供给小于需求，将从 P 国之外的其他国家进口（Q_2-Q_1）数量的某商品。

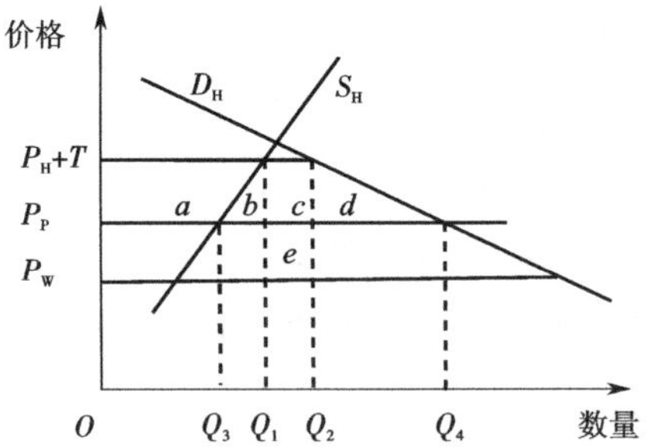

图 8-1 贸易创造和贸易转移

现在假设 H 国和 P 国建立了关税同盟，根据关税同盟的含义可知，两国将相互取消关税并制定共同的对外关税，H 国不再对来自 P 国的进口商品征收关税，P 国产品在 H 国的销售价格为 P_P，从非成员进口的商品仍然征收从量税 T。此时，P 国产品在 H 国的销售价格

P_P 低于 P 国之外的其他国家在 H 国的销售价格 P_H+T，于是，H 国不再从原来低价的其他国家进口，全部变成从 P 国进口。在价格为 P_P 时，H 国的产量减少至 Q_3。（Q_1-Q_3）所代表的部分是 H 国生产被从 P 国进口替代的部分，此为生产效应，H 国的生产者福利减少了 a。在 P_P 价格下 H 国的消费增加至 Q_4。增加的（Q_4-Q_2）的部分为消费效应，消费者剩余因此增加了（$a+b+c+d$）。在 H 国和 P 国组成关税同盟前，（$c+e$）为政府的关税收入，组成关税同盟后，由于不再征收关税，H 国政府失去了这部分关税收入，其中的 c 转移给了本国的消费者，e 成为贸易转移的损失。

综合来看，关税同盟给 H 国带来的净福利效应为（$a+b+c+d$）$-a-$（$c+e$）$=$（$b+d$）$-e$。（$b+d$）为贸易创造效应，$-e$ 为贸易转移效应，是资源配置扭曲带来的损失，因此贸易转移给 H 国带来福利损失。关税同盟对 H 国净福利的影响取决于贸易创造和贸易转移的比较，即（$b+d$）和 e 的大小的比较。

此外，关税同盟的静态福利效应还受以下因素的影响。

首先，如果进口国不与高成本的生产国而是与低成本的生产国建立关税同盟，如在我们的例子中，H 国不是与 P 国而是与低价的第三国建立关税同盟，它仍然会从低成本的第三国进口产品，此时就只存在贸易创造，而贸易转移的损失不存在。

其次，即使进口国与高成本生产国建立关税同盟，但如果它们的对外共同关税定得比较低，使得低成本生产国商品征税后的价格仍然低于其他成员国的价格，那么贸易转移效果也能避免。

最后，如果非成员国提供的自由贸易价格越低，贸易转移的效果越大；如果从成员国进口商品的价格越低，那么贸易创造的效果越大；贸易创造效果的大小则取决于进口国的供给弹性和需求弹性的大小。

从实践来看，受政府重点扶持的行业（例如受共同农业政策保护的欧盟农业）和关税较高的行业是经济一体化组织建立后贸易转移最明显的两个领域。1958 年 1 月 1 日生效的《罗马条约》第九条明文规定，共同体应以关税同盟为基础。从此，国际经济一体化理论走进了西欧经济合作的实践。

8.2.2　关税同盟的动态效应

贸易创造和贸易转移效应只是一种静态效应的考察，关税同盟理论的最大缺陷就是忽视了关税同盟建立后所产生的动态效应，而组成关税同盟还有一些重要的动态效果。

金德尔伯格和林德特指出，关税同盟的动态效应主要有市场扩大导致的规模经济效应、激化竞争效应、扩大投资效应和优化资源配置效应等。在所有这些动态效应中，规模经济效应是关键。经济学家艾尔·阿格拉说：“如果离开了规模经济规则（关税同盟成员国）长期受益便是十分漫长的事情，而且不能用传统的经济学概念来解释。”有时，这种动态效应在某种意义上远比其静态效应更为重要，英国 1973 年加入欧共体就是因为这些动态效应。近年来，以实践为依据的研究表明，这些动态效应比静态效应大 5 倍至 6 倍。

（1）规模经济效应。关税同盟的建立为成员国间产品的相互出口创造了条件，特别是成员国市场变成统一的市场，突破了单个国内市场的限制，市场范围的迅速扩大促进了企业生产的发展，使有竞争优势的企业达到规模经济效果，从而降低成本，提高企业的生产效率，增强了与非成员国同类企业竞争的能力。在比较优势原则的作用下，成员国之间很有可能通过产品专业化的分工而实现专业化产品生产的规模经济，从而提高了资源配置效率。

（2）激化竞争效应。组成关税同盟前，许多部门已经形成了国内的垄断，获取着超额垄断利润。垄断者和寡头在贸易壁垒的保护下已经变得懒惰和不思进取。组成关税同盟后，各国市场相互开放，企业面临着来自其他成员国同类企业的竞争，各国企业为在竞争中获得有利地位，会不断采用新技术，增加研发投入，改善经营管理，降低成本，在同盟内部营造出一种浓烈的竞争气氛，从而提高经济效率，促进技术进步。《罗马条约》第 85 条第 1 款写道："凡足以影响各成员国之间的贸易和以阻止、限制或破坏共同市场内部竞争为目的或产生此项后果的一切企业间的协定，一切企业联合组织的决定和一切联合行动，应被认为是与共同市场（这里'共向市场'就是指'经济共同体'）相抵触的，并应予以禁止。"

（3）扩大投资效应。这种效应可分为刺激同盟内投资效应和吸引同盟外投资效应两种形式。生产成本高的成员国企业会把工厂转移到生产成本低的成员国，以提高产品竞争力。同时，非成员国家为抵消关税同盟的建立对非成员国产品歧视而产生的不利影响，有可能将生产设施转到同盟内的一些国家，以绕过统一的关税和非关税壁垒，这就是所谓的"关税工厂"。美国的公司于 1955 年和 1986 年两次大规模对欧洲的投资浪潮，就是不愿被迅速发展的欧共体市场排除在外。北美自由贸易区启动后，许多"亚洲四小龙"在中国境内的投资转移到墨西哥也是基于同样的原因。投资刺激效应必然加深成员国之间的分工和专业化程度。

（4）优化资源配置效应。就关税同盟内部来说，关税和非关税壁垒的消除使市场趋于统一，在其范围内的劳动力和资本的自由流动可以使其经济资源的利用率提高。

关税同盟的建立也可能产生某些负面影响：关税同盟的建立可能促成新的垄断的形成，这种新垄断又会成为技术进步的障碍，除非不断吸纳新成员；资本向投资环境较好的区流动，还可能出现地区经济发展不平衡，这就需要成员国政府及一体化组织用政策加以引导。

8.3 当代区域经济一体化组织的发展

最早的经济一体化组织要追溯到 1241 年成立的普鲁士各城邦之间的"汉撒同盟"。现代的经济一体化组织是第二次世界大战以后逐步兴起的，并且成为现代经济发展中的重要国际经济现象。第二次世界大战后，世界经济领域的一个显著现象就是区域经济一体化的迅速发展。战后，最早建立的地区性经济一体化组织是成立于 1949 年的以苏联为首、由东欧国家组成的经济互助委员会。随后，在 20 世纪五六十年代，出现了区域经济一体化的第一次高潮，欧洲共同体、欧洲自由贸易联盟、中美洲共同市场、拉丁美洲自由贸易联盟、东非共同体、加勒比海自由贸易联盟等区域经济一体化组织相继建立。进入 20 世纪 80 年代以来，随着世界政治经济格局的转变和经济全球化的迅猛发展，区域经济一体化的兴起和发展也日益成为全球化趋势。

目前,世界经济中已有三十几个区域经济一体化组织。根据区域经济一体化组织成员国经济发展水平的不同,可以将区域经济一体化组织划分为四种主要类型:发达国家之间的区域经济一体化组织;发展中国家之间的区域经济一体化组织;发达国家与发展中国家之间的区域经济一体化组织和开放的区域经济一体化组织。在这些组织中,有三个规模最大、影响也最大、最具有代表性的区域经济一体化组织,即建立最早、影响最广泛、运作最规范、处于经济一体化高级阶段——经济与货币联盟阶段——的欧洲联盟;实力与欧盟相当、具有向南美扩散的潜力但处于经济一体化较低阶段的北美自由贸易区;已经包括了世界一半人口的、影响和潜力同样巨大的、具有独特合作特色的亚太经合组织。此外,还有其他一些具有潜力和影响的区域经济一体化组织,如南方共同市场等,下面在介绍区域经济一体化组织的实践中将对三个最大的一体化组织做概略的介绍。

8.3.1　区域经济一体化组织建立的客观基础

区域经济一体化的形成和发展有着深厚的历史原因和经济根源,它是实现世界经济一体化的重要途径。

1. 生产力发展和国际分工深化

生产社会化程度的提高和生产力水平的提高导致了生产国际化程度的不断提高。尤其是第二次世界大战以后出现的第三次科技革命,更是大大促进了生产力的发展和世界范围的生产社会化。发达国家之间的国际分工不断深化和细化,专业化大生产日益发展,越来越多的商品和生产要素在国际上频繁流动,国与国之间的经济联系进一步加强,相互依赖程度也越来越高。但是,不同的国家之间有着明显的疆域界限,为了保障和拓展自己的切身利益,它们采取了不同的社会经济政策,生产国际化的趋势受到了国家壁垒的极大限制。这样,生产力的发展就迫切希望打破疆域界限,在国家之间进行经济协调和协作。区域经济一体化的现象也应运而生。

2. 世界政治经济格局变动

第二次世界大战后,世界政治经济格局的变动和重新确立也迫使各国加强联合以确保自身的利益。

(1)西欧的联合就是苏联与美国在欧洲对峙的结果。第二次世界大战结束后出现的美苏冷战中,美国和苏联互相对峙,在欧洲展开了激烈的争夺。欧洲领导人深切感受到,只有进行联合,才能维护国家主权,恢复和发展经济,以增强自己同美苏两国的抗衡地位。

(2)第二次世界大战后,随着原有殖民体系的瓦解,原来的殖民地国家纷纷取得了政治上的独立,但民族经济的发展仍然困难重重。在长期的殖民统治下,这些发展中国家和地区的经济呈现出了经济结构畸形单一、物质和技术能力薄弱、资金不足、国内市场狭小等状况。这也迫使它们思考加强彼此的经济联系,走集体自力更生的道路。如东南亚国家联盟、中美洲共同市场等就是在这种背景下出现的。

(3)随着西欧经济和日本经济的相继恢复和发展,世界政治经济开始出现多极化的趋势，美国在第二次世界大战后建立起来的霸主地位受到了极大挑战。美国开始与周边国家加紧经济一体化的步伐：先是与加拿大签订美加自由贸易协定，1994 年又在此基础上与墨西哥进一步签订美加墨自由贸易协定，组建北美自由贸易区；还试图进一步加强与拉美国家的经济联合。其他国家在此冲击下也纷纷卷入区域经济集团化的新浪潮。

3. 一体化效应

区域经济一体化组织的建立也是源于这种联合形式给参与国带来的巨大经济效应。在区域经济一体化组织内部，贸易壁垒逐渐被打破和消除，市场进一步扩大，成员国之间的分工日益深化和细化。

8.3.2 区域经济一体化对国际贸易的影响

区域经济一体化组织的建立对世界经济和贸易产生了巨大而深远的影响。

1. 生产规模不断提高，成员国由此获得了巨大的规模经济效应

这有利于成员国国民收入和经济增长水平的进一步提高。与此同时，由于成员国在区域经济一体化组织中获得的经济发展使其国际竞争力极大提高，谈判能力增强，它们在世界经济贸易和国际政治格局中的地位也得以提升，促进了集团内部的贸易自由化和内部贸易的增长。

区域经济一体化组织建立后，在贸易集团内部，由于贸易、投资等方面的障碍逐渐减少甚至消除，区内的商品、劳务、资本和技术等生产要素在不同程度上得以自由流动和配置，生产分工和专业化协作也不断深化，劳动生产率得到了极大的提高，集团内部的贸易自由化程度不断加深，区内贸易业在此基础上得到了大规模的发展。以美国为例，1993 年，美国在加拿大和墨西哥真实项目（剔除价格因素）上的进口额增长超过了 100%，而向加、墨两国的出口额也增长了 77%。这种变化显著高于美国同世界其他国家的贸易增长速度。1993 年以来，美国同 NAFTA（North American Free Trade Agreement，北美自由贸易协议）成员国之间的贸易获得了迅速增长，它同加拿大、墨西哥的总贸易量在真实项目（剔除价格因素）上增长了 78%，其中，与墨西哥的贸易增长了 141%，而同期美国同世界其他国家间的贸易只增长了 43%。

目前，墨西哥已经成为美国的第二大贸易伙伴，是加拿大的第五大贸易伙伴。

2. 改变了国际贸易的地区分布

由于区域经济一体化组织建立后产生的贸易转移效应，贸易集团的排他性开始显现。一方面，成员国的贸易更多地转向了内部；另一方面，成员国与非成员国之间的贸易相对减少。以墨西哥加入北美自由贸易区为例。据 WTO《1999 年世界贸易报告》称，1990—1999 年，在北美进口中，墨西哥的份额由 5.2% 增加到 9.2%，而亚洲的高收入经济体的份额则下降了 2.5%。1998 年，墨西哥取代中国成为对美纺织品服装的第一大出口国。这种变化显著地改变了国际贸易的地区分布状况。

3. 促进了集团整体贸易地位的提高，集团谈判力量得到增强

区域经济一体化使原来一些单个经济力量比较薄弱的国家以集团的身份出现在世界经

济舞台上,用一个声音说话,其经济地位显著提高。同时,随着区内贸易和投资自由化程度的提高,区内市场规模进一步扩大,竞争效应和规模经济效应发挥作用,整个经济体的国际竞争能力和经济实力明显增强。以欧共体为例,它在 1968 年建立关税同盟时，6 个成员国的工业生产还不及美国的一半,黄金外汇储备仅为美国的 55%,出口贸易与美国相似。但到了 1979 年,欧洲共同体 9 国的 GDP 已达 23 800 亿美元,超过了美国,出口贸易更是美国的两倍以上,黄金外汇储备比美国多 5 倍多。同时,在关贸总协定和世界贸易组织的多边贸易谈判中,欧盟以集团身份与其他缔约国和成员方谈判,大大地增强了自己的谈判实力,维护了自己的贸易利益。

8.3.3　区域经济一体化组织的实践

在目前众多的区域经济一体化组织中,欧洲联盟、北美自由贸易区和亚太经济合作组织是区域经济一体化组织中的代表。该三大区域经济组织的贸易额占了世界贸易总额的 85% 左右,国民生产总值约占世界国民生产总值的 80%。在此我们特别地介绍一下这三大经济区域集团化组织的发展状况及趋势。

1. 欧洲联盟

欧洲联盟(European Union，EU)的前身是欧洲经济共同体(European Economic Community，EEC),而欧洲经济共同体的先驱是 1948 年生效的比荷卢关税同盟以及由比利时、荷兰、卢森堡和法国、联邦德国、意大利 6 国于 1951 年成立的欧洲煤钢共同体。欧洲煤钢共同体对煤炭、钢铁这两种产品在成员国间的贸易取消关税和限额,协调运费率和价格,并对生产进行干预。欧洲煤钢共同体通过促进成员国间煤炭与钢铁自由贸易和对成员国实行贸易保护,使法德两个受到战争重创的工业国家恢复了活力,推进了范围更广、程度更深的欧洲经济共同体的建立,直接为欧洲经济共同体的建立奠定了基础。1957 年 3 月 25 日，6 国在意大利首都罗马签订了《建立欧洲经济共同体条约》和《建立欧洲原子能共同体条约》(统称《罗马条约》,于 1958 年 1 月 1 日正式生效)。欧洲经济共同体当时的目标是,经过十年的过渡期建成关税同盟,其长远目标是建立经济和政治联盟。经过多年的渐进发展,欧洲共同体成员国对内部市场的依赖性有了明显的提高。据统计,各国对内部市场的依赖程度均超过 50%,有的甚至高达 70%~80%。在自由贸易的推动下,各国经济恢复和发展得也很快,因而共同体的凝聚力很强,对周边国家具有较强的吸引力。1967 年 7 月 1 日,欧洲经济共同体与欧洲原子能共同体及欧洲煤钢共同体的主要机构合并,统称为欧洲共同体,简称欧共体;1973 年 1 月 1 日,英国、丹麦、爱尔兰加入欧共体;1981 年,希腊成为欧共体的第 10 个成员国;1986 年,西班牙和葡萄牙加入;1993 年 11 月生效的由全体成员国通过的《马斯特里赫特条约》,将欧洲共同体改名为欧洲联盟；1995 年 1 月 1 日,又接纳了奥地利、芬兰和瑞典 3 国；2004 年 5 月 1 日,爱沙尼亚、拉脱维亚、立陶宛、波兰、匈牙利、捷克、斯洛伐克、斯洛文尼亚、塞浦路斯和马耳他 10 国正式加入欧盟,从而形成了一个横跨东西欧 25 国,面积 397 万平方千米,人口 4.54 亿，GDP 约达 10 万亿欧元的新欧盟,新欧盟对外贸易额占世界总贸易额的 20%，GDP 占世界的 1/4。另外,随着 2007 年的罗马尼亚和保加利亚的加盟以及

2013年克罗地亚的加盟,欧盟在世界经济中的地位和影响力得到进一步提高。

1968年,欧共体已建成了自由贸易区,取消了工业品的贸易限制。1968年7月,它已初步建成了关税同盟。成员国间的贸易额占欧共体贸易总额的比重从1958年的34%上升到了1970年的50%以上。另外,它也促进了欧共体国家的国际分工和生产专业化,带来了规模经济,促进了投资的增长,提高了成员国产品在国际市场上的竞争能力,加深了成员国之间彼此的依赖和影响,有利于提高西欧在世界经济中的地位。1979年,欧共体经过多年的酝酿,建立了欧洲货币体系,实现了成员国相互保持可调整的钉住汇率制度,建立了共同干预基金和储备基金,对外则采取联合浮动汇率制度,从而使其经济一体化的程度向前迈进了一步。1985年3月,欧共体在布鲁塞尔召开欧洲理事会,集中讨论了在1992年建成欧洲单一内部市场的行动, 1986年2月,欧共体各国签订了《单一欧洲法案》,将其作为《罗马条约》的补充,该法案于1987年7月生效。1993年1月1日,欧洲统一大市场如期启动,取消了所有成员国之间产品、服务和资源自由流动的限制。1991年12月,欧共体12国在荷兰马斯特里赫特会议上决定修改原来的《罗马条约》,提出建立欧洲经济货币联盟和政治联盟的目标。1992年2月7日,成员国签订了一系列条约,简称为《马斯特里赫特条约》。该条约由两部分组成,一个是《经济和货币联盟条约》,另一个是《政治联盟条约》。《经济和货币联盟条约》的基本目标是:经过三个阶段的过渡,经济上成员国之间要实现统一的财政和货币政策,建立统一的欧洲货币“欧元”,建立欧洲联盟的中央银行。条约规定,最迟于1999年1月1日在欧洲共同体内部发行统一货币,实行共同的对外与安全政策,扩大欧洲议会的权力,扩大多数表决的范围等。《马斯特里赫特条约》使欧洲共同体不再仅仅是经济组织,走向政治、经济和社会的全面联合。

1998年5月2日至3日,欧盟在布鲁塞尔举行首脑会议,确定了首批实施单一货币的11个国家,即德国、法国、意大利、比利时、荷兰、卢森堡、西班牙、葡萄牙、奥地利、芬兰和爱尔兰。欧洲中央银行于1998年6月1日建立,总部设在法兰克福。从1999年1月1日起,欧洲统一货币——欧元已经以非现金的形式进行流通, 2002年1月1日欧元的硬币和纸币开始发行,各成员国将原来流通的货币兑换成欧元, 2002年7月1日,欧元已成为欧洲货币联盟范围内唯一的法定货币。欧元的正式启动是世界经济的一件大事,是继20世纪70年代布雷顿森林体系瓦解以来国际货币领域中影响最为深远的事件。它大大促进了欧洲一体化的进程,使欧洲统一大市场的商品、资本、人员、服务自由流通的目标得以顺利实现,对欧元区成员国的经济和贸易的发展也起到了有利的推动作用。

欧盟扩大的正面作用主要包括以下几个方面。

(1)可以促进欧洲一体化的不断深化。欧盟制度建构方面的改革进展缓慢,由于成员国参与制度改革的程度不同,欧盟改革的内部动力不足,一部分国家游离于统一货币体系之外,一体化进程受到限制,而随着欧盟的扩大,新加入的国家积极性普遍较高,为欧盟在制度建构方面的改革注入了新的活力。

(2)新加入国家的经济发展水平相对落后,为一体化增加了难度,但也为欧盟的经济增长提供了一定的机会。例如,成员国增加对开展区内贸易有好处,同时,新入盟的国家与原欧盟成员国经济上的互补性强，为欧盟提供了更加广阔的商品市场和投资场所。

（3）冷战后，欧洲安全和稳定随着欧盟及其前身欧洲共同体的成立而骤变，欧盟可以运用自身的机制有效地控制欧盟范围内的安全与稳定，强化对欧洲事务的主导权，增加对巴尔干地区的控制能力。

（4）扩大的欧盟在经济规模上超过了美国，其对欧洲事务的主导权进一步强化。欧盟对俄罗斯的影响也得到很大的加强，这也无意间增强了欧盟在国际事务中的发言权。

另一方面，欧盟的扩大也带来了一系列挑战，欧盟以往的内部矛盾有激化的可能。

（1）欧盟内部的贫富悬殊问题。新加盟国家大部分是东欧地区的社会主义国家，经历了 1989 年国际形势剧变后，这些国家的经济体制和政治体制迅速转轨，但其经济发展基础相对落后，转制以来，大部分国家的经济发展状况不尽如人意，因此，东西欧之间的鸿沟短期内难以填平。

（2）老欧盟与新欧盟的关系。老欧盟是指 2004 年之前的有 15 个成员国的欧盟，这些国家经济体制完善，政治体制稳定，经济发展水平总体较高。新加盟国家加入欧盟后欢欣鼓舞，波兰总统克瓦希涅夫斯基在华沙市中心升起欧盟旗帜时激动地说："今天我们的梦想得以实现，波兰回到了欧洲大家庭。"但与此同时，老欧盟国家对此表现相对冷淡，戒备心理很强，各国更多地从自身利益出发，制定出种种自我保护措施。人们普遍担心大量新移民的涌入将加重用于社会福利的赋税，冲击就业市场，带来更多的犯罪等社会问题。

（3）欧盟的立场与决策机制问题。欧盟东扩之前，在对外政策上已经显现出一些不和谐的声音。例如，在伊拉克问题上，形成了反战的"法德轴心"，法国和德国被认为是推动欧盟发展的最主要动力，两国极力反对美国出兵伊拉克，而以英国为首的成员国则一心紧跟美国，两方矛盾十分明显。

新加盟国家几乎全部站在美国一边，这些国家依赖美国的安全保护伞，这与法德保持与美国的距离，甚至谋求与美国抗衡的战略大相径庭。由此可见，欧盟的扩大可能会加剧欧盟内部在重大决策上的意见分歧。

总之，欧盟的一体化发展虽非一帆风顺，但一体化的潮流是不可逆转的，"大欧洲"的梦想正在逐步实现。

2. 北美自由贸易区

北美自由贸易区（North American Free Trade Area，NAFTA）是发达国家与发展中国家之间的区域经济一体化组织。它打破了传统的一体化模式，开创了发达国家和发展中国家共处同一经济贸易集团的先例。北美自由贸易区是在世界经济和贸易区域化、集团化的浪潮中，为了与欧盟相抗衡而由美国联合加拿大和墨西哥组成的一个区域性贸易集团，它是在《美加自由贸易协定》的基础上达成的。

早在 20 世纪 80 年代初，美国就有建立美、加、墨自由贸易区的设想，但由于种种原因，一直未能付诸实施。在欧洲经济一体化深入发展的冲击下，北美自由贸易区才加快了启动的步伐。美国和加拿大于 1986 年 9 月就两国相互扩大市场以促进两国间的贸易和投资正式举行了自由贸易协定的谈判，并于 1987 年 10 月达成了协议。1988 年 1 月，美加正式签署了自由贸易协定,并于 1989 年 1 月 1 日正式生效。《美加自由贸易协定》规定在 10 年内逐步取消两国的一切关税和非关税壁垒,在服务业和投资方面规定逐步降低与取消限制,并建立一套解决贸易纠纷的机制。在《美加自由贸易协定》生效一年以后,美国决定将这一自由贸易区扩展至墨西哥,这主要是因为墨西哥经过长期发展已具备一定的经济基础,且劳动力廉价,生产成本低,又是美国的近邻,是美国理想的投资场所和产品市场。于是,美国于 1990 年 11 月开始和墨西哥进行有关两国自由贸易的磋商,1991 年 2 月加拿大也加入进来,三国开始就建立北美自由贸易区问题进行谈判。经过一年多的协商,三方终于就关税、汽车、农业、能源和服务业等一系列问题达成一致,并于 1992 年 12 月 17 日签署了《北美自由贸易协定》。该协定后经三国议会批准通过,于 1994 年 1 月 1 日正式生效。这样一来,一个拥有 3.6 亿人口、国民生产总值达 6 万多亿美元、贸易总额高出欧盟约 25% 的全球最大的区域性贸易集团终于建成。该组织是一个典型的南北经济区域一体化模式,开创了发达国家和发展中国家经济一体化的先河,在世界上引起了很大反响,并对亚洲国家产生很大震撼。

北美自由贸易协定的宗旨是取消贸易壁垒,创造公平竞争的条件,增加投资机会,保护知识产权,建立执行协定和解决争端的有效机制,促进三边合作。其具体规定包括:将在 15 年内,分三个阶段逐步取消三国间的关税,实现商品和服务的自由流通;在三国 9 000 多种商品中,约 50% 商品的关税立即取消,15% 将在 5 年内取消,其余的大部分在 10 年内取消,少数商品关税在 15 年内取消。此外,三国还将开放金融市场,放宽对外资的限制,保护知识产权等。

《北美自由贸易协定》除总则及商品贸易、劳务、投资、知识产权等有关分则外,还对敏感的农产品贸易、汽车贸易、纺织品贸易以及能源、运输、环境等问题制定了实施细则。其主要内容包括逐步取消关税壁垒和对商品进出口的数量限制、开放金融等服务市场、保护知识产权及对原产地的特别规定等。

北美自由贸易区的建立开创了发达国家与发展中国家之间组成区域经济一体化组织的先例。无论是综合经济实力、科技实力还是市场规模,北美自由贸易区在当时都超过了欧盟。它不仅对美洲经济的发展、资本的注入、就业的增加和人们生活水平的提高产生了很大的积极作用,而且对世界经济和贸易也产生了很大影响。北美自由贸易区对那些以美国为主要出口市场、以劳动密集型产品为主要出口产品的国家,其中主要是亚太地区特别是东南亚和中国等发展中国家的负面影响最大,这些产品的出口将有部分被墨西哥取代。例如,1996 年墨西哥就取代中国,成为向美国出口纺织品服装最多的国家,加拿大位居第二,中国由第一退居第三。欧盟和日本的输美产品由于短期内墨西哥不可能取代,因而受到的冲击不大。

北美自由贸易区有向南扩展的趋势。美国想建立一个以美国为中心的美洲自由贸易圈。1994 年,美洲 34 个国家的领导人首脑会议一致同意将北美自由贸易区扩展为美洲自由贸易区,2005 年建成美洲经贸集团。但是到目前为止,美洲经贸集团尚未建成。

3. 亚太经济合作组织

亚太地区国家在资源、资金、技术和市场等方面有着极大的互补性，随着亚太地区的崛起，各国经济贸易的相互依存度不断加强，在世界经济一体化趋势日益凸显的影响下，加强亚太地区的经济合作已成为普遍的要求和必然的趋势，从而被提上了各有关国家的议事日程。

20 世纪 80 年代，在澳大利亚的倡议下举行了“太平洋经济合作会议”。1989 年 11 月，12 个国家（美国、日本、澳大利亚、加拿大、新西兰、韩国、马来西亚、泰国、菲律宾、印度尼西亚、新加坡、文莱）在澳大利亚堪培拉召开第一届部长级会议，拉开了亚太地区广泛开展区域经济合作的序幕，以后每年举行一届部长级会议。参加者不仅有学者、企业家，还有政府的高级官员，从而使会议具有了半官方的色彩。目前，亚太经济合作组织共有 21 个成员。

亚太经济合作组织在短时期内不可能成为比较紧密的经济一体化组织，只是一个松散的经济合作论坛，其合作的实质内容尚处于讨论和制定阶段。美国为了积极推行其亚太政治经济战略，在担任轮值主席国期间，把亚太地区经济合作向前推进了实质性的一步。1993 年 11 月，西雅图第五届部长级会议通过了《贸易与投资自由化框架协议》，并决定建立常设的贸易和投资委员会来协调和促进亚太地区及全球的贸易和投资活动。1994 年 11 月，在印度尼西亚茂物召开的第二次领导人非正式会议上通过了《茂物宣言》。1997 年 11 月，在加拿大温哥华举行了第九届部长级会议和第五次领导人非正式会议，分别发表了联合声明和《联合大家庭宣言》。该年会的内容有：重申坚持《茂物宣言》确定的实现贸易投资自由化的两个时间表；同意 15 个部门提前自由化，并在 1998 年选定其中 9 个部门于 1999 年开始实施；针对亚洲金融危机采取相应的行动计划等。2001 年，在上海举行的会议通过了《领导人宣言》，进一步明确了实现《茂物宣言》目标的战略，拓展了组织的远景目标，加强执行机制建设。坚信通过成员方的共同努力，亚太经济合作组织最终一定会为成员方缔造一个稳定、安全和繁荣的大家庭。2005 年，在韩国釜山举行的第十七届部长级会议及第十三次领导人非正式会议通过了“釜山路线图”，从而标志着亚太经济合作组织正在步入一个历史发展的新阶段。

当前，亚太经济合作组织面临着来自外部和内部的巨大挑战。从内部看，其公开论坛的特点和首脑会议的非正式性使之不能把自己搞成一个贸易集团，更不能用强制性措施和谈判手段来落实战略目标。同时，由于亚太经济合作组织成员众多，幅员辽阔，成员在社会制度、经济体制、发展程度、文化背景、宗教信仰等许多方面存在着巨大鸿沟，在亚洲金融危机的打击下，9 个部门提前自由化计划遭到严重挫折。从 1998 年吉隆坡会议起，亚太经济合作组织领导人非正式会议的议题不再集中，开始出现向克服金融危机、恢复增长等多方面分散的趋势，导致各成员方单边计划始终无法有效保证集体行动计划目标的如期实现，亚太经济合作组织一直维持松散的非制度性状态。从外部因素看，地区主义浪潮在全球的再度复兴导致众多跨区域经济集团、次区域经济集团和双边自由贸易区的出现。

在上述内外因素影响下，目前，日、韩、新等国正在积极开拓双边自由贸易。北美自由贸易区、东盟和澳新自由贸易区等三个已存的次区域经济集团也在积极发展双边自由贸易和跨区域经济合作。东盟十国加中、日、韩组成的“10+3”体制也有向“东亚经济共同体”发展的可能性。

8.3.4 区域经济一体化组织的成败

据统计，当今世界大约有上百个各种类型的经济一体化组织。从各类经济一体化组织的成败看，比较成功的是发达国家之间建立的区域经济一体化组织，发达国家与发展中国家之间的经济一体化组织目前还在发展之中，从其发展的势头可以看出，成功的可能性是比较大的。

发达国家之间的经济一体化组织成功的原因主要有三点。第一，各成员国的经济发展水平接近，差异较小。各成员国经济发展水平的接近不会使某个成员国成为其他成员国的负担。不仅如此，成员国经济发展水平较高且相互接近有助于成员国之间开展产业内贸易，实现各成员国企业的规模经济效应。第二，各成员国对内部市场依赖性的加强，有助于增加区域经济一体化组织的凝聚力。第三，发达国家之间的经济一体化总是从市场一体化入手，这与他们的经济制度密切相关。因为在市场经济条件下，政府只能通过间接手段干预经济，所以，发达国家之间的区域经济一体化是以区际贸易的一体化为出发点，推动经济一体化发展的。

发展中国家之间的区域经济一体化组织发展缓慢甚至失败的原因是多方面的，主要有以下三个方面。首先，成员国经济发展水平普遍较低，因而缺乏进行贸易合作的物质基础。一方面，各国的经济发展水平较低决定了它们的产业结构类似，互补性不强，难以形成产业间贸易；另一方面，各国经济发展水平不高还决定了它们难以开展产业内贸易。其次，一些国家参加经济一体化组织的目的是在封闭的市场内寻求经济的发展，然而，当各成员市场比较狭小时，区域经济的一体化不会给各国带来足够的市场规模，一些成员就需要到区域外寻找发展出路，由此造成一体化组织缺乏凝聚力。再次，对那些实行开放经济的国家而言，它们在参加区域经济一体化组织的同时，也希望与发达国家开展贸易，以促进经济发展。在这种情况下，如果发达国家市场的吸引力超过区域经济一体化组织的内部市场，这些国家的离心倾向就难以避免。因此，尽管一些发展中国家的区域经济一体化组织名义上的一体化程度较高，但大多名不副实。

由此可以得出结论：发展中国家之间的区域经济一体化组织的存在与发展需要具备以下几个条件。①各成员国经济需要有一定程度的发展，以便为经济一体化提供必要的条件。②发展中国家经济一体化组织的前途有赖于内部市场的扩大和经济互补性的增强。③发展中国家经济一体化组织的建立不能脱离发展中国家的特点，一切组织模式的选择都要有助于各成员国经济的工业化。因此，发展中国家经济一体化组织发展的模式似乎是区域市场一体化与产业部门一体化的结合，既要求市场的统一，又要求产业发展上成员国之间的协议分工，以加强内部的相互依赖性。当然，具体模式的选择应以各成员国经济的发展和工业化为前提。

从目前看，发达国家与发展中国家之间的经济一体化组织还是一种新现象，参加一体化组织的两类国家都可以从中获得相应的利益。从发达国家的角度来看，通过参加这种一体化组织，各国可以充分利用发展中成员国廉价的劳动力和商品的销售市场，使这些国家在一体化市场内部有优于其他国家的竞争力，在外部市场，也因为使用伙伴国低廉的劳动力降低了某些产品的成本。同时，发达国家还可以利用区域经济一体化的便利重新配置资源，使资本投向能够最有效使用的地区。从发展中国家看，他们也获得了较有保证的劳动密集型产品的市场，同时在引进外资的竞争中，取得了一定的优势地位，相应地也创造了一系列产业部门的就业机会，还可以获得比较先进的生产技术，从而有利于这些国家的工业化。

【专栏】

全球区域经济一体化主要组织及其性质如表 8-3 所示。

表 8-3　全球区域经济一体化主要组织及其性质

名　称	建立时间	性质（或类型）
欧洲联盟（EU）	1993 年	经济同盟
北美自由贸易区（NAFTA）	1994 年	自由贸易区
欧洲自由贸易区（EFTA）	1960 年	自由贸易区
东南亚国家联盟（ASEAN）	1967 年	区域性组织
海湾合作委员会（GCC）	1981 年	共同市场
澳、新加强经济联系贸易协会（AMZCERT）	1983 年	自由贸易区
南美共同市场（MERCOSOL）	1991 年	共同市场
拉丁美洲一体化协会（LAIA）	1960 年	特惠关税区①
阿拉伯共同市场（ACM）	1964 年	共同市场
阿拉伯马格里布联盟（AMV）	1989 年	共同市场
安第斯条约集团（APO）	1969 年	共同市场
南部非洲关税联盟（SAM）	1969 年	关税同盟
西非国家经济共同体（EXWAS）	1975 年	关税同盟
东部和南部非洲国家特惠贸易区（CPTA）	1981 年	特惠关税区
加勒比共同体和共同市场（CARICOM）	1973 年	共同市场
中非国家经济共同体（ECCAS）	1983 年	共同市场
中美洲共同市场（CACM）	1961 年	关税同盟
中非关税与经济联盟（UDEAC）	1964 年	关税同盟②
马诺河联盟（MRV）	1973 年	关税同盟
东加勒比国家组织（COECS）	1981 年	关税同盟
比荷卢经济联盟（BEC）	1948 年	经济同盟
独联体	1991 年	自由贸易区
中美洲六国一体化	1994 年	共同市场
加拉加斯九国协议	1994 年	自由贸易区

续表

名　称	建立时间	性质（或类型）
南美四国共同市场	1991 年	共同市场
加勒比国家联盟	1994 年	共同市场

①有的学者认为拉丁美洲一体化协会（LAIA）属于“优惠贸易联盟”，是指低于自由贸易区的一种“特惠关税区”；实际上该组织 1969 年签署的《加拉加斯议定书》把建成自由贸易区的期限推延到 1980 年，而该组织的最终目标则是要建成拉美共同市场。

②中非关税与经济联盟（UDEAC）于 1964 年 12 月由中非、喀麦隆、刚果、乍得、加蓬五国创建。1983 年 10 月，该组织的四个成员国（乍得于 1975 年已变成观察员身份）与中部非洲其他七国共同组成“中非国家经济共同体”（ECCAS）。这也正是中非关税与经济联盟这一组织初创时的奋斗目标之一。

③就亚太经济合作组织（APEC）目前的性质和情况而言，它还只是一个协商和合作机构，没有形成完善的指令职能和机制化职能，而且短时间内也不会形成这样的职能，所以，也就未将其列入“全球区域经济一体化主要组织及其性质”的一览表中，因为同表中所列的 5 种性质（第六种并没有实现，我们只考虑这 5 种性质的区域经济一体化组织）的区域经济一体化组织相比，它可被认为完全是另一类或另一种性质的区域经济一体化组织。

资料来源：黄飞鸣编著，《国际经济学教程》，复旦大学出版社，2014.

延伸阅读

[1] 程德钧，国际贸易争议与仲裁 [M]. 北京：对外经济贸易大学出版社，2002
[2] 薛荣久，WTO 多哈回合与中国 [M]. 北京：对外经济贸易大学出版社，2004.
[3] 湛柏明. 国际经济学 [M]. 上海：复旦大学出版社，2010.
[4] 姜文学，国际经济一体化：理论与战略 [M]. 大连：东北财经大学出版社，2013.
[5] 韩立余. 世贸规则与产业保护 [M]. 北京：北京大学出版社，2014.
[6] 王维然. 中亚区域经济一体化研究 [M]. 北京：知识产权出版社，2014.
[7] 黄飞鸣. 国际经济学教程 [M]. 上海：复旦大学出版社，2014.
[8] 杨宏玲，李敏，郑明慧，等. 国际经济学 [M]. 北京：对外经济贸易大学出版社，2015.
[9] 范思聪. 东亚经济一体化的困境与出路：国际比较的视角 [M]. 北京：人民出版社，2015.
[10] 范祚军. 中国—东盟区域经济一体化研究 [M]. 北京：经济科学出版社，2016.
[11] 国家口岸管理办公室. 关税同盟海关法典 [M]. 北京：中国海关出版社，2016.
[12] 詹姆斯·格伯. 国际经济学（英文版　第六版）[M]. 北京：中国人民大学出版社，2017.
[13] 刘重力. 东亚区域经济一体化进程研究 [M]. 天津：南开大学出版社，2017.
[14] 全毅. 亚太区域经济一体化进程与 CAFTA 建设方略 [M]. 北京：经济科学出版社，2017.

第 9 章　国际贸易政策的历史与实践

本章的重难点

一个国家的对外贸易政策整体上可以分为自由贸易政策和保护贸易政策。保护贸易政策包括进口关税、管制出口、鼓励出口等。本章先介绍发达国家贸易政策的历史和实践；再分别介绍不同贸易战略下发展中国家的主要贸易政策，发展中国家的贸易政策还包括它们针对自身在国际贸易中的不利地位所采取的一系列措施；最后介绍世界多边贸易体制的发展实践。本章的重难点：

（1）了解发达国家贸易政策的历史与实践；

（2）掌握发展中国家的贸易战略及其措施；

（3）理解发展中国家解决国际贸易中面临的问题的措施；

（4）了解世界多边贸易体制发展的过程；

（5）了解 WTO 规则下的几种相机保护机制；

（6）了解我国“入世”过程的层层“困难”；

（7）理解 TPP 和 TTIP 对中国的影响与中国的应对措施。

9.1　发达国家贸易政策的历史与实践

由于目前发达国家均是资本主义国家，发达国家贸易政策演变的实质就是发达资本主义国家贸易政策的演变。由于经济发展的阶段不同，发达资本主义国家的贸易政策的演变大致经历了几个明显不同的阶段：从注重干预的重商主义到古典的自由贸易，再到进入资本主义垄断时代后的侵略性保护贸易政策；第二次世界大战后，发达资本主义国家的贸易政策趋向复杂化，呈现出自由贸易与保护贸易混合、交替的特点。发达资本主义国家的贸易政策演变如下。

9.1.1　重商主义的保护贸易政策

重商主义产生于 15 世纪，是最早提出政府干预国际经济活动的学派。在当时的历史背景下，欧洲社会正处于从封建社会向资本主义社会过渡的时期，需要原始的资本积累。所以，重视资本的原始积累，大量蓄积金银货币变成了重商主义的显著特征。重商主义的基本观点是，认为金银是财富的唯一代表，所以一个国家的富裕体现在拥有更多的金银上。因此，他们主张政府应该全面干预经济，通过与他国贸易多卖少买、保持贸易顺差的办法，来获取更多的金银。

重商主义有着早期重商主义和晚期重商主义两个发展阶段。早期重商主义的代表有英国的约翰·海尔斯和威廉·斯塔福德以及法国的科尔伯特等人。其中,科尔伯特作为法国路易十四时期的财政部长,促成了许多国内贸易政策的颁布,是重商主义的忠实实践者。早期重商主义者主张直接采取行政手段,通过国家力量严厉禁止货币输出,在对外贸易方面,遵循多卖少买的甚至不买的原则,例如英国爱德华七世在1478年就把输出金银定为大罪。晚期的重商主义比早期的重商主义有所进步,把国际贸易的立足点放在贸易上,而不是直接控制金银货币的输出输入,其代表性的人物是英国的托马斯·孟,他的观点是"在价值上,每年卖给外国人的货物,必须比我们消费他们的多",即"货币产生贸易,贸易增多货币"。在政策主张上,根据早期重商主义的货币差额论,当时的西班牙、葡萄牙、荷兰、英国和法国等都颁布过各种法令,严禁金银输出,并想方设法吸收外国金银。另外,他们还实行奖出限入的政策,早期的货币差额论反对进口奢侈品,因为它会消耗掉大量的金银。在一般货物上,他们也采取了严格的限制政策。晚期的重商主义的贸易差额论主张出口制成品,用现金奖励能够促进本国商品生产和出口的人,并以设置关税障碍、扶持本国幼稚工业等措施力图通过向国外输出大量的商品来获得来自国外的黄金和白银。重商主义是产生于资本主义发展初期的一个学派,是现代经济的开端,是对资本主义生产方式的初步探索。其观点反映了在资本主义准备时期,资本原始积累的重要性和紧迫性,为资本主义的形成和发展奠定了基础。但是,该学派通过扩大出口和限制进口获取更多金银的政策主张则带有明显的问题,如果各国都采取这样的政策措施,那么试问哪一个国家会成为金银流出的国家。

9.1.2 古典主义的自由贸易政策

在资本主义自由竞争时期,资本主义生产方式确立了其统治地位。随着各国经济实力的逐步增强,各国逐渐转向自由贸易的政策。在这方面,英国是最早工业化的国家,具有强大的国际竞争力,所以自由的思想首先从英国开始。针对重商主义的观点,大卫·休谟和亚当·斯密进行了抨击,指出重商主义的政策会导致本国商品价格相对金银价格的过快上涨,从而丧失本国产品在竞争中的成本优势,主张一个国家应该实行自由贸易的政策。在他们的理论影响之下,英国国会于1852年正式通过了自由贸易原则,开始形成自由贸易政策,随后荷兰等发达的资本主义国家继而跟进。美国、德国和法国等一些国家,由于当时国力较弱,实行了一段时间的保护贸易政策,在本国经济取得了较大发展,具备了国际竞争力后,也转向了自由贸易政策。这时,自由贸易政策成了自由竞争时期国际贸易的主基调。

我们以典型的英国为例,简单了解一下这个时期的自由贸易政策。英国在这个时期采取了以下的自由贸易政策措施。

1. 废除《谷物法》

1815年,英国制定了《谷物法》,规定英国粮食每夸脱低于80先令时,禁止粮食进口,以维护国内贵族地主阶级的利益。到了1846年,英国工业资产阶级终于废除掉了这一代表英国贵族地主阶级利益的保护贸易法律。马克思将这一事件称为"19世纪自由贸易所取得的最伟大的胜利"。此举标志着英国自由贸易地位的完全确立和英国工业资产阶级的伟大胜利。

2. 取消《航海条例》

1651 年 10 月，克伦威尔领导的英吉利共和国议会通过了第一个保护英国航海贸易垄断的法案，即《航海条例》，也称《航海法案》。此后，该条例分别在 1663 年、1673 年、1696 年进行了修改完善，以限制贸易，维护英国本国对航海贸易的垄断权。随着英国工业革命的完成，英国开始实行自由贸易政策，1824 年起逐步取消《航海条例》；到 1849 年，已经废除了大部分《航海条例》；1854 年，外国的商船被准许从事英国沿海的贸易，至此《航海条例》所规定的限制全部取消。

3. 逐步降低关税

1825 年，英国开始简化税法，降低税率。在废除《谷物法》和取消《航海条例》之后，1852 年，英国国会以 468 票对 53 票正式通过自由贸易原则。这一年，英国免除关税的货物达 123 种，减税的货物达 133 种，以后 15 年，除了茶叶、酒和可可外，其余货物的关税一律免除。到 1875 年，英国对制造品平均进口的关税已经下调为零。

4. 签订自由通商条约

1860 年，英法两国签订《柯伯登条约》，开启了英国自由贸易条约的第一项，后来英国又与意大利、荷兰、德国等签订了通商条约，形成了欧洲各国之间完整的贸易条约网。

9.1.3　垄断资本主义的侵略性保护贸易政策

19 世纪 70 年代，经历了资本主义的自由竞争阶段，西方资本主义国家开始向垄断资本主义过渡。由于资本过剩，市场狭小，各国展开了国际市场的争夺战。随着国际市场竞争的日益激烈，以及出于维护本国利益的需要，各主要资本主义国家的政策纷纷由自由贸易政策转向保护贸易政策。这种保护贸易政策与前面的自由竞争时期的贸易政策有着明显的区别，带有明显的侵略性质，并且这种保护贸易政策一般是随着经济危机的发生而得到加强的。

1873 年，全球出现了严重的经济危机，进入了长期的经济萧条周期，引发了资本主义垄断竞争时期的第一次保护贸易高潮。这个时期主张采取保护贸易政策的典型代表就是美国的第一任财政部长汉密尔顿和德国的经济学家李斯特。1791 年，汉密尔顿提交的《关于制造业的报告》标志着美国保护贸易政策的开始。德国采取了李斯特的保护幼稚产业政策，也开始了严厉的贸易保护政策，从 1879—1902 年连续四次提高关税。保护贸易政策开始在各国普遍流行。这个时期的第二次保护贸易的高潮出现在资本主义大萧条之后，经济危机导致各国市场矛盾激化，各国普遍大幅度提高关税，并结合非关税壁垒，如配额、许可证外汇管制、外汇倾销、出口信贷等。主要的资本主义国家都全面推行带有进攻性质的超保护贸易政策，且这些政策不断地得到加强。如美国 1930 年的《斯姆特－霍利关税法案》修订了 1 125 种商品的进口关税，给 890 种商品增加了税率，50 种商品由免税转为征税，2 000 多种进口商品的关税达到历史最高水平。英国则先后通过《非常进口法》《紧急关税法》《1932 年进口税法》以扩增征税商品的种类，并且大幅度地提高了税率。

9.1.4 第二次世界大战后到20世纪70年代资本主义国家的贸易政策

在第二次世界大战期间，各国出于战争的需要对贸易实行了严格的限制。第二次世界大战之后，在美国的积极推动下，发达资本主义国家放松了对国际贸易的限制，出现了贸易自由化的倾向。这一时期的国际贸易自由化成就主要体现在以下几方面。

1. 降低关税

在第二次世界大战后成立的关税与贸易总协定的推动下，其成员从1947年到20世纪70年代进行了八轮多边贸易谈判，这使发达国家间的关税水平出现了大幅的下降。美国、比利时、法国、联邦德国、意大利、荷兰、丹麦、瑞士、澳大利亚等十国制成品的平均名义进口税率从1952年的14.2%下降到1971年的9.2%。该组织在经历了近半个世纪的发展后结束了其过渡期，于1995年1月正式更名为世界贸易组织（World Trade Organization，WTO，简称“世贸组织”）。普遍优惠制决议在1968年2月的联合国贸易和发展会议上通过。自1971年7月1日起，发达国家实行普遍优惠制，进一步促进了关税水平的下降。

2. 欧洲经济一体化的发展

第二次世界大战之后，为了防止两次世界大战悲剧的重演，1951年4月18日，法国、联邦德国、意大利、荷兰、比利时、卢森堡六国签订了《关于建立欧洲煤钢共同体的条约》，成立了欧洲煤钢共同体，对煤和钢这类战略物资进行统一管理。1955年，参加欧洲煤钢共同体的六国外长在墨西拿会议上建议将煤钢共同体的原则推广至其他经济领域，并建立共同市场。1957年《罗马条约》签订，次年欧洲经济共同体和欧洲原子能共同体成立。1965年4月8日，六国签订了《布鲁塞尔条约》将三个共同体正式合并为欧洲共同体，条约于1967年7月1日生效。欧共体对内取消关税，对外达成关税减让协议，关税出现大幅度的下降。这些措施为后面欧洲共同体进一步推进一体化奠定了良好的基础。

9.1.5 20世纪70—80年代资本主义国家的贸易政策

20世纪70年代中期的两次石油危机（分别发生于1973年和1978年）后，西方发达国家陷入了严重的经济衰退局面，进入了“滞胀”时期。随之，发达国家的贸易政策也转向了保护贸易政策。西欧和日本经济的迅速崛起也迫使美国在这一时期采取了保护贸易的政策。这一时期的保护贸易以广泛采取和强化非关税壁垒为主要手段。

9.1.6 20世纪80年代中期以来的战略性贸易政策

自20世纪80年代以来，在不完全竞争和规模经济的基础上，詹姆斯·布朗德、巴巴拉·斯潘塞、克鲁格曼、赫尔普曼等人提出了建立在规模经济和产品差别基础上的不完全竞争贸易理论，即战略贸易理论。它证明了贸易干预的合理性，为政府干预贸易和提供贸易保护给予了理论上的支持。20世纪70年代，日本政府对半导体等知识技术密集产业的资助，使日本企业在80年代控制了世界芯片市场；1993年，克林顿的国家出口战略，推出了系统的综合贸易改革措施，对研究机构和企业提供补贴，利用进出口银行为高技术产业提供出口补贴；欧洲政府通过投资250亿马克研制费用和每年提供巨额补贴等措施，使空中客车在

1993 年营业额超过了波音。

9.2 发展中国家的贸易政策实践

经历了第二次世界大战，资本主义宗主国得到空前的削弱，许多殖民地和半殖民地国家在战后得以获得政治上的独立，自主发展民族经济成为当务之急。劳动力过剩、技术匮乏、资本和外汇短缺成为发展中国家面临的现实问题。工业化是现代经济发展的不二选择。通过初级产品的出口获得外汇，通过进口替代减少外汇的需求并保护本国相关产业的发展，在具备一定的竞争力后通过出口导向推动本国企业将产品外销，成为发展中国家经济发展的三个阶段。整体看来，发展中国家的贸易政策实践经历了两个阶段。

9.2.1 20 世纪 50—80 年代与工业化战略相结合的贸易政策

第二次世界大战后，独立的发展中国家意识到政治独立后实现经济独立的重要性，开始致力于民族经济的发展。当意识到发达国家的强大恰恰是因为其工业的强大后，发展中国家纷纷将发展工业化作为首要目标。这一时期，它们的外贸政策也是围绕着工业化展开的，即进口替代和出口导向两大类型。

1. 进口替代型政策

20 世纪五六十年代著名的阿根廷经济学家劳尔·普雷维什和德国经济学家辛格提出进口替代型的贸易政策。进口替代型贸易政策也称为内向型发展政策，就是发展中国家建立和发展自己的制造业来实现对进口制成品的替代，加快本国工业发展，减少对外的依赖。进口替代战略一般分为两个阶段。第一个阶段是先建立和发展一批消费工业。它们在国内有有效需求，生产投入的资金、技术较少，比较容易成功，如食品、家电等行业。第二个阶段是进口替代从消费品转向资本品、中间品的生产。这个阶段发展的主要是炼钢轧钢、石油冶炼和机械设备制造等工业。这类产业对资金、技术和人才要求较高，且生产要求的规模较大，实施起来较为困难，不易成功。进口替代贸易战略的主要措施如下。

1）限制进口，提高关税，设置配额

在发展初期，本国产品通常不具备相应的国际竞争力，开展自由贸易会导致本国制造业无发展机会。所以，发展中国家普遍运用贸易壁垒、进口许可证、进口数量限制、信用证押金制度等手段对进口加以限制，对那些国内重点扶持和发展的行业的竞争产品的进口通过高额关税等方式进行严格的数量限制，以确保国内相关产业的市场份额。

2）低估本国货币币值，严格外汇管制

发展中国家通过货币币值的低估，降低本国产品出口的外币价格，有利于提高本国产品的出口竞争力，同时也能够提高国外商品以本国货币表示的价格，降低本国进口国外产品的竞争能力，实行汇率高估（汇率直接标价法下）成为发展中国家的必然选择。同时，发展中国家也通过严格的外汇控制和配给，对外汇实行总量和结构上的控制。

3)对本国的进口产品竞争部门进行扶持

除了优化外在的进口产品竞争部门的环境,发展中国家还对进口产品竞争部门实行补贴、金融扶植和税收减免的优惠政策,以支持本国的进口产品竞争部门。

2. 出口导向型的贸易政策

出口导向型的贸易政策也称为外向型的贸易政策,即把经济活动的重心从本国(或地区)市场转向了国际市场,实行以大量的商品出口为导向进而推动国民经济和地区经济发展的贸易政策。一般,发展中国家在初期实行进口替代政策,在具备一定的竞争力后,就会转向实行出口导向政策。当前,出口导向和投资拉动已经成为中国经济发展的两个重要特征。该项政策的主要措施如下。

1)对出口企业实行减税退税政策

一些发展中国家为了增强本国出口企业的竞争力,纷纷实行税收的减免政策,通过设立出口加工区或者特区等方式,积极利用外资,以便引进外资和先进的技术,促进出口工业的发展。

2)金融政策方面给出口企业金融支持

通过差别利率的贷款政策和倾斜的信贷政策,发展中国家给予出口企业金融方面的支持。韩国以 1964 年为界,之前对出口产业直接补贴,之后改为出口信贷,这些贷款的利率低于国内正常贷款利率。加上一些补助和优惠,韩国出口 1 美元货物的金融扶植额从 1962 年的 1.13 美元增加到 1971 年的 15.34 美元。

3)通过货币贬值增强出口企业的竞争力

一国政府可以利用本国货币贬值来促进本国产品出口、限制进口。

9.2.2 20 世纪 70 年代后贸易政策的调整

自 20 世纪 70 年代以来,发展中国家的贸易政策出现了较为明显的自由化倾向,并且越来越强烈。80 年代后,越来越多的发展中国家进行了贸易自由化的改革。90 年代初,这种贸易政策的调整扩散到原来实行计划经济的国家。这一时期,发展中国家的贸易政策调整主要包括以下几个方面的内容。

1. 降低关税税率,调整关税结构

关税的调整这时候出现了关税税率的明显下降和通过关税结构的调整增强对国内最终产品生产的实际保护程度。在关税税率方面,阿根廷的平均关税税率从 1987 年的 42% 下降到 1991 年的 15%;巴西则从 1987 年的 51% 下降至 1992 年的 21%。在关税结构调整方面,委内瑞拉按加工层次将进口商品税率划分为五个征税级别,分别采取免税到 50% 的税率。

2. 放宽非关税壁垒的限制

大多数发展中国家实行贸易调整时都把放宽以数量限制为主的非关税壁垒作为最基本的内容。韩国的进口自由化率由 20 世纪 70 年代的 50%,经历三次调整,达到 1991 年的 97.2%,限制的商品种类也减少到 283 个,占进口种类数的 2.8%;马来西亚配额进口商品项目也从 1978 年的 110 个降到 1982 年的 12 个。

3. 鼓励出口

一般会采取放开出口管制，取消出口税，实行出口补贴，简化税制和公事处理程序，建立自由贸易区等措施促进出口，降低对出口设置的障碍。

4. 调整汇率政策

一般施行统一降低汇率和放宽外汇管制的措施。

9.3 世界多边贸易体制的发展

9.3.1 关税与贸易总协定

1. 关税与贸易总协定的诞生

关税与贸易总协定（General Agreement on Tariffs and Trade，GATT），简称关贸总协定，是美、英、法等 23 个国家政府于 1947 年缔结的旨在降低关税和减少其他贸易壁垒的有关关税和贸易政策的多边国际协定。

关贸总协定的诞生是有一定历史背景的。20 世纪 30 年代发生的世界性经济大萧条给当时世界各国带来了深重的灾难，为转嫁经济衰退带来的压力，资本主义世界爆发了贸易战。1930 年，美国国会通过《斯姆特 - 霍利关税法案》，将关税提高到历史最高水平，其他国家纷纷效仿。第二次世界大战开始后，各国汇率制度混乱、贸易关系紧张、贸易通道受阻，这些因素导致国际贸易额大幅萎缩。第二次世界大战行将结束之际，美英等国就建立有利于自身的国际经济新秩序进行了相关尝试。根据 1944 年召开的布雷顿森林会议，美英等国拟在战后建立三个国际组织：国际货币基金组织、国际复兴开发银行（即世界银行）和国际贸易组织。拟建国际贸易组织的目的是为了重建国际贸易秩序，扭转贸易保护主义和歧视性贸易政策，促进国际贸易自由化。1946 年 2 月，联合国经济与社会理事会召开会议，决定成立筹备委员会，着手起草国际贸易组织章程。随后，筹备委员会成立。同年 10 月，筹备委员会召开了第一次会议，审查美国提交的《国际贸易组织宪章》草案。1947 年 4 月，在第二次筹备会议上通过了《国际贸易组织宪章》草案，并达成 123 项双边关税减让协议。之后，参加国将这些协议与草案中有关贸易政策的部分加以合并，经修改后称为《关税与贸易总协定》，将其作为一项过渡性的临时协议来处理各国在关税和贸易方面的问题，待《国际贸易组织宪章》生效后就用宪章的有关部分代替它。同年 10 月，各国在哈瓦那举行的联合国贸易和就业会议上审议并通过了《哈瓦那国际贸易组织大宪章》，送交各国政府批准。但是，由于美国国会对其他国家提出的修正案不予批准，其他各国也持观望态度，建立国际贸易组织的计划因此夭折。于是，关贸总协定便成为各国共同遵守的贸易准则。关贸总协定这样一个被定性为“临时性或过渡性”的协议，从 1947 年诞生一直延续到 1994 年底，存在时间长达 47 年之久。关贸总协定发挥了国际组织的作用，安排缔约方之间的旨在追求贸易自由化的谈判。

2. 关贸总协定的宗旨

关贸总协定明确指出,缔约方认为,在处理它们的贸易和经济事务的关系方面,应以提高生活水平,保证充分就业,保证实际收入和有效需求的巨大增长,促进世界资源的充分利用,并发展生产和交换为目的;期望通过达成互惠互利的贸易协议,促进进口关税和其他贸易障碍的大幅度削减,取消国际贸易中的歧视待遇。可见,关贸总协定是通过达成互利互惠的贸易协议,以实现以下五大主要目标:①提高生活水平;②提高就业水平;③促进实际收入和有效需求的增长;④促进世界资源的充分利用;⑤发展商品的生产和交换。

3. 关贸总协定的组织机构

关贸总协定的最高决策机构是缔约方全体,亦称缔约方大会,由全体缔约方组成。

根据《关贸与贸易总协定》第 25 条第 1 款,缔约方全体拥有广泛的权力。缔约方全体,通常每年举行一至两次会议,实行一国一票原则,根据不同事项采取一致通过、2/3 多数、简单多数、特定多数、绝对多数和协商一致等方式做决定。会议不公开举行,会后以公告或新闻发布会方式发布消息。为履行其职能,缔约方全体设立了代表理事会、贸易与发展委员会、各专门委员会、工作组和专家小组等附属机构。关贸总协定在成立的最初几年并不是作为一个实体存在的,其组织机构是逐渐产生的。当缔约方大会做出重大决定时,人们明显感到需要建立一个常设机构。于是, 1951 年成立了一个会议间委员会(intersessional committee),负责组织缔约方对因贸易失衡引起的进口限制问题进行空邮或电报投票。这个委员会在 1960 年 6 月 4 日被一个赋予了更广泛的日常管理权力和责任的代表理事会所取代。在法律上,各缔约方均可选派一名代表参加理事会,但事实上只有那些对理事会所讨论的事项最有兴趣且积极支持的缔约方才会派代表参加理事会的活动,各加入方自愿承担理事会成员的义务。关贸总协定代表理事会的这种构成方式与国际组织中常设执行机构由全体成员国代表组成的构成方式不同。理事会每年不定期举行一次会议,除无权批准解除某个缔约方的总协定义务的决定外,它有权处理缔约方全体闭会期间其他一切与总协定有关的重大问题。理事会也有权设立履行其职能所必需的附属机关,如关税减让委员会、预算委员会、 18 国协商组等。理事会以协商一致方式做决定。在代表理事会成立后,缔约方大会会期从原来的几个星期缩短到几天,活动内容也从原来无所不包减少到主要是审查、批准理事会年度报告和决议等。事实上,理事会已成为处理关贸总协定活动的常设核心机构。

关贸总协定在法律上并没有秘书处,但是,哈瓦那会议结束时曾决定设立一个“国际贸易组织临时委员会”(Interim Commission for the International Trade Organization, ICITO),为即将建立的“国际贸易组织”做准备,并决定由“国际贸易组织”秘书处兼管关贸总协定的日常事务。国际贸易组织虽然未成立,但“国际贸易组织临时委员会”却保留下来为总协定服务,成为总协定事实上的秘书处。形式上,总协定秘书处仍然以该临时委员会名义进行活动,它为缔约方全体和多边贸易谈判的筹备与进行以及其他机构的会议提供组织、收集并交换信息、咨询与协助、促进有关贸易与发展问题的研究、安排预算等服务。秘书处由总干事领导,下设副总干事和助理、若干职能部门及总干事办公室。从法律上看, 1965 年 3 月 23 日缔约方全体所通过的一项决定才正式认可总干事一职,在此以前,联合国秘书长和关贸总协定执行秘书长曾先后代行总干事的部分职责。总协定条文中没有关于总干事职权的具体规定，总干事的职责完全是根据实际的需要而发展起来的，并且深受担任该职务的人的行为的影响。

关贸总协定第二任总干事朗（Long）曾把总干事总结为集监护、引导、调停、管理、谈判等职责于一身的人。1986 年 11 月 26 日，缔约方全体正式规定，总干事任期四年，可连任一届。关贸总协定的最后一任总干事是爱尔兰人彼得·德尼斯·萨瑟兰。关贸总协定秘书处设在日内瓦，是关贸总协定的常设机构。秘书处规模较小，1991 年底约有 150 名工作人员，很多工作是由数千名专家、外交官、政府官员和政治家们完成的，他们中的大多数人都在各缔约方首都工作。

4. 关贸总协定框架下的八轮谈判

关贸总协定一共主持了八个回合的多边贸易谈判，包括日内瓦回合（1947 年）、安纳西回合（1949 年）、托奎回合（1951 年）、日内瓦回合（1956 年）、狄龙回合（1961 年）、肯尼迪回合（1964—1967 年）、东京回合（1973—1979 年）以及乌拉圭回合（1986—1994 年）。

就所要解决的主要问题而言，关贸总协定的谈判可以分为三个阶段：第一阶段是以关税减让为主的阶段（前六轮）；第二阶段是以非关税壁垒消除为主的阶段（东京回合）；第三阶段是一揽子解决多边贸易体制问题阶段（乌拉圭回合）。

1）第一阶段

第一次多边贸易谈判于 1947 年 4 月至 10 月在日内瓦举行，23 个国家参与谈判，达成了约占世界贸易量一半的近 45 000 项关税减让，使得占资本主义国家进口值 54% 的商品平均降低关税 35%，影响世界贸易额近 100 亿美元。

第二回合谈判于 1949 年在法国安纳西举行，又有 9 个国家加入关贸总协定，增加关税减让商品 5 000 项，使占应征税进口值 5.6% 的商品平均降低关税 35%。

第三回合谈判在英国托奎举行，又有 4 个国家加入，但由于中国、黎巴嫩、叙利亚和利比亚在 1950 年已不再是 GATT 缔约方，因此关贸总协定的缔约方仍为 32 个；本次谈判达成关税减让协议 150 项，增加关税减让商品 8 700 项，使占进口值 11.7% 的商品平均降低关税 26%。

第四回合于 1956 年 1 月至 5 月在日内瓦举行，日本加入 GATT 谈判，使缔约方数量达到 33 个。在这轮谈判中，占进口值 16% 的商品平均降低关税 15%，达成近 3 000 项商品的关税减让。由于美国国会对美国政府的授权有限，谈判受到严重影响，导致关税减让仅仅涉及 25 亿美元的贸易额。可见，第二至第四回合促成的关税减让水平都低于 1947 年谈判的平均关税减让水平。

第五回合谈判于 1960 年 9 月至 1961 年 7 月在瑞士日内瓦举行，该轮会谈是美国为了应对欧共体成立所带来的冲击而发起的。由于倡导谈判的是美国副国务卿狄龙，该回合谈判又称狄龙回合。狄龙回合取得的成效也不显著。本回合达成约 4 400 项商品的关税减让，共涉及 49 亿美元的贸易额，使占应税进口值 20% 的商品平均降低关税 20%。

第六回合谈判，又称肯尼迪回合，于 1964 年 5 月至 1967 年 6 月在日内瓦举行。当欧共体迅速发展时，美国开始感觉到它的贸易保护主义倾向，特别是在农产品方面。美国政府认为，发展与西欧的大西洋联盟符合美国的政治利益和经济利益，为加强与西欧的联系，美国政府迫切需要国会给予其尽可能多的谈判授权。在此背景下，美国于 1962 年通过了《贸易扩展法案》。根据该法案，总统有权对美国与欧共体之间的产品出口削减 100% 的关税（当然这些产品的出口只有达到该产品世界贸易总额的 80% 或者 80% 以上总统才有这个权力），而且总统也有权取消现行税率为 5% 或不到 5% 的产品的关税。

这样的授权有助于美国总统大规模削减与其他国家，特别是与西欧盟国之间的关税壁垒。1964 年 5 月起，美国开始与欧共体六国以及总协定其他成员进行削减关税谈判。但是，美国和欧共体就如何削减关税发生了意见分歧。美国赞成线性减税，即有关国家共同减税 50%；而西欧提出"削平"方案，认为高关税国家多减，低关税国家少减，美国的减税幅度应该更大，从而缩小双方的差距。经过长达三年多的谈判，1967 年 7 月各方才勉强达成协议，商定从 1968 年起的五年内，美国商品关税平均降低 37%，而西欧各国则平均削减 35%。

这轮谈判涉及关税减让商品合计达 60 000 项之多，工业品进口关税平均降低 35%。这轮谈判是 1973 年以前关贸总协定所主持的所有谈判中最广泛、最复杂的一次，共有占世界贸易额约 75% 的 54 个国家参加。

谈判第一次涉及了非关税壁垒。关贸总协定第 6 条虽然规定了反倾销税和反补贴税的定义、征收这两类税种的要件和幅度，但各国为保护本国产业，滥用总协定反倾销税第 6 条的情况时有发生。

这轮谈判制定了第一个协议，即总协定第 6 条的实施细则。美国、英国、日本等 21 个国家签署了该协议，协议于 1968 年 7 月 1 日生效。

2）第二阶段

第七回合谈判，又称东京回合或尼克松回合，于 1973 年 9 月至 1979 年 4 月在瑞士日内瓦举行。这轮谈判中的关税减让涉及 3 000 多亿美元的贸易额，平均关税水平下降 35%。谈判的主要进展体现在以下三个方面。

（1）各方确立关税减让的"瑞士准则"，采用最一般的原则指导关税谈判。瑞士准则是各方妥协的产物，其形式如下：$t_1=Ct_0/(C+t_0)$。其中，t_0 是原来的关税，t_1 为减让后的关税，C 的数值为 16。

（2）产生了一系列只在少数缔约方生效的非关税壁垒协议（通常称为守则）。所涉及的非关税壁垒包括补贴与反补贴措施、技术性贸易壁垒、进口许可证程序、政府采购、海关估价、反倾销、牛肉协议、国际奶制品协议、民用航空器贸易协议。

（3）通过了给予发展中国家优惠待遇的"授权条款"。缔约方可以给予发展中国家差别的和更优惠的待遇，无须按照最惠国待遇原则将这种待遇给予其他缔约方，也无须得到总协定的批准。

尽管东京回合在上述方面取得了进展，但东京回合在另外一些方面成效不大。例如：农产品贸易问题仍未得到解决；纺织品和服装、皮革、鞋类以及旅游用品减税幅度较低，有的根本没有减税，关于数量限制和保障的讨论没有什么进展，发展中国家得到的关税减让幅度平均要比发达工业国家所得到的低 25%。

3）第三阶段

第八轮谈判，又称乌拉圭回合，从 1986 年 9 月持续至 1994 年。关贸总协定东京回合谈判结束后，特别是第二次石油危机以来，世界经济陷入停滞不前的困境。在此背景下，美、欧、日三方的贸易冲突加剧，主要发达国家的经济低迷，危及广大发展中国家初级产品的出口，使得部分发展中国家陷入了严重的债务危机。为了避免全面贸易战的发生，维护多边贸易体制，也为了适应高技术产业对经济领域的革新、把更大范围的世界贸易置于总协定多边规则之下，1986 年 9 月 15 日，关贸总协定缔约方部长级会议在乌拉圭埃斯特角城召开，开始了乌拉圭回合谈判。这次会议通过了《乌拉圭回合部长宣言》。

该宣言确定乌拉圭回合多边贸易谈判分为两个部分共 15 个议题，分别为：关税；非关税措施；热带产品；自然资源产品；纺织品与服装；农产品；关贸总协定条款；保障条款；多边贸易谈判协议和安排；补贴与反补贴措施；争端解决；与贸易有关的知识产权的问题（包括冒牌货贸易问题）；与贸易有关的投资措施；关贸总协定体制的作用；服务贸易。

乌拉圭回合取得的进展体现在以下几个方面。

（1）关税减让力度大。据估计，减税商品涉及的货物出口额高达 1.2 万亿美元，减税幅度近 40%，并在近 20 个产品部门实现了零关税。

（2）在乌拉圭回合的最后阶段，各国签署了农产品协议，第一次为全球农业贸易建立了多边法规，确定了各国可以对国内贸易进行保护的方式，具体方式如下。

①农产品的非关税措施全部关税化。

②进行关税的减让。在 1995—2000 年执行期内的削减幅度，发达国家 6 年平均降低 36% 的关税，每项农产品最低削减 15%。发展中国家则于 1995 年开始 10 年内平均降低 24% 的关税，每项产品最低要削减 10%。

③确立对“黄箱”“绿箱”“蓝箱”三项政策的不同处理办法。

“黄箱”政策包括市场价格支持、直接支持以及其他补贴形式的国内保护，这些政策容易产生贸易扭曲，一般情况下必须削减。一些与生产限制计划相联系的直接支付的“黄箱措施”支持也被称为“蓝箱”的特殊措施，可得到免除减让，但必须满足下列要求之一：按固定面积或者产量提供的补贴；根据基期生产水平 85% 以下所提供的补贴；按牲口的固定头数所提供的补贴。“绿箱”政策包括政府一般性服务（如研究与技术服务、基础设施建设等）、以食品保障为目的的公共储存、国内粮食援助、对农户的直接收入补贴（如与生产无直接关系的补贴、自然灾害救济等），这些政策不容易引起贸易扭曲，可免于削减。

（3）修改完善了以前的一些非关税守则，主要体现在以下几个方面。

①规定了反倾销的规则和程序。

②加严了技术贸易壁垒协议。

③要求各国以公开、公平和可预见的方式实施进口许可证。

④对补贴和反补贴守则规定了发展中国家的“毕业条款”。

⑤重申成交价格是海关估价的主要基础,并对海关怀疑客商申报价格的真实性的处理程序进行了规定。

⑥新的政府采购协议强调要"本着便利加入的立场",规定采购委员会"做决定要以意见一致为基础"。

⑦对保障条款进行了修改。

(4)首次将多边贸易规则扩大到服务业。20世纪七八十年代,美国在货物贸易上的竞争力下降,出现逆差,但服务贸易是美国的强项。为减少甚至消除贸易逆差,美国积极倡导服务业贸易谈判,试图打开其他国家的服务贸易市场,消除市场壁垒。1988年12月,乌拉圭回合部长级评审会议在加拿大蒙特利尔举行。会议在服务贸易等方面达成了初步协议——《服务贸易总协定》(General Agreement on Trade in Services, GATS),协议共包括6个部分29个条款(第29条为附件,共有8个附件)。主要内容包括最惠国待遇、透明度、发展中国家的更多参与、市场准入、国民待遇、争端解决等条款。协议要求各成员在非歧视原则的基础上,通过分阶段谈判,逐步开放本国服务市场,以促进服务和服务提供者之间的竞争,减少服务贸易投资的扭曲。这些分阶段逐步开放市场的承诺涉及商业服务、金融、电信、分销、旅游、教育、运输、医疗与保健、建筑、环境、娱乐等服务领域。

(5)签订了知识产权协定。《与贸易有关的知识产权协定》第7条规定,知识产权的保护和实施,应该为推动技术革新和技术传播与转让做出贡献,而且有助于社会经济福利的提高,使技术的发明者和使用者都受益,也有助于权利和义务的平衡。协定规定,版权的保护期限从作品出版之年底算起不得少于50年;商标首次注册和每次续展的期限为不少于7年;工业品外观设计的保护期限为10年;专利自登记之日起不得少于20年。

(6)在与贸易相关的投资措施方面,谈判中达成的协议要求各国通报对所有对外贸易有限制或扭曲作用的规定,并要求发达国家在2年内、发展中国家在5年内、最不发达国家在7年内取消这些规定。

(7)决定成立世界贸易组织。1994年4月15日,乌拉圭回合参加方在摩洛哥马拉喀什通过了《建立世界贸易组织马拉喀什协定》,简称《建立世界贸易组织协定》。

5. 关贸总协定的作用

关贸总协定的作用是削减关税,消除其他各种贸易障碍,逐步实现贸易自由化。具体有以下几条。

(1)总协定为各缔约方制定了一套处理它们之间贸易关系的原则及规章。总协定通过签署大量协议,不断丰富、完善多边贸易体制的法律规范,对国际贸易进行全面的协调和管理。

(2)通过组织多边贸易谈判,减少了各缔约方之间的贸易壁垒。从成立到被WTO取代,关贸总协定共举行了八轮多边谈判,使相关国家的关税水平发生了较大幅度的降低。发达国家的平均关税税率从1948年的36%降至20世纪90年代中期的3.8%,发展中国家和地区同期降至12.7%。从东京回合起,非关税壁垒被纳入谈判的范围并达成了一系列限制非关税壁垒的协议。

（3）为各缔约方开展经济贸易提供谈判和对话场所。关贸总协定确立的对话和谈判机制，为各缔约方缓解矛盾、寻求共识、相互开放市场提供了一个富有建设性的渠道，有助于公平、公正、公开地处理与贸易政策相关的问题。

（4）对发展中国家的贸易和经济发展具有一定的积极意义。在长期的接触对话过程中，经过发展中国家的不懈努力，关贸总协定中的发达国家缔约方逐步关注并考虑到发展中国家缔约方的一些特殊利益需求，制定了部分适用于发展中国家的特别优惠条款和规定。这对促进发展中国家的贸易和经济发展起到了极大的作用。

（5）总协定为各缔约方提供经贸资料、培训经贸人才。关贸总协定与联合国合办的"国际贸易中心"从各国（地区）搜集统计资料和其他资料，经过整理后再发给各缔约方，并且举办各类培训班，积极为发展中国家（地区）培训经贸人才。

6. 关贸总协定的弊端

（1）关贸总协定的影响力偏低。从法律地位来看，《关税与贸易总协定》仅仅是临时性协议，不是正式生效的国际公约。从组织机构的地位来看，关贸总协定并不是一个具有法人地位的国际组织，在众多国际机构中级别较低，在各国国内的法律地位也较低，根据《联合国宪章》，它不是联合国的专门机构，只能算是一个联系机构。

（2）关贸总协定的管理范围较窄。关贸总协定仅仅管辖货物贸易，而且货物贸易中农产品、纺织服装长期游离在多边贸易体制之外，基本不涉及服务贸易、知识产品、与贸易相关的投资措施。

（3）关贸总协定存在过多的"例外"和模糊之处。一方面，关贸总协定在规定基本法律原则的同时，也允许在某些特殊情况下可以有例外。例如：在无歧视待遇原则下，政府为支持经济发展而对进口采取紧急措施；在国民待遇原则下，缔约方为维护公共道德，为保障人民或动植物的生命或健康，对进口产品实施有别于本国产品的待遇；在关税减让原则下，某些敏感性商品及部分农产品在一定时期内不受关税减让的约束。另一方面，关贸总协定存在大量处于监管盲区的"灰色区域"措施。所谓"灰色区域"措施是指缔约方采取的在关贸总协定法律原则的规定之外的某些贸易政策措施（如自动出口限制、有秩序的销售安排等）。这些措施处在总协定实施过程中为监督措施所不及的漏洞之中，它们既不是符合协议的，也不是违反协议的。"灰色区域"措施是与关贸总协定国际协调的做法相悖的，广大发展中国家是这些措施的最大受害者，因此必须适时适量加以限制。

（4）争端解决机制缺乏效力。关贸总协定没有专门的、健全的争端解决机构；在争端解决机制上，要求所有缔约方"完全协商一致"做出决策，因而，存在着争端解决的时间拖得很长的问题。加之关贸总协定的国际法律地位低，这导致专家组权力小、监督后续行动不力等问题。

9.3.2　世界贸易组织

1. 世界贸易组织的诞生

1986 年乌拉圭回合启动时，谈判议题没有涉及建立世界贸易组织的问题，只设立了一个关于完善关税与贸易总协定体制职能的谈判小组。在新议题的谈判中,涉及服务贸易和与贸易有关的知识产权等非货物贸易问题,这些重大议题的谈判成果,很难在关税与贸易总协定的框架内付诸实施,创立一个正式的国际贸易组织的必要性日益凸显。因此,欧洲共同体于 1990 年初首先提出建立一个多边贸易组织的倡议,这个倡议后来得到美国、加拿大等国的支持。

1990 年 12 月,布鲁塞尔贸易部长会议同意就建立多边贸易组织进行协商。经过一年的紧张谈判, 1991 年 12 月形成了一份关于建立多边贸易组织协定的草案。时任关税与贸易总协定总干事的阿瑟·邓克尔将该草案和其他议题的案文汇总,形成"邓克尔最后案文(草案)"。这一案文成为进一步谈判的基础。1993 年 12 月,根据美国的建议,把"多边贸易组织"定名为"世界贸易组织"。1994 年 4 月 15 日,乌拉圭回合参与方在摩洛哥马拉喀什通过了《建立世界贸易组织马拉喀什协定》,简称《建立世界贸易组织协定》。该协定规定,任何国家或在处理其对外贸易关系等事项方面拥有完全自主权的单独关税区,都可以加入世界贸易组织。

2. 世界贸易组织的基本原则

1)非歧视原则

非歧视原则的两大支柱是最惠国待遇原则(most-favored-nation treatment principle)和国民待遇原则(national treatment principle)。

根据《关贸总协定 1994》第 1 条第 1 款,最惠国待遇原则是指想在对进出口或有关进出口而征收的或者为进出口产品的国际收支转移而征收的关税以及任何国内税费方面,在征收这些税费的方法方面,在与进出口有关的所有规则与手续方面,任何缔约方给予原产于或运往任何其他国家(地区)的产品的任何好处、优惠、特权或豁免,应当立即和无条件地给予原产于或运往所有其他缔约方境内的相关产品。

这里需要特别注意"任何其他国家(地区)"的提法,该提法不仅意味着关贸总协定的任何缔约方之间相互给予的各种优惠待遇应立即地、无条件地给予其他缔约方,而且要求包括关贸总协定任一缔约方已经或将要给予非缔约方的各种优惠待遇也应立即地、无条件地给予关贸总协定的其他缔约方。

"任何其他国家(地区)"这一规定使关贸总协定缔约方享受的最惠国待遇可以因一部分缔约方通过双边贸易协议向非缔约方提供最惠国待遇而呈现扩大的趋势,因此最惠国待遇制度所带来的影响实际上超出了调整其缔约方之间贸易关系的范畴,使得在优惠的基础上发展国际贸易成为世界性的原则和方向,最惠国待遇原则因此成为世界贸易自由化的基础和原则。

国民待遇原则是对最惠国待遇原则的重要补充,指的是对其他成员方的产品、投资建立的企业、服务或服务提供者、知识产权所有者和持有者所提供的待遇,不低于本国同类产品、投资建立的企业、服务或服务提供者、知识产权所有者和持有者所享有的待遇。根据国民待遇原则的要求,世界贸易组织成员方可以自由地给予国外产品、投资建立的企业、服务或服务提供者、知识产权所有者和持有者高于本国产品、服务和企业的待遇,只要它同时遵循最惠国待遇原则。

2)透明度原则

透明度原则在国际、地区以及国内法律体系中扮演着日益重要的角色。在 GATT/WTO 体制中,该原则已与国民待遇原则、最惠国待遇原则相提并论。透明度原则要求,成员方所制定和实施的贸易措施及其变化情况(如修改、增补和废除等),不公布的不得实施。同时,还应将贸易措施及其变化的情况通知世界贸易组织。

Ⅰ.货物贸易协定中的透明度规定

GATT 1994 第 10 条关于“贸易法规的公布和实施”的规定是多边货物协定中关于透明度原则的核心条文,其规定:“任何成员方实施的关于下列内容的普遍适用的法律、法规、司法判决和行政裁定应迅速公布,使各成员方政府和贸易商能够知晓:产品的海关归类或海关估价;关税税率、国内税税率和其他费用;有关进出口产品或其支付转账,或影响其销售、分销、运输、保险、仓储检验、展览、加工、混合或其他用途的要求、限制或禁止。任何成员方政府或政府机构与另一成员方政府或政府机构之间实施的影响国际贸易政策的协定也应予以公布。”

Ⅱ.服务贸易协定中的透明度规定

根据《服务贸易总协定》第 4 条规定,在一般情况下,各成员方必须将影响《服务贸易总协定》实施的有关法律、法规、行政命令以及所有的其他决定、规则以及习惯做法,无论是中央政府还是地方政府做出的,或是由非政府有关制定规章的机构做出的,都应最迟在它们生效以前予以公布;如不能公布具体内容,也应将此消息予以公布;一成员为签署方的有关或影响服务贸易的国际协定也应予公布;并且应将对上述各方任何修改立即通知服务贸易理事会。但是对于那些可能影响成员方安全的法令,可以允许不被公布。

Ⅲ.知识产权贸易协定中的透明度规定

《与贸易有关的知识产权协定》(Agreement on Trade-Related Aspects of Intellectual Property Rights,简称 TRIPs 协定)第 63 条规定:“一成员有效实施的、有关本协定主题(知识产权的效力、范围、取得、实施和防止滥用)的法律和法规及普遍适用的司法终局裁决和行政裁定应以本国语言公布,或如果此种公布不可行,则应使之可公开获得,以使政府和权利持有人知晓。一成员政府或政府机构与另一成员政府或政府机构之间实施的有关本协定主题的协定也应予以公布。”

Ⅳ.争端解决机制中的透明度规定

WTO《关于争端解决规则与程序的谅解》(Understanding on Rules and Procedures Governing the Settlement of Disputes, DSU)在强调争端解决程序保密性的同时,对透明度也给予了适当的关注。DSU 附录 3 第 3 条规定:“……本谅解的任何规定不得妨碍任何争端方向公众披露有关其自身立场的陈述。……如一争端方向专家组提交其书面陈述的保密版本,则应一成员请求,该争端方还应提供一份其书面陈述所含信息的可对外公布的非机密摘要。”该附录第 10 条要求,为保持充分的透明度,本附录中所指的口头陈述、辩驳以及说明均应在各方在场的情况下做出。而且,每一方的书面陈述,包括对报告描述部分的任何意见和对专家组所提问题的答复，均应使另一方或各方可获得。

3）关税减让原则

关税减让原则是GATT/WTO所倡导的基本原则，其一直被作为最惠国待遇原则、互惠原则和透明度原则等原则的实际执行载体，以推进贸易自由化的进程。关税减让原则是多边贸易体制中关税制度的核心。在此原则下，关税谈判通过关税减让表约束各成员的关税，各成员政府承担不得征收高于它在关税减让表中所承担的约束某种产品关税税率的义务。关税减让原则的内涵体现在两个方面。

（1）规定关税是唯一允许的保护手段。由于相对于非关税措施关税具有透明性、稳定性、非歧视性、国家利益性和市场经济性，因此，关税基本上是GATT/WTO唯一允许的贸易保护手段，而非关税措施是普遍要求被禁止的。

（2）关税不断降低，这一过程是不可逆的。《关贸总协定1994》第2条规定，一旦缔约方对某项或某类产品做出关税减让承诺，便不能再通过征收其他税费的方法来抵消该项约定的减让，也不允许使用其他非关税措施来抵消关税减让的效果。关税减让原则存在一些例外情形，这些例外包括以下几种情况。

①《关贸总协定1994》第2条第2款规定，本条的任何规定不得阻止任何缔约方对任何产品的进口随时征收下列关税或费用：对于同类国产产品或对于用于制造或生产进口产品的全部或部分产品所征收的、与第3条第2款的规定相一致且等于一国国内税的费用；以与第6条的规定相一致的方式实施的任何反倾销税或反补贴税；与所提供服务的成本相当的规费或其他费用。

②《关贸总协定1994》第18条第7款规定，缔约方为促进某一特定产业的建立从而提高人民的总体生活水平，认为宜修改或撤销本协定所附有关减让表包含的一项减让，则它应为此通知缔约方全体，并应与最初谈判此项减让的任何缔约方或缔约方全体确定的对此有实质利害关系的任何其他缔约方进行谈判。如在此类有关缔约方之间达成协议，则它们有权修改或撤销本协定所附有关减让表下的减让。该条允许发展中国家缔约方以促进经济发展的理由修改或撤销有关减让表中所列的减让。

③《关贸总协定1994》第28条规定，缔约方每隔3年可对关税减让表中的约束关税提出修改。在修改的时候需要同有关的主要缔约方协商，并且与有实质利害关系的缔约方达成协议，才可以实施。如果谈判或磋商没有达成协议，而某一缔约方又坚持修改关税，则其他缔约方可以撤销对该缔约方大体相当的关税减让。

④《关贸总协定1994》第36条第8款规定，发达缔约方在贸易谈判中对发展中缔约方所做的减让或撤销关税和其他壁垒的承诺，不能希望得到互惠，即发达国家不能希望从发展中国家得到对等的关税减让。

⑤只有纳入关税减让表中的产品才受到关税减让的约束，未纳入者则不受任何约束。

4）互惠原则

WTO管理的协议是以权利与义务平衡为基础的，这种平衡是通过互惠原则实现的。所谓互惠原则，是指在国际贸易谈判中，WTO成员方应相互给予对方对等的优惠待遇。互惠原则的确定可以缩小成员方因最惠国待遇原则引起的搭便车的范围,还可以提高成员方参与世贸组织各项活动的动力。

互惠原则主要体现在三个方面。

(1)各方在相同领域或议题上的相互让步。成员方共同减免关税、开放市场、削减非关税壁垒,相互提供知识产权保护。

(2)在不同领域进行利益交换。各方虽然在某一具体问题上的让步不对等,但在不同领域的利益让渡可以实现权利与义务的总体对等。在关贸总协定存续的后期,各方曾就某些领域的非关税壁垒签订了一些互惠的减让协议,其内容涉及海关估价、政府采购、补贴与反补贴税等方面。在某个问题上,一方的让步本身常常不是互惠的,而是为了弥补另一方在另一个问题上的非互惠让步。这实际上是互惠原则在更广大范围内的一种交叉应用,是以一个或一些成员方在某个问题上的让步来换取其他成员方在另一个问题上的让步,结果双方仍以互惠为基础,在各自领域内得到了实质的让步或优惠。

(3)新加入的成员方需要交纳"入门费"。由于新成员有权享受所有老成员方之前达成的贸易政策优惠,所以从权利和义务平衡的角度出发,新成员需要交纳入门费。在实践中,这意味着新成员加入世界贸易组织之后不仅要符合 GATT、GATS 和 TRIPs 的规定,还要开放市场。例如,突尼斯 1990 年加入 GATT 的前提包括:将 900 项关税约束在 17%~53% 的水平,承诺取消一系列商品的进口许可证和其他数量限制措施。GATT/WTO 框架针对发展中国家提供了一些差别待遇。例如:发展中国家的关税制度可以有更大的灵活性;在特定条件下可以实施数量限制;各缔约方应全体或单独采取特殊措施,以促进发展中国家的经济发展。

5)一般禁止数量限制原则

数量限制是通过影响进出口的数量、来源和去向来管制进出口贸易的一种行政方法,缺乏应有的透明度,因此被 GATT 和 WTO 所禁止。《关贸总协定 1994》第 11 条第 1 款规定:任何缔约方不得对任何其他缔约方领土产品的进口或向任何其他缔约方领土出口或销售供出口的产品设立或维持除关税、国内税或其他费用外的禁止或限制,无论此类禁止或限制通过配额、进出口许可证或其他措施实施。世界贸易组织建立以后,一般禁止数量限制原则在投资、服务贸易等领域得到了拓展。

考虑到各成员方之间复杂的贸易关系以及成员方之间经济发展水平的不平衡,WTO 采取了灵活的做法,规定了一些例外情况。具体包括以下几种情况。

(1)《关贸总协定 1994》第 11 条规定,为了下列目的实行的数量限制不在普遍取消之列:为防止或减轻出口食品或其他必需品的紧急匮乏而采取的暂时禁止或限制进口;进出口的禁止与限制是为了实施国际贸易中初级产品分类定级和市场销售标准或规章所必需者;对任何形式的农产品实行进口限制。如果这种限制是为了执行政府下列措施必需者……

(2)《关贸总协定 1994》第 12 条第 1 款规定,虽有第 11 条第 1 款的规定,任何缔约方得为保障其对外金融地位和国际收支,限制进口产品的数量和价值。

(3)《关贸总协定 1994》第 18 条专门规定了发展中国家在面临国际收支困难的条件下

可以实施数量限制。

(4)《关贸总协定 1994》第 19 条规定，当一成员方关税减让造成进口产品大量增加，以致对国内生产造成严重损害或严重威胁，该成员可以实施临时性限制进口措施，以保护相关产业。此外，在“一般例外”“安全例外”等条款中也有相关实施数量限制的例外规定。

6)市场准入原则

所谓市场准入就是世界贸易组织各成员之间互相承诺开放自己国内的市场，给予国外企业、资本、货物和劳务相同的市场条件，使它们有机会在平等的基础上开展市场竞争。

世贸组织关于市场准入的体现主要在以下几个方面。

(1)《关贸总协定 1994》要求各成员逐步开放市场，即降低关税和取消对进口的数量限制，以允许外国商品进入本国市场与本国产品进行竞争。这些逐步开放的承诺具有约束性，并通过非歧视贸易原则加以实施，而且一成员要承诺不能随意把关税重新提高到超过约束的水平，除非得到 WTO 的允许。

(2)其他货物贸易协议也要求各成员逐步开放市场。《农产品协议》要求各成员将现行的对农产品贸易的数量限制(如配额、许可证等)进行关税化，并承诺不再使用非关税措施管理农产品贸易和逐渐降低关税水平，从而使农产品贸易更多地由国内外市场的供求关系决定价格，不至于造成农产品价格的过度扭曲。《纺织品与服装协议》要求发达国家成员分阶段用 10 年时间取消对纺织品、服装的进口配额限制，用关税保护国内纺织、服装业，以避免对国内纺织、服装贸易市场的过度保护，让投资者获得较为透明、稳定的市场环境。另外，《进口许可证协议》《海关估价协议》《技术性贸易壁垒协议》《卫生和动植物检疫措施协议》等都做出了相关的市场准入规定。

(3)《服务贸易总协定》要求各成员逐步开放服务市场。在非歧视原则的基础上，通过分阶段谈判，逐步开放本国服务市场，以促进服务及服务提供者间的竞争，减少服务贸易及投资的扭曲，其承诺涉及商业服务、金融、电信、分销、旅游、教育、运输、医疗与保健、建筑、环境、娱乐等服务业。

(4)有利于扩大市场准入的其他基本原则。各成员可利用争端解决机制，解决在开放市场方面的纠纷和摩擦，积极保护自己；同时，贸易体制的透明度也有利于扩大市场准入。

7)给予发展中国家和最不发达国家优惠待遇原则

在经济全球化的今天，没有广大的发展中国家参与的世界贸易是不完善的世界贸易，没有广大发展中国家经济的发展，WTO 提高人民生活水平的目标就不可能得以实现。因此，WTO 必须最大限度地吸引发展中国家加入该组织。发展中国家由于经济发展水平低、科技实力薄弱、产业竞争力弱、国际收支状况欠佳，不可能在 WTO 舞台上为发达成员方提供完全对等的利益让渡，否则会加剧国家间的贫富差距，不利于构建更加公正的国际经济新秩序。经过发展中成员方的集体努力，GATT/WTO 的不少条款体现了对发展中国家和不发达国家的优惠待遇。

(1)收入低、工业化程度低的发展中国家所实施的关税制度可以有更大的弹性。根据《关贸总协定 1947》第 18 条“政府对经济发展的援助”条款，WTO 的缔约方应给予经济只能维持低生活水平并处于发展初期阶段的缔约方发展经济的便利性，使它们在其关税结构方面保持足够的灵活性，从而能够给予其建立特定产业所需的关税保护。

(2)在特定条件下，可以实施数量限制。根据《关贸总协定 1947》第 18 条规定，经济维持低生活水平并处于发展初期的缔约方在充分考虑它们的经济发展计划可能形成持续高水平进口需求的情况下，可以为国际收支目的而实施数量限制。再比如，《农产品协议》规定，原则上取消或禁止进口数量限制，但在特定的条件下，对发展中成员给予"特殊待遇"，即仍可采用进口限制措施，通常可长达 10 年之久。

(3)发展中国家不必对发达国家进行同等的贸易减让，为了促进发展中国家的经济发展、增加出口、提高人民的生活水平，缔约方应单独或联合采取特殊措施，扩大发展中国家产品出口的市场份额，扩大发展中国家产品的市场准入。《关贸总协定 1947》第 36 条第 7 款规定，在削减或取消针对欠发达缔约方贸易的关税和其他壁垒的谈判中，发达缔约方不得期望因其做出的承诺而获得互惠。也就是说，发展中国家在此方面是享有一定特权的。

(4)允许发展中国家用较长时间履行义务，或为其提供较长的过渡期。

(5)规定发达国家向发展中国家提供技术援助，以便发展中国家更好地履行义务。根据《与贸易相关的知识产权协定》的规定，发达国家成员向发展中国家成员提供财政和技术援助，帮助它们有效地履行知识产权协定。

3. 世界贸易组织的组织机构

1)部长会议

部长会议是 WTO 的最高权力机构，是由所有成员主管外经贸的部长、副部长级官员或其全权代表组成并参与的会议，至少每两年举行一次。部长会议具有广泛的权力，主要有立法权、准司法权、豁免某个成员在特定情况下的义务、批准非 WTO 成员方所提出的取得 WTO 观察员资格的申请。

2)总理事会

在部长会议休会期间，由全体成员代表组成的总理事会代行部长会议职能，可视情况需要随时开会，自行拟订议事规则及议程。总理事会下设：①货物贸易理事会，负责《关贸总协定 1994》及其他货物贸易协议有关事宜；②服务贸易理事会，监督执行《服务贸易总协定》及分部门协议有关事宜；③与贸易相关的知识产权理事会，监督执行《与贸易有关的知识产权协定》。这些理事会可视情况自行拟订议事规则，经总理事会批准后执行，所有成员均可参加各理事会。

3)各专门委员会

部长会议下设专门委员会，以处理特定的及其他的有关事宜，已设立贸易与环境委员会，贸易与发展委员会，地区贸易委员会，国际收支差额限制委员会，预算、财务与行政委员会等十多个专门委员会。

4)总干事与秘书处

WTO 成立了由一位总干事领导的 WTO 秘书处。秘书处设在瑞士日内瓦，大约有工作人员 500 名。总干事由部长会议任命，其权力、职责、任职条件和期限均由部长会议通过的规章来确定,是 WTO 的捍卫者、引导人、调停人、管理预算和负责所有成员有关事务的“经理”,并要主持协商和非正式谈判,避免争议。秘书处的所有职员则由总干事任命,并由总干事依照部长会议通过的规章确定职员的职责和任职条件。总干事和秘书处职员的职责应具有排他的国际性质。总干事和秘书处职员在行使职责的过程中,不得寻求或接受来自世贸组织以外的任何政府或任何其他权威机构的指示。世贸组织各成员方应尊重总干事和秘书处职员之职责的国际性质,并不得在他们履行职责的过程中施加影响。

5)争端解决机构

争端解决机构的设立是世界贸易组织争端解决机制区别于关贸总协定争端解决机制的一个显著特点。该机构隶属于部长会议,设有专家小组和上诉机构,负责处理成员方之间基于有关协定、协议所产生的贸易争端。

6)贸易政策评审机构

贸易政策评审机构隶属于部长会议,负责定期审议各成员方的贸易政策、法律与实践,并就此进行指导。

目前,世界贸易组织的主要组织机构如图 9-1 所示。

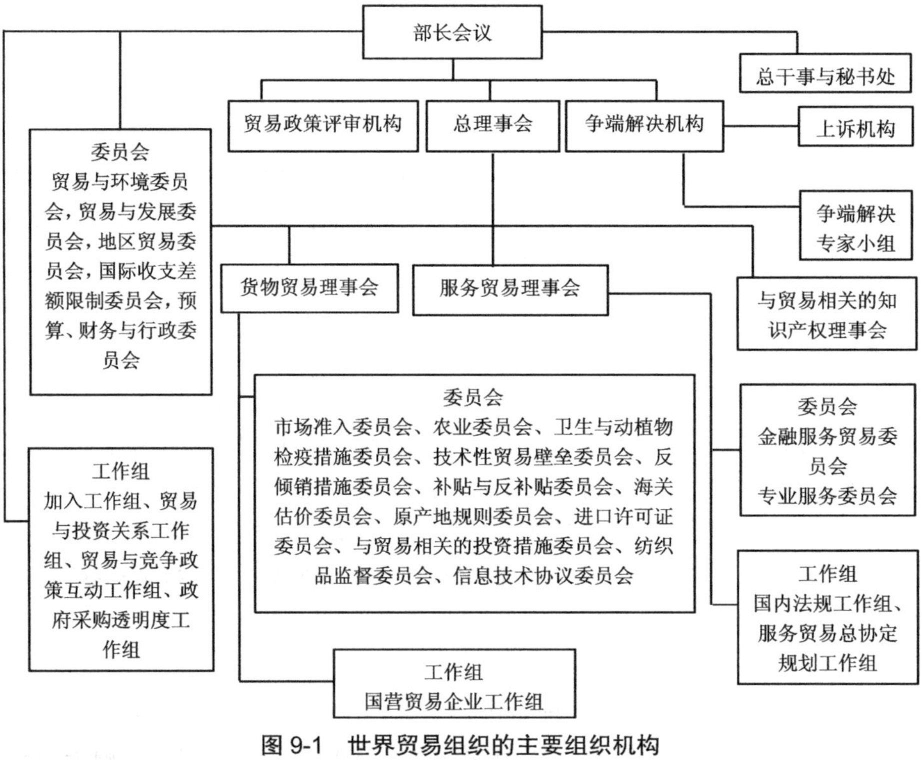

图 9-1 世界贸易组织的主要组织机构

4. 世界贸易组织的运作机制

1)决策机制

世界贸易组织的决策机制分为正式的和非正式的两种。

Ⅰ. 正式决策机制

WTO 的绝大多数决策以协商一致为基础。协商一致包括“协商一致”和“反向协商一致”。“协商一致”是指成员方的代表、大使或部长们通过“协商一致”原则做出肯定的表示，每个成员方都有投票否决权。从这一特征看，WTO 比国际货币基金组织（International Monetary Fund，IMF）和世界银行（World Bank，WB）更加民主。“反向协商一致”的决策方式是指所有与会成员以“协商一致”的方式做出否定的表示，只要无人明确表示否决就赞成，任何不出席会议、出席会议不发言、发言只作一般评论、弃权等均不构成对决定的否决。这种决策方式主要用于争端解决机制。

如果某一决定未能达成协商一致，则以投票决定。WTO 的投票表决是基于“一成员一票”的原则，这一点与广泛采用加权投票法的国际货币基金组织和其他经济组织不同。投票决策的方式主要有四种：简单多数、三分之二、四分之三以及全体成员方同意。当进行与总原则（如最惠国待遇、国民待遇）相关的修改时，需要全体一致通过；当涉及协议条款的解释以及是否豁免某成员方义务时，要求四分之三多数通过；当进行总原则之外的其他相关议题修改时，采用三分之二多数通过；接受新成员，必须由部长会议交付表决并得到缔约方全体的三分之二多数通过；对于其他没有明确规定，又没有达成一致意见的情况，简单多数表决就可以了。

需要注意的是，如果贸易大国反对，即使通过投票达成协议，该协议不被贸易大国执行，该协议在国际贸易中将没有任何实质作用和意义，反而会威胁到 WTO 的地位和权威。因此，各成员方都尽量避免出现这种情况，正式的投票程序常常被“协商一致”取代。WTO 的决策几乎都是采用协商一致方式，有学者称：“WTO 投票表决机制基本上是理论上的，在实践中从来没有使用过。”

Ⅱ. 非正式决策机制

非正式决策机制是指 WTO 的“绿色会议室”（或称“休息室”，Green Room）制度，实际上是一种由惯例形成的制度安排，WTO 并没有明文规定此种决策方式。“绿色会议室”的决策程序是，经过选择的少数发达国家和发展中国家（排除大多数的 WTO 其他成员方）聚集在一起讨论相关议题，形成议案，然后提交部长会议讨论和谈判。世贸组织的大多数决策都是通过这种小范围的会议和磋商做出的，然后作为既成事实提交给大会。

起初，参加“绿色会议室”讨论的代表由在世界贸易中占据最核心地位的四方（美国、欧共体、加拿大和日本）组成。随着发展中国家在国际贸易中的实力上升，“绿色会议室”参与者的数量逐渐增加，东京回合时，参与会议的代表一般有 8 个。发展到今天，参与“绿色会议室”的一般有 25 至 30 个代表，参会代表一般来自核心成员方（近 20 个）以及非核心成员方（近 10 个），参会的非核心成员方因谈判议题的改变而变化。近几年，WTO“绿色会议室”的决策程序有所变化。在与会代表难以取得一致的情况下，为加速谈判，WTO 可能转而召集来自最主要成员方的代表进行紧急磋商，磋商结果再提交“绿色会议室”讨论，最终由 WTO 成员方通过正式程序决策。这一过程被称之为“同心圆”程序。

WTO 的非正式决策机制是对正式决策程序的必要补充，在 WTO 各成员方意见分歧较大难以取得一致意见时,"绿色会议室"程序是加快谈判进程的必要手段。"绿色会议室"是一个协商和磋商机制,相当于一种寻求共识的"孵化器",为全体成员做出决策提供建议。很多中小发展中国家质疑"绿色会议室"制度的合法性,认为该制度侵犯了它们公平参与WTO决策的能力和机会。今后,绿色会议室还需要继续进行相关改革,以适当提高透明度和参会成员的代表性。

2)贸易政策评审机制

贸易政策评审机制(Trade Policy Review Mechanism, TPRM)是指世界贸易组织成员集体对各成员的贸易政策和做法及其对多边贸易体制运行的影响进行的定期评价和评审。该机制建立在1979年东京回合谈判达成的《关于通知、磋商、争端解决和监督问题的谅解》基础上,在乌拉圭回合中期谈判中取得了长足的进展。据WTO贸易政策评审机构2003年度报告显示,自1989年4月至2003年底, WTO共进行了182次审议,审议涉及了110个WTO成员体(欧盟作为一个成员体),接受审议的成员数目占WTO成员总数的75%,这些成员的贸易额占2002年世界贸易总额的87%。

贸易政策评审机制包含以下三方面要求。

Ⅰ. 评审频率

世贸组织所有成员的贸易政策和实践无一例外地受到评审,但不同的成员可以有不同的评审周期。某一成员方的贸易政策和行为对多边贸易体制运作的影响是决定审议周期的因素;而对多边贸易体制运作影响的大小又取决于该成员在某一代表性时期内在世界贸易中所占份额的大小。

依此计算方式, 4个最大的贸易体每2年接受一次审议,排列其后的16个成员每4年接受一次审议,其他成员每6年审议一次,最不发达国家的审议周期可以更长。在例外情况下,当某一成员的贸易政策和实践发生变化,并对其贸易伙伴发生重大影响时,贸易政策评审机构与该成员磋商后,可要求其提前进行下一次评审。WTO明确规定中国在过渡期的前8年每年接受一次审议,第9年不审议,第10年事后审议。2006年4月WTO贸易政策评审机制组织对中国贸易政策的第一次审议,其主要内容涉及中国的现行贸易政策制度和最新发展情况(包括法律法规的立、改、废等法制建设问题)、增加贸易政策的透明度等方面。

Ⅱ. 定期报告

凡轮到接受评审的成员,必须在当年向贸易政策评审机构提交其贸易政策和做法的详尽报告。该报告按照贸易政策评审机构规定的统一格式提交。在两次评议中间,若某一成员的贸易政策发生重大变动,必须及时向贸易政策评审机构提供简要报告。此外,每一成员还必须按照统一格式提供最新年度统计数据,最不发达国家可在其提交的贸易政策报告中,详细说明其所面临的困难,以便贸易政策评审机构在审议中予以特别考虑。

Ⅲ. 审议过程

贸易政策评审机构应首先制订审议的基本方案计划,确定每年的审议方案。在此基础上,接受审议的成员必须在当年向贸易政策评审机构提交贸易政策和实践的详尽报告。同时, WTO秘书处亦根据现有的有关资料以及其他有关成员提供的信息起草一份报告。之后，贸易政策评审机构便负责召开会议，审议这两份报告。在与接受审议的成员磋商后，贸易政策评审机构可以选择讨论的参与者，任何与接受审议的国家有利害关系的成员方都可对该成员有关的贸易政策和实践提出质询、批评或表扬。最后，接受审议方的贸易代表针对各方提问进行答辩。审议结束后，WTO 秘书处负责将成员提交的报告、秘书处的报告以及贸易政策评审机构会议记录概要三份文件合订在一起，以英文、法文和西班牙文及时公开出版，包括在互联网上发布。

3）争端解决机制

世界贸易组织根据关贸总协定近 50 年的实践，通过了《关于争端解决规则和程序的谅解》，建立了独立、完整的争端解决机制。

Ⅰ. 特征

（1）统一了争端处理程序。WTO 制定了适用于货物贸易、服务贸易以及知识产权等所有领域的争端处理程序，范围非常广泛。

（2）设立了专门的争端解决机构，增设了上诉评审程序和上诉机构。

（3）推动贸易争端的迅速解决。首先，严格规定了争端解决的时限；其次，确立了新的否决一致原则。与协商一致原则不同，否决一致原则是指只要有代表表示同意，决议就算通过。

（4）引入交叉报复权。如果违反 WTO 组织协定或协议的成员方在合理期限内没有纠正不当行为，经争端解决机构授权，利益受到损害的成员可以中止关税减让或其他义务，包括实行“交叉报复”。不过，报复制度本身存在一定的缺陷。第一，报复水平不充分。WTO 争端解决机制将贸易报复水平严格限制在与损害程度相称的范围内。第二，报复与交叉报复制度存在一定的不公平性。WTO 的报复制度是以受害方为实施报复的主体而进行的一种自力救济，这种救济措施的实际效果在很大程度上取决于报复双方经济实力的对比情况。

（5）透明度有待提高。关于透明度的争论集中在两个方面。一是争端解决程序一般性的透明度问题，是指整体适用于专家小组程序和上诉机构程序的透明度问题。例如：上诉机构和专家小组的议事是秘密的；公众不能出席听证会或收到议事记录等。二是“法庭之友”问题。“法庭之友”是英美法系中采用的特殊的司法诉讼习惯，无论是《关于争端解决规则与程序的谅解》还是其附件都没有提及“法庭之友”，而且对于是否应在 WTO 争端解决中采纳“法庭之友”制度，WTO 各成员立场迥异。但是，在实践中“法庭之友”向专家组或上诉机构提交书面意见的情况却层出不穷。目前，“法庭之友”主体及所提供材料的公正性受到不少成员方（尤其是发展中国家）的质疑。

Ⅱ. 程序

（1）磋商程序。当 WTO 成员认为，另一成员方的行为对本方在 WTO 协议条件下应享受的权利造成了损害，或它在实现 WTO 协议的目标时遇到了阻碍，可要求与对方进行磋商，同时以书面形式通知争端解决机构和相关理事会或委员会。一般情况下，被要求磋商的成员方应在接到磋商请求之日起 10 日内对该请求做出答复，并应在收到请求之日起不超过 30 日的期限内善意进行磋商，磋商应在收到请求之日起 60 天内完成；否则，申诉方可请求设立专家组。在出现紧急情况(包括涉及易腐货物的案件)时,各成员应在收到请求之日起不超过 10 日的期限内进行磋商;如在收到请求之日起 20 天的期限内,磋商未能解决争端,则申诉方可请求成立专家组。

(2)斡旋、调解和调停程序。斡旋、调解和调停程序是指争端各方可以自愿选择中立第三方,由第三方协调各种冲突观点,帮助他们达成相互满意的解决办法的非正式的争端解决程序。该程序并非争端解决的必经阶段,也不是任何程序的先决条件,可以随时开始随时结束。斡旋、调解和调停应在被要求磋商方收到请求之日起 60 天内开始。如争端各方共同认为斡旋、调解和调停未能解决争端,则申诉方可在 60 天期限内请求设立专家组;如争端各方同意,斡旋、调解和调停程序可在专家组程序进行的同时继续进行。

(3)专家组程序。申诉方提出设立专家组的请求之后,争端解决机构在接到申请后的第一次会议上决定成立专家组,除非在此次会议上争端解决机构经协商一致决定不成立专家组。如决定成立,专家组在争端解决机构第二次召开会议时成立。《关于争端解决规则和程序的谅解》就专家组的成员人数、产生过程、职权范围以及工作程序进行了规定。专家组的最后报告一般应在 6 个月内提交给各争端方;如果情况紧急的话,时限将缩短至 3 个月。

(4)上诉审查程序。《关于争端解决规则和程序的谅解》规定,争端各方可对专家组报告中有关法律问题和专家组详述的法律解释进行上诉。WTO 设有常设性的上诉机构,该机构由 7 人组成,任期为 4 年。任何一个案件的上诉应由其中 3 人审理,他们可以维持、修改或推翻专家组的裁决和结论。上诉机构需要在 60 天内(最多不得超过 90 天)处理上诉事宜并通过报告,上诉机构的报告需要在发出后 30 天内经争端解决机构通过,除非经协商一致不通过。

(5)执行与仲裁程序。通过的专家组或上诉机构的报告,争端各方应予执行。在报告通过 30 天内,当事方应通知争端解决机构其履行争端解决机构建议或裁决的意愿和改正的具体措施及期限;若不能立即执行,可以要求在一段合理期限内执行。合理期限一般为 90 天,实际操作中最长不超过 15 个月。若在合理期限内被诉方不能改正其违法做法,申诉方应在此合理期限届满前与被诉方进行谈判,以寻求双方都能满意的补偿办法。若合理期限到期 20 天后,争议各方对赔偿办法仍未达成一致,则申诉方可以申请争端解决机构授权其终止对另一方履行已承诺的义务。如另一方表示反对,则应交付仲裁,可由原来的专家组仲裁,也可由世界贸易组织总干事指定的小组仲裁。仲裁应在 60 天内完成,仲裁结果是最终的,不得再上诉并且必须遵照执行。与斡旋、调解和调停程序一样,仲裁并非争端解决的必经程序,而是一种当事方可选择的争端解决方式。

5.WTO 在世界贸易体系中的作用

(1)与关贸总协定相比,世贸组织的体制更持久,其协议的法律约束力更强,运转机制更有效,从而更有力地促进了世界贸易的发展。关贸总协定虽然存在很长时间,其对世界贸易的影响也是不容忽略的,然而它毕竟只是临时性的协定,并不是严格意义上的国际组织。而世界贸易组织及其协议是永久性的,世贸组织是常设的国际经济组织,具有独立的国际法人资格,享有特权和豁免权。从管辖范围来看,关贸总协定只管辖货物贸易,而世贸组织的管辖范围扩展到了服务贸易和知识产权范畴。更为重要的是，在承担义务的统一性上，世贸组织管辖的货物贸易、服务贸易、知识产权贸易等领域的所有多边贸易协议（除附件的几个协议之外），成员方既不能选择其中的某一个或某几个协议不参加，也不能对其管辖的任何协定和协议提出保留意见，必须按照“一揽子”接受的方式全部接受。很明显，世贸组织的协议有着更强的法律约束力。从运转机制来看，世贸组织的组织机构更完善、更系统，规则文本更详尽、更全面，运转更高效、更透明。综上所述，世贸组织对世界贸易的促进作用更为突出。

（2）世贸组织确认市场经济体制的合法性，并促进了市场经济体制的发展。首先，世贸组织贯彻了一些诸如非歧视原则、扩大贸易自由化的原则、公平竞争等体现市场经济的基本原则，鼓励市场经济发展和改革不利于市场经济发展的法规。其次，世贸组织运行机制体现市场经济体制的要求：世贸组织强调成员方权利与义务的平衡，体现了市场经济下的契约关系；世贸组织成员加入和退出的自由和互不适用，体现了市场经济下的平等性等。再次，世贸组织促进其成员方市场经济体制的发展和完善：世贸组织成员必须“一揽子”接受乌拉圭回合达成的所有贸易协定和协议，必须保证遵守其法律法规和行政程序；世贸组织的各种协定和协议相一致；新成员要做出不断改革不符合世贸组织规则的国内贸易法规的承诺，以提高自身的市场化程度。

（3）WTO 规则为环境保护带来了正反两个方面的效应。WTO 是以推进贸易自由化为主旨的国际组织，对于国际环境保护来说，它是一把双刃剑，既有积极作用，又有负面作用。

WTO 对环境保护的促进作用体现在以下三个方面。

① WTO 规则本身对国际环境保护具有促进作用。《关贸总协定 1994》《建立世界贸易组织协定》《补贴与反补贴措施协议》《卫生和动植物检疫措施协议》《技术性贸易壁垒协议》《农产品协议》《服务贸易总协定》和《与贸易有关的知识产权协定》等诸多协议对各成员方提出了环保方面的要求。

② WTO 通过推进贸易自由化来促进国际环境保护。贸易自由化有助于发展国民经济，提高国民生活水平，从而为国家保护环境提供了坚实的物质基础，国民的环境保护意识也会随着物质生活水平的提高而增强；贸易自由化有利于促进交流与合作，从而促进环境公约的谈判；贸易自由化推动环保产品和技术的贸易，从而有利于环境保护。

③ WTO 尽量协调贸易与环境的冲突，以实现自由贸易与环境保护的协调统一。环境与贸易的联系日趋紧密，与环境有关的国际贸易争端将越来越多，WTO 为解决这类争端做出了有益尝试和不懈努力，并初见成效。WTO 解决的著名的两个案件是“汽油标准”争端和“虾和海龟”争端。

WTO 体制对国际环境保护也有一些不利的影响。这是因为 WTO 追求的目标与环保要求不完全一致。贸易自由化是 WTO 的根本追求目标。当贸易自由化与国际环境保护相冲突时，WTO 自然先要维护贸易自由，不可能为了环境保护而牺牲贸易自由化的目标。WTO 不允许各国片面援引本国环保法令而采取贸易限制措施，反对用片面贸易限制手段来达到环境政策的目的，这与国际环境公约之基本立场迥异，不利于国际环境保护法的推行。

（4）WTO 对发展中国家的经济和贸易发展有较大的促进作用，但仍存在一些对发展中国家不利的因素。世贸组织对发展中国家经济和贸易发展的促进作用体现在三个方面。

①世贸组织力推贸易自由化，有助于发展中国家发挥比较优势，积极参与国际分工。

②世贸组织的决策机制对发展中国家较为有利。不同于联合国及国际货币基金组织等国际性组织按经济实力确定投票权，世贸组织确立的"协商一致""一成员一票"等决策机制对发展中国家维护自身在多边贸易体制中的利益具有重要意义。

③鉴于世界贸易组织成员 75% 以上是发展中国家和经济转型国家，世贸组织的各项规则允许发展中成员方在相关贸易领域在非对等的基础上承担义务，给予发展中国家更多的优惠；GATT/WTO 规则确立的针对发展中国家的"例外"有助于发展中国家增强贸易竞争力和产业竞争力，为发展中国家缩小与发达国家之间的差距创造了一些机遇。

当然，现行的 WTO 体系中仍然存在一些不利于发展中国家的因素，体现在以下三个方面：①欧美等发达国家坚持对农产品进行补贴，却要求发展中国家降低农产品和工业制成品的进口关税；②发达国家过于苛刻地强调知识产权保护，不利于发展中国家提升技术水平；③发达国家对于"政府公开招标采购"以及给予外国投资者"国民待遇"和"充分自由"的要求，看似公平，但实质上对发展中国家发展幼稚产业、保护产业安全极为不利。

9.3.3 中国与世界贸易组织

1. 中国加入世贸组织的历程

中国是关贸总协定的创始缔约国之一。1947 年 10 月 30 日，国民党政府代表中国签署了《关税与贸易总协定》；1948 年 4 月 21 日，中国政府签署了《关税与贸易总协定临时适用议定书》。1949 年中华人民共和国成立后未能取得联合国席位，因此关贸总协定的席位仍由国民党政府占据。台湾当局于 1950 年 3 月 6 日向联合国秘书长发出退出 GATT 的照会，联合国秘书长于同年 5 月 5 日越权"提前"宣布退出生效。1965 年，台湾当局又非法取得关贸总协定观察员资格。直到 1971 年 10 月联合国大会恢复中国在联合国的一切合法权利之后，台湾当局的关贸总协定观察员资格被取消。由于面临复杂的国际国内环境，中国直到 20 世纪 80 年代初才重新开始与关贸总协定进行接触。中国的"复关"和"入世"谈判大致可以分为四个阶段。

1）酝酿和准备"复关"阶段（1980—1986 年 7 月）

1980 年，中国因纺织品和关贸总协定有了第一次的亲密接触。中国派代表参加了关贸总协定下属《多种纤维协定》的谈判，从而争取到了在全球市场上的纺织品配额。同年，关贸总协定应中国的要求向中国常驻联合国日内瓦代表团提供关贸总协定文件资料。1982 年，中国批准设立了对外经济贸易部，并批准了它旋即提出的复关报告；同年，中国获得关贸总协定观察员身份，第一次派代表团列席关贸总协定缔约国大会，开始就复关问题与关贸总协定进行接触。1986 年 7 月 10 日，中国照会关贸总协定总干事邓克尔，正式提出中国政府关于恢复 GATT 缔约方地位的申请。

2)经贸体制审议阶段(1987 年 2 月—1992 年 10 月)

根据关贸总协定的规则,中国“复关”谈判分为两个阶段。第一阶段是对中国的经贸体制进行审议;第二阶段是实质阶段,进行双边市场准入谈判并起草议定书。1987 年 3 月 4 日,GATT 代表理事会设立了“中国的缔约方地位工作组”,邀请所有缔约方代表就中国经贸体制提出质询,中方答疑,由缔约方判断中国的经贸体制是否符合市场经济的基本要求。1989 年 5 月,中美在北京举行第五轮双边磋商,在复关、发展中国家地位、价格改革、关税谈判和选择性保障条款等方面达成了共识,取得实质性进展,美方承诺将提请国会修改自 1974 年开始实施的对华一年一度的最惠国待遇审议,中国复关已经曙光在前。美国代表团表示将在 1989 年底结束中美之间的双边谈判,然后在 1990 年初结束中国所有的双边多边谈判,年底在布鲁塞尔会议上(关贸总协定当时预期要结束的会议)投票表决,通过中国的复关议定书。但是,因众所周知的原因使一切又回到了原点。1991 年 5 月,中国邀请关贸总协定总干事邓克尔参加国际榨油商协会第 65 届大会,从事实上松动了西方的禁律。1991 年 10 月,李鹏总理致函关贸总协定各缔约方首脑和关贸总协定总干事,阐明中国“复关”问题的立场。1992 年 9 月,中共十四大确立了建立社会主义市场经济体制的目标,从而使第二阶段的谈判迈出了关键性的一步。1992 年 10 月召开的关贸总协定第 11 次中国工作组会议,正式结束了对中国经贸体制长达 6 年的审议。

3)“复关”实质性谈判阶段(1992 年 10 月—1995 年)

GATT 规定,申请加入方要与向它提出谈判要求的缔约方进行谈判,然后其谈判结果根据最惠国待遇原则适用于所有其他缔约方。在此阶段,中国与各缔约方就市场准入问题进行了双边谈判。1993 年冬天,亚太经合组织领导人第一次非正式会议在美国西雅图召开。江泽民与克林顿会晤时,对中国复关阐述了三条原则:第一,关贸总协定既然是国际组织,没有中国参加是不完整的;第二,中国只能作为一个发展中国家参加;第三,中国复关,权利和义务一定要平衡。由于各方利益的矛盾以及少数缔约方的无理阻挠,中国复关谈判未能达成协议。1995 年 1 月 1 日,世界贸易组织成立,中国被阻挡在世贸组织的大门之外。

4)“入世”谈判阶段(1996—2001 年)

1995 年 11 月,中国政府照会世贸组织总干事鲁杰罗,把中国“复关”工作组更名为“入世”工作组,中国恢复关贸总协定缔约方地位的谈判转化为加入世贸组织谈判。此后,中国与世贸组织各成员进行了拉锯式的双边谈判。

1997 年早春,欧盟委员会副主席布里坦发表谈话,预期欧盟与中国年底之前会达成一致。5 月,亚太经合组织贸易部长一致表示支持中国尽早“入世”,世贸组织总干事鲁杰罗甚至宣布中国“入世”已进入了最后阶段。6 月 23 日,中国“入世”议定书中关于非歧视原则和司法审议两项主要条款达成协议,表明中国愿意遵守国际通行规则,维护多边经贸体制中的重要原则。1997—1999 年,中国先后做出了一系列的关税减让,进一步向世界表明了中国加入世贸组织的诚意。

1997 年 8 月 6 日和 26 日,中国分别与新西兰和韩国就中国“入世”问题达成了双边协议。此后,又与匈牙利、捷克、斯洛伐克、巴基斯坦签署了结束中国“入世”双边市场准入谈判协议。1999年11月15日,中美就中国"入世"达成协议,这标志着中国"入世"谈判取得实质性进展。2000年初,中国已和20个谈判对手达成协议。2000年5月19日,中国和欧盟达成"入世"协议;2001年6月14日,中美就解决中国加入WTO遗留问题达成共识,中国"入世"路上的最后障碍宣告清除。2001年9月17日,WTO中国工作组第18次会议通过了中国"入世"的所有法律文件,为长达15年的谈判画上了圆满的句号。2001年11月10日,在卡塔尔首都多哈举行的世界贸易组织第四次部长级会议审议并批准中国加入WTO的文件。2001年12月11日,中国正式成为WTO的成员。

2. 加入世贸组织对中国的影响

1)促进我国贸易政策的完善

我国在加入WTO的法律文件中明确表示遵守WTO的基本原则和普遍适用的规定,并就与货物贸易有关的贸易权、关税和非关税措施应用及服务贸易中的许可问题,具体服务领域的市场准入和国民待遇等做了相应承诺。履行这些规定和承诺是我国的首要选择。出于这种选择,我国的贸易政策必然沿着自由、透明、公正、统一的方向变化,并逐步显现出自由化、市场化、透明度、公正性和统一性的特征。

2)推动我国行政制度的完善

我国的政治体制有待完善,国家权力的运作有待规范。由于WTO规则按照市场经济的内在要求对国家权力提出了硬性的要求,充分体现和贯彻了法治精神,所以,我国政府在国家加入WTO后必须根据相关规则的要求,转变政府职能,提高行政透明度,积极遵守发展社会主义市场经济体制的要求。

3)为我国优势产业打开国际市场创造了机遇

我国在劳动密集型产业和部分资源密集型产业中具有比较优势。加入WTO之后,由于很多产品的进口关税水平降低,而且一部分非关税措施受到限制,这样一来,我国的优势产业可以在国际市场上产生更大的影响。

4)加剧国内竞争,威胁部分产业的安全

按照WTO规则的市场准入要求,我国一方面要扩大货物的市场准入程度,即进一步降低关税水平、逐步取消非关税措施;另一方面,我国要逐步开放服务市场,涉及的行业包括电信、银行、保险、证券、音乐和分销等部分。国外相关行业的产品和资本将在更大程度上参与中国国内市场的竞争,对中国部分行业,特别是幼稚产业造成冲击。当然。外来资本对中国相关产业的影响性质取决于"挤出效应"和"计入效应"的相对大小。

5)在一定程度上促进我国企业"走出去"

中国加入WTO为我国海外直接投资创造了更为方便和有利的条件。在WTO框架中,各成员方引导和管辖外资的权力开始受到多边贸易规则的约束,东道国放松对国际投资的管制,各国政策法规透明度得到提高,投资环境进一步改善。这必将为我国企业"走出去"提供更大的发展空间和更多的成长机会。

6)中国在WTO体系中仍遭遇一些不公正的对待

不少WTO成员方没有认可中国的市场经济地位,导致中国产品的出口遭遇贸易壁垒。

按照中国 2001 年加入世界贸易组织的协定,在加入后 15 年内,各 WTO 成员有权决定是否给予我国以完全的市场经济地位。截至 2009 年底,已有 97 个成员方承认中国的市场经济地位,但中国的三大贸易伙伴美、日、欧尚未承认中国的完全市场经济地位。非市场经济地位问题使中国企业在应诉部分国家反倾销调查中遭受到不公平待遇,这也违反了世贸组织基本的公平贸易规则。

中国还受到“特别保障条款”的限制。在“入世”谈判中,一些 WTO 成员对我国设置了与 WTO《保障措施协定》不一致的歧视性特别保障条款,即议定书第 16 条“特定产品过渡性保障机制”。根据该条款, WTO 成员在“入世”后 12 年内(即 2001 年 12 月 11 日至 2013 年 12 月 11 日),如果原产于我国的出口产品激增,对有关的 WTO 成员的国内市场造成扰乱,该 WTO 成员可请求与我国进行磋商,寻求双方满意的解决办法。若双方磋商后均认可上述情况,则我国必须采取行动以防止或补救此种市场扰乱;如果磋商在 60 天内没有达成协议,则该成员方可以在补救冲击所必需的限度内,对此类产品撤销减让或限制进口,但成员方必须确保实施该措施应当满足一系列的条件和标准,并进行公告,听取多方意见。WTO 成员对我国出口产品采取撤销减让或限制进口的措施,如果是基于进口水平的相对增长,则该措施持续有效的实施期限为 2 年;如果是基于进口水平的绝对增长,则该措施持续有效的实施期限为 3 年。否则,我国可以采取一定的报复措施。在紧急情况下, WTO 成员可以在与我国磋商前采取为期 200 天的临时性保障措施。如果其他的 WTO 成员认为我们双方之间采取的行动有可能对其市场造成重大贸易转移,亦可以适用该机制来防止或补救此类贸易转移。

WTO 成员除了对以中国为原产地的货物设置了一般所适用的特别保障规则(即“特定产品过渡性保障机制”)之外,还专门针对中国的纺织品设置了特别保障规则。根据该规则, WTO 成员对原产于中国的纺织品和服装可采取临时限制措施,具体为:在 2005 年至 2008 年,如中国的纺织品对 WTO 成员市场造成“扰乱”, WTO 成员可临时实行限制,但 4 年内只能用一次,一次只能持续 1 年,不能重复使用。在 2008 年 12 月 31 日之前, WTO 成员不能对我国纺织品同时使用“特定产品过渡性保障机制”和纺织品特别保障规则。在 2008 年之后,WTO 成员对我国纺织品只能使用“特定产品过渡性保障机制”。

9.3.4 TPP 概述

跨太平洋伙伴关系协定(Trans-Pacific Partnership Agreement, TPP),也被称作“经济北约”,是目前重要的国际多边经济谈判组织,前身是跨太平洋战略经济伙伴关系协定(Trans-Pacific Strategic Economic Partnership Agreement, TPSEP),是由亚太经济合作组织成员中的新西兰、新加坡、智利和文莱四国发起,从 2002 年开始酝酿的一组多边关系的自由贸易协定,原名亚太自由贸易区,旨在促进亚太地区的贸易自由化。

1. TPP 发展历程

TPP 是由美国主导、共有 12 个国家参与谈判的一项多边自由贸易协定。目前,该协定正处于谈判进程中,其发展进程大致可分为以下三个阶段。

1）酝酿阶段（1990—2000 年）

这一时期，全球区域经济一体化的浪潮迅速兴起，在亚太地区主要体现为亚太经合组织（APEC）的诞生。1994 年 11 月，APEC 在《茂物宣言》中阐述了“开放的地区主义”理念，明确提出了发达国家和发展中国家实现贸易投资自由化的时间表和目标。在 APEC 的推动下，亚太地区各经济体的开放程度不断提升，经济合作领域迅速拓展，新加坡、智利等贸易自由化程度较高的国家开始考虑建立高标准的自由贸易区，这为 TPP 的出现奠定了重要基础。

2）起步阶段（2001—2008 年）

这一时期，WTO 多边贸易体制进展缓慢，多哈回合谈判陷入僵局。与之相对照，区域自由贸易协定呈现出迅速发展的态势，随着中国—东盟、韩国—东盟、日本—东盟等自由贸易协定（Free Trade Agreement，FTA）的成功签署，亚太地区逐渐成为全球自由贸易的中心。2002 年，新西兰、新加坡、智利和文莱 4 国开始酝酿一组多边关系的自由贸易协定，初定名为“亚太自由贸易区”。2005 年 7 月，上述 4 个国家正式签订了“跨太平洋战略经济伙伴关系协定”（又称“P4 协定”），这成为 TPP 的前身，其中协定彼此承诺在货物贸易、服务贸易、知识产权以及投资等领域相互给予优惠并加强合作，其中最为核心的内容是关税减免。但此时，P4 协定还只是一个默默无闻的小圈子协定，直到美国加入后，情况迅速发生了变化。

3）快速发展阶段（2008 年至今）

2008 年下半年爆发的国际金融危机对世界经济产生了严重的冲击。出于应对金融危机和美国战略重心转移的需要，加上美国反恐战争和伊拉克战争基本结束，奥巴马政府将 TPSEP 作为美国介入并主导亚太地区经济一体化进程的重要杠杆，于 2008 年 11 月正式宣布加入 TPSEP。在美国的主导下，2009 年底 TPSEP 被更名为 TPP。这一时期，除美国以外，越南、秘鲁、澳大利亚、马来西亚、加拿大、墨西哥、日本等国相继加入谈判，从而使 TPP 的成员由最初的 4 国（P4）迅速扩大到目前的 12 个国家（P12）。

TPP 先后共举行了 19 轮谈判和多次部长级会议，2015 年 10 月 4 日完成了谈判，并达成 TPP 贸易协定。该协定涉及 30 个章节，内容基本涵盖了当今国际经贸规则谈判中的所有主要议题，以及电子商务、政府采购、竞争政策和国有企业等几乎所有 21 世纪的新的经贸议题。

2016 年 2 月 4 日，《跨太平洋伙伴关系协定》（TPP）在新西兰奥克兰正式签署。TPP 是一个高标准区域经济合作平台，其成员包括 12 个国家：美国、日本、澳大利亚、加拿大、新加坡、文莱、马来西亚、越南、新西兰、智利、墨西哥和秘鲁（美国于 2017 年 1 月 23 日宣布退出跨太平洋伙伴关系协定），人口规模达到 8 亿，GDP 总量占全球 GDP 的近 40%，尤其是作为世界上第一大和第三大经济体的美国和日本也在其中。

跨太平洋伙伴关系协议的建立旨在突破传统的自由贸易协定模式，达成包括所有商品和服务在内的综合性自由贸易协议。跨太平洋伙伴关系协议将对亚太经济一体化进程产生重要影响，可能将整合亚太的两大经济区域合作组织，亦即亚太经济合作组织和东南亚国家联盟重叠的主要成员，将发展成为涵盖亚太经济合作组织（APEC）大多数成员的亚太自由贸易区,成为亚太区域内的小型世界贸易组织。而TPP与WTO不尽相同。它从传统、单一、狭义的贸易协定拓展为现代、广义、综合的贸易协定。除了经济元素以外,TPP包含了许多非经济元素。TPP成员不仅要受到贸易机制的制约,而且还要受到法律法规、社会团体、生态环境、商业模式和公众评判等的制约。这可以说是西方国家对于"自由贸易"的全新注解。这是整体、多层次发展的自由贸易新模式。

2. TPP的主要特点

TPP是跨区域的自由贸易协定,与以往的自由贸易协定相比具有以下三个鲜明的特点。

1)成员国之间存在巨大的差异性和复杂性

从参与主体来看,各成员国在地理、人口、政治、宗教信仰以及经济发展水平和经济结构等方面存在的差异性和复杂性比较突出。各经济体遍及北美、南美、东亚和大洋洲,既有人口大国,也有人口小国;既有资本主义国家,也有社会主义国家;既有发达国家,也有发展中国家;既有以制造业为主导产业的国家,也有以资源为主导产业的国家。这就决定了亚太地区经济体在涉及农业、劳工、环境、知识产权等方面的谈判时将会有不同的利益诉求和较大分歧。倘若考虑韩国、泰国等潜在成员国,这种差异性和复杂性还会进一步增大。

2)协议内容的广度和深度超过以往任何自由贸易协定

从本质上看,TPP仍属于一种FTA形式,但其框架协议中明确提出要树立一个"21世纪自由贸易协定的标杆、全球贸易合作的新标准",因而其协议内容无论是广度还是深度,都明显超过以往任何一个亚太地区自由贸易协定。从广度上看,它体现了全覆盖的特点,既包括商品贸易、服务贸易等传统FTA的条款,也包含知识产权、劳工、环境、临时入境、国有企业、政府采购、金融、能力构建等亚太地区绝大多数FTA尚未涉及或较少涉及的条款。从深度上看,它体现了高标准的特点,在关税减免、服务贸易、知识产权、劳工、环境、国有企业、政府采购等相关领域的最终标准都明显超出FTA的现有水平。在商品贸易领域,TPP最终有望实现全部贸易商品零关税。在服务贸易领域,FTA的条款一般仅允许准入后国民待遇;在市场准入方面,也仅在特定部门中给予外资企业超出国内规定的市场准入待遇。而TPP则采取"准入前国民待遇+最惠国待遇+例外条款"这一自由化程度较高的方式,即对所有服务部门均给予准入前国民待遇和最惠国待遇,仅对国防、金融、航空等少数特殊行业设置例外条款。在知识产权领域,FTA只是要求成员遵守WTO的《与贸易相关的知识产权协定》(TRIPs),而TPP对知识产权保护所提出的要求则明显高于TRIPs。此外,TPP在劳工、环境、政府采购、国有企业等领域也提出不少高于FTA的内容和标准。

3)协议内容和标准更多体现美国自由贸易理念及其战略利益诉求

从价值理念看,TPP在知识产权、劳工和环境及服务贸易等方面设置的"高标准",带有显著的美式自由贸易特点,其主要目的在于维护美国的经济利益和战略利益。TPP在知识产权领域实施高于WTO协议(TRIPs)的标准。事实上,美国在技术创新和知识、技术密集型产业方面具有明显优势,提高知识产权标准将有助于美国继续保持这方面的优势,并从技术贸易、技术转移和专利使用等方面获取更多的技术扩散收益。但对于发展中国家来说,这将不利于它们以低成本获取先进技术。此外,TPP中专门增设了劳工和环境条款,并将贸易与之挂钩，强加于他国较高的劳工环境标准等有助于美国借此对其他成员国的出口产品实施贸易制裁，以达到其维护自身利益的目的。美国强调 TPP 谈判要实现统一原产地规则、全面减免关税、服务贸易的国民待遇和最惠国待遇，主要目的还是为了扩大对亚太区域的出口。国际金融危机爆发后，美国总统奥巴马提出了五年出口倍增计划，即到 2015 年美国出口增加一倍。而亚太地区作为一个快速成长的新兴市场，对于美国扩大出口、推动经济复苏和增长显然具有重要的意义。

9.3.5 TTIP 概述

TTIP（Transatlantic Trade and Investment Partnership，TTIP）即跨大西洋贸易与投资伙伴协定，是指美国和欧盟双方通过削减关税、消除双方贸易壁垒等来发展经济、应对金融危机的贸易协定。谈判一旦达成协议，意味着欧美自贸区形成。其将一举成为世界上最发达和规模最大的自由贸易区，对欧美经济乃至全球贸易格局和规则的演变无疑都将产生重大影响。

1. TTIP 构想进程

早在 1949 年，加拿大就曾提出过“让北约既成为一个军事联盟又成为一个经济联盟”的建议，但遭到欧洲拒绝。20 世纪 70 年代后，美国政界人士和经济学家曾多次有过类似构想的表述，并在不同场合提出以某种形式在欧美之间建立一个跨大西洋自由贸易区。但由于当时双方在关贸总协定框架下仍可大有作为，这些构想也就不了了之。随着“冷战”的结束，维系欧美同盟的主要动力不复存在，如何在后“冷战”时代的背景下构筑新的伙伴关系就成为欧美共同关心的问题。于是，各种有关补充欧美联盟关系的构想和建议应运而生。1995 年 12 月，在马德里会议上，美国与欧盟委员会签署了《跨大西洋新纲要》，就建立跨大西洋自由贸易区再次进行了讨论；1998 年 3 月，欧盟委员会提出了一项“新跨大西洋市场计划”，重提建立一个广泛的欧美自由贸易区的设想。在此期间，美国和欧盟的态度几经变化和摇摆不定，终因分歧严重以及双方对世贸组织的高度关注而被搁置。2013 年，经历金融危机打击的美国，被债务危机折磨的欧盟，终于痛下决心，重拾旧梦，共同打造 TTIP 这一巨型航母。2013 年 7 月，TTIP 谈判正式启动。2013 年 11 月，进行了第二轮谈判。截至 2016 年 4 月，双方已经开展了十二三轮谈判，但谈判中仍有不少敏感议题被搁置。

2. 构建 TTIP 的原因

促进经济增长、创造就业是大家公认的重要经济因素。2008 年源于美国的国际金融危机，使美欧两大经济体的经济增长和就业受到严重影响；欧洲国家主权债务危机更是雪上加霜，欧美使出浑身解数，采取了一系列刺激经济增长的政策和措施，但收效甚微。于是便将希望寄托于 TTIP，因为谈判一旦成功，欧洲经济产出就有望一年增加 650 亿欧元，相当于欧盟的国内生产总值提高 0.52%。2013 年，美国总统奥巴马在国情咨文中宣布，TTIP 将“可为美国增加数百万个优质就业岗位”。这样一份宏大的协定无疑会成为经济复苏乏力的欧美双方最看重的“良方”。欧美高调推进 TTIP，并非仅仅因为经济因素，重掌国际贸易大权，主导全球贸易“话语权”，才是其背后的真正动因。发展中国家的崛起，特别是新兴市场国家经济力量的快速提升，打破了原有的全球经贸、财富聚集的格局。随着经济实力的提升，发展中国家在国际舞台上的影响力和话语权不断增加，使得欧美通过主导全球多边规则获得更多经贸利益的企图化为泡影，这也成为多哈回合谈判久而不决直至搁浅的最重要的原因之一。同时，发展中国家在全球自贸协定热潮中表现积极，长此以往欧美在国际贸易规则制定中的领导地位会逐步丧失，因此，形成新一轮没有新兴市场国家参加的全球贸易规则谈判，重塑全球的新贸易规则，重新掌握国际贸易领导权，抑制发展中国家日益上升的影响力，成为欧美两大经济体的共同目标。

3.TTIP 的目标

1)削减关税

欧美对 TTIP 有巨大的需求，虽然欧美之间关税平均只有 3%~5%，但取消关税仍然有较大的作用。取消关税不仅可以简化通关程序，而且可以开放公共采购市场，刺激经济，从而使复苏乏力的欧美从中获益。据欧盟独立研究报告显示，TTIP 生效后，欧盟对美国出口总体将增长 28%，欧盟每年将从中收益 1 190 亿欧元，同时也将为世界经济带来 1 000 亿美元的 GDP 增长。

2)减少非关税贸易壁垒

非关税贸易壁垒主要来自欧美之间不同的规则和标准，消除非关税贸易壁垒可以为商业活动节约大量资金、创造就业和增加消费者福利。据欧盟提供的数据显示，不必要的行政机制打交道的花费，大约等价于商品总价的 20%，而这些最终需要由消费者埋单。但是，要消除非关税贸易壁垒，其谈判过程非常复杂，困难重重。欧洲和美国都有一整套较为完善的产品安全保障和消费者利益保障系统，其实现方式和方法都存在一定的差异。这样就使得双边贸易过程增加了许多不必要的流程和手续，浪费了大量的时间和金钱。

3)促进经济和就业增长

从总体来看，欧盟国家促进经济增长的需求是比较强烈的，但是每个国家对 TTIP 促进经济和就业增长的需求并不相同，因而每个国家的谈判热情也是不一样的。对于美国来说，虽然美国的经济已经逐渐复苏，但是由于房地产市场萎缩等其他一些因素的存在，其后续增长仍需要 TTIP 为其注入一剂强心剂。研究显示，欧美自由贸易区的建立将为美国增加巨额出口，从而为欧美增加超过 1 300 万个就业岗位。伦敦独立研究机构经济政策调查中心(Economic Policy Research Center，CEPR)认为，TTIP 将为欧洲带来一年 1 190 亿欧元的额外收益，这相当于每个欧洲四口之家一年将获得 545 欧元的额外收入。

4)为实现欧美共同的经济目标做铺垫

欧美经济持续低迷，而在以中国为代表的发展中国家保持较高经济增速的情况下，欧美不得不为维持其在全球经济运行中的较强影响力而团结起来。正如美国负责经济、能源及农业事务的副国务卿鲍勃·霍尔迈茨在演讲中所说：“就像北大西洋公约组织在‘冷战’期间将美国和欧洲紧密地联系在一起一样，TTIP 可以反映和提升大西洋两岸共同的利益和价值，而这些将在未来几十年中把我们更紧密地联系在一起。”曾任欧盟委员会主席的巴罗佐对 TTIP 谈判原因的解释也清晰地说明了这一点：“除了对就业的需求之外，也为我们正在建立的战略维度的需求书写我们拥有的共同标准和价值观以及开放的经济社会标准的历史新篇章。"

5）其他各自关心的目标

除了经济利益以外，美国方面对 TTIP 建立后所能获得的可以传播到其他市场的高质量商业规范也进行了强调。对于美国来说，尽管无法否认亚洲的重要经济地位，但其最重要的贸易伙伴仍是欧洲。因此，有媒体将 TTIP 看作强化"冷战"之后欧美关系的手段，从而形成经济上的"新北约"。相比美国对 TTIP 政治作用的高度关注，欧盟各成员国表现得更加冷静。很多国家更加关注 TTIP 能否通过谈判来解决欧美在视听服务、转基因食品等行业领域的标准冲突以及欧盟能否合理处理开放市场带来的对日常产品（尤其是农产品）的冲击。从 TTIP 的目标来看，欧美存在着相当大的共同点，这也是 TTIP 在 2013 年提出后迅速成为国际经济领域的重要事件的主要原因。如果上述目标能够实现，欧美地区经济将受到巨大拉动，成千上万人的生活将因 TTIP 而改变。

4. TTIP 的矛盾和挑战

TTIP 谈判不可能是一帆风顺的，这主要是因为谈判各方在关键领域存在着一定的观念差异和利益分歧。谈判的主要矛盾和挑战表现在以下几个方面。

1）贸易监管政策难以统一

由于复杂的决策过程和众多的利益纠葛，使得谈判过程异常艰难。在非关税贸易壁垒的破除过程中，双方谈判所达成的一致意见，都需要欧美双方经过重重审批，而要想让这些审批机构取得一致意见并非易事。此外，由于欧洲和美国很大一部分谈判内容都集中在双方政府监管十分严格的领域，这些领域中的贸易壁垒已经存在很长时间，并且涉及很多组织的利益，这必将大大降低议会和相关机构批准的可能性。

2）安全标准和观念难以统一

统一双方的食品安全标准、药品监管认证、专利申请与认证、法规和认证，既是谈判的重点，也是谈判的难点。然而，欧美之间在这些方面存在着巨大的差异。比如，在转基因食品等农产品领域，美国和欧洲也有比较大的标准差异。例如，有些欧洲农产品在美国是禁止进口的，而有些则被征收高达 139% 的进口关税，所以必须进行谨慎而艰苦的谈判，以达到削减关税的目的。

3）贸易保护难以打破

由于欧盟各国在很多产业中的实力强弱程度不同，因此在 TTIP 谈判过程中的利益诉求也不同。欧美虽已对对方商品实施了低关税，但企业真正渴望的是进入对方市场并参与市场竞争，但这并非易事。比如，美国波音公司在美国的飞机市场是受到贸易保护的，如果欧洲宇航防务集团（即空中客车集团，原名欧航集团）想通过 TTIP 扩大其在美国市场的份额，尤其是进入军机市场，就要受到美国贸易保护的限制。此外，知识产权保护标准存在的差异和贸易保护使得欧美间利益纠葛难以破解。

【专栏】

世贸组织对中国进行第七次贸易政策审议

（2018 年 7 月）11 日开始，世界贸易组织在位于日内瓦的总部对中国进行第七次贸易政策审议。在审议中，中国代表团将介绍过去两年中方的贸易政策和发展情况，回答世贸组织其他成员提出的问题。中国商务部副部长、国际贸易谈判副代表王受文率团参加此次审议，并于 11 日进行了主旨发言，介绍了自上次审议以来，中国在贸易投资领域的新进展、主要改革和对外开放措施，以及积极参与多边贸易体制、发挥负责任大国作用的有关情况。

王受文指出，2016 年 7 月上次审议以来，中国政府又采取了一系列贸易投资自由化便利化举措，如连续大幅自主降低进口关税税率，并将外商投资限制措施由原来的 63 条减少到 48 条。截至 2017 年底，调减了 900 多个税目产品的税率，贸易加权平均关税已降至 2.4%，又在 2018 年 5 月和 7 月进一步下调了 1 695 个税目产品的进口关税。其中，汽车整车最惠国税率从 25% 和 20% 降至 15%，汽车零部件最惠国税率从最高 25% 降至 6%。

王受文表示，中国持续不断扩大外商投资市场准入。在金融领域，中国银行业已经允许外资 100% 持股；证券公司、基金管理公司、期货公司、寿险公司的外资股比放宽到了 51%；到 2021 年，金融领域将允许外资 100% 持股，完全对外资开放。在制造业领域，中国取消了船舶、飞机行业的外资股比限制。汽车行业已经取消了专用车、新能源汽车外资股比限制，商用车外资股比限制将在 2020 年取消，2022 年将取消乘用车外资股比限制。

王受文说，从 2001 年加入世贸组织至 2017 年，中国货物贸易进口额年均增长 13.5%，是全球平均水平的 2 倍。中国服务贸易进口年均增长 16.7%，是世界平均水平的 2.7 倍。2001 年时，美资企业在中国市场销售额只有 450 亿美元，到 2016 年，其中国市场销售额达到了 6 000 亿美元。2017 年，在华外资企业在中国进出口总额中占到 44.8% 的份额。

他说，2001 年中国加入世贸组织时，中国对外支付的知识产权使用费只有 19 亿美元，2017 年已达到 286 亿美元。中国美国商会 2018 年白皮书显示，美国在华投资企业面临的最有挑战的问题中，知识产权仅排在第 12 位，已经不是他们经营中遇到的主要困难。

王受文说，截至 2018 年 4 月，中国在世贸组织起诉案件 17 起，被诉案件 41 起。对每起被诉案件，中国尊重并认真执行裁决，做出了符合世贸组织规则的调整，无一例被起诉方申请报复的情况。

王受文指出，在改革开放 40 周年之际，中国愿意重申，将坚定不移贯彻新发展理念，全面深化改革，以更广范围、更大力度、更高水平的对外开放，与各国构建利益高度融合、彼此相互依存的命运共同体，促进共同发展。中国将继续坚定支持多边贸易体制，与成员一起，共同承担时代责任，共同应对经济全球化进程中出现的问题，让不同国家、不同阶层、不同人群共享经济全球化带来的机遇和好处。

王受文表示，当前，多边贸易体制面临严峻挑战。中国呼吁世贸组织成员坚定捍卫最惠国待遇、国民待遇、发展中国家特殊和差别待遇等多边贸易体制的基本原则和核心价值，坚决反对贸易霸凌主义、保护主义和单边主义，同时也强烈呼吁解决上诉机构成员补选所面临的僵局，解决单边主义行为对世贸组织的系统性威胁。

贸易政策审议机制与多边贸易谈判机制和争端解决机制并列为世贸组织三大支柱。贸易政策审议机制通过定期监督和全面审查各成员贸易政策及实施情况，增强成员贸易政策的透明度，敦促成员遵守世贸组织规则和承诺，切实承担义务和责任。根据世贸组织规则，所有成员均定期接受审议。按照目前规则，贸易额排名前四位的成员，即中国、美国、欧盟、日本每两年审议一次，排名其后的16个成员每4年审议一次，其他成员每6年一次。

加入世贸组织以来，中国已接受6次审议，每年参与其他成员审议20余次。11日审议期间，世贸组织还发布了由其秘书处撰写的《中国贸易政策审议报告》和中国政府提交的《政策声明》。据悉，中国已经按照有关规定，回答了世贸组织其他成员就此次审议提出的问题。此次审议分两天进行，13日将进行第二天的审议。

资料来源：何农，《世贸组织对中国进行第七次贸易政策审议》，《光明日报》2018年7月13日第11版。

延伸阅读

[1] 亚当·斯密. 国民财富的性质和原因的研究（上卷）[M]. 郭大力，王亚南，译. 北京：商务印书馆，1972.
[2] 小岛清. 对外贸易论 [M]. 周宝廉，译. 天津：南开大学出版社，1987.
[3] 杨小凯，张永生. 新兴古典经济学和超边际分析 [M]. 北京：中国人民大学出版社，2000.
[4] 迈克尔·波特. 国家竞争优势 [M]. 李明轩，邱如美，译. 北京：华夏出版社，2002.
[5] 伯特尔·俄林. 区际贸易与国际贸易 [M]. 逯宇铎，等译. 北京：华夏出版社，2008.
[6] 保罗·克鲁格曼. 战略性贸易政策与新国际经济学 [M]. 海闻，等译. 北京：中信出版社，2010.
[7] 周俊，张涛，朱冬梅. 国际贸易理论、政策与实践 [M]. 苏州：苏州大学出版社，2012.
[8] 罗伯特·芬斯特拉，魏尚进. 全球贸易中的中国角色 [M]. 鞠建东，余淼杰，译. 北京：北京大学出版社，2013.
[9] 庄惠明. 多边贸易体制的理论与实践 [M]. 厦门：厦门大学出版社，2015.
[10] 托马斯·普格尔. 国际经济学 [M]. 北京：中国人民大学出版社，2015.
[11] 保罗·R. 克鲁格曼，莫里斯·奥伯斯法尔德，马克·J. 梅利兹. 国际经济学：理论与政策（第9版）[M]. 北京：清华大学出版社，2016.
[12] 孙莉莉. 国际贸易理论与政策 [M]. 北京：北京理工大学出版社，2017.
[13] 任泽平. 全球贸易摩擦与大国兴衰 [M]. 北京：人民出版社，2019.
[14] 道格拉斯·欧文. 贸易的冲突：美国贸易政策200年 [M]. 北京：中信出版社，2019.
[15] 屠新泉. 改革开放40周年：中国与多边贸易体制的关系变迁 [M]. 北京：人民出版社，2019.
[16] 樊安群，徐雪竹，邵李津. 国际经济学 [M]. 北京：清华大学出版社，2016.
[17] 周俊，张涛，朱冬梅. 国际贸易理论、政策与实践 [M]. 苏州：苏州大学出版社，2015.

[18] 郭根龙，崔景医. 国际经济学 [M]. 西安：西安交通大学出版社，2008.
[19] 陶涛. 国际经济学（第二版）[M]. 北京：北京大学出版社，2014.
[20] 黄卫平，彭刚. 国际经济学简明教程（第二版）[M]. 北京：中国人民大学出版社，2015.

第三编
国际金融

第 10 章　外汇与汇率

本章的重难点

【难点】购买力平价、利率平价

【重点】外汇与汇率的概念、汇率的标价方法、影响汇率的因素、购买力平价、利率平价和汇率制度的类型

10.1　外汇

在当今社会，世界经济飞速发展，世界各国进行着各式的经济来往，由于各主权国家以及经济独立的地区都在发行自己的货币，在一般情况下，一国或地区的货币是不能在其他国家或地区流通的(个别国家有例外，如拉丁美洲的厄瓜多尔在国内流通美元，以取代本国货币的发行；自 2002 年 1 月 1 日起，欧元正式取代欧盟 12 国的货币开始流通)，因此，有经济往来就必然产生债务债权关系，国际货币经济的运行首先必须解决货币兑换或外汇买卖的问题。

10.1.1　外汇的概念

外汇(foreign exchange)是国际汇兑的简称，是实现国际经济活动的基本手段，是国际金融的基本概念之一。外汇的含义需要我们从两个方面来理解：其一，指一国货币兑换成另一国货币的实践过程，通过这种活动来清偿国际债权债务，这是动态的外汇概念；其二，指为清偿国际债权债务进行的汇兑活动所凭借的手段和工具，或者说是用于国际汇兑活动的支付手段和工具，这是静态的外汇概念。全面解释什么是外汇，就应该既包括动态的外汇概念，又包括静态的外汇概念。实际上，静态的外汇概念是从动态的汇兑行为中衍生出来并广为运用的，我们在日常生活中所用到的外汇概念以及在本书中所涉及的外汇概念主要是静态的，即用于国际汇兑的手段或工具。外汇的主要特征表现在以下几个方面。

(1)外汇是以外币表示的资产。任何以本币表示的金融资产对本国来说都不是外汇。例如，美元以及以美元表示的有价证券在美国以外的各国属于外汇，而在美国国内则不是外汇。

(2)外汇必须是可以自由兑换成其他形式的或以其他货币表示的资产。如果某种资产在国际上的自由兑换受到限制则不能称其为外汇。比如，有些国家的货币当局实行外汇管制，禁止本币在境内外自由兑换成其他国家的货币，以这种货币表示的各种支付工具也不能随时转换成以其他货币表示的支付手段，那么这种货币及其标识的支付工具在国际上就不

能称作外汇。

根据外汇定义可知,可兑换的外国货币(包括纸币、硬辅币等)是一种外汇资产。但这只是外汇资产中最基本的一种形式,也是最狭义的外汇形式。随着信用制度的发展,产生了许多其他形式的外汇资产,它们包括:外币有价证券,如政府债券、公司债券、股票等;外汇支付凭证,如外国汇票、本票、支票等;外币存款凭证,如银行存款凭证、邮政储蓄凭证等。

在现代国际经济活动中,用于支付的手段绝大多数已是非货币形态的信用工具,外汇或外钞只在很窄的范围内使用。因此,不能把外汇简单地理解为外国货币;同时,更不能反过来把外国货币统统理解为外汇,因为只有那些在国际上可以自由兑换的外国货币才可称为外汇。

10.1.2 外汇的分类

根据外汇的分类标准,外汇可以进行不同的分类。

1. 按货币兑换的限制程度不同,可以分为自由兑换、有限自由兑换和不可兑换外汇

(1)自由兑换外汇,是指不需要外汇管理当局批准就可以自由兑换成其他国家货币,或者是可以向第三者办理支付的外国货币及支付手段,如美元、英镑、欧元、日元等货币,以及用这些货币表示的外汇、支票、股票、债券等支付凭证和信用证。可自由兑换的货币在国际汇兑结算中使用较广泛,在国际金融市场可自由买卖,并可不受限制地兑换成其他国家的货币。在当今世界,在外汇交易方面大约有五十多个国家或地区的货币被认为是可自由兑换货币,但在国际结算中,只有美元、英镑、欧元、日元等十多种是常用的自由兑换货币。

(2)有限自由兑换外汇,是指未经货币发行国批准,不能自由兑换成其他货币或对第三者进行支付的外汇。根据《国际货币基金协定》规定,对国际性经常来往的付款和资金转移有一定限制的货币均属于有限制性的自由兑换货币。此类货币通常存在一个以上的汇率,外汇交易也常常受到限制。

(3)不可兑换外汇,是指对在国际上经常往来的付款或资金转移施加严格限制的货币,即一国货币不能成为清偿国际债权债务的手段。不可兑换外汇的特点是仅限于国内流通。随着各国不同程度的体制改革和对外开放,目前这种货币已是极少数。

2. 按交割期限的不同,可以分为即期外汇和远期外汇

即期外汇又称现汇或外汇现汇,是指国际贸易或外汇买卖中即期进行收付的外汇,是在买卖成交后立即交割,或在第一或第二个营业日内完成交割的外汇。即期外汇交易是外汇市场上最常用的一种交易方式,即期外汇交易占外汇交易总额的大部分,主要是因为即期外汇买卖不但可以满足买方临时性的付款需要,也可以帮助外汇买卖双方调整外汇头寸的货币比例,以避免外汇汇率风险。远期外汇又称期汇或远期汇兑,买卖双方先订立买卖合同,规定买卖外汇的数量、汇率、期限等,在约定到期日,依照合同规定的汇率进行外汇交割。远期外汇的期限一般为1~6个月,也可长达1年。

3. 按照来源和用途的不同,可以分为贸易外汇和非贸易外汇

贸易外汇也称实物贸易外汇,是指因商品的进出口而发生的支出和收入的外汇,包括因进出口而发生的交易佣金、运输费和保险费以及因进出口而引起的外汇费用等从属费用。贸易外汇是一国外汇收支的重要项目，在国际收支平衡中占有重要地位。非贸易外汇是指贸易外汇以外的一切外汇，即由非贸易业务往来而发生收入和支出的外汇，包括侨汇、旅游外汇、劳务外汇、私人外汇、驻外机构经费，以及交通、民航、邮电、铁路、银行、保险、港口等部门对外业务收支的外汇。随着经济国际化的发展，非贸易外汇收入在一些国家的外汇收入中也占有较大的比重。

4. 按持有者的不同，可以划分为官方外汇和私人外汇

官方外汇是指财政部、中央银行或其他政府机构以及国际组织所持有的外汇，主要用来稳定本国货币汇率、平衡国际收支、偿付对外到期的债务，是一国国际储备的主要部分。私人外汇是指具有自然人地位的居民和非居民所持有的外汇。在实行外汇管制的国家中，或者不允许私人持有外汇，或者规定私人持有外汇必须存放于指定的外汇银行；在不实行外汇管制的国家中，私人对外汇有自行支配的权利。

10.2　汇率

10.2.1　汇率的概念

由于各国货币的名称不同、币值不一，因此，为了使本国货币同别国货币相交换的国际汇兑活动能够顺利进行，首先必须通过政府法令来规定或通过市场的供求机制来形成一系列相互兑换的比率，以确定一国货币可以折合多少另一国货币，这便产生了汇率问题。所谓汇率（exchange rate），就是用一国货币兑换成另一国货币的比率，或者说是两种不同货币之间的交换比价。例如，2017 年 1 月 6 日某银行的美元兑人民币的现汇买入价为 $l=¥6.614 7，即该银行接收的买入 1 美元的人民币价格为 6.614 7 元。

由于汇率是两种货币价值的对比，因此在计算两种货币的比价时，首先要确定用哪个国家的货币作为标准，即是以本国货币为折算标准，还是以外国货币为折算标准，这便产生了外汇汇率的标价方法问题。汇率的标价方法有三种。

1. 直接标价法

直接标价法（direct quotation）是指以一定单位（如 1 个单位、100 个单位）的外国货币作为标准，折算为多少单位的本国货币，前者为基准货币，后者为标价货币。在这种标价法下，外国货币的数额固定不变，本国货币的数额则随着外国货币与本国货币币值对比的变化而变化。若一定数额的外币折合的本国货币的数额比以前增加了，说明外汇汇率上涨了，或者说外国货币升值了，本国货币贬值了；相反，若一定数额的外币折合的本国货币的数额比以前减少了，说明外汇汇率下降了，或者说外国货币贬值了，本国货币升值了。目前世界上绝大多数国家采用这种标价方法。人民币汇率也采用直接标价法。表 10-1 所示为 2017 年 7 月 6 日人民币外汇牌价。

表 10-1 人民币外汇牌价（2017 年 7 月 6 日） 每百元外币

币种	交易单位	中间价	现汇买入价	现钞买入价	卖出价
美元（USD）	100	636.40	634.49	629.40	638.31
港币（HKD）	100	82.08	81.92	81.34	82.24
欧元（EUR）	100	787.86	784.71	759.89	791.01
英镑（GBP）	100	989.28	985.32	954.16	993.24
日元（JPY）	100	7.96	7.93	7.68	8.00

资料来源：中国银行网站。

2. 间接标价法

间接标价法（indirect quotation）又称应收标价法，是以一定单位的本国货币为标准，折算成一定数额的外国货币。间接标价法的特点正好与直接标价法相反，即本币的数额固定不变，其折合成外币的数额随本币与外币相对价值的变化而变动。在间接标价法下，外币额越高，表示单位本币能兑换的外币越多，说明本币币值越高、外币币值越低。外币数额越低，表明本币贬值、外币升值。显然，在直接标价法和间接标价法两种标价法下，汇率互为倒数。间接标价法和直接标价法只是汇率表示方法上的不同，并没有实质性的区别。两国货币之间的汇率对一个国家是直接标价法，对另一个国家则是间接标价法。如 \$100=¥827.72，在美国看来是间接标价法，对中国则是直接标价法。

3. 美元标价法

美元标价法（US dollar quotation）即以一定单位的美元为标准来计算应兑换若干其他各国货币的汇率标价方法。在国际金融市场尤其是在离岸市场上，采用的都是美元标价法。美元标价法是随着美国经济的强大和离岸市场的兴起逐渐出现的。比如，某一银行想通过东京市场了解港币对加拿大元的汇率，东京外汇市场不是直接报出港币对加拿大元的汇率，而是分别报出港币对美元的价格和加拿大元对美元的价格，然后通过套算得出两者之间的汇率。

10.2.2 汇率的种类

1. 名义汇率、实际汇率、有效汇率

根据纸币制度下汇率是否经过通货膨胀调整，汇率可分为名义汇率和实际汇率。

（1）名义汇率。名义汇率（nominal exchange rate）是市场交易形成的汇率，该汇率通常出现在官方公布的数据中，这是两种货币的相对价格。实际上，名义汇率通常不能完全反映两国货币的真实比价。在纸币本位下，货币发行过量造成不同程度的通货膨胀是十分常见的，名义汇率一般不考虑通货膨胀因素。而各国货币在本国购买力的变化往往使名义汇率与实际汇率产生偏差，因而名义汇率是没有消除过去一段时期内两国货币通货膨胀差异的汇率。

（2）实际汇率。实际汇率（real exchange rate）是在名义汇率基础上剔除了通货膨胀因素后的汇率。从严格定义来看，它是用若干单位国内货币的实际价值来衡量一定单位外币的真实价值的汇率。由于实际汇率需要对名义汇率做出调整,其调整量为国家价格总水平的变化量,因此,实际汇率本质上是本国商品和服务在与外国商品和服务交换过程中体现出来的购买能力。

从计算方法来看,实际汇率是在名义汇率的基础上用过去一段时间两种货币各自的通货膨胀率来加以调整的,从而得出的实际汇率水平以及汇率的变化程度,即外国商品与本国商品的相对价格反映了本国商品的国际竞争力。由于消除了货币之间存在的通货膨胀差异,实际汇率比名义汇率更能反映不同货币实际的购买力水平。由此可以看出,实际汇率与购买力平价有着相似的作用和特点。

名义汇率与实际汇率存在如下关系:

$$e=E\times \frac{P^*}{P}$$

式中,e 表示实际汇率,E 表示名义汇率,P^* 和 P 分别表示外国和本国的物价水平。在实际研究中,通常选用消费物价指数(Consumer Price Index,CPI)或国内生产总值平减指数(GDP Deflator Index)来做近似替代。从实际汇率与名义汇率的关系式可以看出,实际汇率的上升就意味着一单位本币在外国的购买力相对于在本国的购买力的下降。货币相对购买力之所以发生这样的变化,是因为外国商品的本币价格相对于本国商品的本币价格上涨了。另一方面,如果名义汇率 E 上升,本国货币相对于外国货币贬值,如果其他条件不变,则本国商品的竞争力提高。但是,如果本国的相对价格上涨率大于本国货币的对外贬值程度,即国外价格与国内物价比值下降幅度小于名义汇率增长幅度,则本国的国际竞争力仍然提高。实际汇率越高,本国商品的国际竞争力越强。

(3)有效汇率。名义汇率和实际汇率都是双边汇率,它们只能表示一种货币相对于另一种货币价值的变化,却不能反映一种货币价值的总体变化趋势,因此,我们引入更为宽泛的汇率定义,即有效汇率(effective exchange rate)来衡量一国货币价值相对于其他货币价值的变化与其自身价值总量的变化趋势。有效汇率分为名义有效汇率(nominal effective exchange rate,NEER)和实际有效汇率(real effective exchange rate,REER)。

名义有效汇率是指一国货币兑其他货币的总体汇率水平,通常以指数形式表示,用于反映一国货币兑主要贸易伙伴货币以贸易重要性为加权基础的整体汇率水平。因此,名义有效汇率是由贸易权重确定的多种货币的加权平均价格,它能更好地反映一国货币汇率在国际贸易中的总体竞争力和总体波动幅度,也可以被用于研究货币危机的预警指标,还可以被用于研究一个国家相对于另一个国家居民生活水平的高低。国际货币基金组织和国际清算银行会公布各国货币的名义有效汇率。名义有效汇率是一种双边汇率,在实际测算中,可以采用算术加权平均方法进行测算。实际有效汇率不仅考虑了所有双边名义汇率的相对变动情况,而且还剔除了通货膨胀对货币本身价值变动的影响,能够综合地反映本国货币的对外价值和相对购买力。现在,实际有效汇率已经成为研究实际汇率的主流方法。

2. 即期汇率和远期汇率

按照外汇买卖成交后交割时间的长短不同,汇率可划分为即期汇率和远期汇率。

（1）即期汇率。即期汇率（spot exchange rate）也称现汇汇率，是指交易双方成交后，在两个营业日内办理交割所使用的汇率。一般来说，即期汇率就是现时外汇市场的汇率。

（2）远期汇率。远期汇率（forward exchange rate）也称期汇汇率，是指买卖双方成交时，约定在未来某一日期进行交割时所使用的汇率。远期汇率是以即期汇率为基础约定的，而又与即期汇率存在一定的差价。当远期汇率高于即期汇率时，称为升水（premium）；当远期汇率低于即期汇率时，称为贴水（discount）；当远期汇率和即期汇率相等时，称为平价（par）。汇率的升水、贴水或平价主要受利率差异、外汇供求关系以及汇率预期等因素的影响。

银行外汇报价一般直接报出即期汇率，但对远期汇率报价主要有两种情况：①直接报价，其方法与即期汇率报价相同，即直接将不同交割日期的远期汇率的买入价和卖出价表示出来；②用远期差价或掉期率（即期汇率和远期汇率之间的差额）进行报价，即银行在报出即期汇率的同时，也报出远期汇率与即期汇率的偏离值或点数。交易者可根据报价信息计算出远期汇率。

3. 固定汇率与浮动汇率

按照国际汇率制度的不同，汇率可分为固定汇率与浮动汇率。

（1）固定汇率（fixed exchange rate）是在金本位制度下和布雷顿森林体系下通行的汇率制度，这种制度规定本国货币与其他国家货币之间维持一个固定比率，汇率波动只能限制在一定范围内，由官方干预来保证汇率的稳定。目前许多发展中国家仍然实行固定汇率制度。

（2）浮动汇率（floating exchange rate）是本国货币与其他国家货币之间的汇率不由官方制定，而由外汇市场供求关系决定，可自由浮动，官方在汇率出现过度波动时才干预市场，这是布雷顿森林体系瓦解后西方国家普遍实行的汇率制度。由于各国具体情况不同，选择汇率浮动的方式也会不同，所以浮动汇率制度又可以进一步分为自由浮动、管理浮动、联合浮动、钉住浮动等。

4. 买入汇率、卖出汇率、中间汇率和现钞汇率

按照从银行买卖外汇的不同，汇率可以分为买入汇率、卖出汇率、中间汇率和现钞汇率。

（1）买入汇率（buying rate）。买入汇率亦称买入价，是指银行向客户买入外汇时的汇率。

（2）卖出汇率（selling rate）。卖出汇率亦称卖出价，是指银行向客户卖出外汇时使用的汇率。

外汇银行作为从事货币、信用业务的中间商人，其盈利主要体现在买入与卖出的差价上；换句话说，外汇卖出价高于买入价的部分是银行买卖外汇的毛收益，包括外汇买卖的手续费、保险费、利息和利润等。

（3）中间汇率（middle rate）。中间汇率又称中间价，是指买入价与卖出价的算术平均数，即中间汇率 =（买入汇率 + 卖出汇率）/2。中间汇率不是在外汇交易中使用的实际成交价，而是为了方便计算（如套算汇率、计算远期升贴水率）或使新闻报道更简洁而使用的汇率。国际货币基金组织公布的各国汇率标中，均采用中间汇率。

（4）现钞汇率（bank notes rate）。现钞汇率是指银行买卖外国货币现钞时使用的汇率，亦称现钞价。因为，一般国家都规定，不允许外国货币在本国流通，只有将外汇兑换成本国货币，才能购买本国的商品和劳务，因此产生了买卖外币现钞的汇率。一般外汇现钞的卖出价与现汇卖出价相同，而外汇现钞的买入价比现汇（汇票等支付凭证）的买入价低。这是因为银行买入汇票等支付凭证后，可以很快存入外国银行获取利息或调拨使用；而银行买入外币现钞则要经过一定时间，待积累到一定数额后，才能将其运送到该种外币的发行国，方能使用。在此期间，买进现钞的银行要承受一定的利息损失，并要支付运送费，银行便将此损失转嫁给卖出现钞的客户。

5. 基础汇率和套算汇率

按制定汇率的方法的不同，汇率可分为基础汇率和套算汇率。

（1）基础汇率（basic exchange rate）是指一国所制定的本国货币与基准货币之间的汇率。一国在对外提供自己的外汇报价时，应先挑选出具有代表性的某一外国货币（关键货币或代表货币），然后计算本国货币与该外国货币的汇率，由此形成的汇率即为基础汇率（又可称为中心汇率或关键汇率），该汇率是本币与其他各种货币之间汇率套算的基础。关键货币往往是在国际贸易、国际结算和国际储备中主要使用的货币，并且与本国的国际收支活动密切相关。第二次世界大战以后，美元成为重要的国际支付手段，故许多国家把本国货币对美元的汇率作为基础汇率。

（2）套算汇率（cross exchange rate）是指在基础汇率的基础上套算出的本币与非关键货币之间的汇率。如果本币与美元之间的汇率是基础汇率，那么本币与非美元货币之间的汇率即为套算汇率。简言之，套算汇率是指两种货币通过各自对第三种货币的汇率而算得的汇率。它有两层含义：①各国在制定基本汇率后，本币对其他外币的汇率就可通过基础汇率套算出来；②由于世界外汇市场上主要是按美元标价法公布汇率的，美元以外的其他任何两种无直接兑换关系的货币必须通过其各自与美元的汇率进行套算。

6. 官方汇率和市场汇率

按照外汇管制情况的不同，汇率可分为官方汇率和市场汇率。

（1）官方汇率（official rate）又称法定汇率，是指一国外汇管理当局规定并予以公布的汇率。在外汇管制较严的国家，官方汇率就是实际使用的汇率，一切外汇收支、买卖均按官方汇率进行。官方汇率中有的是单一汇率，也有的是多种汇率。

（2）市场汇率（market rate）是指由外汇市场供求关系决定的汇率。市场汇率随外汇的供求变化而波动，同时也受一国外汇管理当局干预外汇市场的影响。在外汇管制较松或不施行外汇管制的国家，如果公布官方汇率的话，此时的官方汇率只起基础汇率的作用，市场汇率才是该国外汇市场上买卖外汇时实际使用的汇率。

7. 电汇汇率、信汇汇率和票汇汇率

根据外汇汇款方式的不同，汇率可划分为电汇汇率、信汇汇率和票汇汇率。

（1）电汇汇率（telegraphic transfer rate，T/T rate）。电汇是指银行在售出外汇的当天，即以电报委托其国外分行或代理行，将汇款付给收款人的一种汇兑方式。由于银行不能利用资金,所以这种方式汇率最高。电汇汇率是两国货币的真实比价的反映,一般被看作基础汇率。除另有注明外,各国公布的外汇牌价一般都是电汇汇率,而其他汇率则是以电汇汇率为基础计算出来的。

(2)信汇汇率(mail transfer rate, M/T rate)。信汇汇率是指以信函方式通知收付款时采用的汇率。信汇业务具有时间慢、安全性低、交易费用低的特点,一般来说,信汇汇率比电汇汇率低。

(3)票汇汇率。票汇汇率又可分成两种:一种是即期票汇汇率(demand draft rate or sight bill rate, D/D rate),即银行买卖外汇即期汇票时所使用的汇率;另一种是长期(或远期)票汇汇率(long bill exchange rate),即银行买卖外汇远期汇票时所使用的汇率。票汇是银行在为客户办理汇付业务时签发一纸由其在国外的分支行或代理行付款的支付命令给汇款人,由其自带或寄往国外取款。由于卖出汇票与支付外汇间隔一段时间,因此票汇汇率也需在电汇汇率的基础上对利息因素做些调整。除了上述电汇、信汇和票汇的"汇价"以外,银行的外汇牌价上往往还列有外币"现钞价"(price of banknote)。由于现钞(纸币和铸币)不能生息,持有这种外币资产有机会成本;另外,外币现钞必须运送到其发行国才能流通,才能用作购买或支付手段,为此,银行在将外币现钞收兑后,要开支运输和保险费用。所以,现钞的买入价一般低于现汇的买入价 2%~3%,而外币现钞的卖出价,则与现汇的卖出价相同。

10.3 汇率的决定与变动

10.3.1 汇率决定理论

在汇率理论发展过程中,为适应不同货币制度和国际金融环境,汇率研究视角不断变化。汇率是两国货币的交换比例,取决于它们各自所包含的价值量的交换比例,因此货币所包含的价值量便是决定汇率的基础。但是,在不同的货币制度下,货币包含的价值量有不同的表现形式。

1. 金本位制度下的汇率水平决定

1)金本位制的类型

金本位制度(gold standard system)是以黄金作为本位货币的货币制度,它具体包括金币本位制(gold coin standard system)、金块本位制度(gold bullion system)和金汇兑本位制度(gold exchange standard system)三种类型。金币本位制盛行于 19 世纪至 20 世纪初期,属于完全的金本位制度,后两种金本位制出现于由金铸币流通向纸币流通过渡和第二次大战后对黄金与纸币兑换实行限制的时期,而且存在的时间较短,属于不完全的金本位制度。通常金本位制度主要是指金币本位制。

在金币本位制下,各国都以法律形式规定每一金铸币单位所包含的黄金重量与成色,即法定含金量(official gold content)。两国货币的价值量之比就直接而简单地表现为它们的含金量之比,称为铸币平价(mint parity)或法定平价(par of exchange),黄金是价值的化身。

铸币平价是决定两国货币之间汇率的价值基础，具体来说 A 国货币与 B 国货币的铸币平价决定了 A 国与 B 国两国货币汇率的价值基础，它是 A 国货币含金量与 B 国货币含金量之比。

例如，历史上英国曾规定 1 英镑金币的重量为 123.274 47 格令，成色为 22 开金（24 开为纯金），即含金量为 113.001 6 格令（合 7.322 4 克），美国则规定 1 美元金币的重量为 25.8 格令，成色为 90%，即含金量为 23.22 格令（合 1.504 656 克），两者相比即为铸币平价。

英镑和美元的铸币平价 =113.001 6 ÷ 23.22=4.866 5

或 7.322 4 ÷ 1.504 656=4.866 5

即 1 英镑的含金量是 1 美元含金量的 4.866 5 倍，或 1 英镑可兑换 4.866 5 美元。按照等价交换的原则，铸币平价是决定两国货币汇率的基础。但是市场上实际成交的汇率水平又是多少呢？市场上实际成交的汇率围绕铸币平价，并且在黄金输出入点（gold transport points）之间的范围内上下波动。

在金块本位制下，流通中的货币主要是纸币，只有当出现大规模支付需要时，黄金才出现，以金块的形式参与流通和支付；而金汇兑本位制下，流通中的货币完全是纸币。但这两种制度下，政府都规定了纸币所代表的金量，纸币的发行以黄金储备为基础，所以这时的汇率决定的基础是纸币所代表的金量之比，称为法定平价。铸币平价和法定平价是金平价（gold parity）的两种具体表现形式。所谓金平价，就是两种货币含金量（金币本身的含金量或纸币所代表的金量）的对比。

2）金本位下汇率的波动范围——黄金输出入点

什么是黄金输出入点呢？众所周知，在两国间输送黄金进行贸易结算，通常需要支付运输费、包装费、保险费等相关费用。在第一次世界大战之前，在英美两国之间黄金的运输各项费用为所送黄金价值的 6‰ 左右。换言之，运输 1 英镑黄金的费用为 0.03 美元。

当外汇市场上英镑的价格上涨到 1 英镑 4.896 5 美元以上的水平（如 4.92 美元）时，对于美国进口商而言，购买 1 英镑黄金并且将其运到英国采用黄金结算的成本为 4.896 5（4.866 5 +0.03）美元，而没有贸易商愿意花 4.92 美元来买 1 英镑，因此这是英镑汇价上涨的最大幅度，也是美国的黄金输出点（gold export point），也是英国的黄金输入点（gold import point）。所以美国的英镑供给曲线 E_1ABCD 在汇率 1 英镑等于 4.896 5 美元的水平上变得具有无限弹性，即呈现出水平状态，如图 10-1 所示。

当外汇市场上英镑的汇价下跌到 1 英镑 4.836 5 美元之下的水平（如 4.82 美元）时，对于美国出口商而言，他们获得的 1 英镑如果兑换成黄金值 4.866 5 美元，扣减运输黄金的费用 0.03 美元，最少也值 4.836 5 美元，远高于 4.82 美元的水平。因此，美国出口商更愿意以黄金的形式进行结算，英镑的需求在减少。简言之，4.836 5 美元是美元汇率升值的最大值，此时美国的英镑需求曲线（E_1FIGK）在这一水平变得具有无限弹性（水平的），也是英镑汇率贬值的最大值，这既是美国的黄金输入点，也是英国的黄金输出点。E_1 点表示均衡汇价，此时没有黄金在两国之间的输出入，这也表示美国实现了国际收支平衡。

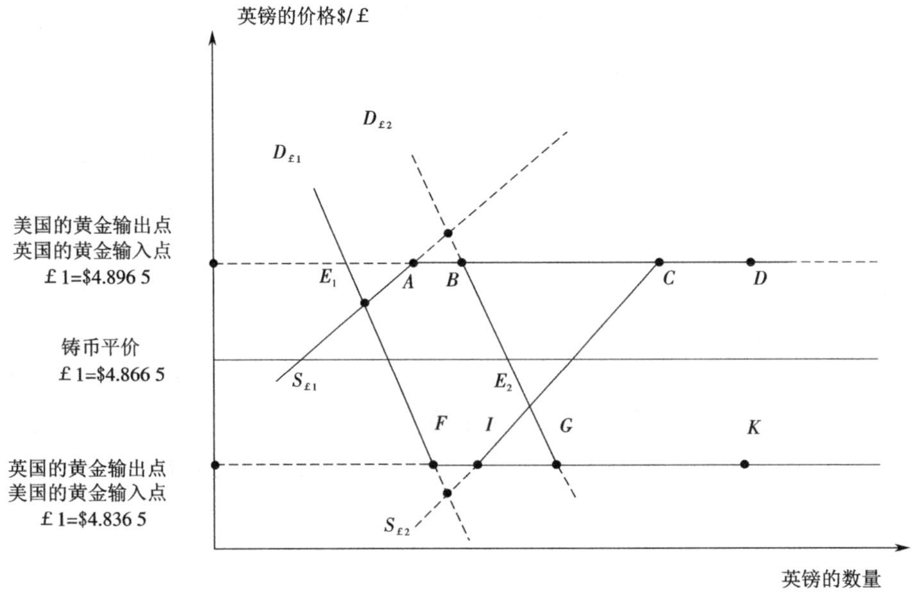

图 10-1 金本位下的汇率波动及黄金输入

英镑需求曲线 $D_{￡2}$ 和英镑供给曲线 $S_{￡1}$ 相交的点落在黄金输出入点的区间之外，该点汇价大于￡1=$4.896 5，因此汇价最高上升至该水平，但是英镑的需求水平为 B 点对应的数量，但是英镑的供给水平为 A 点对应的数量，因此美国需要向英国出口黄金规模为与线段 AB 所代表的英镑数量等值的黄金数量，此时美国出现国际收支逆差。同样，英镑需求曲线 $D_{￡1}$，和英镑供给曲线 $S_{￡2}$ 的交点，对应的汇率价格小于￡1=$4.836 5，该点也落在黄金输出入点的区间之外，因此这是不可能实现的均衡价格。此时英镑的需求量为 F，英镑的供给量为 I，此时美国从英国输入黄金的规模为与线段 FI 所代表的英镑数量等值的黄金数量，此时美国出现国际收支顺差。

综上所述，金本位制度是一种固定汇率制度，但是汇率并不是完全固定的，而是有一定波动范围的。本国黄金输入点是本币升值的上限，外币贬值的下限；本国黄金输出点是本币贬值的下限，外币升值的上限。

2. 纸币流通制度下汇率水平的决定

1929—1933 年严重的世界性经济危机使得金本位制彻底崩溃，世界各国普遍实行了纸币流通货币制度。纸币本来只是价值符号，本身没有内在价值，它以国家法律的形式发行，代替金属货币执行流通手段的职能。在纸币流通制度下，各国政府参照过去金币的含金量，用法令的形式规定纸币的含金量，称作纸币的“黄金平价”。所以在纸币流通制度下，如果纸币能真正代表其“黄金平价”，则两国纸币的“黄金平价”便是决定汇率的基础。例如，1934 年美国政府规定，1 美元的含金量是 0.888 671 克黄金，也就是说 1 美元的纸币在流通中所代表的价值量是 0.888 671 克黄金。同样，英国政府规定 1 英镑的含金量是 3.881 344 克黄金，即 1 英镑纸币在流通中所代表的价值量是 3. 881 344 克黄金。所以英镑与美元的黄金平价为：1 英镑 =3.881 344/0.888 671=4.37 美元。

但是，在纸币流通制度下，各国货币不能自由兑换黄金，纸币的发行不受黄金准备的约束，所以经常出现通货膨胀，导致纸币贬值，使纸币的实际含金量低于它的法定含金量，如果纸币的实际含金量与法定含金量脱节，各国政府就会通过宣布本币法定贬值或法定升值来重新规定本国货币的含金量。例如，1969 年，在各国的压力下，联邦德国政府宣布本国马克法定升值，每马克的含金量由 0.222 163 克黄金提高到 0.242 806 克黄金，马克对美元的汇率也由 1 美元兑换 4 马克提高到 1 美元兑换 3.66 马克。

1973 年，布雷顿森林货币体系瓦解后，《国际货币基金组织协定》中有关黄金问题的一切条款被取消，彻底切断了黄金与货币的联系。黄金非货币化，浮动汇率取代了固定汇率，各国货币的汇率由市场供求决定，自由涨落，外汇市场动荡不安。尽管如此，各国货币汇率的波动也不是毫无限制的，它仍受一种内在的、本质的因素制约。这种因素便是纸币所代表的实际价值量，其具体表现形式便是各国货币所具有的购买力。一国货币购买力提高，其汇率便会上涨，购买力下降，其汇率便会下跌。

3. 购买力平价理论

早在 16 世纪，西班牙就有人提出一价定律。他们研究了货币供给和物价水平的关系以及物价水平与汇率的关系。此后，其他国家也有人提出了接近购买力平价理论的观点。但是，他们的观点缺乏系统性，讨论的重点也不是汇率，而且不注重以统计资料来检验汇率的均衡值。卡塞尔系统地提出了购买力平价（purchasing power parity，PPP）理论，并且在 1916 年提出了一些经验检验方法。因此，人们公认购买力平价理论是卡塞尔于 1916 年提出并于 1922 年完善的。

卡塞尔以货币数量论为基础，提出了购买力平价理论。他首先考虑了一国为什么需要外国货币。他认为，这是因为需要用外币在外国市场上购买外国人生产的商品与劳务。对货币的需要既然与购买商品相联系，所以货币的价格便取决于它对商品的购买力，一国货币对外汇率则反映了该国货币在国际上的购买力。因此，两国货币的兑换比率由两国货币各自具有的购买力的比率来决定。而购买力变动的原因在于物价变动，这样一来，汇率的变动归根结底是由两国物价水平的比率的变动决定的。

1）绝对购买力平价理论

卡塞尔指出，绝对购买力平价（absolute purchasing power parity，APPP）的理论基础是一种货币的价值以及对这种货币的需求是由单位货币在发行国所能购买的商品和劳务的数量决定的，即由它的内在购买力决定。而内在购买力是商品和劳务的价格水平的倒数，两个国家的一般物价水平决定了两国货币之间的汇率。

设：P_t 是 t 时期本国货币的购买力；P_t^x 是 t 时期外国货币的购买力；p_t^y 是第 y 种商品在本国的价格；p_t^{yx} 是第 y 种商品在外国的价格；a^y 是第 y 种商品在本国价格指数中的权重；a^{yx} 是第 y 中商品在外国价格指数中的权重；n 为商品种类数量。两国货币的购买力分别为：

$$P_t = \frac{1}{\sum_{y=1}^{n} a^y p_t^y} \tag{10-1}$$

$$P_t^x = \frac{1}{\sum_{y=1}^{n} a^{yx} p_t^{yx}} \tag{10-2}$$

用 R 来表示汇率，则

$$R = \frac{P_t^x}{P_t} = \frac{\sum_{y=1}^{n} a^y p_t^y}{\sum_{y=1}^{n} a^{yx} p_t^{yx}} \tag{10-3}$$

这就是绝对购买力平价。它说明外国货币的购买力越高，汇率越高；本国货币的购买力越高，汇率越低，反之相反。

根据绝对购买力平价理论，卡塞尔认为，在国际商品的交易过程中，各国在国际市场上的竞争力是由其出口商品的价格及汇率两个因素决定的。在某个时期，一国如果人为降低本国出口商品的价格，试图以此提高本国商品的国际竞争力，将导致该国货币的汇率产生向上的压力，汇率将向上波动，最终抵消价格下降带来的优势，贸易格局将恢复到原来的状况。

关于绝对购买力平价理论的适用问题，卡塞尔的看法是在自由贸易的情况下，绝对购买力平价最为适用。因为，在自由贸易的情况下，一国与另一国的商品与劳务交易不受关税等的限制，一国对另一国的外汇需求也不受非正常因素干扰，所以短期均衡汇率对购买力平价的偏离程度会降到最低。在存在关税、进口数量限制、外汇管制以及运输成本的情况下，只要一国在进口与出口两个方向上的限制程度对等，购买力平价理论仍然成立。

2）相对购买力平价理论

卡塞尔除了提出绝对购买力平价理论外，还提出了相对购买力平价（relative purchasing power parity）理论。其观点是汇率的变动是由两国货币购买力的相对变化率决定的。在汇率依据两国物价水平决定下来后，经过一段时间，两国物价水平将发生变化，而且变化幅度又不一样，两国货币之间的汇率必然发生变化，产生新的汇率。相对购买力平价学说主要说明这两个时点的汇率的变动，认为在一定时期，汇率是基期的汇率与两国价格指数的比率的乘积：

$$R_1 = R_0 \times \frac{\sum_{y=1}^{n} a^y P_1^y / \sum_{y=1}^{n} a^y P_0^y}{\sum_{y=1}^{n} a^{yx} P_1^{yx} / \sum_{y=1}^{n} a^{yx} P_0^{yx}} \tag{10-4}$$

也可表示为：

$$R_1 = R_0 \times \frac{\text{国内价格指数}}{\text{国外价格指数}} = R_0 \times \frac{Y}{Y^x} \tag{10-5}$$

其中，R_0 为基期汇率；R_1 为报告期汇率；P_0、P_0^x 为基期国内、国外价格水平；P_1、P_1^x 为报告期国内、国外价格水平；Y 为国内价格指数；Y^x 为国外价格指数。相对购买力平价认为，在一定时期内，在其他条件不变的情况下，若本国通货膨胀率高于外国通货膨胀率，外币价格水平上升，本币价格下跌；反之相反。根据这一理论，在一定阶段内，汇率的变化是由本国通货膨胀率与外国通货膨胀率之差决定的。

在相对购买力平价说中，基期汇率 R_0 的选择非常重要，因为当期的汇率是以该汇率为基础计算的。R_0 选择是否适当，决定着目前汇率的计算是否精确。

相对购买力平价学说与绝对购买力平价学说的不同之处在于，绝对购买力平价学说是研究某一具体时点上的汇率水平，相对购买力平价学说是研究在一定阶段之内汇率的变化率。绝对购买力平价学说涉及的是价格的绝对水平，相对购买力平价学说涉及的是价格的变化率。二者之间可能一致，也可能背离，其主要决定因素是经济变化的性质。如果从基期到计算期发生的经济变化纯粹是货币性的，货币的变化没有引起实际经济变量的变化，即“货币中性”，或者经济发生了实际变化，但只要货币变化制约实际变化，在这两种情况下，某一时期的绝对购买力平价和相对购买力平价就是相等的。

3）对购买力平价理论的批评

购买力平价说在第一次世界大战后，作为一种货币理论曾为稳定国际经济秩序起了一定作用，但是，在实践中，购买力平价未能解释短期汇率的波动。20 世纪 70 年代汇率的短期变化与各国通胀率的短期差异没什么联系，背离购买力平价理论的情况经常发生。理论界指出了购买力平价理论的缺陷。

（1）购买力与实际汇率常常背离。因实际汇率与购买力平价常常背离，故将购买力作为汇率变动的唯一因素，显然是一种缺陷。卡塞尔也承认这种背离现象的存在，他给出的解释是由于承认贸易限制、运费、资本流动等会对汇率形成影响，而这会使汇率偏离长期均衡值。

（2）物价和汇率的影响是双向而不是单向的，持这种观点的代表人物有凯恩斯、萨缪尔森、马科洛普等。但这一观点也遭到了反驳。如耶格尔认为，虽然二者是相互影响的，但影响有强弱之分，价格对汇率的影响较强。此外，汇率对价格的影响是短期的，而购买力平价下的汇率是长期均衡汇率。

（3）购买力平价的计算方法与统计学相关，因此，很多批评意见都是从统计学的角度提出的，其中心问题是价格指数的选择。这类批评大体上可分为四种：①以庇古为代表的经济学家认为，购买力平价只是近似值，因为价格指数总是得自一组样本值，而不是全部商品和服务；②即使全部的商品价格都计算在内，但各种商品的加权方法不同，会得出不同的价格平价，导致价格平价不能真实反映货币的购买力；③价格平价的计算只包括贸易商品是不够的，因为体现货币购买力的物价指数是消费物价指数，而不是贸易品指数，如凯恩斯建议用批发物价指数作为计算平价的基础；④许多经济学家建议以一篮子商品作为共同加权的基础，计算两国的消费物价指数并以此作为计算平价的基础，但各国的消费模式是不同的。

（4）对相对购买力平价理论的批评主要来自两个方面：①合适的基期汇率的选择；②货币中性的满足。为了保证中性需要选择较近的时期，但需要保证的是“合适的基期”，二者往往很难同时满足。

4. 利率平价理论

20 世纪 20 年代之前的各种汇率学说包括购买力平价理论均是关于即期汇率的决定和

变动问题的研究，这些理论已经无法解释国际资本流动对于汇率尤其是短期汇率的影响。因此，学者们提出了关于远期汇率的决定和变动的理论，即利率平价理论（interest rate parity），用以说明在金融资产市场中本国与外国资产价格之间的紧密联系。20 世纪 50 年代至 70 年代，欧洲货币市场的出现改变了传统的国与国之间的金融投资和借贷关系的格局，使国际金融的性质和规模都发生了变化，利率平价理论得到进一步发展。

利率平价理论认为，在开放的经济条件下，两国汇率由金融资产市场上两国货币资产的收益来决定。当一国利率低于另一国时，交易者为获得较高收益，会将其资本从利率低的国家转移到利率高的国家，以进行套利活动，获取利息差额。在国际金融市场上，在资本自由流动条件下，拥有一国货币的机会成本除利息外，还包括预期或远期汇率水平。两国投资收益比较的结果，便是国际资本流动方向的依据，直到通过利率的调整，两国的投资收益相等时，国际资本移动才会终止。因此，同即期汇率相比，利率较低国家的货币的远期汇率会上升，而利率高的国家的货币的远期汇率会下跌；远期汇率同即期汇率的差价约等于两国间的利率差。套利是利率平价理论运行的基础，根据套利原理，在完全流动的市场中，同一单位货币无论投资何种资产，若不考虑风险和成本的影响，套利收益应该相等。也就是说，在一个有效的市场（理性预期和风险中性）中，当价格完全反映市场信息时，交易者是不可能获得超额收益的。由于利率平价理论同时考虑了两国的利率和汇率，因此它也是利率决定理论。

利率平价理论可分为非抛补利率平价（uncovered interest rate parity，UIRP）和抛补利率平价（covered interest rate parity，CIRP）两种。两者的不同之处在于对投资者的风险偏好所做的假定上。

1）非抛补利率平价

UIRP 是指投资者根据自己对未来汇率变动的预期而计算预期的收益，在承担一定的汇率风险情况下进行投资活动。

在资本具有充分国际流动性的条件下，投资者的套利行为使得国际金融市场上以不同货币计价的相似资产的收益率趋于一致，也就是说，套利资本的跨国流动保证了一价定律适用于国际金融市场。这里假设投资者是风险中性（risk neutral）的。

在经济学中，投资者既可以避免未来不确定性带来的风险，也可以承担这种风险，但这种风险可以通过风险报酬的形式，即通过获得某种超额收益而得以补偿。由此我们将投资者分成三类：①风险厌恶者，面对具有相同预期货币价值的投机时，风险厌恶者一般选择风险最低的投机；②风险爱好者，面对具有相同预期货币价值的投机时，风险爱好者喜欢结果不那么确定的投机，而不喜欢结果比较确定的投机；③风险中立者，其对风险持中立态度，对提供同等利率而风险不同的资产不加区分。我们这里假定的是最后一种情况，投资者的收入效用曲线是线性的。投资者的效用由预期收入的期望值决定，预期收入的期望越高，投资者所获得的效用就越大。如果两种资产组合的预期收入的期望值相同，而风险不同，投资者对两种资产组合的偏好相同，这类投资者就是风险中性的。

对投资者来说，若不存在银行倒闭之类的风险（这种风险发生的可能性很小），他会比较一年以后两种资产的价值。这样，在风险中性的前提下，投资者只需比较一下两种资产的收益。如果收益不等，投资者就会涌向一种资产，资本涌入国会因投资的增加而收益率递减，而流出国的收益率则可能会被抬高，最终两者的收益趋于相等。

我们根据以上假定来对比本国居民持有本国货币与持有外国货币的收益。本国居民持有一单位本国货币，既可以将其存放于国内银行按国内利率取得收益，也可以将其按即期汇率兑换成外国货币投放国外银行，按外国利率取得收益。假定本国利率为 i_a，外国利率为 i_b；S 是现在将本币换成外币的汇率，S^e 表示预期将来某个时点的预期汇率。对投资者来说，他会比较一年以后两种资产的价值。在年终，若持有单位本币的存款与收益额大于持有外币的存款与收益额按预期汇率折算成的本币款，即 $(1+i_a)>(1+i_b)\frac{S^e}{S}$，则其会在本国存款；若 $(1+i_a)<(1+i_b)\frac{S^e}{S}$，则其会在外国存款；若 $(1+i_a)=(1+i_b)\frac{S^e}{S}$，则在任何一国存款均可。这样，在风险中性的前提下，投资者只需比较一下两种资产的收益。如果收益不等，投资者就会涌向一种资产，资本涌入国会因投资的增加而收益率递减，而流出国的收益率则可能会被抬高，最终两者的收益趋于相等。

$$(1+i_a)=(1+i_b)\frac{S^e}{S} \tag{10-6}$$

$$\frac{S^e}{S}=1+\frac{S^e-S}{S}=1+\Delta S^e \tag{10-7}$$

这里 ΔS^e 指一段时间内本国货币贬值的比率或外国货币升值的比率，上标 e 表示目前对未来贬值率的预期。将式（10-7）代入式（10-6）得

$$i_a=i_b+\Delta S^e+i_b\Delta S^e \tag{10-8}$$

式中，$i_b\Delta S^e$ 是两个比率的积，是一个“二阶小量”，所以可以忽略不计，可以得出 UIRP 的公式：$\Delta S^e=i_a-i_b$。该公式表明，预期的汇率远期变动率等于两国利率之差。在 UIRP 成立时，如果本国利率高于国外利率，则意味着市场预期本币在远期将贬值。

2）抛补利率平价

CIRP 是利用两国利率之差在即期外汇市场和远期外汇市场同时进行反向操作来套取利差的做法。CIRP 并未对投资者的风险偏好做出假定。因为远期外汇市场的出现使套利者可以免于承担由于汇率波动而产生的汇率风险。套利者在套利的时候，可以在期汇市场上签订与套利方向相反的远期外汇合同（掉期交易），确定在到期日交割时所使用的汇率水平。

假设套利者如果在即期达成一年期外汇交易，如买入外汇，可以通过签订远期外汇合同，按照合同中预先规定的一年期远期汇率进行交易，如即期卖出外汇，远期买入本币，也可通过此方式达到套期保值的目的。由于套利者通过远期外汇市场固定了汇率，投资收益有了保证，但同时也意味着投资者失去了由于市场有利变动而带来的好处。远期外汇市场固定了未来交易时的汇率，避免了汇率风险影响的同时也放弃了可能出现的利润。

$$(1+i_a)=(1+i_b)\frac{F}{S} \tag{10-9}$$

式(10-9)中,F 表示在即期(如1月1日)公布的在1年以后(如12月31日)交割的远期汇率。若令 f 表示远期的升水或贴水率,即一国的远期汇率超过或低于即期汇率的比率,则有:

$$\frac{F}{S}=1+\frac{F-S}{S}=1+f \tag{10-10}$$

那么,将式(10-10)代入式(10-9)中,可将CIRP更为清楚地表达为:

$$f=i_a-i_b\text{(}i_b f\text{为“二阶小量”,可忽略不计)} \tag{10-11}$$

CIRP表明,本国利率高于(低于)外国利率的差额等于本国货币的远期贴水(升水)。高利率国的货币在远期外汇市场上必定贴水,低利率国的货币在该市场上必定升水。如果国内利率高于国际利率水平,资金将流入国内谋取利润。在CIRP中,套利者不仅要考虑利率的收益,还要考虑由于汇率变动所产生的收益变动。套利与掉期业务的结合可以避免汇率风险。在本币利率高于外币利率的情况下,大量掉期外汇交易的结果是本币的现汇汇率下浮(本币升值),远期汇率上浮(本币贬值)。随着抛补套利不断进行,期汇汇率与现汇汇率的差额会不断增大,直至两种资产所提供的收益率完全相等。此时抛补套利活动停止,本币远期贴水恰好等于国内利率高于国际利率的幅度。

需要说明的是,上述利率平价的成立,是基于这样几个假设的:①国际资本是完全自由流动的且存在有效的外汇市场;②本国和外国的金融资产是完全可以替代的;③不考虑抛补套利交易的成本。

利率平价理论揭示了利率与汇率间的关系,这种关系不仅表现为两种货币的利差对汇率变动的影响,而且也表现为汇率变动对利率的影响。这一关系的重要意义在于:①说明了利率是影响汇率变动的重要因素之一;②揭示了通过远期套汇套利规避投资风险的方法;③揭示了短期国际资本流动的规律;④为远期汇率的确定提供了一种方法;⑤为央行通过调节利率达到其汇率目标提供了有效的途径。由此,我们对利率平价理论可以做出这样一个评价:利率平价理论是汇率决定理论的一块基石,同时以其重要的实践意义而成为投资者的决策指南和投机者的赢利手段。

3)对利率平价理论的评析

自20世纪20年代利率平价被首次提出后,利率平价受到西方经济学家的重视。它与购买力平价不同的是它考察资本流动(而不是商品流动)与汇率决定之间的关系,它从一个侧面阐述了汇率变动的原因——资本在国际的流动。利率平价同样并非是一个完善的汇率决定理论,对其的批评主要有以下几点。

(1)利率平价的实现依据是国际金融市场上的一价定律,其先决条件为:①有效的且处于完全自由竞争状态的外汇市场,即需要一个有组织的即期和远期外汇市场,市场的信息能够非常有效地流通,从而消除可能出现的机会利润;②无市场壁垒,资本在国际的流动不受任何限制;③交易成本很低或可以基本忽略不计。然而,在现实中,不仅完善的外汇市场并不是普遍存在的,而且许多国家实际对外汇实行管制并对资本流动进行限制。有人指出,在20世纪60年代和70年代汇率与CIRP出现的偏差是由于当时实际存在的或可能发生的外汇管制所造成的。

（2）在利率平价的关系式当中，未能表明到底是利率平价决定汇率，还是即期汇率与远期汇率的差距决定利率，即在利率平价的关系中，三个变量谁是内生的，谁是外生的，决定了利率平价是一个汇率决定理论还是一个利率决定理论。虽然，多数人认为利率的差异是引起资金流动以及外汇供求的重要原因，因而远期外汇的变动由利率差异所决定；但当发生货币危机时，货币的预期贬值同样可以使本国的资产收益率发生变动。这实际上表明，利率平价理论在定义上存在着模糊之处，也未能说明汇率决定的基础，而仅仅解释了在某些特定条件下汇率变动的原因。

（3）忽视利率结构问题。一国利率结构本身是比较复杂的，其变动也是由多种因素引起的。比如本国与外国的债券若不具有完全替代性，那么国与国之间的利率就会出现差异。而且，更为棘手的是，人们很难凭借名义利率的变动迅速判断出市场利率的变动到底是由实际利率水平的变化（名义利率与通货膨胀率之差）引起的，还是由通货膨胀预期心理的改变引起的。

5. 汇率理论的新发展

20 世纪 70 年代至 80 年代初，是汇率决定的资产市场分析法盛行的时期。在这一阶段，经济学家们除了致力于建立和扩展各种汇率决定的资产市场模型，也致力于模型的经验检验。然而，结果却不尽如人意，大量经验检验的结果表明模型对浮动汇率条件下的汇率的解释能力非常弱。因此，新一轮汇率决定理论的研究得以开始。“市场效率”作为汇率决定理论实现突破和发展的分析起点率先被提了出来。

1）市场效率论

有效市场的最初概念是由尤金·法玛（Eugene F. Fama）于 1965 年提出的，并且他还于 1970 年在总结相应的理论和实证的基础上，借助萨缪尔森（Samuelson, 1965）的分析方法和罗伯特（Roberts, 1959）的三种有效形式，提出了有效市场假说（efficient markets hypothesis），即市场效率理论，该理论是预期学说在金融学或证券定价中的应用，也是西方主流金融市场理论。

市场效率论认为，在一个有效的外汇市场上，汇率（即期汇率和远期汇率）必须充分地反映所有相关和可能得到的信息，这样投资者就不可能赚得超额利润，均衡汇率就是在完全信息条件下形成的，市场是所有信息的敏感器，调节着价格的变动。

2）基于微观行为的汇率决定理论

20 世纪 90 年代以来，一些研究者认为，传统汇率决定理论是在宏观经济关系的框架之下分析汇率决定问题的，忽略了微观经济的作用。他们认为，汇率在很大程度上可以看作人们根据自己的消费方式选择资产的结果，经济主体的行为及其影响因素等微观基础在宏观经济变量发生变化的过程中起着重要的作用，因此他们提出了基于微观行为的汇率决定理论，如奥伯斯菲尔德和若戈夫（Obstfeld & Rogoff, 1995）等的研究。微观行为使得汇率决定理论出现了新的研究方向，其基本观点是：经验研究结果不理想，不是因为宏观经济变量选择错误，而是因为未考虑微观经济的作用，原有模型不应仅仅考虑宏观层面，还应进一步考虑投资者偏好、风险承受能力等微观因素，从而分析现有汇率理论的宏观经济指标如何改变市场参与者的各项决策,进而研究汇率决定与变化的规律。基于微观行为的汇率决定理论更加贴近实际,目前这种方法仍在发展之中,并成为汇率决定理论非常重要的一个发展方向,但至今令人满意的经验研究却很少。

3)基于信息经济学的汇率决定理论

莱昂斯(Lyons, 2001)提出,在特定交易体系下掌握不同信息或是对信息理解不一致的外汇交易者的相互博弈是汇率波动的直接原因。学者们以此为基础分别从信息、市场参与者的异质性和交易机制等方面来研究汇率形成的规律。

从信息角度来看,微观金融指标如外汇市场订单流(order flow)和买卖价差传递和反映了私有信息,并对汇率变动产生重要影响。莱昂斯(Lyons, 1995, 2000, 2001, 2002)、埃文斯(Evans, 2001)等人的研究表明,汇集了各个交易者私有信息的订单流能够很好地说明国际金融市场上主要外汇的走势,埃文斯甚至证明了即使用外汇交易中较小部分的订单流数据,也可以解释40%~70%的汇率波动的原因。

从市场参与者角度看,弗兰克尔和弗劳特(Frankel&Froot, 1990)、维雷特(Vilate, 2000)提出信息不对称导致了外汇市场参与者的异质性,伊藤(Ito, 1990)则证明了预期异质性的存在,从而拒绝了理性预期假说。因此持有这一观点的人认为,市场参与者的异质性使得有效市场假说不能成立,也是原有汇率理论无法很好地解释现实汇率波动的一个重要原因。

从交易机制角度看,莱昂斯(Lyons, 2001)提出,外汇市场有效性检验的失败在于外汇交易市场的批发交易和零售交易有密切关系,做市商机制的存在必然产生信息不对称对汇率影响的问题。

近些年来,从信息经济学的角度解释汇率决定的研究,对现实的汇率和很多宏观结构汇率理论无法解释的汇率现象都能够提供较好的解释,并且在经验检验上也取得了令人满意的结果。但是,汇率决定的信息经济学分析也存在着很多局限性,有待克服,其理论的完整性还需要不断发展。

4)汇率决定的混沌分析法

自然科学中的混沌理论认为,运动确定性并不等价于可预测,确定性运动能够产生不可预测的行为。比利时经济学家De Grauwe和Dewachter(1992, 1993)开创性地提出了一个汇率决定的混沌货币模型。随着数学工具的完善,一些学者放弃了汇率理论理性预期的假设,试图通过混沌理论来模拟汇率的运动,从而开辟了汇率决定的混沌分析方法。

在现实中,汇率具有非线性高频变动的特征,混沌模型通过非线性方程组描述了汇率变动,也解释了很多原有汇率理论难以说明的问题,如混沌系统对初始条件的敏感性可说明现实中预测汇率的困难。但是,汇率的混沌模型没有考虑中央银行的干预,尽管可以证明汇率变动有混沌迹象,但总体上来说,它只是一种方法创新,目前对汇率变动混沌现象的判断还有待进一步研究。

现实中的经济是复杂的,20世纪80年代开始,汇率决定理论进入新的发展阶段,理论与现实的差距不断调整着研究的视角,推动着汇率决定理论不断向前发展。

10.3.2　影响汇率变动的主要因素

在纸币流通制度下，决定汇率的最根本因素是纸币所代表的实际价值量。但价值量并不是决定汇率的唯一因素，并且价值量是个抽象的概念，很难具体把握。在现实生活中，影响汇率变动的因素很多，这些因素主要有经济增长率差异、国际收支、通货膨胀率、利率差异、投机活动、中央银行的干预以及总需求和总供给。

1. 经济增长率差异

国内外经济增长率的差异对汇率的影响是多方面的。①一国经济增长率高，意味着收入上升，由此会带来进口需求水平和进口支出的提高，导致经常项目逆差，带来该国货币币值下降的压力；②如果一国经济持续较快地增长，往往也意味着生产率的迅速提高，从而提高本国的出口能力，使出口增长大于进口增长，将使该国货币币值坚挺；③一国经济持续增长，有助于吸收外资流入进行直接投资，从而改善资本金融账户收支状况；④经济增长快、经济实力强的国家有助于增强外汇市场上对其货币的信心。因此，经济增长率对汇率的影响将是上述各方面综合作用的结果。一般来说，高的经济增长率在短期内可能引起该国货币汇率下跌，但长期来看，却有助于该国货币汇率的稳定或坚挺。

2. 国际收支

国际收支是一国对外经济活动的综合反映，国际收支平衡表中所列的各种经济交易最终表现为一国的外汇供给和外汇需求，或者说，国际收支平衡表中的贷方项目构成外汇供给，而借方项目构成外汇需求。具体地说，一国的外汇供给主要来自下述几个方面：商品和服务的出口；外国对本国的单方面金融资产转移；外国居民购买本国的金融资产或对本国进行的直接投资；本国居民出售所持有的外国资产等。外汇需求则主要来自：商品和服务的进口；本国对外国的单方面转移；本国居民购买外国的金融资产或对外国进行的直接投资；外国居民出售所持有的本国资产等。当一国国际收支有较大逆差或有贸易逆差时，说明本国的外汇收入小于外汇支出，或者说外汇市场上外汇供不应求，则外汇汇率上涨，本币汇率下跌（即本币对外贬值）；相反，当一国国际收支有较大顺差或有贸易顺差时，说明本国的外汇收入大于外汇支出，或者说外汇市场上外汇供过于求，则外汇汇率下跌，本币汇率上涨（即本币对外升值）。

3. 通货膨胀率

货币的对内价值是决定其对外价值（即汇率）的基础，货币对内价值的变化必然引起其对外价值的变化。对内价值具体体现于货币在国内的购买力高低，而通货膨胀正是纸币发行量超过商品流通所需货币量所引致的货币贬值、物价上涨现象。一国出现通货膨胀意味着该国货币代表的价值量下降。因此，国内外通货膨胀率差异就是决定汇率长期趋势的主导因素。当一国出现通货膨胀时，其商品成本加大，出口商品以外币表示的价格必然上涨，该商品在国际市场上的竞争力就会减弱，引起出口减少，同时提高外国商品在本国市场上的竞争力，造成进口增加，从而改变经常账户收支。此外，通货膨胀率差异还会通过影响人们对汇率的预期，作用于资本与金融账户收支。当一国通货膨胀率较高时，人们就会预期该国货币的汇率将趋于疲软，将手中的该国货币转化为其他货币，造成该国货币的汇率下跌。一般而言，相对通货膨胀率持续较高的国家，其货币在外汇市场上将会趋于贬值；反之，相对通货膨胀率较低的国家其货币汇率则会趋于升值。

4. 利率差异

利率与汇率之间存在着密切的关系。通常的观点是银根抽紧、信贷紧缩所导致的一国利率水平的上升会使其货币汇率趋于坚挺。例如，整个 20 世纪 80 年代上半期，西欧各国的政府领导人一直都在强烈批评美国里根政府高利率政策所导致的美元汇率居高不下和西欧国家货币的日趋疲软。这个观点依据的经济机制是美国较高的利率水平从西欧和日本等国家吸引了大量的资本流入，这使外汇市场上形成了对资本流入国家货币（美元）的超额需求及资本流出国家货币的超额供给。然而，货币主义者的观点却恰恰与此相反。货币主义者认为，高利率代表着该国通货膨胀率还会上升，于是人们持有该国货币的愿望就会减退，而对一国货币实际需求的减少会导致该种货币汇率的下跌。

实际上，要正确理解利率与汇率之间的关系，必须先区分名义利率与实际利率这两个概念。所谓名义利率就是市场上的利率，可分解为三个组成部分，即实际利率、预期的物价变动率及对其他风险因素的补偿。所谓实际利率，就是在名义利率中剔除了物价变动因素后的资金真实成本。由于物价变动率事先不能确知，所以该项一般都以预期通货膨胀率来代替。这样，国内外金融市场上的实际利率就等于各国的名义利率减去各国的预期通货膨胀率。假定国内外的金融工具是可以完全相互替代的，国际套利活动足以使国内外的实际利率相等，在这种情况下，国内外名义利率的不同，可被解释为两国在预期通货膨胀率方面存在着差异。

然而，在现实的世界经济中，各国的金融市场存在着被人为分割的现象，远未达到一体化的程度，所以债券等信用工具在国际范围内的替代性不可能是完全的。如果国内外债券是不可完全替代的，那么，国与国之间的实际利率就会出现差异，因此各国名义利率的不同除了是因为预期通货膨胀率的差异以外，也可能是由实际利率水平不一致引起的。当一国的名义利率上升时可能意味着该国预期通货膨胀率的上升，也可能反映了该国实际利率水平的提高。假如是前一种情况，对该国货币的实际需求就会减少，这会形成货币汇率下浮的压力；在后一种情况下，假如本国的实际利率高于外国的实际利率，而且国际资本流动又不受任何限制，那么外资就会被吸引到国内来，而对本国货币需求的增加将会导致本币汇率的上浮。由此可见，这两种类型的变化，对汇率的影响正好是相反的。

5. 投机活动

实行浮动汇率制以来，投机风潮甚为猖獗。政局发生动荡、外贸货币政策出现变化、投机者的预期心理、谣言传播都会引起投机活动，掀起外汇市场的轩然大波，引起汇率的狂涨狂落。目前国际游资（hot money）已形成了一股强大的、不受任何国家约束的力量。当某种因素引起投资者纷纷抛售某种货币时，该种货币的汇率就会暴跌；当某种原因引起这股游资纷纷抢购某种货币时，该种货币的汇率就会暴涨。

6. 中央银行的干预

在固定汇率制下，货币当局必须对汇率实施干预以将汇率维持在规定的浮动范围内；在浮动汇率制下，政府没有维持固定汇率的义务，但不会完全放弃对汇率的管理。政府干预汇率主要是通过对外汇市场的干预来实现的。

政府干预汇率往往是在特殊情况下（如市场汇率剧烈波动、本币大幅升值或贬值），或是为了特定目标（如促进出口、改善贸易状况等）而进行的。一般来说，政府干预只能对短期汇率的变动产生影响，而无法从根本上改变汇率的长期变动趋势。

7. 总需求和总供给

总需求和总供给在结构和总量上增长的不一致也会影响汇率：若总需求中对进口的需求增长快于总供给中出口供给的增长，意味着外汇需求上升，从而本币汇率下降；若总需求增长快于总供给增长，其超额总需求将转向国外产品，引起进口增加，从而引起本币汇率下降。因此，当总需求增长快于总供给时，本币汇率呈现下降趋势。

影响汇率变动的因素除了上述主要因素外，还有许多其他因素，如各国的宏观经济政策、金融工具价格的变动、石油价格的变动和黄金价格的变动以及国际政治局势等。但这些因素往往又是通过上述各种因素影响外汇供求从而对汇率发挥作用的。

总之，影响汇率波动的因素是多方面的，在分析汇率变动的原因时，应把握一个基本点，就是货币供求关系的变动。这是最直接、最根本的原因，各种因素都是通过影响货币供求对汇率产生影响的。

10.3.3　汇率变动对经济的影响

1. 汇率变动对国际收支状况的影响

汇率的变动会影响一个国家的国际收支状况。这可以从经常账户和资本与金融账户两个方面进行考虑。

首先，看汇率变动对国际贸易收支账户的影响。如果其他条件不变，当一国货币贬值时，该国出口商品的外币价格较低、进口商品的本币价格较高，因此有利于扩大出口抑制进口，从而改善该国的经常账户收支状况。而当该国货币升值时，情况正好相反。

汇率变动是否可以真正影响一国的经常账户收支，主要取决于三个方面的因素：进出口商品的供给与需求弹性；总供给的数量与结构；是否拥有市场出口产品和进口替代产品的闲置资源。在上述三个因素中进出口商品的供给与需求弹性的影响作用最大。

其次，看汇率变动对资本与金融账户的影响。汇率变动对资本与金融账户的影响取决于该账户开放的程度以及汇率变动本身如何影响人们对该国货币今后变动趋势的预期。如果一国实行严格的资本账户管制，汇率变动对其不会造成影响。如果是浮动汇率制且其他条件不变时，一国货币贬值，而投资者普遍预期该国货币还将进一步贬值时，对本国货币需求会减少，对升值（外国）货币的需求增加，资本外流，资本与金融账户恶化。

而如果当投资者普遍预期该国货币已经贬值到位，即将开始反弹时，资本不仅不会外流，反而可能会进一步内流。关于此部分的详细分析见本书的第 11 章。

2. 对进出口贸易的影响

汇率的稳定有利于进出口贸易的发展，汇率不稳定、经常波动会增加国际贸易的风险，不利于贸易商核算成本和利润。在一定条件下,本币汇率下跌、外汇汇率上涨有利于本国的出口,不利于本国的进口;反之,本币汇率上涨、外汇汇率下跌则不利于本国的出口,有利于本国的进口。一般说来,大幅度地贬值本国货币,可以使以外币表示的本国商品价格降低,提高了外币对本国商品的购买力,从而提高了本国商品的国际竞争能力,导致出口扩大;同时,会使以本国货币表示的外国商品价格提高,使进口减少,结果该国的贸易收入增加,国际收支得到改善。但是,本币贬值能否收到这样的效果,如前所述还要受其他许多因素的影响。

例如本币贬值固然可以导致出口增加,从而增加外汇收入,但是本币贬值导致的商品外币价格下跌,又会减少单位商品的外汇收入。因此,只有当出口增加到一定程度时,才能抵消或超过商品外币价格下跌所造成的损失。另一方面,本币贬值后,进口商品价格提高,固然可以减少国内对进口商品的需求,但是,进口商品价格提高又会增加单位商品的本币支出。所以只有当进口减少到一定程度时,进口支出的减少才能抵消或超过进口商品价格上涨所引起的支出增加。

3. 汇率变动对国内经济的影响

1)汇率变动对一般物价水平的影响

汇率变动影响一般物价水平的间接渠道和机制主要有以下几种:生产成本机制、货币工资机制、货币供给机制、替代机制以及预期机制。一般情况下本币贬值会造成国内物价上升,而本币升值则相反。

从产品成本价格方面来看,一方面本币贬值,以外币表示的本国出口商品价格下跌,在国外需求拉动下,本国出口兴旺,当国内资源不足或以进口商品作为出口商品的原料来源时,相关产品价格上升。另一方面,本币贬值,以本币表示的进口价格上升,如果进口弹性小,进口数量不变,则带动国内同类商品价格上涨。

从工资方面来看,国内价格上升,推动国内工资上涨,带动生活费上涨,结果工资收入者要求更高的名义工资,再一次推动工资和生活费用上涨,如此循环不止。

从货币供给机制来看,本币贬值或货币汇率下浮,在生产成本和工资机制作用下,该国货币供应量增加,银行结汇同样数量的外汇付出更多的本币,使货币供应量增加,物价一定程度上升。一般情况下,本币较大幅度贬值,会对国内物价上涨起到推波助澜的作用。相反,本币升值会使国内物价下跌。因为一方面,本币升值使本国货币购买力上升,带动进口商品的价格下降,形成国内物价下跌的动力之一;另一方面,本币升值使该国出口困难,部分出口商品转内销增加国内供给,促使国内物价水平下降。这样双重因素推动国内物价下跌。

货币替代是指一国居民因对本币的币值稳定失去信心,或本币资产收益率相对较低时发生的大规模货币兑换,从而外币在价值贮藏、交易媒介和计价标准等货币职能方面全部或部分地替代本币。一般来讲,一个国家在出现通货膨胀,特别是严重的通货膨胀时,会出现货币替代现象。但是,出现货币替代现象最主要的一个原因是一国居民因对本币币值稳定失去信心而大量抛售本币,这样不仅会使本币贬值,同时还会引发国内通货膨胀。当预期通货膨胀发生时,为了避免实际资产的损失,投资者会卖出以本国货币表示的资产而购入外币，这将会导致对本国货币的需求减少，通货膨胀进一步加剧。

通货膨胀预期是导致通货膨胀的重要原因。一旦消费者和投资者形成强烈的通货膨胀预期，就会改变其消费和投资行为，从而加剧通货膨胀，并可能造成通货膨胀螺旋式的上升。由于本币贬值可以引发通货膨胀预期，因此本币贬值可以加剧通货膨胀的实现。

2）汇率变动对国民收入和就业的影响

一般情况下，一国货币贬值最终会增加出口减少进口，从而为本国的出口行业及与进口行业产品竞争的行业提供更多的就业机会，并由此触发一个增加国民收入的乘数过程。当然，在实际的国民收入增加过程中，由于边际进口的倾向作用，本国的进口又会有所增加，这给贬值后贸易差额的改善带来一些不利影响。

在一些特殊情况（即供给弹性无穷大使得以卖方货币表示的贸易商品价格保持固定不变的情况以及进出口商品需求弹性严重不足的情况）下，一国货币贬值所引起的一国贸易条件的恶化会使该国的国民收入下降至较低水平，从而减少就业机会。

3）汇率变动对外汇储备的影响

外汇储备是一国国际储备的主要形式，由一国对外支付所经常使用的货币构成。在布雷顿森林体系下，美元是各国外汇储备中的主要币种。20 世纪 70 年代初期后，各国储备货币逐步多元化，由美元、日元、英镑等货币组成。不论是以单一货币为储备还是以多元化的货币为储备，储备货币的汇率变化都会直接影响一国的外汇储备的价值。

在以美元为主要储备货币的时期，外汇储备的稳定性和价值完全取决于美元汇率的变化。若美元汇率上升，一国外汇储备相应升值；相反，美元汇率下跌，一国外汇储备就相应贬值。20 世纪 70 年代初，美元的两次公开贬值给许多国家尤其是发展中国家的外汇储备造成了不同程度的损失。

在多元化外汇储备时期，汇率变化的影响较为复杂，需要从多方面分析。首先，构成一国外汇储备的各种货币的汇率变化对外汇储备的影响是不同的；其次，要衡量一定时期内储备货币的汇率变化对一国国际储备的综合影响，需要根据各种储备货币在外汇储备中的不同权重，并结合各种储备货币的升值或贬值的幅度加以分析。

由于各国外汇储备中储备货币的多元化，汇率变化对外汇储备的影响也多样化了。有些时候，外汇市场上的汇率波动很大，但由于储备货币中升值和贬值货币的力量相当，外汇储备的价值并未受到影响；有时虽然多种储备货币的汇率下跌，但是，占外汇储备较大比重的储备货币的汇率上升，则外汇储备的价值依然稳定或升值。

4）汇率变动对国内利率水平的影响

一国货币贬值对利率的影响要视其对货币供给量的影响而定。一般情况下，贬值会使贸易状况得以改善，外汇储备增长，从而增加货币供给量，由此导致利率水平下降。但是，假定该国货币贬值后，货币供给量保持不变（浮动汇率制下），为了缓解货币供不应求的局面，减少需求，持有现金的机会成本即名义利率必须提高。这样，既有助于减轻通胀的压力，同时又会吸引外国资本流入，从而使本国国际收支状况得以改善。

4. 汇率变动对世界经济的影响

以上分析都是站在一个国家的角度进行的。实际上,汇率的变动还会影响到世界范围的经济活动。这种影响主要表现在以下几个方面。

(1)汇率变动对国际贸易的影响。一般来说,汇率稳定有利于国际贸易的发展,而汇率不稳定则会增加汇率风险,从而不利于各国贸易的发展。

(2)汇率变动对国际资本流动的影响。汇率稳定有利于长期资本的输出和输入,使资本的供求能在世界范围内得到调节,从而提高资金的使用效率,促进世界经济的增长;反之,汇率不稳,就会阻碍生产性资本的国际流动,而投机性的短期资本就会频繁流动,从而给各国金融安全带来威胁,甚至引发全球性的金融风暴。

(3)汇率变动对国际经济关系的影响。浮动汇率产生后,外汇市场上各国货币频繁的、不规则的波动,不仅会给各国对外贸易、国内经济等造成深刻影响,而且也影响着各国之间的经济关系。

如果一国实行以促进出口、改善贸易逆差为主要目的的货币贬值,则会使对方国家货币相对升值,出口竞争力下降,尤其是以外汇倾销为目的的本币贬值必然引起对方国家和其他利益相关国家的反抗甚至报复,这些国家会采取针锋相对的措施,直接地或隐蔽地抵制贬值国商品的侵入,“汇率战”由此而生。货币竞相贬值促进各自国家的商品出口是国际上很普遍的现象,由此造成的不同利益国家之间的分歧和矛盾也层出不穷,这加深了国际经济关系的复杂化。

不仅如此,西方金融市场上某些货币汇率的持续坚挺也同样会引起国际经济矛盾的产生。例如, 20 世纪 90 年代初,欧元凭借其强大的经济实力和高利率而步步升值,给整个欧洲货币体系造成了巨大压力,其他国家货币(如意大利里拉、法国欧元等)在其强势之下大幅度贬值,西欧联合浮动汇率机制终于支持不住而扩大了浮动界限。这一切都使欧共体各国之间原有的经济矛盾进一步加深,欧洲经济货币联盟的一体化进程更加艰难。

10.4 汇率制度

汇率制度(exchange rate regime)是指一国货币当局对本国汇率水平的确定、汇率变动方式等问题所作的一系列安排或规定。不同的汇率制度意味着一国政府在实现内外均衡时需要遵循不同的规则,汇率制度的选择也是一个国家乃至国际货币制度面临的重要问题。

从理论上来看,西方汇率理论可以分为两个派别,即固定汇率理论和浮动汇率理论。固定汇率论者主张建立一个稳定不变(或者变动范围较小)的货币平价制度,浮动汇率论者则主张建立一个可变的货币平价制度。还有一些处于固定汇率制度与浮动汇率制度之间的汇率制度,如爬行钉住、汇率目标区制度、货币局制度等。

10.4.1　汇率制度的类型

1. 固定汇率制

固定汇率制（fixed rate system）是指货币比价基本固定的汇率制度，包括金本位制下的固定汇率制和布雷顿森林体系下的固定汇率制。

在金本位制下，汇率取决于铸币平价。在国际经济贸易往来中，人们很少直接使用金币，而是使用各种支付工具。这就使汇率围绕铸币平价上下波动。汇率波动幅度一般不会超过黄金输出入点。黄金输出入点是金本位制下汇率上下波动的界限。金本位制下的固定汇率制是依靠市场机制实现的。

在布雷顿森林体系下的固定汇率制度是以黄金为基础，美元与黄金挂钩，其他货币与美元挂钩的汇率制度。这种固定汇率制的维持，不仅依靠市场自发调节机制，而且要依靠各国政府和国际金融组织所采取的国际收支调节措施。

1）金本位制下的固定汇率制和布雷顿森林体系下的固定汇率制的异同

（1）它们的共同之处有如下两个方面。

①各国对本国货币都规定有金平价，中心汇率是按两国货币各自的金平价之比来确定。

②外汇市场上的汇率水平相对稳定，围绕中心汇率在较小的范围内波动。

（2）它们的不同之处有如下两个方面。

①汇率波动的调节机制不同。在金本位制下，两国货币之间的汇率是按照其含金量之比确定的，并且黄金可以自由铸造、自由熔化、自由兑换、自由输出和输入，因此外汇市场上汇率的波动被自动限制在黄金输出入点的范围内，固定汇率是自发形成的。而在纸币流通条件下，固定汇率是通过国际协议（如布雷顿森林体系）人为建立起来的，各国货币当局通过规定虚设的金平价来制定中心汇率，并且外汇市场上的汇率变化也是通过政府干预、外汇管制或国内经济政策等措施被维持在人为规定的狭小范围内波动。

②汇率稳定程度不同。在金本位制下，各国货币的含金量是不变的，因此汇率能够保持真正的稳定，是典型的固定汇率制度。而在纸币流通制度下，各国货币的金平价是可以调整的。当一国国际收支出现严重不平衡时，经国际货币基金组织核准后可以变更。因此，纸币流通条件下的固定汇率制度（布雷顿森林体系）实际上是一种可调整的固定汇率制度，严格来说，只能称为可调整的钉住汇率制度（adjustable pegging system）。

2）在布雷顿森林体系的固定汇率制度下维持汇率稳定的措施

（1）在以美元为中心的固定汇率制度下，货币金融政策是调节并维持汇率稳定的手段之一。当外国货币汇率上涨，有超过汇率波动上限的趋势时，则一国货币当局就会提高利率，以吸引外资流入，增加本国的外汇收入，从而促使外汇汇率降低，使汇率维持在既定的波动幅度内。相反，当外国货币汇率下跌，出现低于汇率波动下限的趋势时，则会降低利率，促使资金外流，或从政策上鼓励对外汇的需求，以提高外币的价格，维持汇率波动的界限。

（2）动用外汇储备。在固定汇率制度下，如果一国国际收支出现逆差，则本国对外国货币的需求增加，外汇汇率上涨，当汇率上涨超过了规定的波动上限时，该国政府就会从外汇储备中拿出一部分外汇在市场上出售，以增加外汇的供应，促使汇率下降到规定的波动界限内。如果一国国际收支出现顺差，则外国货币供给增加，外汇汇率下跌，当汇率下跌到规定的下限以下时，该国政府就在外汇市场上买进外国货币，增加外汇储备，增加对外国货币的需求，促使汇率上升到规定的界限内。

3)固定汇率制度的作用

首先，固定汇率对国际贸易和投资产生影响。

固定汇率为国际贸易与投资提供了较为稳定的环境，降低了汇率风险，便于进出口成本核算以及国际投资项目的利润评估，从而有利于对外贸易的发展，对某些西方国家的对外经济扩张与资本输出有一定的促进作用。

但是，在外汇市场动荡时期，固定汇率制度也易于招致国际游资的冲击，引起国际外汇制度的动荡与混乱。当一国国际收支恶化，国际游资突然从该国转移，换取外国货币时，该国为了将汇率波动维持在相应的界限内，不得不拿出黄金外汇储备在市场上供应，从而引起黄金的大量流失和外汇储备的急剧缩减。如果黄金外汇储备急剧流失后仍不能平抑汇价，该国最后有可能采取法定贬值的措施。一国的法定贬值又会引起与其经济关系密切的国家同时采取贬值措施，从而导致整个汇率制度与货币体系的极度混乱与动荡。经过一定时期以后，外汇市场与各国的货币制度才能恢复相对平静。在恢复相对平静前的一段时间内，进出口贸易商对接单订货常抱观望态度，从而使国际贸易的交往在某种程度上出现中止停顿的现象。

其次，在固定汇率制下，一国很难执行独立的国内经济政策。

(1)在固定汇率制下，一国的货币政策很难奏效。一国为紧缩投资、治理通货膨胀而采取紧缩的货币政策，提高利息率，但却因此吸引了外资的流入，从而达不到紧缩投资的目的。相反，为刺激投资而降低利率，却又会造成资金的外流。

(2)在固定汇率制下，为维护固定汇率，一国往往须以牺牲国内经济目标为代价。例如，一国国内通货膨胀严重，该国为治理通货膨胀，实行紧缩的货币政策和财政政策，提高贴现率，增加税收等。但由于本国利率的提高，势必会引起资本流入，造成资本项目顺差，由于增加税收，势必会造成总需求减少，进口减少，出口增加，造成贸易收入顺差，这就会使得本币汇率上涨，不利于固定汇率的维持。因此，该国政府为维持固定汇率，不得不放弃为实现国内经济目标所需采取的国内经济政策。

(3)固定汇率使一国国内经济暴露在国际经济动荡之中，由于一国有维持固定汇率的义务，因此当其他国家的经济出现各种问题而导致汇率波动时，该国就须进行干预，从而也受到相应的影响。例如外国出现通货膨胀而导致其汇率下降，本国为维持固定汇率而抛出本币购买该贬值外币，从而增加本国货币供给，诱发了本国的通货膨胀。

总之，固定汇率使各国的经济紧密相连，互相影响，一国出现经济动荡，必然波及他国，同时，也使一国很难实行独立的国内经济政策。

2. 浮动汇率制

1)浮动汇率制的概念及分类

浮动汇率制(floating exchange rate system)是指本币对外币不规定货币平价，也不规定汇率的波动幅度，现实汇率不受平价制约，而是随外汇市场供求状况的变动而变动的汇率制度。实行浮动汇率制国家的货币当局也不再承担维持汇率稳定的义务。1973年2月布雷顿森林体系瓦解后，主要西方国家普遍实行的是浮动汇率制。

按照政府是否干预来区分，浮动汇率制有自由浮动和管理浮动之分。自由浮动（free floating）又称清洁浮动（clean floating），是指货币当局对外汇市场不加任何干预，完全听任汇率随外汇市场供求状况的变动而自由涨落。管理浮动（managed floating）又称肮脏浮动（dirty floating），是指货币当局对外汇市场进行干预，以使汇率的变动符合自己实现国内外经济政策目标的需要。目前，各主要工业国家所实行的都是管理浮动，完全的自由浮动纯粹是理论上的假设而已。政府干预汇率的方式主要有三种：①直接干预，即货币当局直接进入外汇市场买卖外汇，直接影响汇率的生成；②运用财政、货币政策，通过财政、货币政策的运用引起国内经济变量的变动，从而间接影响外汇市场上的外汇供求，达到间接影响汇率的目的；③采取直接管制措施，通过贸易、外汇、税收或其他方面的管制措施的实施或加强可对外汇市场上汇率的升降起到立竿见影的效果。

2）浮动汇率制度的作用

Ⅰ.浮动汇率对金融和外贸的影响

一般来讲，实行浮动汇率在国际金融市场上可防止国际游资对某些主要国家货币的冲击，防止外汇储备的大量流失，使货币公开贬值与升值的危机得以避免。从这个角度看，它在一定程度上可保持西方国家货币制度的相对稳定。一国货币在国际市场上大量被抛售时，因该国无维持固定比价的义务，一般无须立即动用外汇储备大量购进本国货币，这样本国的外汇储备就不致急剧流失，西方国家的货币也不致发生重大的动荡。有些西方经济学者还认为在浮动汇率制度下，一定时期内的汇率波动不会立即直接影响国内的货币流通，国内紧缩或放宽的货币政策仍可贯彻执行，国内经济则得以保持稳定。

在浮动汇率制度下，汇率的自由升降虽可阻挡国际游资的冲击，但却容易因投机或谣言引起汇率的暴涨暴跌，产生汇率波动频繁和波幅较大的局面。在固定汇率制度下，因国家的干预，汇率波动并不频繁，其波动幅度也不过是平价上下的1%，但在浮动汇率制度下，汇率波动则极为频繁和剧烈，有时一周里汇率波动幅度能达10%，甚至在一天里就能达5%。这进一步促使投机者利用汇率差价进行投机活动，来获取投机利润，但汇率剧跌，常常使他们受到巨大损失。因投机亏损而引起的银行倒闭之风，在20世纪八九十年代曾严重地威胁着西方金融市场，银行因投机亏损而倒闭的事件时有发生。

浮动汇率波动的频繁与剧烈也会增加国际贸易的风险，使进出口贸易的成本加大或不易核算，影响对外贸易的开展。同时，这也促进了外汇期权、外汇期货、远期合同等汇率风险防范业务的创新与发展。

Ⅱ.浮动汇率对国内经济和国内经济政策的影响

与固定汇率相比，浮动汇率下一国无义务维持本国货币的固定比价，因而可根据本国国情，独立自主地采取各项经济政策。同时，由于在浮动汇率下，为追求高利率的投机资本往往受到汇率波动的打击，因而减缓国际游资对一国的冲击，从而使其货币政策能产生一定的预期效果。

由于各国没有维持固定汇率界限的义务，所以，在浮动汇率制下一国国内经济受到他国经济动荡的影响一般相对较小。

3）固定汇率制与浮动汇率制的比较

浮动汇率制度能够取代固定汇率制度在于它有一些优势。第一，它具有自发调节国际收支的功能。如一国出现国际收支逆差，其货币会对外贬值，这种汇率变动有助于该国恢复国际收支平衡。发达国家普遍采用浮动汇率制，尽管它不能完全避免国际收支危机，但是与发展中国家相比，它们的国际收支是相对平衡的。第二，它有助于遏制大规模的外汇投机风潮，因为它使汇率不断地调整，汇率扭曲的程度较小，即留给外汇投机者牟利的余地较小。第三，它使各国政府摆脱了固定汇率制对经济政策自主权的约束。在固定汇率制下存在严格的货币纪律，使政府很难根据自己的需要采取相应的政策，无论扩张性财政政策还是扩张性货币政策，都会使物价上涨，从而造成贸易逆差和固定汇率难以维持。第四，它有更强的适应世界经济环境的生命力。如固定汇率制要求国际收支平衡，而它自己又不具备自动调节国际收支的功能。随着各国经济发展的不平衡和国际投机资本规模的急剧扩大，固定汇率制越来越难以维持。第五，它有助于提高资源配置效率，因为它有调节国际收支的功能，从而减轻了政府对各种直接管制措施的依赖，这有助于市场信号更有效地发挥资源配置功能。在固定汇率制下，许多国家政府都依赖直接管制调节国际收支，如外汇管制、贸易壁垒等，它们可能产生不易察觉的严重影响。

在现实生活中，各国都不是完全听任汇率自由浮动的，因为汇率自由浮动具有一些缺陷。第一，汇率波动给国际金融和国际贸易活动带来外汇风险，从而会在一定程度上阻碍它们的顺利发展。例如，在金本位制度瓦解之后直到第二次世界大战爆发，世界处于浮动汇率时期，英镑区、欧元区和美元区彼此隔离，国际贸易发展处于停滞状态。第二，它削弱了固定汇率制下的货币纪律，助长了货币政策中的通货膨胀倾向，各国政府无须通过抑制通货膨胀率来履行维持固定汇率的义务。例如，在布雷顿森林体系瓦解之后，世界通货膨胀率明显提高。第三，它会助长金融泡沫，即金融资产价格高于其实际价值。例如，美国股价上升，会刺激外资流入，这会提高美元汇率，而美元汇率上升会进一步吸引外资流入，助推股价攀升。

3. 中间汇率制度

从理论上分析，在固定汇率制度和浮动汇率制度之间有以下几种汇率制度。

（1）目标区（target zones）汇率制度。在此汇率制度下，中央银行宣布一个中间汇率和相应的波动区间，并随时准备干预以确保汇率在波动区间内。如果波动区间很小，目标区汇率制度就接近固定汇率制度（如金本位制度下的波动区间——黄金输出入点）；如果波动区间较大，就与浮动汇率制度十分接近了。

如果经济基本面保持稳定，汇率目标区是可信的，并且市场认为汇率将在目标区内波动，当汇率接近目标区上下限时，交易者预期汇率将反向调整，市场汇率会重新回到中间汇率的水平，这一情形宛如热恋中的情人在短暂分离后急于重新相聚，因此又被称为“蜜月效应”(honeymoon effect)。相反,当经济的基本面已经发生了很大的变化,市场预期中间汇率将会发生较大的调整,此时汇率目标区就不具有可信性。在这种情况下,对中间汇率的投机往往会发生,使得市场汇率的波动有可能超过汇率目标区的上下限,远离中间汇率。这一情形恰如夫妻关系已经无法维持下去的状态,因此又被称为“离婚效应”(divorce effect)。

(2)爬行钉住(crawling peg)汇率制度。由于本国的通胀率往往高于被钉住货币国家的通胀率,为了保持本国与钉住货币国家之间的实际汇率稳定,避免本币实际汇率的高估影响本国的对外贸易,中央银行根据两国通胀率的变化,按照固定时间间隔进行较为频繁的干预。如政府在每个月月末按照贬值 2% 的方式进行汇率调整,而不是在半年后按照一次性贬值 12% 的方式进行调整。图 10-2 描绘了这种汇率制度的变化。

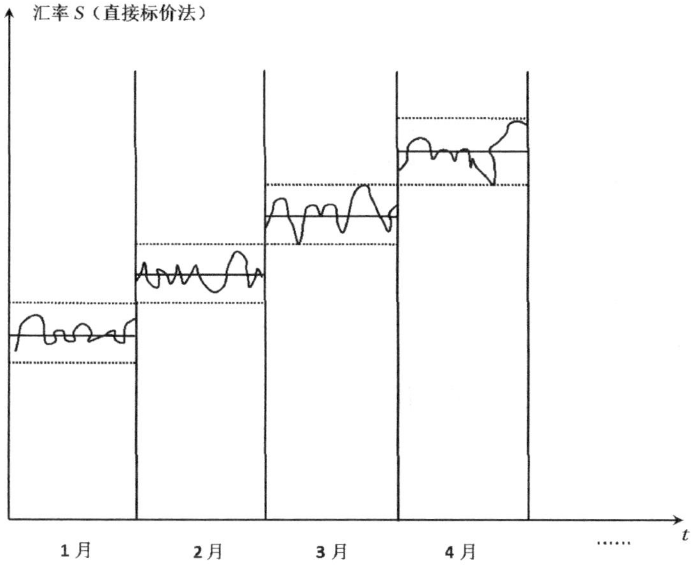

图 10-2 爬行钉住汇率制度下的法定贬值

资料来源:汪洋编著,《国际金融学》,武汉大学出版社,2009。

(3)钉住一篮子货币(basket peg)汇率制度。在不少情况下,一国不只是将本国货币钉住某一国货币,而是钉住一篮子货币。篮子货币的权重根据本国对该国贸易额占本国对外贸易总额的比重确定。之所以采用一篮子货币钉住的方法,主要是世界上关键货币之间汇率变化幅度较大,如果本国仅仅钉住甲关键货币,而甲货币与另一关键货币乙的汇率发生较大幅度的波动(以升值为例),这意味着本国货币对货币乙出现升值,这将影响本国与乙国的贸易。因此,采用一篮子钉住的方法可以降低本币对整个篮子货币组合的变化幅度。

10.4.2 汇率制度的选择

现实生活中存在多种汇率制度。一国选择何种汇率制度,取决于该国的国情以及它是否有利于该国的经济发展。影响汇率制度选择的主要因素有以下几个。

1. 经济规模

一国的经济规模越大,越倾向于采用浮动汇率制;反之,则倾向于采用固定汇率制。这是因为，大国多为发达国家，经济较为独立，资本管制少，如果实行固定汇率制，必须放弃货币政策的独立性；而且，大国的对外贸易依存度通常低于小国，因而往往更少从汇率角度出发考虑经济问题；此外，大国的对外贸易多元化，很难选择一种基准货币实施固定汇率。而对于经济规模较小的国家，经济结构往往较为单一，许多消费品和投资品须依赖进口，出口的多是初级产品，这会大大削弱浮动汇率的有效性；而且，小国维持经济内外均衡的能力较弱，为了防止汇率变动给经济带来的冲击，采用固定汇率制是一种有效的办法。

2. 贸易依存度

贸易依存度指外贸额与国民生产总值的比值，它反映一国经济的对外依赖程度。贸易依存度越高，汇率波动对经济的冲击力越大。所以，这样的国家倾向于采取弹性较小的汇率制度。例如，欧洲国家属于发达国家，但是它们的贸易依存度很高，这是它们放弃本国货币使用欧元的重要原因。

3. 对外贸易的地理方向

若一国对外贸易集中于某贸易伙伴国，则钉住该国货币有助于贸易发展。若进出口贸易集中于某几个国家，则钉住某个货币篮有助于贸易发展。如欧洲一些国家相互之间的贸易占其外贸总额的比重较大，它们便选择了对内使用统一货币、对外让欧元自由浮动的汇率制度。又如，美国从长期来看是我国最大的出口市场，许多国际商品以美元定价，所以我国和许多发展中国家曾长期采取钉住美元的汇率制度。

4. 相对通货膨胀率

固定汇率制度具有约束通货膨胀的作用。如果某国通货膨胀率高于他国，那么它可能需要利用固定汇率制下的货币纪律，克服国内的通货膨胀。例如，一些拉美国家曾出现恶性通货膨胀，它们试图通过本国货币与美元挂钩来摆脱困境。

5. 金融市场的发育程度

金融市场的发育程度较高或金融国际化程度较高的国家需要采取弹性较大的汇率制度。在货币自由兑换的情况下如实行钉住汇率制，汇率不能及时反映通货膨胀等诸多因素的影响，该国货币便很可能成为国际游资的冲击对象。反之，金融市场发育程度较低的国家，可以利用对货币兑换和资本流动等方面的管制，采取钉住汇率制。

汇率制度的选择还会受许多其他因素的制约。例如，钉住汇率制本身并不排斥定期的调整，但这要求政府有力且廉政。如果政府受某些利益集团的支配，就很难在适当的时机对汇率做出调整。如在东南亚金融危机之前，克鲁格曼就提出过警告，政府如果实行贬值政策，就可以避免危机爆发。但是，大量借取外债的集团反对本币贬值，因为这会使偿还外债的成本增加。在各种力量的较量过程中，政府就错失了实行贬值政策的适当时机。

10.4.3 汇率政策

1. 汇率政策的含义

汇率政策是指政府在一定时期内，为实现宏观经济政策目标而对汇率变动施加影响的制度性安排与具体措施。汇率政策主要包括汇率政策目标和汇率政策工具。汇率政策工具主要有汇率制度的选择、汇率水平的确定以及汇率水平的变动和调整。汇率政策中最主要的是汇率制度的选择。

2. 汇率政策的特征

1)国家性

汇率政策是国家为实现宏观经济目标而制定的对外经济政策之一,主要体现一国的经济主权和民族利益,而且已成为国际市场竞争的重要手段。一国无论选择钉住一种货币或一篮子货币,或者选择自由浮动的汇率制度安排,都体现了国家在一定的制度框架下的经济政策取向,这使得有关汇率的任何决策都会具有政策功能。例如一国货币币值低估有利于该国扩大出口,可以缓解国内通缩的压力,从而维持国内就业,有利于一国宏观经济目标的实现;为扶持民族经济发展,一国可以制定抑制该产业商品进口的汇率政策,使民族工业通过国内市场占有份额的扩大而迅速成长起来。这些都体现了汇率政策作为经济政策的重要组成部分而具有的国家性特征。

2)强制性

一国的汇率政策往往借助国家立法和行政权得以保障,对有关外汇交易主体的交易行为加以规范,促使各项国际经济活动向预定的宏观经济目标发展。一国汇率政策措施的制定,包括汇率制度的选择和汇率水平的管理、国家对汇率变化的干预以及汇率政策与财政货币政策之间的搭配等,都必须由国家提供相应的立法支持。通常在实行外汇管制的国家,为了便于以政府的名义制定法令强制实行外汇管制,这些国家一般由政府授权中央银行代表政府执行外汇管制的职能,如英国是由英格兰银行行使外汇管制的权力。也有一些国家如法国和意大利,成立专门的外汇管制机构,在中央银行的领导下专门行使外汇管制职能。还有一些国家把外汇管制的不同职能分别交给不同的政府部门,以保证有关汇率政策的强制实施。在外汇汇率管制下,汇率及其变动范围都由政府以法令形式强行规定,官方外汇市场取代了自由外汇市场,非价格手段取代了价格机制,其实质是利用行政命令对外汇市场进行直接干预,同样具有强制性特征。

3)宏观性

汇率政策是政府宏观决策而非企业微观决策的产物,其是宏观经济调控策略而非企业的市场竞争策略。汇率政策作为经济政策的宏观政策工具特征不难理解,因为汇率政策通常被赋予了保持汇率稳定、调节国际收支平衡、实现国民经济健康发展的特定经济目标。而无论是利用汇率调整机制,即一国政府通过宣布本币升值或者贬值来改变外汇的供求,并经由进出口商品或劳务的相对价格变化、资本输出与输入的相对收益变化来实现对国际收支的调节,还是利用外汇缓冲机制,即通过政府的公开市场操作来影响外汇的供求,进而引起汇率的变化来实现经济目标,都是政府当局为实现宏观经济目标进行的决策。而企业行为是市场微观主体依据市场及诸多经济因素的变化,决定生产什么,生产多少以及怎样生产的决策行为。从这一意义上讲,汇率政策同财政、货币政策一样属于宏观经济政策范畴。

3. 汇率政策的目标

汇率政策的总体目标是调节国际收支状况,促进宏观经济内外部均衡,实现国民经济持续增长。在封闭经济下,经济增长、充分就业与价格稳定是一国政府追求的主要经济目标,这3个目标概括了经济处于内部均衡运行状态的主要条件。在开放经济下,国际收支平衡与内部均衡的政策目标一同被纳入政府调控的范围,成为一国调节内外均衡的主要政策目标。四大经济目标的实现必须通过一系列必要的财政政策、货币政策和汇率政策以及它们之间的政策协调搭配。汇率政策作为支出转换政策,其总体目标是通过必要的制度安排和措施,最终达到平衡国际收支、维持汇率稳定以及促进本国经济发展的效果。首先是调节国际收支状况,促进宏观经济内外部均衡。对于一些国际收支逆差、外汇紧缺的国家来说,动用外汇储备资产弥补赤字,仅可以调节短期内国际收支的暂时性失衡,如果宣布本币法定贬值,利用汇率价格信号调节外汇供求,则可以调节国际收支的长期根本性失衡。一国也可以由政府集中所有的外汇供给,在外汇需求者中以某种程序和形式实行配给供应,在外汇供给减少时,抑制外汇需求,从而维持国际收支平衡和汇率稳定。其次是汇率政策通过对社会总需求的转换机制可以增加一国的有效需求,提高就业和收入水平;保护本国幼稚工业,发展民族经济;集中外汇收入,实现外汇资源的最优配置;也可以参与外汇交易、课征外汇税,进而增加财政收入,达到促进本国经济发展的最终目的。汇率政策的具体目标主要体现在四个方面。

1)货币政策的自主权

保持一国货币政策的自主权,就是各国中央银行不再因为在固定汇率制度下为保持汇率稳定而被动干预外汇市场,使货币政策能够自主调节内部和外部平衡,实现政府预期的经济目标。在固定汇率制度下,由于各国货币政策对国际收支的平衡承担重要责任,中央银行为维持汇率稳定被迫在外汇市场上购入或抛售外国资产,使通货膨胀或紧缩的国际传递成为可能,因而货币政策的运用将受到国际收支状况和汇率水平的制约,导致货币政策对内调控经济的自主权也在维持外部均衡的同时逐渐被弱化。作为汇率政策的具体目标,保持货币政策的自主权就是通过汇率的自动调整隔绝国外货币因素对本国国内经济的影响,真正发挥汇率政策在自发调节外部均衡中的作用,使货币政策对内调节功能充分发挥,自主选择本国愿意接受的价格水平,维持本国经济的稳定。

2)维护本币的价值稳定

一般在汇率稳定的情况下,国际通货膨胀可以经由商品贸易传入国内,导致诸如进口型的通货膨胀。那些存在巨额国际收支盈余、货币趋于坚挺的国家,常常面临外国资本的冲击,国际通货膨胀往往通过资本交易传入国内。在这种情况下,通过外汇管制,限制商品进口和资本输入,可将国际通货膨胀拒之门外,使国内物价水平得以保持稳定。

3)调节国际收支状况

若一国国际收支长期出现逆差,该国可采取本币贬值的汇率政策。通过货币贬值,使得该国出口商品的外币价格下降,国外对本国出口商品的需求上升,出口规模得以扩大;同时,该国进口商品的本币价格上升,会抑制国内对进口商品的需求,进口规模得以缩小。如果贬值后该国出口商品的外币价格没有下跌,但出口所获取的同样数量的外汇收入可换到较多的本币,这也能使出口厂商的利润增加,进而对扩大出口起积极的作用。此外,即使贬值后该国对进口商品的需求并未减少，但由于进口商品本币价格的提高，国内替代产业能够生存和发展起来，仍然可以对进口起到抑制的作用。

4）提高产品国际竞争力

一国国际收支出现大量顺差，本国货币必然遭受升值的压力，而货币升值将削弱该国商品的出口竞争能力。因此，顺差国政府往往利用汇率政策减轻本国货币承受的压力，以保持其商品的国际竞争能力和国际市场份额。

延伸阅读

[1] FAMA E. Efficient capital market: a review of theory and empirical work[J].Journal of Finance, 1970, 25(2): 382-417.

[2] SAMUELSON P. Proof that properly anticipated prices fluctuate randomly[J].Industrial Management Review, 1965(6): 41-49.

[3] ROBERTS H V. Stock-market "Patterns" and financial analysis: methodological suggestions[J]. Journal of Finance, 1959, 14(1): 1-10.

[4] OBSTFELD M, ROGOFF K. Exchange rate dynamics redux[J]. Journal of Political Economy, 1995, 103(3): 624-660.

[5] LYONS R K. The microstructure approach to exchange rates[M]. Cambridge: MIT Press, 2001.

[6] AVELLANEDA M, LEVY A, PARAS A. Pricing and hedging derivative securities in markets with uncertain volatilities[J]. Applied Mathematical Finance, 1995, 2(2): 73-88.

[7] EVANS M, LYONS R. Order flow and exchange rate dynamics[J]. Journal of Political Economy, 2002(110), 170-180.

[8] EVANS M, LYONS R. Why Order Flow Explains Exchange Rates[R].Cambridge: NBER, 2001.

[9] FRABKEL J, FROOT K. Chartists, fundamentalists, and trading in the foreign exchange market[J]. American Economic Review, 1990(80): 181-185.

[10] ITO T . Is foreign exchange intervention effective? The Japanese experiences in the 1990s: working paper No. 8914[R].Cambridge: NBER, 2002.

[11] GRAUWE D, DEWACHTER H, EMBRECHTS M. Exchange rate theory: chaotic models of foreign exchange markets[J]. The Economic Journal, 1994, 104(425): 966-967.

[12] 姜波克. 国际金融新编（第五版）[M]. 上海：复旦大学出版社，2012.

[13] 陈岱孙，厉以宁. 国际金融学说史 [M]. 北京：中国金融出版社，1991.

[14] 潘国陵. 国际金融理论与数量分析方法 [M]. 上海：上海人民出版社，2000.

[15] 孙杰. 汇率与国际收支：现代西方国际金融 [M]. 经济科学出版社，1999.

第 11 章　国际收支

本章的重难点

【难点】国际收支与主要宏观经济变量的关系、国际收支决定理论、国际收支失衡分析

【重点】国际收支的概念、国际收支平衡表的编制、国际收支失衡分析、弹性分析法、乘数论、吸收论、货币论、金本位制与纸币本位制下国际收支的自动调节机制

11.1　国际收支概述

11.1.1　国际收支产生的原因

一切国际交往(主要是经济交往,此外还包括政治、军事、文化和体育等领域的往来)都会形成某种债权债务关系,只有在少数场合,这种债权债务关系才会当场就通过现金的收付来加以结清。国际借贷(balance of international indebtedness)表示的是一个国家在一定日期或在某一个时点上对外债权债务的综合情况,它反映的是一种存量。然而,任何债权债务最终总是要进行结算或清偿的。与之相联系,国际收支(balance of payments)就是指一个国家在一定的时期内或在某一个时段里,为了结清国际债权、清偿其国际债务而发生的对外货币收支的综合情况,它反映的是一种流量。

从上述两个概念的关系看,国际借贷是产生国际收支的原因。在大多数情况下,有国际借贷就会有国际收支,国际收支则是国际借贷的结果。然而,两者虽有密切联系,但各自包括的范围有所不同。例如,在国际上经常发生的单方面馈赠、侨民汇款及战争赔款等,虽然会导致国际收支的产生,但它没有国际借贷的内容。又如,国与国之间在进行易货贸易、补偿贸易的过程中会形成某种国际债权债务关系(属于国际借贷的范畴),但这些贸易形式一般都不采用对外货币收付的方式来加以结算,所以不产生国际收支所要统计的内容。当然,这里所谈及的国际收支概念,是建立在狭义的基础之上的。

11.1.2　国际收支的概念

1. 国际收支概念的演化

随着经济全球化和金融国际化的发展,国与国之间的经济文化交流日益扩大,国际贸易的发展速度远远大于世界生产的发展速度,而国际资本的流动速度又远远大于国际贸易的发展速度。为了更好地调控宏观经济活动,实现宏观经济目标,一国就需要一种分析工具来了解和掌握本国对外经济交往的全貌。国际收支正是一国掌握其对外经济交往全貌的分析工具。

国际收支的概念随着国际经济交往的内容和范围的扩大而不断发展变化。国际收支的概念最早起源于 17 世纪初期，当时，它等同于一个国家的贸易收支差额（balance of trade）。这是因为在资本主义发展初期，没有什么国际资本流动，对外贸易几乎是各国所进行的国际经济活动的全部内容。之后，随着国际经济交易内容的多样化，国际收支概念的覆盖范围也在不断扩大，特别是在国际金本位制崩溃之后，狭义的国际收支概念被广泛使用。

狭义的国际收支概念是建立在现金收付的基础（cash payment basis）之上的，它基本上等同于一国的外汇收支。根据这个定义，国际收支仅仅反映在统计期内以货币来进行收付结算的那部分国际债权债务，但不包括在国际贸易、国际信贷和国际投资活动中经常涉及的尚未到期而并不需要在当期结算或清偿的那部分交易。另外，那些不涉及货币收付的交易（用机器设备或技术专利去海外进行直接投资、开展补偿贸易等）以及跨国救灾过程中的实物援助、人道主义捐赠和本国侨民的汇款等无偿转移，当然也不包括在内。狭义的国际收支概念自然也有其产生的时代背景：当时国际资本流动的规模很小；根据官方清算协定的安排采用记账及冲抵方式来结算的易货贸易也不是经常发生的；而单方面转移收支（unilateral transfer）或无偿转移收支（unrequited transfer）更是偶尔才会出现。

第二次世界大战以后，随着世界经济的迅速发展，国际资本流动的规模越来越大，各国间的易货贸易也司空见惯。此外，各国对外货币收支的内容也不再仅局限于商品、劳务和资本项目下有对价（consideration）的交易，而且还经常涉及单方面进行的经济援助、军事援助、战争赔款、侨民汇款及国际捐赠等各种形式的无偿转移。于是，为了适应国际经济发展的需要，如实反映各国对外交往的实际情况，国际收支的范畴及外延被不断地扩大，并最终使国际收支概念的表述建立在类似权责发生制的国际交易的基础之上，形成了广义的国际收支概念。

广义的国际收支是指本国居民（residents）与非居民（non-residents）在某一段时期里所进行的全部经济交易的总括报告。它反映的已不单是国际货币收支，而是对所有产生国际债权债务关系的交易（即便这些交易在当时并没有发生对外货币收支）全都加以概括记录。除此之外，广义的国际收支还把那些始终不涉及货币收支的经济交易（如易货贸易、补偿贸易等），甚至根本不产生国际债权债务关系的单方面无偿转移收支也包括在内。在这种情况下，已不能望文生义地将其当作“支付差额”来理解。为避免误解，国际联盟曾于 1945 年建议将国际收支改称为“国际交易项目”（international transaction account）。但是，鉴于国际收支这个名称沿用已久，国际货币基金组织（IMF）最终还是决定将其予以保留。《国际收支手册》（第五版）规定：国际收支是指一国在一定的时期内（通常为一年）全部对外经济往来的系统的货币记录。它包括三个方面：①一个经济体与世界其他经济体之间商品、劳务和收益交易；②一个经济体的货币黄金、特别提款权的所有权变动与其他变动，以及这个经济体对世界上其他经济体的债权、债务的变化；③无偿转移以及在会计上需要对上述不能相互抵消的交易和变化加以平衡的对应记录。

2. 对国际收支概念的理解

根据上述的定义和内涵，可以将广义的国际收支概括为：国际收支是一个经济体与其他经济体在一定时期(通常为一年)居民与非居民之间发生的全部对外经济交易的系统的货币记录。它是国际金融学中最重要的核心概念之一。对于这一概念的丰富内涵,应从以下几个方面加以把握。

(1)国际收支反映的内容是以货币记录的交易为基础的。国际收支是一国居民与非居民在一定时期内因各种往来而引起的全部货币收付活动或国际交易。与字面含义不同,国际收支同支付没有关系,而是以交易为基础的。有些交易可能不涉及货币支付,但这些未涉及货币收支的交易须折算成货币加以记录。所谓交易,它包括五类。①交换,即一交易者(经济体)向另一交易者提供一定的经济价值并从对方那里得到价值相等的回报,这里所说的经济价值可总体概括为实际资源(货物、服务、收入)和金融资产。②转移,即一交易者向另一交易者提供了经济价值,但并未收到对应的、具有相等价值的补偿。③移居,这是指一个人把住所从一经济体搬迁到另一经济体的行为,居民所属经济体的变化带来经济体间债权、债务以及伴随移居所发生的经济价值的转移,这一变化应记录在国际收支之中。④其他根据推论而存在的交易。在一些情况下,可以根据推论确定交易的存在,当实际流动并没有发生时,也可以在国际收支中予以记录。国外直接投资者收益的再投资就是一个例子。在投资者的海外子公司所获得的收益中,一部分是属于投资者本人的,如果这部分收益用于再投资,则必须在国际收支中反映出来,尽管这一行为并不涉及在两国间的资金与服务的流动。⑤债权和债务的再分类。国际收支平衡表对金融项目进行了分类,目的在于反映债权人或债务人的动机,金融项目要根据动机的变化进行重新分类。例如,拥有国外一家企业发行的公司股票的几个彼此独立的投资者,旨在取得股利,这是一般的证券投资;如果他们联合起来组成一个集团,以便在管理上控制该企业,这时他们持有的投资证券就变成了直接投资,投资地位的这种改变可以作为再分类加以反映。另外一种情况是,本国常住者对外国人的债权被转而置于该国政府的直接有效控制之下,这时产生非储备资产与储备资产之间的再分类问题。

实际资源和金融项目的价值还会由于其他非交易的原因发生变化,如计价的变化,即相对于其计价的货币而言,某一项目通常的交易价格可能发生变动,或相对于使用中的记账单位而言,计价使用的货币的汇率发生变化。计价的变化不反映在国际收支平衡表中而是反映在国际投资头寸中。

(2)国际收支记录的必须是一国居民与非居民之间的交易。居民与非居民之间的交易构成国际收支统计体系的基础。居民是指一个国家的经济领土内具有一定经济利益中心的经济单位。因此,判断一项交易是否应包括在国际收支的范围内,所依据的不是交易双方的国籍。在国际收支统计中,所谓一国的经济领土,一般包括一个政府所管辖的地理领土,也包括该国天空、水域和邻近水域下的大陆架以及该国在世界其他地方的“飞地”,还包括海关控制下的保税仓库或工厂。

所谓在一国经济领土内具有一定经济利益中心,是指该单位在某国的经济领土内在一年或一年以上的时间中已经大规模从事经济活动或交易,或计划如此行事。对于一经济体来说,它的居民单位主要是由几大类机构单位组成。①家庭。当一个家庭的成员把这个国家作为长期居住的地方并在这个国家内维持一个住处或一系列住处，这个家庭就有了一个经济利益中心，所有这个家庭的成员必须是这个国家的居民。如果家庭的一个成员不在其家庭作为居民的国家中居住，他也不再作为该家庭的成员。如果一个居民家庭成员离开该经济领土并在一段时间后又回到家庭中来，这个人仍继续作为居民，个人的经济利益中心仍在其家庭作为居民的国家中继续存在。如果一个人在外国连续工作一年或更长的时间，这个人可能就不再被视为是其居民家庭的成员了。②企业。一旦一个企业在一个国家经济领土上大规模从事物资或服务的生产，或者拥有土地或建筑，那么这个企业就被认为具有一个经济中心并作为这个国家的居民单位。该企业必须在这个国家至少拥有一个生产场所，必须计划无限期或在长时间内经营这一场所。③非营利机构和政府。非营利机构是其具有经济利益的国家或经济领土的居民。大多数情况下，经济利益中心所处的国家正是非营利机构依法而建立、被正式承认记录在案的所在地。但是，当非营利机构在国际范围内进行慈善或救济活动时，如果它在某一国维持的分支机构或办事处长达一年或一年以上的时间，则那个分支机构或办事处应视为其活动所在国家的居民非营利机构。④各级政府机构，包括坐落在其中央、州和地方政府的所有部门、事业单位和其他机构以及坐落在其他经济体内的大使馆、领事馆、军事设施和其他政府实体。就国际收支而言，国际组织是外国政府的一部分。依照这一标准，一国的大使馆等驻外机构是所在国的非居民，而国际组织是任何国家的非居民。

11.1.3　研究国际收支的意义

国际收支的变化是一国经济运行变化的结果，反过来又会对经济运行产生重要影响。因此，研究一国的国际收支状况，进而加强对国际收支的管理具有重要意义。

1. 国际收支状况直接影响一国货币汇率的波动

随着国际收支状况的变化，一国的货币汇率将呈现波动状态。一般情况下，如果一国的国际收支有顺差，则该国的货币汇率将上升；如有逆差，货币汇率将呈下降趋势。监测和辨别汇率波动是否异常是国际收支分析的主要任务。目前，按照国际货币基金组织对各危机发生国的研究表明，当一国的名义汇率贬值比率超出 25% 时，且这种状态持续数周，则基本可认定该国为货币危机发生国家。

2. 国际收支全面反映了一国外部经济的均衡状况

国际收支是一国对外经济往来的缩影，利用国际收支统计中的相关数据可以生成全面反映一国涉外经济状况的综合指标，如贸易条件指数、实际汇率偏离度、经常账户赤字可持续性、资本流动性风险和储备充足性指标等。

3. 国际收支为一国分析经济内部失衡提供线索

经济的内外部均衡相互影响，内部失衡状况主要通过外部失衡来反映和放大。如贸易状况可以反映一国国内需求不足或膨胀，资本跨境流动可引发国内信贷扩张或金融膨胀等。国际收支为客观、全面评价内部经济发展进而调控宏观经济奠定了基础。

4. 国际收支状况是一国制定货币金融政策的重要依据

随着开放程度的加深，各国在制定国内货币金融政策时，总是要充分考虑国际收支状况，当国际收支处于逆差状态时，一般会采取紧缩性的货币金融政策，当国际收支处于顺差状态时，一般会采取扩张性金融政策。

11.2 国际收支平衡表

11.2.1 国际收支平衡表的内容

国际收支平衡表（balance of payments statement）又称国际收支账户，是指将国际收支按照特定账户分类，根据一定的原则用会计方法编制出来的报表。具体地说，其是指按照复式簿记原理，以某一特定货币为计量单位，运用简明表格形式总括地反映一个经济体（一般指一个国家或地区）在特定时期内与世界其他经济体间发生的全部经济交易的统计报表。

IMF 发布的《国际收支手册》是世界各国编制国际收支平衡表的指导性框架工具，也是各国分析判断国际经济地位的基本数据参考。国际货币基金组织 1993 年出版了《国际收支手册》（第五版），对编制这一报表所采用的概念、准则、惯例、分类方法以及标准构成都做了统一的说明。国际收支的内容通过国际收支平衡表反映出来。从动态上讲，国际收支活动描述了一种经济现象，反映了一个经济体在一定时期内对外往来的全部货币收付活动。就静态而言，国际收支描述了一个经济体与其他经济体之间货币收支的对比结果，把这种结果加以系统地记录，则形成了国际收支平衡表。国际收支侧重从动态的角度强调本国的对外货币收付活动，而国际收支平衡表则侧重从静态的角度强调这种货币收付活动的结果。

国际收支平衡表是按照“有借必有贷，借贷必相等”的复式记账原理系统记录每笔国际经济交易的。其中，本国商品和劳务（属于实际资产）的出口、本国对外金融资产的减少和本国对外负债（或称外国在本国的金融资产）的增加记录在贷方，而本国商品和劳务的进口、本国对外资产的增加和本国对外负债的减少则记录在借方。因此，从原则上讲，国际收支平衡表的借方总额和贷方总额是相等的，其净差额为零。按照复式记账的惯例，贷方记录资产的减少、负债的增加，借方记录资产的增加、负债的减少。其记账法则是凡引起本国外汇收入的项目，亦称正号项目（plus items），记入贷方，记为“+”；凡引起本国外汇支出的项目，亦称负号项目（minus items），记入借方，记为“-”。当收入大于支出而有盈余（surplus）时，称为顺差（favourable balance）；反之，则称为逆差（unfavourable balance），应在逆差数字前冠以“-”号。也有人称逆差为“赤字”（deficit），而称顺差为“黑字”。

一个国家（或地区）的国际收支状况，具体是通过该国（或地区）编制的国际收支平衡表或差额表来反映的，从内容上来看，这张报表可分成三大部分，即经常项目、资本和金融项目、平衡项目。

1. 经常项目

经常项目(current account)是国际收支平衡表中最基本和最重要的往来项目,是对实际资源的国际流动行为进行记录的账户。它包括货物、服务或劳务、收益和经常转移四个项目。通常,经常项目中最大、最重要的组成是商品和服务差额,即贸易差额。

1)货物

货物主要包括一般商品、用于加工的货物、货物修理、各种运输工具在港口购买的货物、非货币性黄金等。一般商品是指居民向非居民出口或从非居民那里进口的大多数可转移货物;用于加工的货物,包括跨越边境运到国外加工的货物的出口以及随之而来的再进口,其价值分别记录在加工前和加工后的货物总值内;货物修理是指向非居民提供或从非居民那里得到的船舶和飞机上的货物修理活动;各种运输工具如飞机、船舶等在港口采购的货物包括居民或非居民从岸上采购的所有货物(如燃料、给养、储备和物资),该项目不包括在运输项目下面所提供的辅助服务(如牵引、保养等);非货币黄金是指不作为各国政府储备资产的所有黄金的进口和出口。

2)服务

服务主要包括运输服务,旅游服务,通信服务,建筑服务,保险服务,金融服务,计算机和信息服务,专有权使用费和特许费,其他商业服务,个人、文化和娱乐服务,政府服务。

(1)运输服务是指由居民向非居民或非居民向居民提供的服务,它包括所有运输工具所进行的货物和人员的运输以及其他销售性和辅助性服务,内含租用带驾驶人员的运输设备所支付的租金。

(2)旅游服务是指非居民旅游者因公或因私在另外一经济体逗留期间(不超过一年)所获得的货物和服务(包括与保健和教育联系在一起的货物和服务)。旅游不包括国际客运服务。学生和病人不论在外时间多长都仍被视为是旅游者。军事人员、使馆工作人员和非居民工人都不是旅游者。但是,非居民工人的支出包括在旅游项下,然而军事人员和大使馆工作人员的开支包括在别处未提及的政府服务项下。

(3)通信服务包括邮政、信使和电信服务(居民与非居民之间进行的声音、图像和其他形式的信息传送以及有关的维修)。

(4)建筑服务包括居民或非居民企业及其人员在国外(在编表国领土上)临时进行的建筑和安装工程。

(5)保险服务是指居民保险企业向非居民和非居民保险企业向居民提供的保险。保险服务包括货物保险(进出口货物)服务、其他直接保险提供的服务(包括人寿和非人寿保险)和再保险服务。

(6)金融服务是指居民和非居民之间所进行的金融中介服务和辅助性服务。具体包括佣金和信用证、信贷额度、金融租赁服务、外汇买卖、消费者信贷和企业信贷、代理服务、承销服务和套期保值工具的安排等的收费。辅助性服务包括金融市场操作和监管服务以及安全保管服务等。

(7)计算机和信息服务主要指居民(非居民)有关硬件咨询、软件安装、信息服务(数据处理、数据库）以及计算机与其他设备的保养和维修。

（8）专有权使用费和特许费是指经批准使用无形、非生产、非金融的资产和专有权，如商标、版权、专利制作方法、技术、设计、制造权和经销权以及通过特许安排使用手稿或胶片等已生产出来的原件或原型。

（9）其他商业服务是指居民与非居民之间提供的贸易和与贸易有关的各项服务，经营租赁服务，其他经济、专业、技术服务。

（10）个人、文化和娱乐服务包括声像服务（涉及电影胶片、录像带、广播和电视节目的制作及音乐录制）和为居民与非居民提供的图书馆、博物馆和其他文化体育活动等的服务。

（11）政府服务包括政府部门活动（如大使馆和领事馆的开支）或与国际和地区性组织有关的、未列在其他项目下的所有服务。

3）收益

收益包括职工报酬和投资收入两项。

（1）职工报酬包括以现金形式或实物形式支付给居民和其他非居民工人的工资、薪金和其他福利。

（2）投资收入是指居民持有的国外金融资产的收入以及承担非居民负债的支出。它包括直接投资收入、证券投资收入和其他形式的投资收入。

4）经常转移

经常转移是指居民与非居民之间的实际资源或金融产品的所有权发生了变更，不管变化是自愿还是非自愿的，这种所有权的变更没有涉及经济价值回报，而转移正是这类变更的平衡项目。经常转移包括各级政府（如政府间经常性的国际合作、对收入和财产支付的经常性税收等）的转移和其他转移，如工人汇款。

2. 资本和金融项目

资本和金融项目（capital and financial account）是对所有资产的国际流动行为加以记录的账户，分为资本账户和金融账户两大类。

1）资本账户

资本账户包括资本转移和非生产、非金融资产的购买或放弃。资本转移主要涉及固定资产所有权转移，同固定资产买进卖出联系在一起或以其为条件的资金转移以及债权人不索取任何回报而取消的债务。资本转移包括各级政府的转移和其他转移。各级政府的转移细分为债务减免和其他内容；其他转移细分为移民的转移支付、债务减免和其他转移。非生产、非金融资产的购买与放弃包括各种无形资产，如注册单位名称、租赁合同或其他可能转让的合同和商誉。

2）金融账户

金融账户由直接投资、证券投资、其他投资和储备资产四部分组成。各组成部分是根据投资类型或功能划分的。直接投资下的项目存在着报告方向的区别，股本资本和其他类型资本存在着资产和负债的区别。证券投资除存在着资产与负债的区别外，还存在着投资工具的区别（股票或债券）。传统的和新的货币市场工具、其他金融工具和派生金融工具都包括在证券投资内。根据一年左右的合同期限来划分长短期资产和负债的传统做法仅适用于其他投资。

（1）直接投资反映直接投资者对直接投资企业的永久权益，它包括直接投资者和直接投资企业之间开始的交易、以后的交易以及他们与公司型和非公司型的附属企业之间的各项交易。直接投资细分为股本资本、再投资收益和其他资本。

（2）证券投资包括股票和债券的交易。债券可细分为长期债券、中期债券、货币市场工具和派生金融工具（如期权），因为派生金融工具也能产生金融债权和债务。

（3）其他投资包括长短期贸易信贷、贷款、货币和存款，以及应收款项和应付款项。

（4）储备资产包括经济体的货币当局认为可以用来满足国际收支和某些情况下满足其他目的的各类资产的交易。涉及的项目包括货币化黄金、特别提款权（special drawing right，SDR）、在 IMF 的储备头寸、外汇资产以及其他债权。

3. 平衡项目

一国的国际收支平衡表的平衡项目一般包括错误与遗漏，统计上的一切误差均计入该项目。

编制国际收支平衡表的原始资料来自各个方面，错误与遗漏的产生主要有三个原因：①不同项目的统计资料来源不一，即商务部、财政部、海关、税务和银行等各部门的统计口径不一致；②资料不全，有的数据甚至还来自估算，加上某些人为的因素，如资本外逃、走私及私自携带现钞出入境等难以掌握和统计；③资料本身错漏。以上种种原因使得国际收支平衡表虽然按复式记账法编制，借贷方总额却总是出现差额。为此，基于会计上的需要，一般就人为设置一个项目用于抵消上述统计偏差，即"净误差与遗漏"项目（errors and omissions account），从而使借贷双方最终达到平衡。如果借方总额大于贷方总额，净误差与遗漏这一项则放在贷方；反之，则放在借方。

11.2.2　国际收支平衡表的借贷结构

从国际收支平衡表的编制结构来看，它采用的是会计学上的"有借必有贷，借贷必相等"的复式簿记原理。在国际收支统计的过程中，绝大多数的国际交易都是有对价的。例如，商品出口换得货币支付或者是对进口商未来的求偿权。又如，外国有价证券的购买者在获得股票、债券等虚拟资本的同时，付出了真实的货币资本。所以，对于每一笔国际经济交易都应该同时在有关的借方科目和贷方科目上登录，而且金额相等。对于那些没有对价的、单方面的无偿转移收支，则应从会计的特殊需要出发，专设对应分录以起到抵消作用。如非资本性质的"经常转移"、资本性质的"资本账户"、IMF 与各国政府间的"分配的特别提款权"等科目，就具有这种性质。根据借贷原则，借方科目总是用来登录资产的增加或负债的减少（即资金的运用），而贷方科目则记载资产的减少或负债的增加（即资金的来源）。结合国际经济交易的具体内容，国际收支平衡表中的借贷结构如表 11-1 所示。

表 11-1 国际收支的借贷结构

借方（资金的运用）	贷方（资金的来源）
经常项目	
商品的进口 技术的引进 劳务的输入 信贷或投资收益的支付 单方面无偿转移的付出	商品的出口 技术的转让 劳务的输出 信贷或投资收益的获得 单方面无偿转移的收入
资本和金融项目	
在国外进行直接投资 购买外国有价证券 在国外贷出中、长期信贷资金 对外国私人短期债权的增加 对外国私人短期负债的减少	引进外国的直接投资 出售外国有价证券 从国外借入中、长期信贷资金 对外国私人短期债权的减少 对外国私人短期负债的增加
储备项目	
本国官方储备资产的增加 对外国官方短期负债的减少 归还 IMF 的信贷基金	本国官方储备资产的减少 对外国官方短期负债的增加 使用 IMF 的信贷基金
平衡项目	

在表 11-1 中，借方记录用负号表示，记录本国实际资源（商品和劳务）的进口以及本国对外资产增加或负债减少的金融项目，贷方记录用正号表示，记录实际资源的出口以及对外资产减少或负债增加的金融项目。记入借方的项目包括：进口实际资源的经常项目；对外资产增加或负债减少的资本和金融项目。记入贷方的项目包括：出口实际资源的经常项目；对外资产减少或负债增加的资本和金融项目。

国际收支平衡表中属于经常账户的借贷登录比较容易理解，而资本和金融账户则相对要复杂一些。概括地说，国际资本流入以两种形式出现：外国在本国的资产（或本国对外国的负债）增加，本国在国外的资产（或外国对本国的负债）减少。这两种情况都记入金融账户的贷方，但是本国向非居民支付的股息、利润、利息等投资收益以及管理费、专利费等特许权转让费则借记经常账户的收益科目。资本外流也表现为两种形式：外国在本国的资产（或本国对外国的负债）减少，本国在外国的资产（或外国对本国的负债）增加。这些都记作金融账户的借方，但外国向本国支付的投资收益及特许权转让费贷记经常账户的收益科目。

另外，所有对国际收支逆差进行融通的交易都记贷方；反之，所有平衡国际收支顺差的交易则记借方。讲得更形象一些，一国为弥补国际收支逆差而出售黄金、外汇等储备资产可看作该国中央银行在出口某些“存货”，而资产的减少记入贷方；假如发生逆差的是储备货币国家，它还可以通过增加其对外国官方的短期负债来弥补赤字，而负债的增加也是记入贷方。换一种情况进行分析，一国的国际储备资产因国际收支顺差而出现累积可视作是该国在进口黄金和外汇等资产，而资产的增加记入借方；同样，储备货币国家还可能因顺差而减少对外短期负债，则负债的减少也是记入借方。

11.2.3 国际收支平衡表的编制实例

为了能对国际收支平衡表的编制有一个感性的认识，下面我们以中国为例，通过虚构具有代表性的 8 笔国际经济交易来模拟编制一张国际收支平衡表。

（1）中国企业出口价值 100 万美元的大豆。

分析：出口伴随着资本流出所形成的海外资产的增加。对于出口行为来说，它意味着本国拥有的资源的减少，因此应记入贷方。对于资源流出这一行为而言，它意味着本国在海外的资产的增加，因此应记入借方。进一步来看，这一资本流出实际上反映在该企业在海外的存款增加中，而这属于金融账户中的其他投资项目。因此，这笔交易可记为：

借：在外国银行的存款 100 万美元

　　贷：货物出口 100 万美元

（2）中国居民到欧洲旅游，动用了其在德国的存款 10 万美元。

分析：旅游支出记入服务项目的借方，在外国银行的存款减少应记入贷方。因此，这笔交易可记为：

借：服务进口 10 万美元

　　贷：在外国银行的存款 10 万美元

（3）外商将价值 1 000 万美元的设备投入中国，兴办合资企业。

分析：外商将价值 1 000 万美元的设备投入中国，使中国的实际资源增加，反映进口的实际资源增加的项目应记入借方。而兴办合资企业属于金融账户中的直接投资项目下的贷方。因此，这笔交易可记为：

借：货物进口 1 000 万美元

　　贷：外国对中国的直接投资 1 000 万美元

（4）为帮助某国渡过金融危机，中国政府动用外汇储备 100 万美元向其提供无偿援助，另提供相当于 100 万美元的粮食援助。

分析：当一经济体的居民实体向另一非居民实体无偿提供了实际资源或金融产品并未得到补偿与回报时，按照复式记账法原理，需要在另一方进行抵消性记录以达到平衡，也就是需要建立转移账户。本国居民对非居民的单方向转移，应记入借方项目。官方储备减少、实际资源的减少都属于贷方项目。因此，这笔交易可记为：

借：经常转移 200 万美元

　　贷：官方储备 100 万美元

　　　　货物出口 100 万美元

（5）中国某企业在海外投资所得利润 150 万美元，其中 75 万美元用于当地的再投资，50 万美元购买当地商品运回国内，25 万美元调回国内结售给政府以换取本国货币。

分析：投资所得应记入经常账户下投资收入的贷方。对外投资意味着海外资产增加、实际资源输入、官方储备增加，都应记入借方。因此，这笔交易可记为：

借：货物进口 50 万美元

　　官方储备 25 万美元

对外长期投资 75 万美元

贷:投资收入 150 万美元

(6)中国居民动用其在海外存款 40 万美元,用以购买外国某公司的股票。同时又收到其持有的海外债券的利息收入 1 万美元,并将这 1 万美元存在海外银行。

分析:海外资产增加应记入借方,海外资产减少应记入贷方。因此,这笔交易可记为:

借:证券投资 40 万美元

贷:在外国银行的存款 40 万美元

借:在外国银行的存款 1 万美元

贷:投资收入 1 万美元

(7)中国向外国提供了 100 万美元的 10 年期贷款。

分析:这笔贷款意味着中国长期资本外流,应记在金融账户下其他投资的借方。由此产生了外国在中国银行的 100 万美元存款。新的存款作为短期资本内流,应记在金融账户下其他投资的贷方。因此,这笔交易可记为:

借:其他投资 100 万美元

贷:其他投资 100 万美元

(8)美籍华人为中国申奥捐款 20 万美元。

分析:我国申奥基金会的银行账户增加 20 万美元,应记入其他投资项下的借方。同时因捐款属于单方面的转移,须在经常转移项下的贷方记录。因此,这笔交易可记为:

借:其他投资 20 万美元

贷:经常转移 20 万美元

上述 8 笔交易可以编制成一张完整的如表 11-2 所示的国际收支账户表格。

表 11-2 8 笔交易构成的国际收支账户 万美元

项目	贷方	借方	差额
货物	100 +100	1000+50	-850
服务		10	-10
收益	150+1		151
经常转移	20	200	-180
经常账户合计	371	1260	-889
直接投资	1000	75	925
证券投资		40	-40
其他投资	10+40+100	100+1+100+20	-71
储备资产	100	25	75
资本与金融账户合计	1250	361	889
总计	1621	1621	0

11.3 国际收支调节理论

西方学者对国际收支的分析主要集中于一国国际收支的决定因素和保持国际收支平衡的调节政策。西方的国际收支理论随着经济形势的变化和时代的更替而不断发生变化。国际收支调节理论是关于一国国际收支均衡以及国际收支与国民经济均衡的调节手段、调节机制和调节效应的理论。20 世纪 30 年代至 70 年代是国际收支调节理论繁荣发展并形成理论体系的阶段。在这一阶段，国际收支开始从国际贸易理论中独立出来。西方经济学家对国际收支进行了深入广泛的研究，提出了国际收支均衡及其调节理论的概念逻辑体系，并运用实证分析和规范分析解释国际收支内在的本质与规律，系统阐述国际收支均衡机制及其状态。

最早对国际收支进行系统分析的理论可追溯到 1752 年大卫·休谟的“价格—铸币流动机制”。直到 20 世纪 30 年代金本位制崩溃，各国的经济学家才对国际收支进行新的理论探索。英国经济学家琼·罗宾逊和 A. 勒纳进一步发展了马歇尔的供求弹性局部均衡分析，系统地提出了国际收支“弹性论”。第二次世界大战后，马克卢普和梅茨勒将凯恩斯的乘数原理应用到国际收支分析中，提出了对外贸易“乘数论”。与此同时，亚历山大采用凯恩斯的宏观经济模式，提出了国际收支“吸收论”。随着货币学派的兴起，20 世纪 60 年代出现了将货币主义封闭经济条件下的原理推衍到开放经济条件下的“货币论”。这些理论大大丰富了国际收支的理论分析，为各国货币当局调整国际收支提供了重大的理论依据和政策参考。

因此，本节我们主要介绍弹性论、乘数论、吸收论与货币论等四种国际收支调节理论。

11.3.1 弹性论

弹性论全称为国际收支弹性分析法（elasticity approach），是由英国经济学家琼·罗宾逊（Joan Robison）和美国经济学家勒纳（Abba Lerner）在 20 世纪 20 年代经济大危机期间提出的。其核心思想是货币贬值取得成功的条件以及货币贬值对一国贸易条件的影响。该理论是针对理论界出现的货币贬值一定能改善国际收支（贸易收支）状况的观点的进一步深入分析。它说明了在货币贬值后，只有满足马歇尔 - 勒纳条件，一国才能改善贸易收支，进而改善国际的支出。即使这样，在改善贸易收支时，也受 J 形曲线效应的影响，即不能立即改善贸易收支，不仅不能立即改善，而且还使国际收支进一步恶化，在过了这个“时滞”后才能快速地改善贸易收支。

从理论上讲，当一国货币贬值时，该国的出口商品在国际市场上变得相对便宜，该国商品的国际竞争力增强，这有利于该国商品的出口。同时，该国的进口品变得相对昂贵，用相同数量的本币只能换回较少的商品，这会抑制本国的进口。因此，一国的货币贬值将扩大该国的出口，抑制该国的进口，从而改善该国的国际收支。然而现实的情况并非如此，许多国家在货币贬值之后，国际收支不但没有改善，反而恶化。针对这种情况，弹性论认为，一国货币的贬值或升值，会引起进出口商品价格和数量的变动，进而对国际收支产生影响，因此，汇率变动是影响国际收支的直接因素。进一步来说，货币贬值能否改善国际收支，关键取决于四个弹性，即进口商品的需求弹性、出口商品的需求弹性、进口商品的供给弹性、出口商品的供给弹性。

1. 理论的假设前提

（1）国际收支弹性论的假设前提包括：

①不考虑资本流动，国际收支等于贸易收支；

②运用局部均衡分析，假定收入等其他条件不变，只考虑汇率对进出口商品的影响；

③经济处于充分就业状态，进出口商品的供给具有完全弹性，即进出口商品的供给曲线为水平线；

④初始国际收支处于均衡状态。

（2）根据弹性的定义，出口商品的需求弹性可以表示为：

$$|E_X|=\frac{dX}{dP_X}\frac{P_X}{X} \tag{11-1}$$

进口商品的需求弹性可以表示为：

$$|E_M|=\frac{dM}{dP_M}\frac{P_M}{M} \tag{11-2}$$

其中，X 为出口商品的数量；P_X 为出口商品的外币价格；M 为进口商品的数量；P_M 为进口商品的本币价格。

在直接标价法下，进口商品的本币价格 $P_M=P^*e$（P 表示出口商品的本币价格，P^* 表示进口商品的外币价格，e 表示直接标价法下的本币汇率，即以本币表示的外币价格）。由于进出口商品的供给弹性无穷大，即 P 与 P^* 不变，故：

$$|E_X|=\frac{dX}{dP_X}\frac{P_X}{X}=\frac{dX}{de}\frac{e}{X} \tag{11-3}$$

$$|E_M|=\frac{dM}{dP_M}\frac{P_M}{M}=-\frac{dM}{de}\frac{e}{M} \tag{11-4}$$

2. 马歇尔－勒纳条件

国际收支差额（贸易差额）B 可以表示为：$B=PX-eP^*M$，初始时国际收支平衡即 $PX=eP^*M$。故：

$$\frac{dB}{de}=P\frac{dX}{de}-\left(P^*M+eP^*\frac{dM}{de}\right)=P\frac{dX}{de}-eP^*\frac{dM}{de}-P^*M \tag{11-5}$$

而 $\frac{dX}{de}=E_X\frac{X}{e}$，$\frac{dM}{de}=-E_M\frac{M}{e}$，所以

$$\frac{dB}{de}=PE_X\frac{X}{e}+eP^*E_M\frac{M}{e}-P^*M=E_X\frac{PX}{e}+P^*E_MM-P^*M \tag{11-6}$$

由上式可得：

$$\frac{dB}{de}\frac{1}{P^*M}=E_X\frac{PX}{eP^*M}+E_M-1=E_X+E_M-1 \tag{11-7}$$

由于 $P^*>0$、$M>0$，由式（11-7）可以看到如果要求贬值后国际收支得到改善即 $\frac{dB}{de}>0$，就

要有 $E_X+E_M>1$。这就是著名的马歇尔－勒纳条件，它说明了贬值能够带来国际收支改善的必要条件是在供给弹性无穷大的情况下，一国进出口商品需求弹性的绝对值之和大于 1。

3.J 曲线效应

在实践中人们发现，当一国进出口商品满足马歇尔－勒纳条件时，贬值往往并不能马上扭转国际收支逆差，而是存在一段时滞，即要持续一段时间才能扭转，也就是说，马歇尔－勒纳条件在短期内不能成立，而在中长期内才能成立。这种马歇尔－勒纳条件在短期内不能成立而在中长期内才能成立的现象叫作 J 曲线效应（J-Curve Effect）。它描述了本币贬值后国际收支差额变化的长期轨迹，因似字母 J 而得名，如图 11-1 所示。

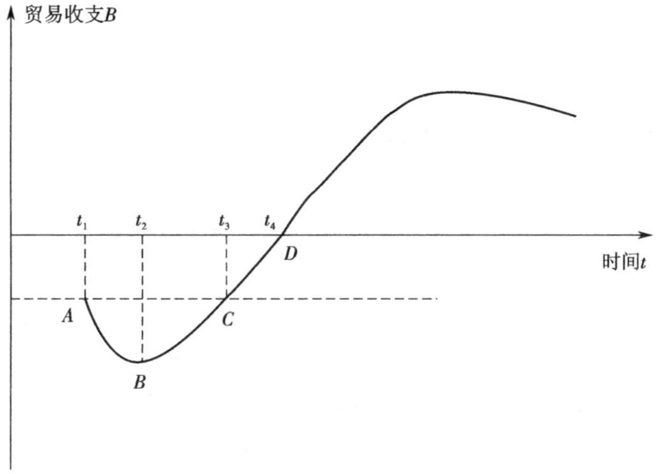

图 11-1　J 曲线效应

一般情况下，本币贬值的初期，以外币表示的出口商品的价格大幅下降，出口数量却不会在短期内大幅增加；另一方面，以本币表示的进口商品的价格会立刻上涨，进口数量则不会在短期内迅速减少。因此，在贬值后的一段时期，出口总额增加较少，而进口总额的增加大于出口的增加，这使得国际收支不但没有改善，反而出现恶化。只有在经过一段时间的调整后，出口开始扩大，进口受到抑制，国际收支才能得到改善。在贬值后，国际收支出现这种变化历程主要有以下两个原因。

（1）生产时滞。进出口合同是在贬值前已经签订好的，短期内不会轻易取消。一方面，对于贬值国的厂商来说，由于商业信誉和长期生产的需要等原因，不会因为进口商品价格的上涨而改变生产，取消订单，而且寻找新的产品替代原先产品也是需要时间的。另一方面，即便是贬值使得贬值国的出口商品需求增加，贬值国的厂商也需要时间进行市场调研，更新设备，扩大生产。因此，贬值对于已签订的贸易合同的收入和支出没有影响，而总的外汇收入在短期内变化不大，总的外汇支出却会增加。此外，如果厂商认为贬值将会进一步加剧，贬值国的厂商将会加大短期内的订货量，其他国家将会推迟从贬值国的进货，这些都会在短期内恶化贬值国的国际收支。

（2）消费者时滞。消费者由于受到消费倾向和消费习惯的影响，不会对产品价格的波动做出迅速的反应。对贬值国的消费者来说，虽然国外商品的价格上涨，但由于对国内商品质量和信誉的担心，可能不会马上转而消费国内商品，而要进行一段时间的调查。对国外消费者而言，他们也会对贬值国的商品存在一定的疑虑，因此也不会立刻转而购买更便宜的贬值国的商品。

经济学家麦基（S. R. Magee）把本币贬值后的这种 J 曲线效应划分为了三个阶段。

第一阶段：货币合同阶段（currency-contract period）。在这一阶段，由于进出口合同都是在贬值前签订的，不可能因为贬值的影响而取消，进出口商品的数量和价格也不可能在短期内发生变化。这时贸易差额就取决于合同中规定的计价货币，如果进出口都以本币计价，则贬值后出口总额不变，进口总额不变，已签合同的贸易差额不变；如果进出口都以外币计价，贬值后进出口总额都增加，但贸易收支将加剧贬值前的收支状态；如果进口以外币计价，出口以本币计价，贬值后出口总额不变，进口总额增加，贸易逆差增大；如果进口以本币计价，出口以外币计价，贬值后出口总额增加，进口总额不变，贸易收支得到改善。

第二阶段：传导阶段（pass-through period）。在这一阶段，主要研究价格的变化是如何影响国际收支的。进出口价格在签订合同时开始可以改变，而数量却由于进出口的供求黏性还不会改变，因而在短期内商品数量方面的反应很小，贸易逆差的变化主要由新价格决定。由于进口本币价格上升而数量不会减少，以本币表示的进口支出就会增加。此外，出口供给黏性又往往使得出口商品的外币价格以贬值的同样幅度下降，结果以本币表示的出口收入下降，因而赤字还会增加。当然这阶段并不是不可逾越的。

第三阶段：数量调整阶段（quantity-adjustment period）。在这一阶段，进出口数量开始随着价格的变化而变化。进口价格上升，进口数量减少；出口价格降低，出口数量增加。国际收支逆差逐步得到改善，贬值的正常效应开始显现。

4. 对弹性理论的评价

弹性分析理论的重要贡献在于：它正确地指出了只有在一定的进出口供求弹性的条件下，货币贬值才有改善贸易收支的作用与效果，纠正了货币贬值一定有改善贸易收支作用与效果的片面看法。特别是这种理论揭示了工业发达国家的进出口多是高弹性的工业制成品，所以在一般情况下，货币贬值的作用较大；相反，发展中国家的进出口多是低弹性的商品，货币贬值的作用则不大，发展中国家只有改变进出口商品的结构，由出口低弹性的初级产品转为出口高弹性的制成品，才能改善国际收支的状况。

弹性分析理论也存在着很大的局限性。第一，这一理论是一种局部均衡分析，只考虑贬值对进出口贸易的影响，而假定“其他一切条件不变”，实际上其他条件并非不变，贬值也会影响非贸易商品的价格等，从而整个国民收入和支出都会发生变动。第二，这一理论是一种静态分析，忽视了汇率变动效应的“时滞”问题。因为各种因素时滞的影响，事实上在短期内贬值并不能立即引起贸易数量的变化，贬值效应的变化轨迹多为 J 形曲线。第三，这一理论把国际收支仅局限为贸易收支，未考虑劳务进出口和国际资本移动，而劳务进出口和国际资本移动在现代国际收支中显然具有重要的地位和作用。第四，这一理论以小于“充分就业”（即国内外都有大量闲置资源未被充分利用）为条件，假定贸易商品的供给具有完全的弹性，不符合现实情况，它适用于生产周期的危机与萧条阶段，而不适用于周期的复苏与高涨阶段。况且，从生产初级产品的各国出口情况来看，供给的弹性确实是有限的。

11.3.2　乘数论

乘数论又称收入分析法，它主要分析了在汇率和价格不变的条件下收入变动在国际收支调节中的作用。它同样不考虑国际资本流动，将国际收支等同于贸易收支。它是凯恩斯“乘数理论”在对外贸易方面的运用和发展。该理论的基本思想：一国的出口具有和国内投资相同的效应，可以增加国民收入总量；一国的进口具有和国内储蓄相同的效应，会减少国民收入总量。当一国商品、劳务出口时，从出口获得的收入会使出口产业部门的收入增加，这些部门人员收入的增加又会刺激他们对消费品需求的增加，从而引起了从事国内消费品生产的部门的收入和就业的扩大，并使进口增加，如此推算下去，国民收入增加量将为出口增加量的若干倍，此即外贸乘数理论。

由于出口增加所增加的货币收入既用于消费又用于储蓄，既用于购买本国产品，又用于购买进口商品。因此，由出口增量所诱发的国民收入增量的乘数大小主要依赖两个因素：一是“边际进口倾向”，即出口增加诱发的国民收入增量中用于购买进口品所占的比例；二是“边际储蓄倾向”，即国民收入增量中用于储蓄部分的比例。

1. 乘数论的主要内容

（1）理论的假设前提：

①假定经济处于非充分就业状态，价格不变而收入可变，亦即供给具有完全弹性；

②假定汇率、利率等经济变量不变，只考虑国际收支的收入调节机制；

③假定没有资本流动，国际收支等于贸易收支。

（2）开放经济条件下凯恩斯主义的国民收入决定模型：

$$Y=\frac{1}{1-c+m}(C_0+I+G+X-M_0) \tag{11-8}$$

其中，Y 代表国民收入，X 代表出口。C_0 为自主性消费，I 为居民投资，G 为政府购买，M_0 表示自主性进口，c 为边际消费倾向，m 为边际进口倾向。在不考虑国际资本流动的前提下，从式（11-8）我们可以得到国际收支差额 B：

$$B=X-(M_0+mY)=X-M_0-\frac{m}{1-c+m}(C_0+I+G+X-M_0) \tag{11-9}$$

在式（11-8）和式（11-9）中，自主性部分构成被乘数，而受收入影响的诱发性部分则影响乘数的大小。式（11-9）表明，一国可以通过需求管理政策来调整国际收支：当国际收支出现逆差时，一国政府可以实施紧缩性财政政策或货币政策来抑制 I 或 G，从而使国际收支逆差得到改善。通过收入变动调节国际收支的效果取决于边际进口倾向 m，即进口需求收入弹性和一国的开放度，二者之积即为边际进口倾向。从式（11-8）和式（11-9）还可以看出，出口除了对收入增加具有乘数作用外还可以改善国际收支。乘数论的这种政策主张被称为“新重商主义”。

2. 哈伯格条件

弹性论说明了贬值的直接作用，即价格替代效应，而乘数论指出，贬值引起的出口和自主性进口的变动除了对国际收支有直接影响外，还会通过乘数的作用使国民收入发生变动，并通过国民收入的变动引发引致性进口的变动，进而间接影响国际收支，即存在收入效应。因此，以哈伯格（A. C. Harberger）为首的一些西方学者把乘数论的收入效应与弹性论的替代效应相结合，将马歇尔－勒纳条件修正为更具有现实意义的哈伯格条件（Harberger Condition）：

$$|\eta_X| + |\eta_M| > 1 + m$$

式中，m 为贬值国的边际进口倾向。但一般认为该条件只适用于小国开放经济（small open economy）。所谓小国开放经济是指一国的经济规模足够小，以至于其国际收支活动不会对世界经济产生影响，但其进出口行为与世界市场密切相关。

然而，在大国的情况下存在回振效应（repercussion effects），即当一国的国民收入变动时会引起其他国家收入的变动，而其他国家收入的变动又会对该国的收入产生反作用。于是，在大国间存在贸易往来的情况下，当一国采用扩张性的经济政策后，该国国民收入增加会导致进口的增加，这会使贸易伙伴国的出口增加，国民收入增加，于是这些贸易伙伴国又会扩大进口该国商品，使得该国国际收支改善，国民收入增加。而当一国经济衰退引发进口缩减时，该国也会连带地引起其他国家的经济衰退。因此，在大国情况下，一国的外贸乘数会发生相应的变化，哈伯格条件也需要进一步修正为：

$$|\eta_X| + |\eta_M| > 1 + m + m^*$$

式中，m^* 为贸易伙伴国的边际进口倾向。这就是说，在进出口供给弹性无限大的条件下，大国贬值改善国际收支的条件是进出口需求弹性之和大于 1 加本国边际进口倾向和贸易伙伴国的边际进口倾向。

3. 对乘数理论的评价

乘数论的贡献在于：国际收支乘数论阐述了进出口贸易与国民收入之间的关系，以及各国经济之间通过进出口途径相互影响的原理，为政府通过需求管理政策调节国际收支失衡问题提供了理论依据。同时，乘数论以凯恩斯的宏观经济学为基础，从一般均衡的角度揭示了国民收入与国际收支之间的关系，提出了国际收支的收入调节机制，这更接近开放经济条件下的现实状况，因此比弹性论更具实践意义。此外，乘数论不仅考虑了替代效应，也考虑了收入效应，提出了新的贬值改善国际收支的条件——哈伯格条件，这同样比马歇尔－勒纳条件更具现实意义。

乘数论也存在一些缺陷。第一，它仍然属于局部均衡分析，过于拘泥于凯恩斯乘数原理的分析框架，未考虑汇率、价格等因素，因而依然存在理论思路的局限性。第二，它假设经济处于非充分就业状态，但若经济处于充分就业状态，出口的增加只会导致需求的过度增加，最终引发通货膨胀。第三，它未考虑资本流动，分析模型仅局限于贸易领域，因而存在较大不足。第四，它仅仅考虑了进口的收入弹性，简单阐述了收入变动与国民收入变动之间的关系，没有深入考虑进出口对整个宏观经济的影响，仍然是一种局部分析。

11.3.3 吸收论

吸收论(absorbing approach)又称支出分析法,这一理论强调收入和吸收在国际收支中的关键作用,是由瑞士经济学家希德尼·斯图尔特·亚历山大(Sidney Stuart Alexander)于1952 年根据凯恩斯国民收入方程($Y=C+I$,国民收入 = 消费 + 投资)提出的。他从宏观经济角度将一国对外贸易与国民经济的总收入和总支出相联系,采用进口额、总收入、总支出(吸收)等经济变量和有关政策工具,指出一国外贸净差额等于该国生产的商品和劳务差额与该国市场上被购买的商品和劳务总额之差。弹性论只强调贬值的相对价格效应,而忽视了贬值的收入效应。因此,他们主张舍弃弹性分析法,而采用收入水平和支出行为来分析贬值对国际收支的影响。

吸收论者所主张的国际收支调节政策,无非就是改变总收入与总吸收(支出)的政策,即支出转换政策与支出增减政策。国际收支出现逆差表明一国的总需求超过了总供给,即总吸收超过总收入。这时,就应当运用紧缩性的财政货币政策来减少对贸易商品(进口)的过度需求,以纠正国际收支逆差。但紧缩性的财政货币政策在减少进口需求的同时,也会减少对非贸易商品的需求和降低总收入,因此,还必须运用支出转换政策来消除紧缩性财政货币政策的不利影响,使进口需求减少的同时收入能得以增加。这样使贸易商品的供求相等,非贸易商品的供求也相等。需求减少的同时收入增加,就整个经济而言,总吸收等于总收入,从而达到内部平衡和外部平衡。吸收论者强调从宏观经济的整体角度考察贬值对国际收支的影响。它认为,贬值要起到改善国际收支的作用,必须有闲置资源的存在。只有当存在闲置资源时,贬值后,闲置资源流入出口品生产部门,出口才能扩大。此外,出口扩大会引起国民收入和国内吸收同时增加,只有当边际吸收倾向小于 1,即吸收的增长小于收入的增长,贬值才能最终改善国际收支状况。

1. 吸收论的主要内容

(1)国际收支吸收论假定:

①汇率与价格不变,仅分析收入对国际收支的影响;

②没有国际资本流动。

(2)吸收论的基本思路来源于凯恩斯的宏观经济理论,宏观经济的国民收入恒等式为:

$$Y=C+I+G+X-M \tag{11-10}$$

亚历山大把国内支出定义为吸收 A:

$$A=C+I+G \tag{11-11}$$

$$B=X-M \tag{11-12}$$

B 为国际收支差额。

把式(11-11)、式(11-12)代入式(11-10)得出:

$$Y=A+B \tag{11-13}$$

$$B=Y-A \tag{11-14}$$

该式为吸收论的基本恒等式,亚历山大把右边 $Y-A$ 视为因,左边 B 视为果,于是得出结论:国际收支的差额表示为国民收入和国内吸收之差,当国民收入大于国内吸收时,国际收支表现为顺差；当国民收入小于国内吸收时，国际收支表现为逆差。因此，要想改善国际收支差额，就可以通过增加收入减少支出的方法来实现。

此外，吸收论对贬值的影响进行了分析。把式（11-14）写成微分形式：

$$dB=dY-dA \tag{11-15}$$

该式的含义在于：贬值对国际收支差额的影响取决于相对于国内吸收，它是如何影响国民收入的。如果相对于国内吸收，贬值增加了国民收入，则国际收支改善；如果相对于国内吸收，贬值降低了国民收入，则国际收支恶化。这是吸收论分析国际收支的核心内容。

在分析贬值的影响时，亚历山大把国内吸收分为两部分：自主性吸收（A_0）和引致性吸收（aY）。

$$A=A_0+aY \tag{11-16}$$

式中，a 为边际吸收倾向，即国民收入增量中吸收部分所占的比例（dA/dY）。将式（11-16）代入式（11-15）得：

$$dB=dY-d(A_0+aY) \tag{11-17}$$

整理得：

$$dB=dY(1-a)-dA_0 \tag{11-18}$$

由于贬值能否改善国际收支，主要取决于贬值能否使国民收入相对于吸收获得提高，也就是看贬值是否使得 $dY(1-a)>dA_0$，因此，贬值的效果表现在三方面：一是贬值对收入的直接影响（dY）；二是贬值通过收入变化对吸收的间接影响（a）；三是贬值对吸收的直接影响（dA_0）。由于贬值对吸收的间接影响是通过收入来实现的，于是吸收论对上述三个问题从收入和吸收两方面进行了研究，通过贸易条件效应、货币效应和再分配效应等说明了贬值对收入和吸收的影响，进而说明了国际收支是如何变动的。

2. 吸收分析与弹性分析的比较

吸收分析与弹性分析的差异主要表现在以下几个方面。

1）分析背景的差异

弹性分析基本上是以萧条经济为背景的。这种背景与乘数分析相似，即经济是需求约束型的。因此，在弹性分析中，并未充分考虑价格的变化，只是考虑了汇率变动引起的相对价格的变化。同时，它也可因此做出进口和出口供给弹性无穷大的假设。当然，这种局限性可在扩展的弹性分析中加以修正。

吸收分析基本上把充分就业作为分析的背景。尽管它承认闲置资源可能存在，但是它强调经济面临资源约束的可能性。这就使其在分析中，注重贬值所引起的物价变动可能产生的各种影响。

2）传导机制的差异

在弹性分析中，贬值直接通过相对价格影响贸易差额，再通过贸易差额影响支出与收入。在此分析过程中它可以与乘数分析结合起来。

吸收分析的逻辑次序与此相反，它强调贬值通过各种效应影响收入与支出，在此基础上说明二者的差额对净出口的影响。

3)政策主张的差异

弹性分析的政策主张是倾向于贬值政策的。例如,在进出口供给弹性无穷大的前提下,只要马歇尔 - 勒纳条件成立,贬值就可改善贸易收支。该条件在现实生活中是很容易满足的。

吸收分析认为,贬值可能导致贸易条件恶化和通货膨胀等恶果,而且在通货膨胀预期形成的条件下,难以改善贸易收支,实际上它对贬值政策有相当程度的保留。

3. 对吸收论的评价

吸收分析理论的重要贡献表现在以下几方面。第一,它把国际收支同国内经济联系起来,为实施通过调整国内经济来调整国际收支的对策奠定了理论基础。这一理论具有强烈的政策配合的含义,一般来说,贬值只有通过货币政策和财政政策的配合来压缩国内需求,把资源从国内吸收中解放出来转向出口部门,才能成功地改善国际收支。吸收分析理论把国际收支调节的重点放在国内需求水平上而不是相对价格水平上,这是它同弹性分析理论的主要区别。第二,吸收分析是建立在一般均衡基础上的,比建立在局部均衡基础上的弹性分析前进了一步。第三,吸收论具有更深厚的政策配合含义,这是它区别于以往国际收支理论的显著特点。国际收支失衡源自国内经济失衡,因此,它主张采用需求管理政策与货币贬值的方法对经济进行调节,减少收入或增加支出,或者两者并举,以改善国际收支。第四,它为政策制定者提供了许多清晰有用的信息,为通过调整国内经济来调节国际收支提供了理论依据,标志着国际收支理论走向成熟。

吸收分析理论的主要局限性在于:第一,只以国际收支的贸易项目为主要研究对象,忽视了在国际收支中处于重要地位的国际资本移动等因素;第二,这一分析将贬值作为出口增加的唯一原因,并作为其理论的假设前提,也不符合实际状况;第三,没有对国内支出为因、国际收支为果的观点提供逻辑分析;第四,没有考虑相对价格变动在国际收支调整中的作用。

11.3.4　货币论

货币论又称货币分析法(monetary approach)。它是随着现代货币主义的兴起,在 20 世纪 20 年代中后期流行的一种调节国际收支的理论。其代表人物是美国经济学家蒙代尔和约翰逊。该理论认为,国际收支是一种货币现象,强调货币供求在调节国际收支中的作用。货币分析理论认为,国际收支失衡从根本上说是一种货币现象。影响国际收支的根本因素是货币供应量,只有保持货币供给的增加与真实国民收入的增长相一致,才可以保持国际收支的平衡与稳定。

这一理论强调国际收支对国际储备的影响。国际收支逆差(国际储备的流失)是由国内货币供给过多引起的;国际收支顺差(国际储备的增加)是由货币需求过度造成的。货币供给与需求之间的差额反映在国际收支平衡表中的"储备项目"变化上,所以国际收支是与货币供求相联系的一种货币现象。货币需求如果从国内货币供给中得不到满足,只能靠从国外取得资金来满足,以恢复货币供需平衡,从而使国际收支平衡。随着国外资金流入和货币供给增加，货币供给大于需求，国际收支就会出现顺差。随着国际收支顺差的出现，人们会扩大商品进口和国外投资，从而使资金流向国外，国内的货币供给就会减少，随着这些活动的增加，国际收支将逐渐出现逆差。

1. 货币论的主要内容

（1）国际收支货币论的假定条件：

①一国经济处于长期充分就业均衡状态，其实际货币需求是实际收入和利率等变量的稳定函数；

②购买力平价长期成立，即存在一个高效率的世界商品市场和资本市场，完全自由的套利活动使得“一价定律”得以成立，一国的价格水平和利率水平等于世界市场水平；

③从长期来看，货币供给量的变化不会影响到实物产量，即货币中性。

（2）货币需求（M_D）是收入（Y）和利率（r）的稳定函数，即

$M_D=P\times f(Y,r)$（P 表示本国价格水平）

在开放经济条件下，一国的货币供给（M_S）包括两个部分：一是国内创造部分（D），这是通过银行体系创造的信用；二是来自国外的部分（R），这是经由国际收支获得的盈余（国际储备），即

$M_S=m\times(D+R)$

在这里 m 表示货币乘数，指银行体系通过存贷款创造货币，使货币供应基数成倍扩大的系数。为了表述方便，我们假定 $m=1$。因此上式可以写为：

$R=M_S-D$

假定长期中货币需求等于货币供给，即

$M_D=M_S$

由此可以导出最基本的方程式：

$R=M_D-D$

由于 R 可视为一国国际储备，因此可以推论：国际收支逆差（国际储备的流失）是由国内货币供给过多引起的；顺差（国际储备的增加）是由货币需求过度造成的；国际收支是与货币供求相联系的一种货币现象，它是一国货币供给的自动调节机制，国际收支问题实际上反映了实际货币余额（货币存量）对名义货币供应量的调整过程。

2. 对货币论的评价

这一理论的主要贡献在于：第一，货币论认为，只要保持货币供应的适度增长，就可以保持国际收支平衡，这对高度货币化的当代经济具有实际意义；第二，强调了国际收支顺差或逆差将会引起货币存量的变化，从而影响一国的经济活动；第三，这一理论较前述三种理论的进步之处，还在于它考虑了资本移动因素对国际收支的影响；第四，货币论把国际收支的研究范围从经常项目扩展到资本项目，将弹性论、吸收论等忽视的国际资本流动纳入国际收支的分析框架中，弥补了传统理论的缺陷。

这一理论的主要缺陷表现在以下几方面。第一，它把货币因素看成是决定性的，而把收入水平、支出政策、贸易条件和其他实物因素看成是次要的，这就颠倒了国际经济的因果关

系。第二,它忽视了短期国际收支不平衡所带来的影响。在相当长的时期内,货币需求函数是相当稳定的,这从历史的资料来看是正确的,但在短期内货币需求并不是很稳定的。第三,其分析的范围不够大,除了货币之外未能包括其他金融市场上发生的存量调整。第四,货币分析法还将因国与国之间存在利差所引起的国际资本流动当作持续性的流量来处理,而不是将其视作一种存量的调整,这也是引起较大争议的一个问题。第五,其认为要改善国际收支逆差必须采取紧缩性货币政策,这显然是以牺牲国内的实际消费、投资、收入与经济增长为代价的,这一点受到了许多发展中国家经济学家的批评。

11.4　国际收支的调节

11.4.1　国际收支平衡与不平衡的概念

采用复式记账原理来汇总登录国际经济交易,一国的国际收支平衡表的借方总额一定是与贷方总额相等的,其净差额为零。从这个意义上讲,国际收支平衡表总是“平衡”的。然而,这只是会计意义上的平衡,并非实际意义上的国际收支平衡。分析国际收支是否均衡,必须明确国际收支不平衡的真正含义和判断依据。

国际收支平衡表中的各单项科目的借方余额和贷方余额,并不存在一定要平衡的记账要求;同样,若干个单项科目所形成的借方总额与贷方总额,也不一定相等。在通常的情况下,这些单个科目本身或若干科目的组合总存在着差额,要么是贷差,要么是借差。而恰恰就是这些差额,构成了国际收支某些项目的盈余或赤字,它反映了经济意义上的顺差(surplus)或逆差(deficit)。政府官员、经济学家以及企业家、银行家、市场行情预测者研究和分析国际收支平衡表时所关注的就是这些差额。

1. 主动平衡与被动平衡

为了寻求国际收支不平衡的判断依据或标准,人们常把国际经济交易按其性质分为自主性交易和调节性交易两类,来分清国际收支平衡是账面平衡还是真实平衡。

自主性交易(autonomous transactions)指个人或经济实体为了经济上的某种目的而自主进行的交易,具有自发性、分散性的特点。通常,经常项目、长期资本项目以及部分短期资本项目所代表的交易活动都属于自主性交易。

调节性交易(compensatory transactions)指为了弥补自主性交易的差额而进行的经济交易,如为了弥补国际收支逆差而向外国政府或国际金融机构借款、动用官方储备等。它实际上就是国际收支平衡表里的短期资本和官方储备项目的有关内容。

就这两类交易项目而言,调节性交易只是在自主性交易项目出现不平衡后,由货币当局被动地进行的一种事后弥补性的对等交易,是为了弥补自主性交易的缺口而人为地做出的努力,它实际上取决于自主性交易的结果。因此,衡量一国国际收支平衡与否的标准,是看自主性交易是否达到了平衡。如果一国在一个较长的时期里实现了自主性交易平衡,无须再依靠调节性交易来调节与维持,就可以说该国国际收支达到了实质性平衡;反之,一国自主性交易失衡，需要通过调节性交易来实现平衡，这只能是形式上的平衡，是一种暂时的、缺乏稳固基础的“虚假”平衡。自主性国际金融交易是否平衡是衡量国际收支长期性平衡的一个重要标志。因此，国际收支失衡是指国际收支自主性交易发生逆差或顺差，依靠自主性交易平衡是主动平衡；依靠调节性交易平衡是被动平衡。

在实践中，根据对自主性交易的划分的不同，国际收支状况可以用不同的项目差额来表示。目前，对国际收支状况的分析主要采用四种差额分析方法，即贸易差额分析、经常项目差额分析、资本与金融项目差额分析和综合差额分析。

（1）贸易差额（货物进出口之间的差额）分析。货物贸易是国际经济活动的基础，在传统意义上，其是整个国际收支的代表。对一些发展中国家而言，贸易收支在全部国际收支中所占份额相当大，同时它还体现了一国（地区）的自我创汇能力及产品在国际市场上的竞争能力。因此，尽管服务贸易在世界贸易中的比重正逐日增加，但各国仍然普遍重视贸易差额分析。

（2）经常项目差额（货物贸易、服务贸易、收益和单方面转移四项差额）分析。经常账户差额是衡量国际收支状况最重要的指标，反映了一国实际资源在国际上转移的净额。如果一国的经常项目处于盈余状态，这就意味着该国在货物贸易、服务贸易、收益和单方面转移方面对外存在净投资。反之，则意味着该国输入了较多的商品、劳务和对外赠予，在国内资本形成中利用了较多的国外储蓄资源。

（3）资本与金融项目差额（经常项目差额与长、短期资本流动差额之和）分析。根据国际收支的复式记账原理，一笔贸易流量总是对应着一笔金融流量，如果不考虑错误与遗漏因素，经常项目差额必然与资本与金融项目差额数额相等、方向相反。也就是说，资本与金融项目和经常项目之间存在着一种融资关系，当经常项目出现赤字时，资本与金融项目必然会有相应的盈余，这就是一国利用金融资产的净流入来为经常项目赤字融资的机制。资本与金融项目为经常项目提供融资后，这一资本流动会造成国际投资头寸的相应变动，并通过债务支出继而影响到经常项目。当一国经常项目赤字持续偏高时，利用资本与金融项目对其融资应特别慎重，以免债务本息越来越大，加剧经常项目的恶化。

（4）综合项目差额（经常项目差额和资本与金融项目差额之和，即剔除官方储备项目后的差额）分析。综合差额分析可以衡量一国中央银行面临的所持储备的潜在压力。因为综合差额必然导致官方储备的反方向运动，特别是在实行固定汇率制的国家。当国际收支的各种交易行为使得本国货币与外国货币的比价发生变动时，政府为维护固定汇率制度，必然会动用官方储备介入市场以求本、外币供求平衡。在实行浮动汇率制的国家，政府并不会因为要维护某一固定汇率而动用储备，主动干预外汇市场，因此，对于后者，综合差额分析的意义不大。

2. 全面均衡与局部均衡

根据国际收支的内容，国际收支的平衡可分为全面均衡与局部均衡。

全面均衡是指在整个经济周期内国际收支自主性项目为零的平衡。全面均衡包括国内所有市场客体——商品市场、劳务市场、货币市场、外汇市场的供求均衡。概括起来，完整的国际收支平衡的概念涉及三个方面:① 国际收支差额;② 国际收支对外汇市场的影响;③国际收支对一国宏观经济的影响。国际收支的全面均衡是指国内经济处于均衡状态下的自主性国际收支平衡,即国内经济处于充分就业和物价稳定下的自主性国际收支平衡,又称国际收支的均衡。

局部均衡观点以市场均衡作为衡量国际收支是否平衡的标准。根据该理论,一国对外的经济交易基本上是通过外汇市场进行的,外汇市场供求平衡是国际收支平衡的基础。外汇市场的平衡又分为日常交易的供求平衡和实际所需的供求平衡。前者在任何时候都是平衡的,而后者却不一定平衡。只有实际所需的供应等于实际所需的需求,才能实现市场平衡,从而达到国际收支的平衡。

11.4.2　国际收支不平衡的类型

国际收支不平衡有各种原因。按照原因的不同,国际收支不平衡可以分为临时性失衡、周期性失衡、收入性失衡、货币性失衡、结构性失衡以及不稳定性投机与资本外逃造成的失衡等六种类型。

1. 临时性失衡

临时性失衡是指各国短期的、由非确定或偶然因素引起的国际收支失衡,如由气候骤变、骚乱等因素引起的国际收支失衡。这种性质的国际收支失衡程度一般较轻,持续时间不长,带有可逆性,可以认为是一种正常现象。在浮动汇率制度下,这种性质的国际收支失衡有时根本不需要政策调节,市场汇率的波动有时就能将其纠正。在固定汇率制度下,一般也不需要用政策措施,只需动用官方储备便能加以克服。

2. 周期性失衡

周期性失衡是指由一国经济周期波动所引起的国际收支失衡。一国经济周期波动容易引起国际收支失衡。当一国经济处于衰退期时,社会总需求下降,进口需求也相应下降,国际收支发生盈余。反之,如果一国经济处于扩张和繁荣时期,国内投资与消费需求旺盛,对进口的需求也相应增加,国际收支便出现逆差。随着经济周期的循环演变,不平衡现象交替发生,由于国际经济关系日益密切,主要发达国家的经济周期波动,也可能影响到其他国家,造成其他国家的国际收支不平衡。

3. 收入性失衡

收入性失衡是指由于各国经济增长速度不同所引起的国际收支失衡。一国的国民收入快速增长导致进口需求的增长超过出口增长而引起了国际收支的失衡是经常出现的。一般来说,一国的国民收入增加,商品(劳务)的进口增加,从而引起国际收支恶化;反之,一国的国民收入减少,购买力下降,引起物价下跌,有利于本国商品出口,并使进口减少,就会逐步缩小逆差,使国际收支达到平衡状态,甚至出现顺差。

4. 货币性失衡

货币性失衡是由一国的价格水平、成本、汇率及利率等货币性因素变动所引起的国际收支失衡。如果一国货币供给量增加,该国的物价水平上升,由此必然导致出口减少,经常账户恶化。同时,货币供给量的增加会导致本国利率下降,在资本自由流动的开放经济下,利率下降造成资本流出增加,流入减少,资本与金融账户恶化。

5. 结构性失衡

结构性失衡是指由于国内经济、产业结构不能适应世界市场的变化而发生的国际收支失衡。结构性失衡通常反映在贸易账户或经常账户上。结构性失衡有两层含义。第一层含义是指因经济和产业结构变动的滞后和困难所引起的国际收支失衡。比如,一国的国际贸易在一定的生产条件和消费需求下处于均衡状态。当国际收支发生变化,新产品不断淘汰老产品,新款式、高质量产品不断淘汰旧款式、低质量产品,新的替代品不断出现的时候,如果该国的生产结构不能及时根据形势加以调整,那么其原有的贸易平衡就会遭到破坏,贸易逆差就会出现。像这种结构性失衡,在发达国家和发展中国家都有发生。第二层含义的结构性失衡是指一国的产业结构比较单一,或其产品出口需求的收入弹性低,或虽然其出口需求的价格弹性高但进口需求的价格弹性低等引起的国际收支失衡。这层含义的结构性失衡在发展中国家表现得尤为突出。结构性失衡与临时性失衡不一样,具有长期的性质,扭转起来相当困难。

6. 不稳定性投机与资本外逃造成的失衡

不稳定性投机与资本外逃造成的失衡是由实行浮动汇率制后汇率变动的风险所带来的失衡。国际金融市场上存在巨额的游资,一有风吹草动,这些资金就会在各国之间频繁移动,以追求投机利润。这种变化莫测的短期资本流动常常造成一国国际收支的不稳定。

11.4.3 国际收支不平衡的影响

国际收支无论出现顺差还是逆差都是失衡的表现。国际收支的平衡是相对的,失衡是绝对的,也就是说,国际收支失衡是正常的。而且在某种意义上,一定限度内的国际收支顺差或者逆差甚至是有益无害的。例如,一定的顺差会使一国的国际储备得到适度增长,增强其对外支付和应付国际游资冲击的能力;一定的逆差可使一国适度地利用外国资源,加快国内经济的发展。但是如果一国国际收支长期大幅度顺差或逆差,则会对该国经济甚至世界经济产生不利的影响,导致国际收支危机(international payment crisis),即一国的国际收支长期出现巨额逆差而得不到改善。但国际收支不平衡不等于国际收支危机。

国际收支持续大量逆差对经济发展的不利影响主要表现在以下三个方面。①使本国经济增长受阻。一方面,由于长期巨额逆差的存在,本国的外汇储备大幅度减少,而发展经济所需要的生产资料进口就会受到影响,从而阻碍国民经济的发展;另一方面在固定汇率制度下,当出现逆差时,会使本国货币汇率有下跌的压力,政府干预外汇市场而买进本币,形成国内货币紧缩,促使利率上升,抑制投资从而影响本国经济的增长。②不利于对外经济交往。在浮动汇率制下,存在持续逆差的国家会增加对外汇的需求,促使外汇汇率不断上升,本币不断贬值且国际地位日益下降,对本国的对外经济交往产生消极的影响。与此同时,由于本币贬值或汇率下浮,引起进口商品价格和国内物价上涨,加重通货膨胀。严重的通货膨胀还会引起资本大量外逃,国内资金短缺,影响国内投资和金融市场稳定。③损害国际信誉。长期的国际收支逆差使一国的偿债率降低。如果陷入债务困境不能自拔，又会影响到本国的经济和金融实力，使一国的国际信誉大降。

国际收支持续大量顺差对经济发展的不利影响也主要表现在三个方面。①外汇储备急剧上升导致外汇占款大幅度增加，国内货币投放量扩大，物价上涨，通货膨胀加重。此外，巨额国际储备的囤积使得持有外汇的机会成本增加，外汇资金的使用缺乏效率。②不利于发展国际经济关系。大量的顺差说明该国出口大于进口，容易引起贸易摩擦，影响国际经济关系。20 世纪 80 年代以来，美国和日本日益加剧的贸易摩擦就是一个突出的例子。此外，长期顺差还会使一国货币汇率过于坚挺，引发大规模的套汇、套利和外汇投机活动，破坏国内和国际金融市场的稳定。③在实行浮动汇率制的国家，国际收支顺差出现后，汇率会自动升值，使得出口产品价格上升，进口产品价格下降，导致贸易条件恶化。贸易条件的恶化使出口处于不利的竞争地位，影响出口贸易的发展，从而加重国内的失业问题，不利于经济发展。

一般来说，一国国际收支越不平衡，其不利影响也越大。虽然国际收支逆差和顺差都会产生种种不利影响，但相比之下，逆差所造成的影响更为严重。因此，各国政府对国际收支逆差所需采取的调节措施更为重视。从长期来看，不论国际收支是逆差还是顺差，都需要通过政策措施加以调节，尽量保持国际收支的平衡。

11.4.4 国际收支失衡的市场调节机制

如果一国的国际收支长期处于失衡状态，而且数目很大，就会对一国宏观经济产生严重影响。世界各国对国际收支失衡，尤其是对制止和扭转逆差特别重视，采取各种手段加以调节，力求重新达到平衡。但如前所述，引起国际收支失衡的原因是多种多样的，所以调节国际收支失衡的措施也是多方面的，包括市场调节机制和政府政策调节机制。

国际收支的市场调节机制是指在不考虑政府干预的情况下，市场经济系统内其他变量与国际收支相互制约、相互作用的过程，即国际收支的自动调节过程。国际收支失衡必然会直接或间接地引起其他经济变量发生变化，后者又有反过来引起国际收支失衡缩小的趋势。市场调节机制反映了极为错综复杂的相互作用过程，涉及有关供给、需求、价格、工资、利率、汇率等的一系列经济变量。任何一个变量的变化都会对众多其他变量施加影响。国际收支可以通过市场经济变量的调节自动恢复平衡。

在现实生活中，纯粹的市场调节机制是不存在的。各国政府总会在不同程度干预经济运行，如固定汇率制下政府可能承担了维持市场汇率稳定的义务。政府干预能够在一定程度上削弱国际收支市场调节机制的作用，但是它不能完全消除市场机制对国际收支的调节。

1. 国际金本位制度下国际收支的自动调节机制

国际金本位制度下的国际收支自动调节机制就是英国经济学家大卫·休谟提出的“价格—现金流动机制”（price specie-flow mechanism）理论。这一理论认为，在金本位制度下，一国国际收支出现赤字，就意味着该国黄金的净输出，由于黄金外流，国内黄金存量下降，货币供给减少，从而引起国内物价水平下跌。物价水平下跌后，该国出口商在国际市场上的竞争能力就会提高，外国商品在该国国内市场上的竞争能力就会下降，于是出口增加，进口减少,从而使国际收支赤字减小或消除。同样,一国国际收支盈余也是不能长久的,因为国际收支盈余造成黄金流入,国内货币供给增加,物价水平上涨,该国的出口受到限制,进口增加,从而使国际收支盈余减少或消除。

该理论有四项基本相互衔接的内容:① 国际收支差额与黄金数量的关系,一国贸易顺差(当时很少有资本流动,故贸易顺差反映国际收支顺差)引起黄金流入,贸易逆差引起黄金流出;②黄金数量与货币供给的关系,黄金流入引起货币供给增加,黄金流出引起货币供给减少;③货币供给与物价水平的关系,货币供给增加引起物价下降,货币供给减少引起物价上升;④物价水平与贸易收支的关系,物价上升引起本国出口减少,进口增加,物价下降引起本国出口增加、进口减少。这一过程可用图 11-2 来描述。

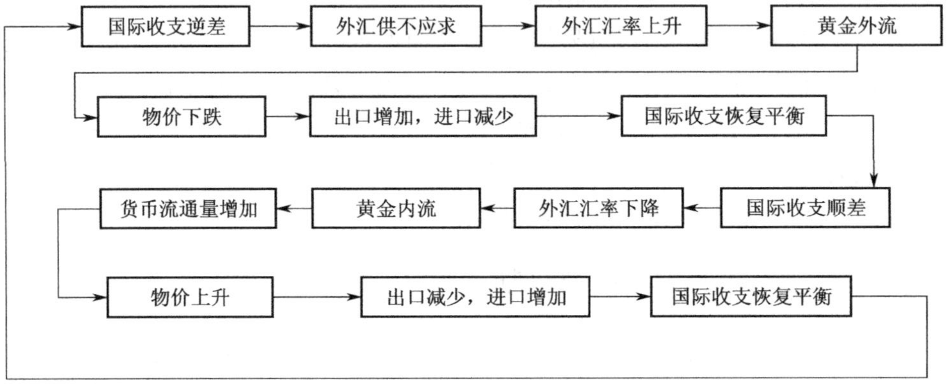

图 11-2 价格—现金流动机制过程图

根据该理论,政府不可能有独立的货币政策,即不受外部环境制约的自主决定的货币政策。如果政府独立实行扩张性货币政策,那么物价上涨引起贸易逆差和黄金外流,新增的货币将会流向其他国家,扩张性货币政策不能使该国货币增加。如果政府独立实行紧缩性货币政策,那么,物价下降引起贸易顺差和黄金流入,新增的货币将会流向该国,紧缩性货币政策不能使该国货币减少。

因此,该理论支持自由贸易政策和主张政府充当守夜人角色。该理论认为,黄金流失带来的是物价下降,后者通过刺激出口又能赚来黄金,所以,政府没有必要干预国际贸易。

根据该理论,市场调节要求国际收支逆差国付出通货紧缩代价,国际收支顺差国付出通货膨胀代价。在某些时候,这些代价可能超过逆差带来的损失。该理论的主要缺陷包括:①它未考虑资本流动,如果逆差通过资本流入弥补,那么,国内货币供给和价格不变,逆差就不会得到自动调节;②它未考虑政府可能实行奖出限入的贸易保护主义,政府干预可以使市场调节失灵,尽管贸易保护主义在 18 世纪并不突出,但是它在 19 世纪很流行;③它以金本位为前提,但是金本位制只存在于少数国家,黄金数量不足使多数国家从来没有实行过真正的金本位制。

2. 纸币本位的固定汇率制度下国际收支的自动调节机制

这里所指的固定汇率制度是指纸币本位下一国货币当局通过外汇储备变动干预外汇市场来维持汇率不变的制度。在这种制度下,一国国际收支出现赤字时,为了维持固定汇率,一国货币当局就不得不减少外汇储备,造成本国货币供应量减少。首先,货币供应量减少会带来市场银根紧缩,利率上升,这会导致本国资本外流的减少,外国资本流入的增加,结果使资本账户收支改善;反之,国际收支盈余会通过利率下降导致本国资本流出的增加,外国资本流入的减少,使盈余减少或消除。这就是国际收支失衡的利率效应。其次,公众为了恢复现金余额的水平,就会直接减少国内支出。同时,利率的上升也会进一步减少国内支出,而国内支出的一部分是用于进口花费的。这样,随着国内支出的下降,进口需求也会下降,国际收支好转。这是国际收支失衡的现金余额效应或者收入效应。同样,盈余也可以通过国内支出增加造成进口需求增加,而得到自动消除。

在这种情况下,一国国际收支失衡后,通过国际收支市场调节机制使国际收支趋于平衡。在布雷顿森林体系时期,国际收支市场调节机制主要包括以下几方面。

1)收入调节机制

收入调节机制是指国际收支不平衡时,国民收入的水平也会随之改变,从而通过影响总需求及进口需求使贸易收支改善,刺激国际收支恢复平衡。

Ⅰ.贸易差额的收入调节

市场经济国家面临的是需求约束。在其他条件不变的前提下,贸易顺差扩大了外部需求,会引起国民收入增加。但是,收入增加又会引起进口增加,进口的增加使得国际收支趋于平衡。

贸易差额的收入调节的过程为:贸易顺差→收入增加→进口增加→贸易收支恢复平衡。逆差时的情况与此相反。其作用大小取决于边际进口倾向。边际进口倾向是指进口增量与收入增量的比例,它越大,收入调节机制越重要。

Ⅱ.资本流动的收入调节

资本流入对收入的作用是积极的,资本对利润的追求意味着它的流动一般会导致资源配置效率的提高,特别是外商直接投资对国民收入的推动作用比较明显。国民收入增加会引起对外投资增加。

资本流动的收入调节的过程为:资本流入→国际收支顺差→收入增加→资本输出→国际收支恢复平衡。例如,我国的电冰箱产业的发展在一定程度上依赖外资流入,但是,现在我国的海尔集团已经在全世界建立了自己的子公司。

对部分发展中国家来说,它们面临严重的资源约束,要依靠资本流入弥补贸易逆差,以进口支持收入增加。当收入增加后,对进口的依赖程度会降低,可以用本国产品替代进口产品。例如,随着经济发展,我国电视、冰箱、汽车、船舶等许多进口产品都能够在国内生产或能够出口了。

2)货币价格调节机制

货币价格调节机制是指一国国际收支不平衡时,该国的价格水平会发生变动,这些变动反过来又会削弱国际收支的不平衡。当国际收支赤字时,货币供给下降会引起价格水平的下降,本国产品相对价格下降,会增加出口需求,减少进口需求,从而国际收支得到改善。

货币价格调节机制的过程为:国际收支逆(顺)差→货币供给下降(增加)→价格水平下

降（上升）→进口减少（增加），出口增加（减少）→ 国际收支逆（顺）差得到改善。

3）利率机制

利率机制主要通过对资本与金融项目的调节平衡国际收支，尤其是指在固定汇率制度下，由于国际收支逆差而导致的货币供应量改变影响利率水平而使逆差得以改善。

当一国国际收支发生逆差时，该国的货币存量（供应量）相对减少，利率上升；而利率上升，表明本国金融资产的收益率上升，从而对本国金融资产的需求相对上升，对外国金融资产的需求相对减少，资金外流减少或资金内流增加，资本与金融项目得到改善。同时，利率上升会减少社会总需求，进口减少，出口增加，贸易收支也会得到改善。

利率调节机制的过程为：国际收支逆（顺）差→本国货币供应减少（增加）→利率上升（下降）→资本流入增加（减少），进口减少（增加），出口增加（减少）→ 国际收支逆（顺）差得到改善。

在资本自由流动的条件下，利率调节机制见效较快。但是，短期资本的大进大出容易冲击正常经济秩序。

3. 浮动汇率制度下国际收支的自动调节机制

汇率调节机制是指国际收支差额会使汇率变动，后者会刺激国际收支恢复平衡。市场的汇率调节机制以浮动汇率制为前提。从理论上讲，一国货币当局对外汇市场不加干预，听任外汇市场的供求来决定汇率。如果一国国际收支出现逆差，外汇需求就会大于外汇供给，外汇的价格即汇率就会上升。反之，如果一国国际收支出现顺差，外汇供给就会大于外汇需求，外汇汇率就会下降。外汇汇率上浮意味着本币贬值，本币贬值会刺激本国商品出口，抑制进口，从而减少甚至消除国际收支逆差；反之，国际收支顺差会减少甚至消除。20 世纪 70 年代，布雷顿森林体系瓦解之后，浮动汇率制才获得充分发挥作用的舞台。实行浮动汇率制的国家在很大程度上依赖它的调节功能。

浮动汇率制度下国际收支的自动调节的过程为：本国国际收支顺差→本币升值、外币贬值→出口商品外币价格上升和进口商品本币价格下降→本国的出口减少、进口增加，进而恢复本国的国际收支平衡；本国国际收支逆差→本币贬值、外币升值→出口商品外币价格下降和进口商品本币价格上升→本国的进口减少、出口增加，进而恢复国际收支平衡。

汇率调节机制对资本流动的影响表现为：资本流入伴随的国际收支顺差会引起本币对外升值；当后者高于长期均衡值时，人们产生本币将会贬值的预期；这种预期又促使资本流出，使国际收支恢复平衡。资本流出伴随的国际收支逆差会引起本币对外贬值；当后者低于长期均衡值时，人们产生本币将会升值的预期；这种预期又促使资本流入，使国际收支恢复平衡。

市场的汇率调节机制不是免费的午餐，它以汇率波动为前提，要求各国承担外汇风险。消除外汇风险又带来新的汇率自动调节机制。例如，对外投资会带来国际收支逆差。但是，为了消除外汇风险，对外投资的投资者在买入即期外汇时，要卖出远期外汇。所以，资本流出会引起即期汇率上升和远期汇率下降；它们会使资本的本币报酬减少，导致资本流出减少，或国际收支逆差减少。反之，外国投资者对本国投资会带来国际收支顺差。厌恶外汇风险的外国投资者对本国投资，要卖出即期外汇和买入远期外汇，引起即期汇率下降和远期汇率上升；它们会使资本的外币报酬减少，导致资本流入减少，或国际收支顺差减少。

需要注意的是，在固定汇率制度下，国际收支自动调节机制是通过国内宏观经济变量的变化而实现的，因此国际收支平衡目标的实现是以牺牲国内经济均衡为代价的。而在浮动汇率制度下，汇率的变化使国际收支自动调整，即国际收支平衡的实现不会干扰国内经济目标的实现，因为汇率变化促使贸易收支自动趋于平衡。

4. 国际收支市场调节机制的局限性

国际收支的自动调节是市场这只看不见的手在涉外领域发挥作用的一种表现形式。但是，它不是万能的，其局限性表现在以下几方面。

（1）市场存在不完全性。市场体系不健全、要素和商品缺乏市场上的流动性、市场的不完全竞争、市场的交易成本以及政府可能对市场进行的管制，都可能影响市场的国际收支调节功能。

（2）市场调节需要较长时间。人们获取市场信息并对这些信息做出反应，可能是一个漫长的过程。

（3）市场无力调节结构性因素引发的国际收支失衡。科技革命所引起的世界供求结构的变化造成了一些发展中国家持续出现国际收支逆差，社会制度造成的国际收支失衡也是市场无力调节的。

（4）在市场调节的过程中，宏观经济变量的变化可能会给国民经济带来消极影响。例如，在收入调节机制中，逆差是通过收入下降来减少进口的，而收入下降可能是发展中国家难以承受的代价。

11.4.5　国际收支失衡的政府政策调节机制

1. 政府对国际收支失衡调节的一般原则

各国政府调节国际收支往往出于不同的考虑，它们面临的具体情况也会千差万别。但是，它们在调节国际收支时都需要考虑以下原则。

1）根据国际收支不平衡的原因选择适当的调节方式

国际收支失衡的原因多种多样，大体可分为偶然性失衡、周期性失衡、收入性失衡、货币性失衡和结构性失衡。一般来说，偶然性和周期性失衡都具有不同程度的临时性，政府无须采用力度较大的政策来调节。货币性失衡的对症下药措施是采用紧缩性货币政策控制货币供给。较难对付的是结构性失衡，因为各项结构调整措施都只能长期生效，政府不得不对国际收支进行直接管制。

2）尽量避免国际收支调节措施给国内经济造成严重冲击

任何国家都会存在内外均衡的矛盾，即以充分就业、稳定增长和物价稳定为代表的内部均衡目标与国际收支平衡体现的外部均衡目标之间存在冲突。例如，当经济面临逆差与失业并存局面时，政府采取高利率政策可吸引资本流入，减少逆差；但它同时抑制投资与消费，使失业人数增加。因此，政府在采取调节措施之前，首先要考虑目标的轻重缓急，找出制约经济发展的主要矛盾。在此基础上,政府要将多种政策工具配合使用,以争取多种经济目标的同时实现,或者尽量降低实施调节措施所需付出的代价。

3)注意减少国际收支调节措施给国际社会带来的刺激

在经济全球化的环境中,任何一个国家的经济政策都会对他国产生溢出效应。在当代,汇率政策和货币政策对他国经济的影响尤为明显。

从博弈论的角度看,政府在采取调节政策时,需要考虑对手的反应。一般来说,经济不发达国家在调节国际收支逆差时,遇到的外部阻力较小。但是,经济发达国家在存在顺差时,如果采取进一步增加顺差的措施,遇到的外部阻力就会较大。政府若完全不考虑别国的反应,就可能造成两败俱伤的结果。因此,政府调节国际收支时,要注意选择适当的时机和阻力较小的调节方式,并注意展开国际经济政策协调。

2. 政府对国际收支失衡的政策调节机制

国际收支平衡是政府宏观经济目标之一。这是因为持续的、严重的国际收支逆差或顺差都会给经济带来消极影响。在现实生活中,一些国家追求的不是国际收支平衡,而是国际收支顺差。例如,日本作为发达国家,仍然持有巨额外汇储备,表明日本政府对汇率干预力度较大,努力压低日元汇率以争取国际收支顺差。这种做法迟早会受到外汇储备极限的限制,任何国家的外汇储备都不可能达到无穷大。政府对国际收支失衡的政策调节机制包括以下几个方面。

1)财政政策与货币政策

当一国国际收支出现逆差而需要进行调整时,一国政府或其货币当局可以相机行事,实行紧缩性财政政策或紧缩性货币政策或二者兼而有之。

在财政政策方面,政府可采取的措施主要是减少财政支出和增加税收等。当一国国际收支出现逆差时,政府通过减少公共开支直接减少总需求;提高税率或增加税收的办法,会减少私人的可支配收入和企业的税后利润,从而减少个人消费支出和企业投资支出。社会总需求减少,则进口减少,贸易收支改善,国际收支逆差减少或消除。

在货币政策方面,政府可采取的措施主要有提高再贴现率、银行法定存款准备金率等。当一国国际收支出现逆差时,政府或货币当局可以通过提高贴现率以影响市场利息率。利息率的提高,一方面使资本流入增加,资本流出减少,使资本与金融项目收支改善;另一方面抑制国内投资和私人消费支出等,减少进口支出,改善贸易收支,从而使国际收支逆差减少或消除。

但通过财政政策或货币政策调节国际收支的不平衡是有一定局限性的,这种局限性在于国际收支平衡的恢复往往与国内经济发展的目标相冲突,以牺牲国内经济发展为代价。例如,一国国际收支逆差时采取的紧缩性政策,在减少进口支出的同时也抑制了对本国产品的需求,会导致失业和生产能力过剩;企业投资减少还会影响经济增长。因此,当一国国际收支逆差恰逢国内经济不振时,一国政府的宏观财政政策和货币政策就会陷入两难境地。

2)汇率政策

汇率政策是指一国通过调整汇率来实现国际收支平衡的政策措施。一般来说,一国货币贬值,该国出口产品竞争力提高,出口增加,有利于减少贸易收支逆差;相反,若本币升值,则会起到扩大进口、抑制出口的作用,导致贸易顺差减少。但是,汇率政策是否能够奏效,还要视其他具体情况和因素而定。

一国货币当局通过本币贬值达到促进出口并抑制进口,进而改善国际收支的政策效果与下列因素有关。

(1)一国出口商品的需求弹性和进口商品的需求弹性的大小。只有当一国出口需求弹性与进口需求弹性之和大于 1 时,本币贬值才能起到改善国际收支的作用。

(2)国内是否实现了充分就业。在充分就业的条件下,出口商品供给的增加必须依靠生产资源从非贸易部门的转移,这种转移的成本过高促使物价上涨,从而导致通货膨胀。因此,在一国经济处于满负荷运行的情况下,通过本币贬值改善国际收支必须结合紧缩性货币政策来实施,否则或会招致通货膨胀的压力。

(3)本币贬值所带来的本国贸易品和非贸易品之间的价格差是否能维持较长的时间。价格差维持的时间越长,则本币贬值改善国际收支的作用越大。

3)供给调节政策

在运用政策调节国际收支时,不应忽略社会总供给的作用。从供给角度讲,调节国际收支的政策有产业政策、科技政策和制度创新政策。这些政策旨在改善一国的经济结构和产业结构,提高劳动生产率,增加出口商品和劳务的生产,提高产品质量,降低生产成本,以此达到增加社会产品(包括出口产品和进口替代品)的供给、改善国际收支的目的。供给政策具有长期性,虽然在短期内难以有立竿见影的效果,但它可从根本上提高一国的经济实力与科技水平,从而为实现内外均衡创造条件。

4)直接管制

利用汇率政策和财政货币政策纠正国际收支失衡必须通过市场机制,而且需要一定的时间。对于结构性国际收支不平衡,上述政策也难以奏效。因此,在出现国际收支结构性不平衡时,许多发展中国家倾向于采取一些直接管制措施。

从实施的性质来看,直接管制措施有数量性管制和价格性管制措施。数量性管制主要针对进口来实施,包括进口配额、进口许可证制、外汇管制等。价格性管制措施包括提高进口关税以限制进口,或增加出口补贴来促进出口等。从实施效果看,数量性管制措施更为有效,作用时间更快,而价格性管制措施类似于汇率管制。直接管制措施的特点是比较灵活,可以针对具体不同的进出口项目和资本流动有区别地予以实施,且效果快。但是直接管制会造成国内贸易部门的生产效率低下,缺少国际竞争力等。因此,管制也只能是在一定阶段内有效,还需配合国内的产业调整政策。

直接管制还可划分为外汇管制和贸易政策。贸易政策包括奖出措施(信贷支持、出口补贴、出口退税)和限入措施(关税壁垒、进口配额制或进口许可证制、非关税壁垒等)。贸易政策见效快,但易引起纠纷。随着世界贸易组织影响力的扩大,各国遵守世界贸易与金融规则的自觉性与主动性有所提高,采用直接的贸易管制政策的国家和采用的次数越来越少。

以上对策是针对本国而言的,即每个对政策都以本国的利益作为出发点,也以本国的利益得到保证而结束，所以各国在调节国际收支过程中必然会引发各种的摩擦与冲突，结果损害了彼此的利益，也破坏了正常的国际经济秩序。所以，要在世界范围内解决各国的国际收支不平衡，要加强国际经济金融合作。

总之，调节国际收支失衡的政策是多样化的，每一种政策都有其各自的特色与调节功效，因此，一国可根据具体情况予以取舍和搭配。

5)政策搭配

第二次世界大战后，经济日趋全球化，西方国家经济内部均衡与外部均衡矛盾日益突出，在论述内外均衡时，产生了有名的米德冲突、丁伯根原则、斯旺内外均衡模型、蒙代尔－弗莱明模型。特别是蒙代尔－弗莱明模型，将体现财政政策和货币政策的 *IS-LM* 曲线和体现汇率政策的 *BP* 曲线联系起来，集中分析了不同汇率制度和资本流动下财政政策和货币政策在内外市场均衡中的协调配合。他们得出了一个重要的结论：在固定汇率制和资本完全流动的情况下，财政政策比货币政策更有效；在浮动汇率制和资本完全流动的情况下，货币政策更为有效。英国经济学家詹姆斯·米德和罗伯特·蒙代尔分别于 1951 年和 1962 年提出了将两种独立的政策相互搭配起来共同解决内外均衡问题的建议。国际收支的几种政策配合如表 11-3 所示。

表 11-3 财政政策与货币政策的搭配

经济情况	财政政策	货币政策
国际收支顺差，国内经济膨胀	紧缩	扩张
国际收支逆差，国内经济膨胀	紧缩	紧缩
国际收支逆差，国内经济衰退	扩张	紧缩
国际收支顺差，国内经济衰退	扩张	扩张

该理论较系统地分析了政策配合的意义和具体的机制，对一国政府的经济决策有一定的参考价值。但该理论也有缺陷，表现在：① 忽略了国内支出变化对对外资本输出的影响，从而得出经常项目与国内支出之间的直接关系；② 没有考虑到除利率以外其他因素对资本流动的影响；③ 政策的选择比较单调，仅为财政政策和货币政策；④两种政策对国内经济、国际收支影响的大小不能一概而论，而应根据不同国家及不同时期的实际情况具体分析。

实际上，一国政府到底采用什么样的政策来调节国际收支，首先取决于国际收支失衡的性质，其次取决于国际收支失衡时国内社会和宏观经济结构，最后取决于内部均衡与外部平衡之间的相互关系。每一种国际收支调节政策都会给宏观经济带来或多或少的调节成本，所以必须相机抉择，搭配使用各种政策，以最小的经济和社会代价达到国际收支的平衡或均衡。

延伸阅读

[1] 姜波克. 国际金融新编（第五版）[M]. 上海：复旦大学出版社，2012.

[2] 陈岱孙，厉以宁. 国际金融学说史 [M]. 北京：中国金融出版社，1991.
[3] 潘国陵. 国际金融理论与数量分析方法 [M]. 上海：上海人民出版社，2000.
[4] 孙杰. 汇率与国际收支：现代西方国际金融 [M]. 北京：经济科学出版社，1999.

第 12 章　国际储备

本章的重难点

【难点】适度国际储备量、影响国际储备要求的主要因素

【重点】国际储备、国际清偿能力、在国际货币基金组织的储备头寸和特别提款权的概念；国际储备的作用

12.1　国际储备概述

12.1.1　国际储备的概念

1. 国际储备的概念

国际储备(international reserves)是指一国货币当局所持有的、能随时用来支付国际收支差额，干预外汇市场，维持本币汇率稳定的流动性资产。国际储备的概念有广义和狭义之分。广义的国际储备可以划分为自有储备和借入储备，自有储备和借入储备之和代表着一国的国际清偿能力(international liquidity)。人们通常所说的国际储备是指狭义的国际储备，即自有储备。借入储备代表着一国政府在国际金融市场上筹措资金的能力(包括向外国政府或中央银行、国际金融组织和商业银行借款的能力)。虽然借入储备大多是短期的，但是由于引起汇率波动的因素大多也是短期因素，因此，能反映一国国际清偿能力的自有储备和借入储备经常被一些经济研究人员和外汇交易者视为一国货币当局维持汇率水平能力的一种指标。国际清偿能力反映了一国货币当局干预外汇资金的总体能力。

2. 国际储备的特征

一般来说，国际储备具有如下特征。

(1)官方持有性。作为国际储备的资产必须是一国货币当局所持有的，而不是其他机构或经济实体所持有的。因此，国际储备又被称为官方储备。

(2)充分流动性。作为国际储备的资产必须能随时动用或变为现金。

(3)普遍接受性，或者说自由兑换性。作为国际储备的资产必须是在外汇市场上或在政府间清算国际收支差额时被普遍接受的资产。

12.1.2　国际储备的构成

具体而言，哪些资产构成国际储备呢？随着历史的发展，国际储备的资产构成也有所变动。第二次世界大战以前，黄金和可以兑换黄金的外汇构成了各国的国际储备；之后，国际

货币基金组织先后给成员提供两类资产，用以补充成员的国际储备。目前，国际货币基金组织成员的国际储备，一般可以分为货币性黄金、外汇储备、在国际货币基金组织的储备头寸和特别提款权四种类型。

1. 货币性黄金

货币性黄金（monetary gold）也叫黄金储备（cold reserves），是指一国货币当局作为金融资产持有的黄金。显然，非货币用途的黄金不在此列。

在国际金本位制度和布雷顿森林体系下，黄金是各国最主要的国际储备资产。1978 年 4 月 1 日生效的《国际货币基金协定第二次修正案》中提出了“黄金非货币化”（demonetization of gold）政策，即货币当局将其持有的黄金拍卖，使货币用途的黄金转为非货币用途的黄金。黄金同国际货币制度和各国货币脱钩，黄金不再是货币制度的基础，也不能用于政府间的国际收支差额清算。但是，国际货币基金组织在统计和公布各成员的国际储备结构时，依然将黄金储备列入其中。这主要是由于黄金一直被认为是一种最后的支付手段，它的贵金属特性使其易于被接受；再者，国际黄金市场非常发达，各国货币当局可以很方便地通过出售黄金来获得所需的外汇，平衡国际收支的差额。因此，黄金仍是各国国际储备中不可缺少的组成部分，世界上并没有一个国家完全放弃和废除黄金储备。

目前，黄金储备在国际货币基金组织成员国际储备总额中所占的比重不足 5%，并且黄金储备已下降为二级储备。

2. 外汇储备

国际货币基金组织对外汇储备（foreign exchange reserves）的解释为：货币当局以银行存款、财政部库存、长短期政府证券等形式所保有的，在国际收支逆差时可以使用的债权。也就是说，外汇储备的主要形式是国外银行存款与外国政府债券。

外汇储备是当今国际储备的主体，这体现在两个方面：①外汇储备在国际储备中所占的比重远远超过其他储备形式，以 1998 年为例，外汇储备在国际货币基金组织成员国际储备总额中的比重为 91%；②外汇储备在实际中使用的频率最高，黄金储备等很少使用。

20 世纪 90 年代以来，全世界所持有的外汇储备规模增长较快，1999 年 6 月底全世界外汇储备翻了近一番。其中，发展中国家外汇储备的增速明显高于工业化国家外汇储备的增速。值得关注的是，在 1997 年以后，工业化国家的外汇储备呈现出下降趋势，但是亚洲国家的外汇储备依然保持了增长态势，目前亚洲发展中国家所持有的外汇储备总量和工业化国家所持有的外汇储备总量基本持平，这反映出发展中国家在经历了 1997 年的金融风暴后，对于外汇储备规模持更为谨慎的态度，在有的情况下尽管持有储备的成本较高，但是为了提高自身抵御外部冲击的能力，它们也有意识地扩大了储备的规模。日本和欧元区的外汇储备基本持平，而日本持有的储备大幅上升却另有苦衷，其中增持的外汇储备在较大程度上是为了干预外汇市场而被动持有的。从总体上看，日本中央银行、欧洲中央银行、亚洲主要发展中国家和地区仍将是外汇交易市场上资金实力最为雄厚的投资者。

外汇储备由各种能充当储备货币（reserve currency）的货币构成。只有那些可自由兑换的、被各国普遍接受的、价值相对稳定的货币才能充当储备货币。在第一次世界大战前，英镑是最主要的储备货币。第二次世界大战后，美元是唯一可兑换为黄金的货币，拥有"等同"黄金的地位，因而成为各国外汇储备中最主要的储备货币。自 20 世纪 70 年代起，由于美国的经济实力相对削弱，而德国和日本的经济实力相对增强；加之美国严重的国际收支逆差，德国和日本国际收支的巨额顺差，使得美元的信誉下降，马克和日元的信誉上升，美元汇率极不稳定。因此，美元作为储备货币的地位逐步下降，马克和日元的地位不断上升，从而形成了储备货币多元化的趋势。

20 世纪 70 年代末，"一篮子货币"——欧洲货币单位（European Currency Unit，ECU）成为储备货币。1999 年 1 月 1 日起，欧元取代欧洲货币单位成为一种新的储备货币。

储备货币多元化的趋势主要由世界各国经济发展的不平衡所致，它是各国经济地位相对变化的表现。此外，在浮动汇率制度下，各主要货币之间汇率的变化，尤其是美元汇率的下浮，促使外汇储备多样化步伐加快。

储备货币虽然多元化了，但美元仍然是最主要的储备货币。

3. 在国际货币基金组织的储备头寸

国际货币基金组织规定，当一个国家（地区）加入国际货币基金组织时，需缴纳一笔资金，我们称之为份额。各国认缴份额中的 25% 必须以可兑换货币缴纳，其余 75% 用本国货币缴纳。当成员出现国际收支困难时，有权以本国货币抵押的形式向国际货币基金组织申请提用可兑换货币。提用的数额分为五档，每档占其认缴份额的 25%，由于第一档提款额等于该国认缴的可兑换货币额，因此，条件最为宽松，只要提出申请，便可使用。这第一档提款权叫储备档提款权，其余四档叫信用档提款权。

在国际货币基金组织的储备头寸（reserve position in fund）也叫普通提款权（general drawing rights），是指成员在 IMF 的普通资金账户中可以自由提取和使用的资产。一国在国际货币基金组织的储备头寸包括：①储备档提款权，即成员向国际货币基金组织认缴份额中的 25% 的可兑换货币；②国际货币基金组织为满足成员借款需要而使用掉的该国货币，这形成该国对国际货币基金组织的债权；③国际货币基金组织向该国借款的净额。

4. 特别提款权

一国国际储备中的特别提款权（special drawing rights，SDR）部分是指该国在国际货币基金组织特别提款权账户上的贷方余额。特别提款权是国际货币基金组织于 1969 年 9 月创设的一种储备资产和记账单位，是相对普通提款权的一种使用资金的权力，也称"纸黄金"。成员发生国际收支逆差时，可用它向基金组织指定的其他成员换取外汇，以偿付国际收支逆差或偿还基金组织贷款，还可与黄金、自由兑换货币一样充当国际储备。但由于其只是一种记账单位，不是真正的货币，使用时必须先换成其他货币，不能直接用于贸易或非贸易的支付。特别提款权定值是和"一篮子货币"挂钩的，市值不是固定的。

从特别提款权的世界分布来看，其分配体现出较强的不平衡性。工业化国家持有的 SDR 超过世界总量的 75%，而发展中国家持有的 SDR 不足 25%。从工业化国家内部来看，其分配也是极不均衡的。美国持有的特别提款权占工业化国家的总量超过 50%，欧元区所占比重超过 20%，日本所持有的特别提款权比重也较高，超过了 12%。而加拿大、英国、瑞士等其他工业化国家的持有量在工业化国家中不足 13%。

12.1.3 国际储备的作用

1. 调节国际收支

调节国际收支是一国政府持有国际储备的首要作用。当一国出现国际收支困难时，政府必须采取措施加以纠正。如果国际收支困难是暂时的，则可通过使用国际储备来解决，而不必采取影响整个宏观经济的财政和货币政策。也就是说，通过动用外汇储备、减少在国际货币基金组织的储备头寸和特别提款权、在国际市场上变卖黄金来弥补国际收支赤字所造成的外汇供求缺口，能够使国内经济免受采取财政和货币政策产生的不利影响，有助于国内经济目标的实现。

当然，一国的国际储备是有限的，因此用国际储备应付国际收支困难的能力也是有限的。如果国际收支困难是长期的、巨额的或根本性的，则一定程度的调整是不可避免的，这时国际储备可以作为辅助措施，为财政和货币政策的从容实施提供必要的缓冲，避免过快的调整措施所造成的国内经济震荡，使政府部门有时间渐进地推进其财政和货币政策。

2. 干预外汇市场，维持本国货币汇率的稳定

一国的货币当局可以用国际储备来干预外汇市场，影响外汇供求，将汇率稳定在一国政府所希望的或者是有利于本国经济发展的水平上。当外汇市场上本国货币的汇率发生波动时，尤其是因投机因素引起汇率波动时，政府可以动用国际储备来缓和汇率的波动或改变汇率变动的方向。当外汇汇率上升，本币汇率下跌，超出政府的目标界限时，货币当局抛出外汇储备（增加外汇供应），购入本国货币，则可以抑制本国货币汇率下跌或使本国货币汇率上升；相反，当本国货币汇率上升时，就增加市场上本币的供应，购买外汇，从而抑制本国货币汇率的上升。可见，国际储备是一国维持其货币汇率稳定的干预资产，一国持有国际储备的多少能表明该国干预外汇市场和维持汇率稳定的实力，充足的国际储备是支持和提高本国货币信誉的物质基础。

3. 信用保证

国际储备不仅是一国政府向外借款的信用保证，还可以用来支持对本国货币稳定的信心。通常情况下，一国国际储备充足，有助于提高本国的国际资信，有利于吸引外资，促进经济发展。国际金融机构的商业银行在对外贷款时，往往要事先调查拟举债企业所在国政府的偿债能力。因此，一国的国际储备状况构成了专业资信机构和国际金融机构进行资信调查和评价国家风险的重要指标之一。目前，国际上有专门机构和金融杂志定期对各国举债资信进行评定，以便确定贷款的安全系数。这种评估一般包括目标国家的经常项目收支趋势、到期还本付息额占该国当年出口收入的比重和国际储备状况等。可见，保存一定量的国际储备是一国政府或企业进行国际筹资和确保到期还本付息的重要保障措施之一。

从历史发展情况看，国际储备的地位和作用有一个变化过程。在金本位制度下，货币储备主要用于应付信用货币兑换的需要。各银行为了确保自己的信誉，防止破产，通常主动限制信用货币的发行量，使其不超过金属货币储备能够兑换的数量。经验表明，各中央银行和商业银行只要将储备货币与信用货币之间的比率维持在 1 ∶ 3 的最低水平，就可以满足货币兑换的需要，这就形成了最初的关于储备充足度的基本衡量标准。

两次世界大战以及 20 世纪 30 年代的经济危机，导致金本位制度的崩溃，国际货币制度因此发生了重大变革。凯恩斯主义经济学的确立使宏观经济政策的目标和手段发生了根本性的改变，国际储备上升为国民经济总量不可分割的一部分，其作用不完全局限于保证对外清偿能力，货币储备成为宏观经济政策的一大目标，必须用新的标准来测度储备资产的适度总量水平。

一方面，金币退出流通领域改变了中央银行清偿能力的传统意义。储备不再是维持清偿能力的唯一手段，中央银行的清偿能力完全可以通过其拥有的印发纸币的权力而得到保证，纸币的超额发行只会造成通货膨胀，而不会影响中央银行的清偿能力。因此，国际储备主要表现为一国对外收支的总差额，与国内货币之间的联系非常微弱。

另一方面，随着国际资本流动规模的扩大，资本运动在国家政策和银行业务的协调控制下对国际收支发挥着越来越重要的调节作用。政府可以通过公开市场操作、贴现率的变化来影响资本的流动，从而影响国际收支的规模和结构。但是，汇率波动和外汇管制常常制约私人资本的国际流动，各国无法完全依靠私人资本的国际流动来解决经常项目不平衡问题。实际上，各国已很少将货币储备作为对外清偿能力的主要保证，而是更多地将它视为应付国际收支逆差的最主要来源。

12.2 国际储备的管理

12.2.1 国际储备的数量管理

1. 保持适度国际储备量的必要性

持有国际储备具有一定机会成本，因此一国持有的国际储备量并非越多越好。国际储备数量过多的标志是储备本身给该国带来的边际收益低于储备增量的机会成本。国际储备数量过多会造成资源的浪费，它意味着一国政府在一定程度上放弃了将储备资产转化为进口生产资料等实际资源所可能获得的收益。从国际储备的动态变化来看，一国政府采取特定政策片面追求高储备的过程中也可能产生一些消极影响。例如，中央银行可以简单地通过在外汇市场上抛出本币购买外汇来增加国际储备，这项政策的可能结果是货币供应量大量增加触发或助长了该国的通货膨胀。又如，一国政府可以通过提高利率来吸收外资的流入，从而增加国际储备。但是，紧缩性的货币政策可能引起需求减少和失业增加。

当然，一国持有的国际储备量过少也会使该国遭受伤害或蒙受损失。首先，国际储备量过少也意味着资源未达到最优配置，因为持有国际储备的边际收益高于储备增量的机会成本。其次，如果政府缺乏足够的外汇平准基金，本币汇率难以稳定，这增加了进出口贸易、国际投资及其他国际金融活动的风险。再次，国际储备量过少意味着该国更容易面临偿债困难，它使得该国的经济实体在利用外资时缺乏必要的国际信誉。最后，由于缺乏足够的国际清偿能力，在受到各种外部冲击时该国没有必要的缓冲手段，而不得不大力调整内部经济的发展速度，从而付出格外沉重的代价。

考虑到以上两方面的因素，一国的国际储备应维持在最佳或最适宜的水平之上。但是，何种水平才算最佳？什么是适度国际储备量？美国经济学家弗莱明（J. Marcus Fleming）给出的标准是，如果储备库存量和增长率使储备的缓解程度最大化，该储备存量和增长率就是适度的。巴洛（T. Balogh）则认为，在现有资源存量和储备水平既定的条件下，如果储备增长能促进经济增长率的最大化，则该储备的增长率是适度的。此外，阿格沃尔（J. P. Agarwal）等人也对适度国际储备量提出了自己的看法。综合这些经济学家的观点，适度国际储备量应当是在兼顾实现国内经济目标和维持外部平衡的条件下，一国政府对其国际储备规模所做出的选择与调整。适度国际储备量一方面必须能够保证一国国际收支状况的改善和汇率的稳定，同时也应当有利于促进国内经济目标的实现。然而，这仅仅是从定性的角度所作的分析，政府政策的制定者和宏观经济管理者更关心如何从定量的角度来把握适度国际储备量，令人遗憾的是，到目前为止，这个问题还缺乏一个令人满意的答案。

2. 决定适度国际储备量的因素

保持最佳的国际储备数量，这不仅是各国政府十分关注的实践问题，也是学术界多年来一直在探讨研究的理论问题。从目前的实践情况来看，适度国际储备量并无统一的标准。不同国家对适度国际储备量有不同的价值判断标准。此外，世界经济环境的变化也会改变这个适度标准。然而我们可退一步，找出许多影响或决定一个国家适度国际储备量的因素，主要包括以下几种因素。

1）一国经济发展水平及其对外开放程度

一国经济规模越大，其对外开放程度越高，所需要的国际储备量也越多。人们通常用国民生产总值（GNP）或国内生产总值（GDP）反映一国经济活动的规模；用对外贸易依存度来反映一国的开放程度，即进出口总额与国民生产总值的比例。受边际进口倾向的影响，一国的 GNP 或 GDP 越高，其进口的规模就越大，从而就需要更多的国际储备量。当然，边际进口倾向对适度国际储备量有重要影响，在经济规模既定的情况下，一国边际进口倾向越大，收入增长所引致的进口需求就越旺盛，该国对国际储备的需要也就越多。在贸易收支平衡的情况下，国际储备量与国内生产总值的比值应保持在 15%~30%。

2）一国的对外贸易发展状况

前面已提到过，一国的进口规模越大，需要的国际储备越多。人们通常用国际储备量与进口额的比值来衡量适度国际储备量。美国哈佛大学的教授罗伯特·特里芬认为，国际储备量与年进口额的比例应维持在 40% 左右，当它低于 30% 时政府应采取调节措施，要避免使它低于 20%。实际上，由于各国的国情不同，上述标准的参考意义非常有限。

例如，发达国家可以使其国际储备量低于支付 3 个月进口所需要的数量，因为发达国家的出口商品一般都具有很强的国际竞争力，它们能够长期保持贸易顺差，所以可以适当减少国际储备量。而发展中国家的情况则不一样，它们的国际储备量应高于 25% 的年进口额的比例。因为发展中国家出口的主要是初级产品，进口的则是具有相当技术含量的生产资料，因此，所面临的进出口商品的需求弹性都较小；另外，发展中国家在世界市场上面临的贸易条件在不断恶化，不等价交换更是使它们长期存在贸易逆差；同时，它们的出口收入和进口支付的波动幅度也比较大，因而需要较多的国际储备。

3）一国利用外资的状况

一国利用的外资越多，其外债负担就越大，特别是当年还本付息的数额直接影响到该国所需要持有的国际储备的数量。人们通常用国际储备量与外债总额的比值衡量适度国际储备量。该比值在一般情况下不应低于100%。在国际债权债务关系中，发达国家处于债权国地位，发展中国家处于债务国地位。因此，发展中国家应当比发达国家持有更大比例的国际储备以保证它们还本付息的能力。在这方面，20世纪80年代爆发的国际债务危机是一个深刻的教训。由于发展中国家处于不平等的国际竞争地位，许多国家的国际储备严重不足，这直接导致发展中国家的国际信誉出现危机。

4）一国对外部经济进行直接管制的程度

一国实行外汇管制或贸易管制的程度越高，越有可能避免动用国际储备来平衡国际收支，从而可以相应地减少国际储备量。由于历史的原因和经济发展的阶段性因素，发展中国家对国际收支进行直接管制的程度明显高于发达国家，这使它们能够适当地减少国际储备量。但是，直接管制有许多弊端，发展中国家为此付出了十分沉重的代价。例如，管制措施扭曲了价格信号，使得市场机制的作用不能充分发挥，从而降低了资源配置的效率；又如，直接管制导致了某些商品的成本增加，从而推动了一国物价的上涨；再如，贸易管制和外汇管制阻碍了国际贸易和国际投资的发展，从而使得各国间的摩擦加剧等。在世界经济一体化浪潮的影响下，有些发展中国家为减小上述成本而放宽直接管制，结果又使自己处于容易遭受投机资本冲击的境地。本国的资本外逃也成为十分严重的问题。在这方面，发展中国家得到的最深刻教训是1997年爆发的东南亚金融危机。

5）一国货币在国际储备资产中的地位

储备货币国家可以直接使用本国货币来偿付国际债务，所以其适度国际储备量的标准较低。目前，只有少数发达国家的货币成为主要国际储备货币，这使它们可以维持较低的国际储备比例。例如，美国可通过增加其对外短期负债来直接弥补国际收支赤字；而各国中央银行累积起来的美元储备实际上都构成了对美国政府的贷款，这意味着世界各国的实际资源向美国的转移。实际上，这是美国凭借着发行国际储备货币的特权地位在向各国征收"铸币税"。而发展中国家则完全没有这种特权，它们只能动用国际储备资产偿付国际债务，因此不得不维持较高比例的国际储备资产。

6）一国借用国外资金的能力

一国借用国外资金的能力包括获取外国政府和国际金融组织贷款的能力，获取外国商业银行贷款的能力，在国际债券市场上发债的融资能力。很显然，一国借用国外资金的能力越强，就越有可能通过借款进行对外支付，从而可以持有较少的自有储备资产。发达国家曾广泛通过货币互换协定等手段来增强其国际清偿能力；另外，它们的企业可以在国际债券市场上很方便地发行国际债券或者以较优惠的条件筹借到国际商业银行贷款，这使发达国家可以保持较少的国际储备量。

7)一国选择的汇率制度和实行的汇率政策

如果一国选择弹性较大的汇率制度,那么,它可以利用汇率调节的作用来减小国际收支逆差,从而可适当地减少国际储备的数量。如果一国严格实行稳定本币汇率的政策,那么其中央银行就需要拥有较多的国际储备资产作为干预外汇市场的物质基础。目前的情况是,发达国家选择的汇率制度弹性一般都比较大,它们实行相对自由放任的汇率政策。大多数发展中国家则反之,它们实行的是可调整的钉住汇率制,其政府也更加注重维持本币与钉住货币之间汇率的稳定。这也使得发展中国家必须保持更多的国际储备。

8)一国在特定时期的经济发展目标

如果一国以高速增长为首要经济目标,那么,为了应付大量的进口需要,它必须拥有较多的国际储备。如果一国以降低通货膨胀率为首要经济目标而推行紧缩货币政策,那么,国内需求的减少和高利率所吸引的外资流入可以相应地减少该国对储备资产的需求。一般说来,低收入的发展中国家在起飞阶段更加注重收入增长目标,高收入的发达国家相对重视物价稳定目标。这种一般的目标差异也使得发展中国家必须持有较多的国际储备。

总之,影响适度国际储备量的因素有许多,而且有些因素是难以量化的。因此,有的经济学家认为适度国际储备量并不是一个精确的数量,而是一个区间。其下限是经常储备量,即一国维持最低限度对外支付所必需的储备量;其上限是保险储备量,指一国根据持有储备的机会成本来确定的最高限度的储备量。在此两极之间,政府可根据特定时期的具体需要来调节国际储备量。

国际货币基金组织(IMF)认为,各国政府是具有理性的,它们了解本国的具体情况以及持有国际储备的收益和成本,它们所选择的国际储备量目标总是趋于适度的。所以,当一国正在采取措施增加其国际储备之际, IMF 就会认为该国的储备资产不足。一国增加国际储备的措施包括实行高利率政策、加强对国际收支的直接管制以及中央银行在外汇市场上大量买进外汇等。另外,IMF 评估适度国际储备量时还选择一国过去国际储备的变动趋势、过去储备对进口的比率,以及过去储备对国际收支差额的比率等作为标准。例如,当一国货币汇率过分波动或其国际支付出现困难时,这也说明该国储备不足。总而言之,国际货币基金组织的判断标准比较简单实用,但它不够准确。因为个别国家的政府可能会做出错误的决策;有些措施虽然能够增加国际储备,但它可能主要为了实现其他目标。另外,过去的趋势不一定能准确反映未来的趋势。

12.2.2 国际储备的结构管理

在现行浮动汇率制与储备货币分散化的背景下,各种储备货币的汇率波动频繁,并经常出现大幅动的波动;国际金融市场利率动荡不定,各种储备货币的利率时高时低;黄金市场价格波动频繁。这就要求一国货币当局必须进行国际储备的结构管理。

1. 国际储备结构管理的内容

国际储备结构管理主要涉及三方面内容:如何确定黄金储备、外汇储备、在国际货币基金组织的储备头寸和特别提款权四种基本储备资产的结构；如何确定外汇储备的币种结构；如何确定同种货币资产的流动性结构。

1）储备资产基本形式的结构管理

在国际储备的四种基本形式中，在国际货币基金组织的储备头寸和特别提款权的持有数量主要取决于国际货币基金组织的政策，各国政府在这种结构管理中主要是调整黄金储备和外汇储备的比例。调整黄金储备与外汇储备比例的基本手段是在国际黄金市场上买卖黄金。从基本趋势来看，黄金比重逐步下降。这一方面是由于黄金产量增长较慢；另一方面是由于黄金不能直接用于国际支付，而且保管成本较高。

2）外汇储备币种结构管理

用于当前国际支付的外汇储备被称为交易储备，其币种结构应与该国对外汇的需求结构保持一致，或者说取决于该国对外贸易支付所使用的货币、当前还本付息总额的币种构成、干预外汇市场所需要的外汇，这样可以降低外汇风险。

（1）贸易支付。一国进口大于出口的缺口部分需要动用外汇储备，因此，本国是在对哪些国家、哪些商品的贸易中出现缺口，贸易伙伴国以何种货币作为计价货币等，是确定外汇储备币种结构的重要依据。

（2）金融支付。一国对外债务大于债权的净债务部分，也必须以外汇储备支付。为此，净债务的计值货币也应列为该国交易性储备的币种之一。

（3）储备货币应与干预市场所需要的货币保持一致。干预外汇市场以维持本币汇率是一国持有外汇储备的重要目的，为此，一国必须先考虑本国干预外汇市场所需要的储备货币种类，然后据以确定本国的储备货币币种结构。例如 1995 年上半年，美元兑日元、美元兑欧元大幅度贬值，因贬值事关美元的国际储备货币地位，美国与其他西方 6 国一起，联手对外汇市场进行干预，大量购入美元，抛售欧元与日元，才遏止了美元继续下滑的势头。假设若美国无大量的欧元与日元储备，它就难以实施其政策意图。

（4）应选择多种储备货币，“不把所有鸡蛋放进同一只篮子里”。这项策略的优点表现在以下两方面。第一，将外汇储备分散于多种货币上，能有效地降低风险。在同一时期，不同货币间的汇率此升彼降，此降彼升，且升降通常能大体相互抵消，从而使外汇储备价值趋于稳定。第二，一国能根据外汇市场汇率的走势，对储备货币币种结构适时进行调整，增加处于升值趋势的“硬币”（hard currency）的持有量，减少陷入贬值趋势的“软币”（soft currency）的持有量，从而趋利避害。如 2002—2004 年，欧元汇率持续攀升，美元汇率不断下降，部分国家中央银行减少一定比例的美元储备，同时增加了欧元的持有量。

3）储备货币流动性结构管理

根据流动性之间的差异，同种储备资产可分为多种层次。变现能力强的资产，例如外币活期存款、商业票据和短期国库券等，它们的数量取决于该国对交易性储备的需要。变现能力较弱的资产，如中长期债券，它们的数量取决于该国对应付突发事件的预防性储备的需要。

各种层次的储备资产之间并不存在明显的界限。例如，即将到期的中期和长期债券的流动性并不亚于短期国库券。因此，只要货币当局对持有的中期和长期债券做出合理安排，保证每一个时期都有一部分即将到期的中期和长期债券，那么同样可以在中长期债券占较高比重时保证储备资产的流动性。

2. 国际储备结构管理的原则

国际储备的结构管理必须遵循安全性、流动性和营利性原则。安全性指外汇储备存放风险低，不易受损；流动性指需要动用外汇储备时能够迅速实现无损变现；营利性指储备资产的增值、获利。在浮动汇率制下，储备货币汇率频繁波动，从而使储备资产的持有者增加收益或遭受损失。此外，持有各种外汇储备资产还有利息收益。于是，一种储备货币的外汇资产收益率便取决于汇率变化率和利率这两个因素，用公式表达如下：

储备货币资产收益率＝汇率变化率＋名义利率

按该公式计算出的收益率是各国货币当局调整储备货币结构的经济依据。若预期某储备货币资产收益率上升，则增加该货币的持有量；反之，则减少其持有量。

在国际储备结构管理的"三性"原则中，储备资产的安全性与流动性呈正相关关系，安全性、流动性与营利性呈负相关关系。储备资产的安全性与流动性越高，其营利性往往越低，例如外国政府国库券，其安全性与流动性较强，但营利性较低；反之亦然，例如欧洲债券，其营利性较高，但安全性与流动性较弱。一国货币当局对国际储备的结构管理，必须在确保安全性与流动性的前提下，争取最大限度的收益。如下所示英格兰银行对美元储备的管理，将储备资产的高流动性置于优先地位，而营利性则被摆到了比较次要的位置。

英格兰银行的美元储备资产被分为三档：

①一级流动储备资产，指流动性最高的资产，包括活期存款与短期票据（主要是美国 3 个月期的国库券），平均期限为 3 个月；

②二级流动储备资产，指流动性较高的资产，如美国政府发行的中期公债券，平均期限为 2~5 年；

③高收益但流动性差的储备资产，如美国长期公债券和其他信誉良好的债券（主要是 AAA 级的欧洲债券），平均期限为 4~10 年。

3. 国际外汇储备资产结构管理的新趋势

鉴于外汇储备经营风险增大，在国际上，目前外汇储备的投资运用已经出现一种新的趋势，已经有 20 多个国家把自己的外汇储备交给美林、高盛等实力雄厚、信誉卓著的大公司来操作运营。

2000 年 10 月 31 日，巴西宣布从当日起将 12 亿美元的外汇储备委托给摩根投资管理基金、萨洛蒙兄弟和巴克莱全球投资基金等 6 家国际投资基金和国际清算银行经营，以提高外汇储备的投资收益。这是巴西第一次将部分外汇储备委托国际投资基金管理，6 家国际投资基金通过招标确定，管理期限为 1 年。根据协议，这些资金只能用于购买美国、德国、法国、意大利、荷兰、比利时、西班牙、葡萄牙、奥地利、英国和日本的政府债券，其中 80% 的资金必须购买美元债券。各家机构获得的投资收益率将由巴西央行每 3 个月公布一次。一年管理期结束后，巴西央行将对各机构的表现进行评估，最后一名将通过招标由其他机构取代。

总之,在外汇储备结构管理上必须遵循“三性”原则,鉴于外汇储备的特殊性质与作用,在管理上,应以安全性为第一原则,即先保值后增值。

【专栏】

王二家的账本和外汇储备

王二有个大家庭,他和他的四个孩子,生活在一个屋檐下。孩子们后来都工作挣钱了,有了自己的收入。只是,这一大家子还是在一个灶里吃饭,退休的王二负责买菜烧饭。到了月底,孩子们把一个月的饭钱交给王二。

后来孩子们工作都忙了,钱来钱去的不方便。他们都很信任父亲王二,干脆就把每个月的工资都交给王二,让王二代管。饭钱从里面扣,账单让王二帮着付,需要花钱从王二那里支取,剩下的钱让王二帮着存在银行里。总之,孩子们都不再操心理财的事情,全都由王二一个人包办。王二有个小本,一笔一笔的进出记录得清清楚楚,每个孩子剩多少钱也都记录得清清楚楚。然后王二把四个孩子的钱都存在了自己的银行账户里,没有分开存,觉得反正本子上已经记清楚了,不用麻烦多开四个账户。

王二的几个孩子都不是爱花费的人,挣得不算多,但花得也不多。几年下来,王二的银行存折上已经有了十几万块,这可是四个挣工资的人数年的储蓄累计在一起的钱,还有王二自己的钱。一天晚上吃饭,王二就跟孩子们说了这件事情,说自己的那个存折上已经有了十几万块。

四个孩子一听,表情都有点怪,他们的心思都是一样的:这个家里工作挣钱的人是我们,怎么到头来父亲的存折上有这么多钱?我们平时也没有少孝敬他,可是钱都跑到他的存折里去了,这也太不像话了吧?

于是,孩子们就对王二说:“您年纪也不小了,要这么多钱干什么?干脆把钱平均分给我们吧,我们也能改善一下生活。”王二一听就懵了:“这本来就是你们的钱,我怎么把你们的钱再分给你们啊?再说,就是分也得按我那个本上记的分,要是平均分,工作时间长的孩子不就亏了。”

后来,孩子们把这件事情想明白了,但还是觉得把钱都存在王二一个人的银行账户不好,容易让人觉得家里的钱都是王二一个人的。王二说:“这件事情简单,去银行给你们每人开一个账户不就行了,账户上面用你们的名字,这样就不会有问题了。”于是,王二家里的那点事情就这么解决了,虽然本质上什么变化也没有发生。

王二家里的这点小事,看起来十分无聊,但却与两个时常听到的应对外汇储备增长过快的建议很有关系:分外汇储备给老百姓和藏汇于民。

中国有约2.5万亿美元的外汇储备,目前还在以每个月接近300亿~400亿美元的速度增长。外汇储备增长的来源主要包括对外贸易结余、外商直接投资结余、对外投资回报,还有越来越引人注目但数额不详的热钱流入。中国这些庞大的外汇储备,最后都由国家外汇管理局进行管理。从绝对数额上讲,外管局手头的钱比财政部一年经手的钱要多一倍都不止,可谓中国最有钱的政府部门。但是,外管局不出口一针一线,不吸引任何国外投资,即使是热钱流入，流入的目的地也不是外管局，而是那些有投资回报的地方。

外管局的角色，在很大程度上就是王二家里的那个王二，手里有很多钱，但钱归根结底都不是自己的。相反，这些钱最终是属于企业和个人的，还有属于热钱的最终所有者。虽然外汇从企业和个人最终转到外管局手里，要经过让普通人看起来觉得眼花缭乱的操作，其中包括人民币的投放、回购和央行票据的发行等等，但这些操作并不改变事情的实质，就是这些外汇最终不是外管局的钱。

外管局当然可以把手头的外汇分给全国老百姓，从技术上讲，这没有任何问题。王二也可以把存折上的钱分给四个孩子，这都是可以轻松做到的。只是这样的后果并不是让老百姓变得更有钱了，外管局没有自己的钱，不存在能让老百姓变得更有钱的可能。这样做至多只会造成一种再分配而已。只是，想要通过分外汇储备来进行财富的再分配，似乎很难说是一个好主意，这样做不透明也不直观，谁受益谁受损一点都不清楚。

既然分外汇储备不是一个好主意，那就藏汇于民吧，干吗要让外管局手里有这么多外汇。藏汇于民，从一定程度上讲，是一个好的想法。让一个官方机构，手里掌握如此巨额的外汇并进行投资，在保证安全性、流动性的同时现在还越来越强调回报率，这基本上是在要求国家外管局的官员成为这个世界上最优秀的基金经理，有点不太现实。藏汇于民，可以把投资决策分散化，风险也分散化，在这个意义上这是有好处的。

但藏汇于民解决不了中国外汇过多的这件事情。王二可以把原来的一个银行账户变成五个银行账户，这样王二自己那个账户里的钱就不会增长过快了。王二的四个孩子可以决定他们账户里的钱怎么投资，是定期、活期、买理财产品还是入股市。但王二这一大家子的钱，并不会因为由一个账户变成五个账户而变少。同样道理，藏汇于民，虽然可以使得官方的外汇储备降低，但并不会减少中国总的外汇存量。即便中国官方不用去承担主要货币汇率贬值、工业化国家主权债务危机、新兴市场国家和低收入国家的高度不确定性以及波动巨大的大宗商品价格这些风险，中国的民间要面对的是一样的风险。藏汇于民，归根到底，不改变中国是世界经济中的主要亮点，但中国却拥有对很多经济前景不如中国的国家巨额净债权这件事情，无论债权的主体是中国官方还是民间。

中国外汇储备问题，归根结底，是中国不平衡经济结构的结果，是中国收入分配、资源配置和产业结构不平衡的体现。因此，任何试图只拿外汇储备开刀的想法，或者是不可行的，比如说分外汇储备，或者是治表不治里的，比如说藏汇于民。

资料来源：郭凯著，《王二的经济学故事》，浙江人民出版社，2012。

（本文作者郭凯是专注于中国和新兴市场国家问题研究的经济学者，哈佛大学经济学博士，专业方向为国际金融和中国经济，现就职于国际货币基金组织。文中所述仅代表他的个人观点。）

延伸阅读

[1] 姜波克. 国际金融新编（第五版）[M]. 上海：复旦大学出版社，2012.

[2] 陈岱孙,厉以宁. 国际金融学说史 [M]. 北京:中国金融出版社,1991.
[3] 潘国陵. 国际金融理论与数量分析方法 [M]. 上海:上海人民出版社,2000.
[4] 孙杰. 汇率与国际收支:现代西方国际金融 [M]. 北京:经济科学出版社,1999.

第 13 章　开放经济的财政与货币政策

本章的重难点

【难点】*IS-LM-BP* 模型

【重点】*IS-LM-BP* 模型、固定汇率制下的宏观政策、浮动汇率制下的宏观政策、国际收支失衡的自动调节机制

13.1　开放经济的一般均衡分析：*IS-LM-BP* 模型

在开放经济中，一国的对外经济关系与其国内的产品市场和货币市场密切相关，所以有必要将产品市场、货币市场和对外经济结合起来全面考察开放经济中经济政策的效果，为此需要引入一个宏观经济模型——*IS-LM-BP* 模型。

13.1.1　开放经济中的三个均衡

本章的 *IS-LM-BP* 模型将利率变动引入模型，分析产品市场、货币市场和国际收支的均衡如何决定开放经济中的国民收入。在这三个领域中，均衡是通过利率和国民收入之间的相互影响来实现的。

1.*IS* 曲线

IS 曲线反映了产品市场均衡条件下利率和国民收入之间的关系。产品市场均衡的条件是总需求等于总产出。因为考虑利率对投资和消费的影响，产品市场均衡的方程如式（13-1）：

$$Y = C(Y - T,\ R - \pi^e) + I(R - \pi^e) + G + GA\left(\frac{EP_f}{P},\ Y - T,\ R - \pi^e\right) \tag{13-1}$$

式中，Y 表示收入；C 表示消费；R 表示名义利率；π^e 表示通胀预期；I 表示投资；T 表示税收；G 表示政府支出；GA 表示净出口；P_f 表示外国商品（进口品）外币价格。

总需求中的消费需求（C）取决于可支配收入（$Y-T$）和实际利率（$R-\pi^e$），其与可支配收入成正相关，与实际利率成负相关。因为实际利率越高，借贷消费越少。实际利率为名义利率（R）和预期通货膨胀率（π^e）之差。投资（I）取决于实际利率水平，两者负相关。将政府支出（G）设定为常数。经常项目（净出口，GA）取决于两国商品价格之比（实际汇率，$\frac{EP_f}{P}$）、可支配收入以及实际利率。外国和本国商品价格之比提高将改善经常项目，可支配收入增加使经常项目恶化，实际利率上升会减少对进口品的消费信贷进而改善经常项目。根据上述

函数关系，可以推导出产品市场均衡时利率和收入之间的关系。如果名义利率水平下降，投资和消费支出增加，进口消费虽然也增加，但幅度小于国内需求的增加，所以总需求水平上升，为维持产品市场均衡，需要对应更高的收入水平。所以产品市场均衡条件下利率和产出负相关，反映这种相关性的 *IS* 曲线向下倾斜。

在 *IS* 曲线之外所有的点（代表某一个利率水平和收入水平的组合）上，产品市场均处于非均衡状态。在 *IS* 曲线的右边，产品市场上总需求小于总产出；在 *IS* 曲线的左边，产品市场上总需求大于总产出。除收入水平以外，公式（13-1）中任何影响总需求的变量发生变化都会导致 *IS* 曲线移动。政府支出（*G*）增加会扩大总需求，*IS* 曲线向右移动，是因为在每一个利率水平下只有更高的产出水平才能保证产品市场的均衡。本币升值会降低外国商品相对于本国商品的价格，外国商品更具竞争力，本国经常项目趋于恶化，总需求减少，*IS* 曲线向左移动。总之，总需求增加使 *IS* 曲线右移，总需求减少使 *IS* 曲线左移。

2.*LM* 曲线

LM 曲线反映了货币市场均衡条件下利率和收入之间的关系。根据实际货币供给和实际货币需求相等的货币市场均衡条件，如公式（13-2），利率水平下降将增加货币需求，在实际货币供给不变的前提下，只有更低的产出水平才能降低货币需求，以维持实际货币供求平衡。可见，利率水平与收入成正相关，*LM* 曲线向上倾斜。

$$\frac{M_s}{P} = L(R,\ Y) \tag{13-2}$$

在 *LM* 曲线之外所有的点上，货币市场均处于非均衡状态。*LM* 曲线右边的点表明货币需求大于货币供给（M_s），因为对应既定的利率水平，更高的产出水平将导致更高的货币需求；同理，*LM* 曲线左边的点表明货币需求小于货币供给。一国货币供给的变化将导致 *LM* 曲线的移动。当货币供给增加时，对于每一个利率水平都需要有更高的产出水平带来更高的货币需求，才能实现新的货币市场均衡，或者说对于每一个产出水平，现在都需要更低的利率水平才能恢复货币市场均衡，所以 *LM* 曲线向右移动。反之，如果一国货币供给降低，*LM* 曲线将左移。

3.*BP* 曲线

BP 曲线反映国际收支均衡条件下收入水平和利率之间的关系。国际收支均衡在此指国际收支余额（*BP*）为零。国际收支余额由经常项目（*CA*）、资本项目（*KA*）和金融项目（*FA*）三部分构成，因此均衡条件是 $BP = CA + KA + FA = 0$。

经常项目是两国商品价格之比、可支配收入以及实际利率的函数。资本项目指长期资本流动，取决于两国预期利润率，在此设定为常数。金融项目反映短期私人资本流动，是两国利率之差的函数。短期资本流动对利率的敏感程度与两国间资本可流动程度有关，资本可流动的程度越高，短期资本流动对利差越敏感；反之，越不敏感。用系数 k 反映两国间资本可流动的程度，国际收支均衡的函数关系可具体化为公式（13-3）：

$$BP = CA\left(\frac{EP_f}{P},\ Y-T,\ R-\pi^e\right) + KA + k(R-R_f) \tag{13-3}$$

根据上述公式，如果一国收入水平上升，引致进口增加，经常项目恶化；这时只有更高的利率水平吸引境外资本流入、降低进口需求，改善经常项目，才能维持国际收支平衡。为实现国际收支平衡，更高的收入水平对应着更高的利率，两者成正相关关系，*BP* 曲线向上倾斜，如图 13-1(a)所示。

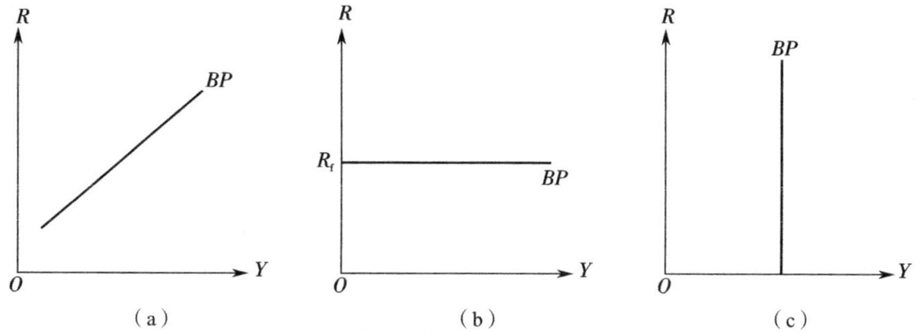

图 13-1　国际收支均衡时的收入和利率：*BP* 曲线

(a)资本可流动；(b)资本完全可流动；(c)资本完全不可流动

BP 曲线向上倾斜的程度与两国间资本可流动的程度有关。资本可流动程度越高，短期资本对利率变动越敏感。比如本国利率上升，就吸引大量资本流入，短期资本的盈余大幅度增加，这就需要非常高的收入水平才能由引致进口增加形成经常项目赤字，来维持国际收支平衡。在图形上，资本可流动程度越高，*BP* 曲线越平坦。当资本可完全流动时，利率水平任何偏离世界利率水平的变动都会导致足够多的短期资本流动，这种情况下很难通过更高的国民收入来维持国际收支平衡，除非本国利率水平被固定在世界利率水平上。这时，*BP* 曲线成为一条水平线，如图 13-1(b)所示。比如说，本国货币供给增加导致利率水平下降，由于国内资产和国外资产完全可以替代，立刻就会出现短期资本的大量流出，从而使国际收支出现严重赤字。此时，更低的收入水平虽然能改善经常项目，但是难以弥补利率水平变化带来的巨大的国际收支缺口，唯有利率水平恢复到原有水平，才能实现国际收支平衡。同理，两国间资本可流动的程度越低，*BP* 曲线越陡。因为利率变动只会引起短期资本项目的小幅变化，对应较小的收入水平变化就可维持国际收支平衡。当资本完全不可流动时，*BP* 曲线成为一条垂直线，如图 13-1(c)所示。比如在短期资本流动受到严格控制的国家，利率对短期资本项目没有任何影响，收入水平是唯一的，以保证进口水平正好能维持国际收支平衡。这时，任何收入水平的变化都会打破国际收支的平衡。

除了利率和收入之外的其他任何影响国际收支的变量发生变化，都会导致 *BP* 曲线移动。当汇率发生变动，比如实行固定汇率制度的国家调整币值，或者实行浮动汇率制度的国家外汇市场波动引发汇率变动，维持国际收支平衡的利率和收入关系将是不同的，因而会有一条不同的 *BP* 曲线。比如，给定马歇尔 - 勒纳条件成立，外币升值、本币贬值会改善经常项目。这时在每一个利率水平下，都需要一个更高的收入水平增加引致进口才能抵消经常项目的盈余，从收入水平来看，对应于每一个收入水平都需要一个更低的利率水平诱导资本流出，才能保证国际收支平衡。所以反映国际收支平衡的利率和收入组合都将位于 *BP* 曲线的右侧，即 *BP* 曲线向右下方移动。反之，如果外币贬值、本币升值，则 *BP* 曲线向左上方移动。

外国收入水平上升会导致本国自发性出口增加，经常项目盈余增加，这时对应于每一个利率水平都需要一个更高的收入水平才能维持国际收支平衡，所以 *BP* 曲线向右下方移动。外国价格水平上涨将增加本国出口商品的竞争力，经常项目得以改善，与上述原理相同，*BP* 曲线向右下方移动。本国价格水平上涨将削弱本国出口商品的竞争力，经常项目恶化，*BP* 曲线向左上方移动。外国利率水平上升导致短期资本流出，对应于每一个收入水平，均需要更高的利率水平才能继续保持国际收支平衡，所以 *BP* 曲线向左上方移动。

13.1.2　开放经济的均衡：*IS*–*LM*–*BP* 模型

在 *IS* 曲线和 *LM* 曲线的交点上，一国的产品市场和货币市场同时达到均衡，表明国内经济实现了均衡。如果利率和收入水平位于两条曲线的交点以外，则表明国内经济处于失衡状态，市场力量会驱动产品市场和货币市场进行自我调整，最终推动经济走向均衡点。在封闭经济中，一国只需要实现国内均衡，而在开放经济中，还需要实现国际收支均衡。如果 *BP* 曲线正好经过 *IS* 曲线和 *LM* 曲线的交点，说明一国在实现内部均衡的同时也实现了对外均衡。如图 13-2 所示，该国在 *A* 点实现了内外均衡，均衡利率和收入水平分别为 R_0 和 Y_0。

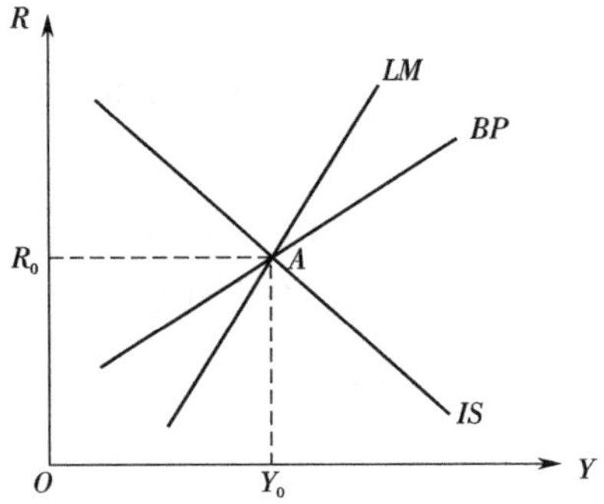

图 13-2　开放经济的一般均衡：*IS*–*LM*–*BP* 模型

IS 曲线、*LM* 曲线和 *BP* 曲线同时相交，即实现了开放经济的均衡。任何影响某一领域均衡的变量发生变化，都会打破这种均衡，继而引发三个领域的调整和互动。

如果 *BP* 曲线没有经过 *A* 点，表明一国虽然实现了国内均衡，但对外经济关系处于失衡状态。国内均衡点在 *BP* 曲线的左上方（或者说 *BP* 曲线在 *A* 点的右下方）时，国际收支处于盈余状态。因为对于利率水平 R_0，现在需要对应更高的收入水平才能维持国际收支平衡，如果收入为低水平的 Y_0，则引致进口下降，使经常项目改善，故国际收支盈余。反之，当国内均衡点在 *BP* 曲线的右下方（或者说 *BP* 曲线在 *A* 点的左上方）时，国际收支赤字。只要国际收支处于非均衡状态，实现国际收支平衡的经济目标将使国内经济与对外经济自动趋向新的均衡。

IS–*LM*–*BP* 模型同时考虑了产品市场、货币市场以及外部经济的均衡，是一般均衡的分析框架。

13.1.3　开放经济均衡的自动调节机制

国际收支的调节机制因汇率制度的差异而有所不同。

1. 固定汇率制下国际收支平衡的自动调节机制

在固定汇率制度下，当外汇市场出现波动对汇率造成压力时，中央银行有必要进入外汇市场进行干预，以维持汇率的稳定。

不妨以外国收入水平上升的影响为例分析固定汇率制度下一国经济出现波动时的自动调节过程。假定一国经济已经处于内外均衡的状态，如图 13-3 所示，*IS* 曲线、*LM* 曲线和 *BP* 曲线相交于 *A* 点。外国收入水平的变化通过经常项目的变化影响 *IS* 曲线和 *BP* 曲线。外国收入水平上升将增加外国从本国的进口，所以本国出口增加，经常项目得到改善。经常项目改善增加了产品市场上的总需求，导致 *IS* 曲线向右移动至 IS_1，与 *LM* 曲线交于 A_1 点，国内经济在 A_1 点对应的更高利率水平和收入水平上再次实现均衡。与此同时，经常项目改善使 *BP* 曲线也向右移动至 BP_1。在图 13-3 中，BP_1 曲线在国内均衡 A_1 点的下方，表明国际收支盈余。国际收支盈余意味着外汇供给大于外汇需求，外币趋于贬值，本币面临升值压力。为了维持固定汇率，中央银行必须进入外汇市场，收购外汇的同时出售本币，从而扩大本币供给。从国际收支平衡表的角度看，国际收支余额对应着官方储备的增减额。国际收支盈余表明官方储备的净增加，而国际收支赤字则表明官方储备的净减少。官方储备的增加就是中央银行外汇资产的增加，所以货币供给会增加。

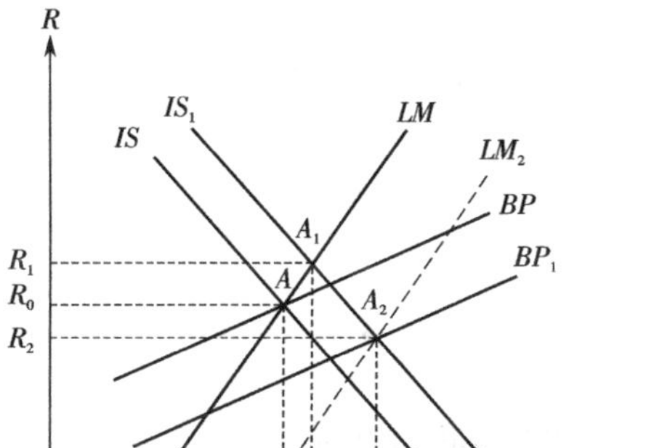

图 13-3　固定汇率制下的自动调节机制

货币供给增加使 *LM* 曲线向右移动，只要右移的 *LM* 曲线没有经过 IS_1 曲线和 BP_1 曲线的交点 A_2，国际收支就会始终处于失衡状态，中央银行就需要继续在外汇市场上进行干预，直到 *LM* 曲线右移到 LM_2，三条曲线相交于 A_2 点为止。这时国内经济和对外经济同时实现了新的均衡。

2. 浮动汇率制下国际收支平衡的自动调节机制

在浮动汇率制度下，中央银行没有进入外汇市场干预以维持汇率稳定的义务，当外汇市场出现波动时，汇率水平会发生变化。

同样假定一国经济已经处于内外均衡的状态，如图 13-4 所示，*IS* 曲线、*LM* 曲线和 *BP*

曲线相交于 A 点。外国收入水平上升对 IS 曲线和 BP 曲线的影响与固定汇率制下完全相同,IS 曲线和 BP 曲线都向右移动至 IS_1 和 BP_1。国内均衡水平为 A_1,BP_1 曲线在 A_1 的下方,表明国际收支盈余。外汇供给大于外汇需求将导致外币贬值,本币升值。本币升值降低了本国产品的竞争力,出口减少,经常项目恶化。IS 曲线和 BP 曲线随之发生与外国收入水平上升的影响完全相反的变动。经常项目恶化带来的总需求下降使 IS 曲线向左移动,经常项目恶化同时使 BP 曲线也向左移动。最终 IS 曲线和 BP 曲线都回到原来位置,国内经济和对外经济也都回到原来的均衡水平。

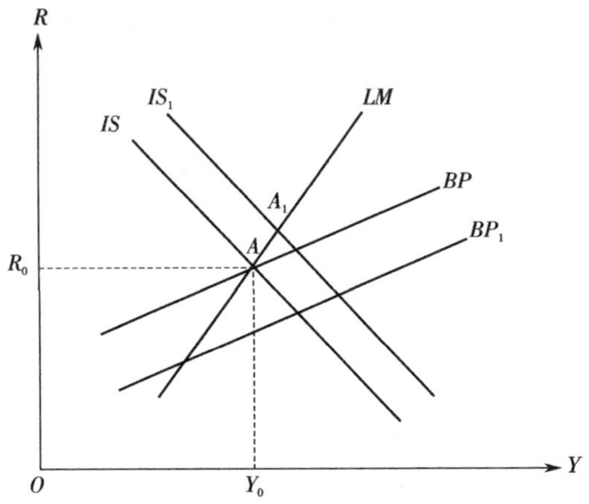

图 13-4 浮动汇率制下的自动调节机制

在开放经济的 IS-LM-BP 模型中,国际收支失衡引起的经济调整都能使国内经济和对外经济自动趋向均衡,但自动调节机制因汇率制度的不同而不同。在固定汇率制下,调节机制是中央银行为维持币值稳定而在外汇市场上的干预;在浮动汇率制下,调节机制则是汇率水平的变化。

下面利用 IS-LM-BP 模型分析开放经济中宏观政策的效果。

13.2 固定汇率制下的宏观政策

在 IS-LM-BP 模型中, LM 曲线和 BP 曲线都向上倾斜,两者的相对位置是怎样的呢?前文的分析表明,短期资本跨国流动的程度决定了 BP 曲线向上倾斜的角度。一国对短期资本跨国流动的限制越少,资本流动的程度就越高, BP 曲线越平坦;反之,则越陡。资本可完全流动时,BP 曲线是水平线。资本完全不可流动时,BP 曲线是垂直线。对于绝大多数国家而言,资本都是允许跨国流动的,只是程度不同而已。为分析方便,简单地把介于极端状况之间的资本流动程度归为两类:一类是资本流动程度非常高,称为可高度流动,在 IS-LM-BP 模型中表现为 BP 曲线比 LM 曲线平坦;另一类是资本流动程度很有限,称为可有限流动,在 IS-LM-BP 模型中表现为 BP 曲线比 LM 曲线陡。这样,按照一国资本可流动程度的高低,资本流动程度被区分为资本完全不可流动、可有限流动、可高度流动以及完全可以流动这四种情形,BP 曲线的形状相应不同。

由于不同汇率制度下国际收支自动调节的机制不同，在利用 *IS-LM-BP* 模型对开放经济中宏观经济政策的效果进行一般均衡分析时，必须考虑一国实施的汇率制度。本节分析固定汇率制度下的宏观经济政策，下一节将分析浮动汇率制度下的宏观经济政策。

13.2.1　固定汇率制下的财政政策

首先分析固定汇率制度下资本完全不可流动时财政政策的效果。如图 13-5（a）所示，由于资本完全不可流动，*BP* 曲线是一条垂直线，在 *A* 点内外经济同时达到均衡。假定采取扩张性财政政策，政府支出的增加和税收的减少导致总需求增加，*IS* 曲线向右移动至 IS_1，与 *LM* 曲线在 A_1 点相交，给本国利率和收入水平带来上升的压力。由于短期资本对利率完全不敏感，利率上升对国际收支的影响只是抑制了进口消费信贷，考虑到这部分影响作用不明显，在后文的分析中予以忽略。收入水平上升将增加引致进口，进而增加对外汇的需求。外汇的供不应求带来外汇市场上外汇升值、本币贬值的压力，为维持币值稳定，中央银行必须出面干预。中央银行出售外汇、回笼本币的结果使本国的货币供给减少，*LM* 曲线向左移动到 LM_2，与 IS_1 曲线和 *BP* 曲线交于 A_2 点。

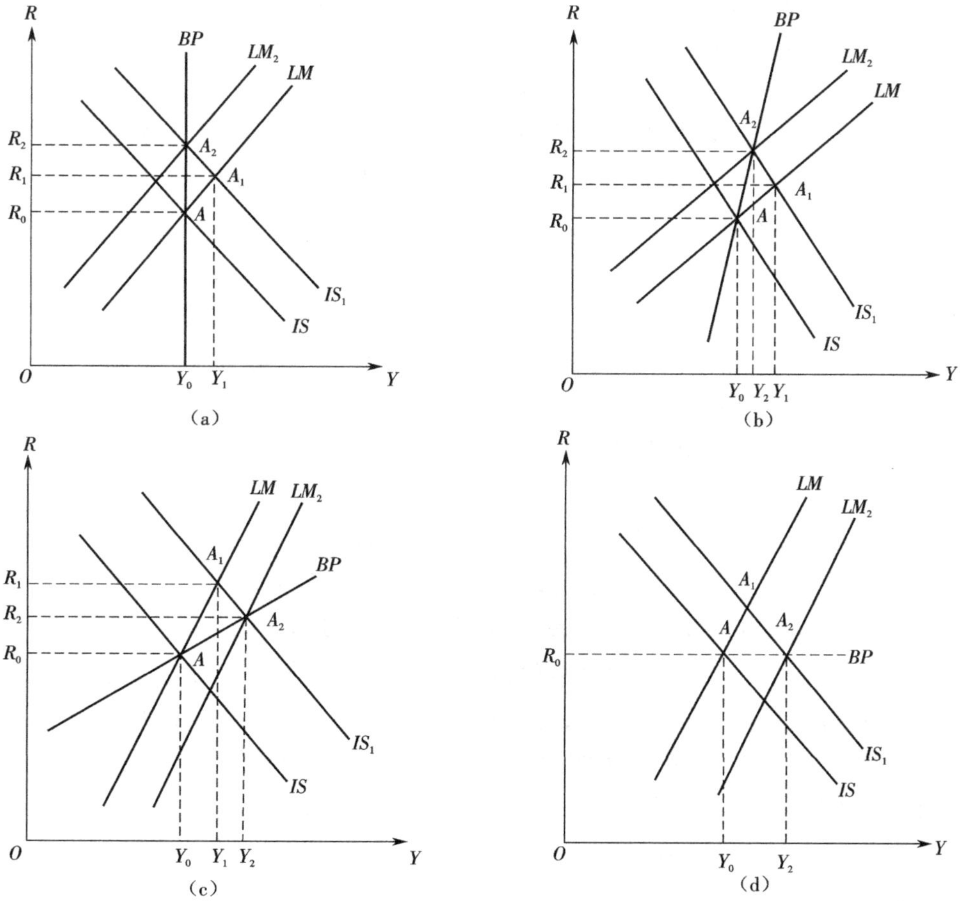

图 13-5　固定汇率制下财政政策的效果

（a）资本完全不可流动；（b）资本可有限流动；（c）资本可高度流动；（d）资本完全可以流动

扩张性财政政策的结果是国内经济和对外经济在 A_2 点实现新的均衡，与原来的均衡 A 相比，利率水平提高了，收入水平没有任何变化。因为利率上升必然使投资减少，完全抵消了财政支出增加对总需求的扩张效果，所以收入维持在原有水平上。可见，当资本完全不可流动时，财政政策在刺激经济收入方面没有任何效果。

当资本可有限流动时，BP 曲线比 LM 曲线更陡，如图 13-5（b）所示。扩张性财政政策对 IS 曲线和 BP 曲线的影响与上面是一致的。政府支出的增加和税收的减少导致总需求增加，IS 曲线向右移动至 IS_1，与 LM 曲线在 A_1 点相交，给本国利率和收入水平带来上升的压力。收入水平上升将增加引致进口，使经常项目恶化。短期资本对利率有所反应，利率上升导致短期资本流入。但由于短期资本对利率的反应不太敏感，金融项目改善的程度很小，不抵经常项目恶化的程度，所以国际收支恶化。图 13-5（b）中，国内均衡点 A_1 在 BP 曲线的右侧，表明国际收支赤字。国际收支赤字即外汇的供不应求，带来外汇市场上外汇升值、本币贬值的压力，为维持币值稳定，中央银行必须出面干预。中央银行出售外汇、回笼本币的结果使本国的货币供给减少，LM 曲线向左移动到 LM_2，与 IS_1 曲线和 BP 曲线交于 A_2 点。采取扩张性财政政策后，在利率上升的同时收入水平也有小幅增加。可见，当资本可有限流动时，利率上升并没有挤出同等数量的投资，政府支出依然具有一定作用。但与实现纯粹的国内均衡目标相比，开放经济中固定汇率制下的财政政策效果较差，收入扩张的幅度较小。

当资本可高度流动时，BP 曲线比 LM 曲线平坦，如图 13-5（c）所示。扩张性财政政策使 IS 曲线右移至 IS_1，与 LM 曲线交于更高的产出水平和利率水平。利率水平上升吸引短期资本流入，改善金融项目。收入水平上升增加了引致进口，使经常项目恶化。因为资本高度可流动，利率变动对金融项目的影响大于收入对经常项目的影响，因此财政扩张后的国内经济均衡产生了国际收支盈余。在图 13-5（c）中，A_1 点在 BP 曲线的左侧，表明国际收支盈余。外汇的过多供给带来外币贬值、本币升值的压力。为维持固定汇率，中央银行必须进行外汇干预，购买外币、出售本币，结果使货币供给增加，LM 曲线向右移动至 LM_2，与 IS_1 曲线和 BP 曲线相交于新均衡点 A_2，内外部经济同时达到均衡。由于为维持币值稳定，在先期财政扩张的基础上又实行了货币扩张，因此与单纯实现国内均衡目标相比，开放经济中固定汇率制下的财政政策效果更明显，产出扩张的幅度更大。

当资本完全可以流动时，BP 曲线是一条水平线，如图 13-5（d）所示。扩张性财政政策使 IS 曲线右移至 IS_1，与 LM 曲线交于更高的产出水平和利率水平。由于本国资产和外国资产完全可替代时，本国哪怕极微小的利率上升都会带来短期资本的大量流入，对金融项目改善的程度要远远超过收入上升恶化经常项目的程度，造成国际收支的大量盈余。为维持固定汇率，中央银行必须用本币购买多余的外汇，因而扩大了货币供给，LM 曲线向右移动到 LM_2，直到政府支出增加对利率产生的影响被货币供给增加导致的利率水平下降完全抵消为止。内外经济在 A_2 点实现新的平衡，收入水平大幅增加，财政政策的效果非常明显。

通过以上分析不难发现，除了资本完全不可流动的情况，在固定汇率制下，财政政策都可以有效地影响收入水平，资本可流动程度越高，财政政策的作用越大。

13.2.2　固定汇率制下的货币政策

货币供给增加导致 LM 曲线向右移动，在刺激收入增长的同时降低了利率水平。收入水平上升将增加引致进口，导致经常项目恶化，利率水平下降导致短期资本流出，使金融项目恶化，两方面作用的方向一致，使国际收支陷于赤字状态，外汇具有升值压力。为了维持固定汇率制度，中央银行必须在外汇市场上进行出售外汇换回本币的外汇干预，结果使本币回笼，货币供给减少，LM 曲线向左移动，最终回到原来位置才能再次实现内外均衡。因为只要没有回到最初位置，国内经济均衡对应的较高收入水平和较低利率水平就会继续产生国际收支赤字的压力。LM 曲线回到最初位置，表明扩张性货币政策对经济的刺激作用被中央银行维持币值稳定的外汇干预完全抵消，货币政策无效。

下面分析资本可流动程度与固定汇率制下货币政策的效果是否有关。

首先考虑资本完全不可流动的情况。如图 13-6(a)所示，BP 曲线是一条垂直线。扩张性货币政策使 LM 曲线右移至 LM_1，国内均衡在点 A_1，位于 BP 曲线的右侧，表明这一国内均衡导致国际收支赤字。为维持固定汇率，中央银行需要在外汇市场上出售外汇，结果使本币回笼，LM_1 回到原来的位置，货币政策无效。

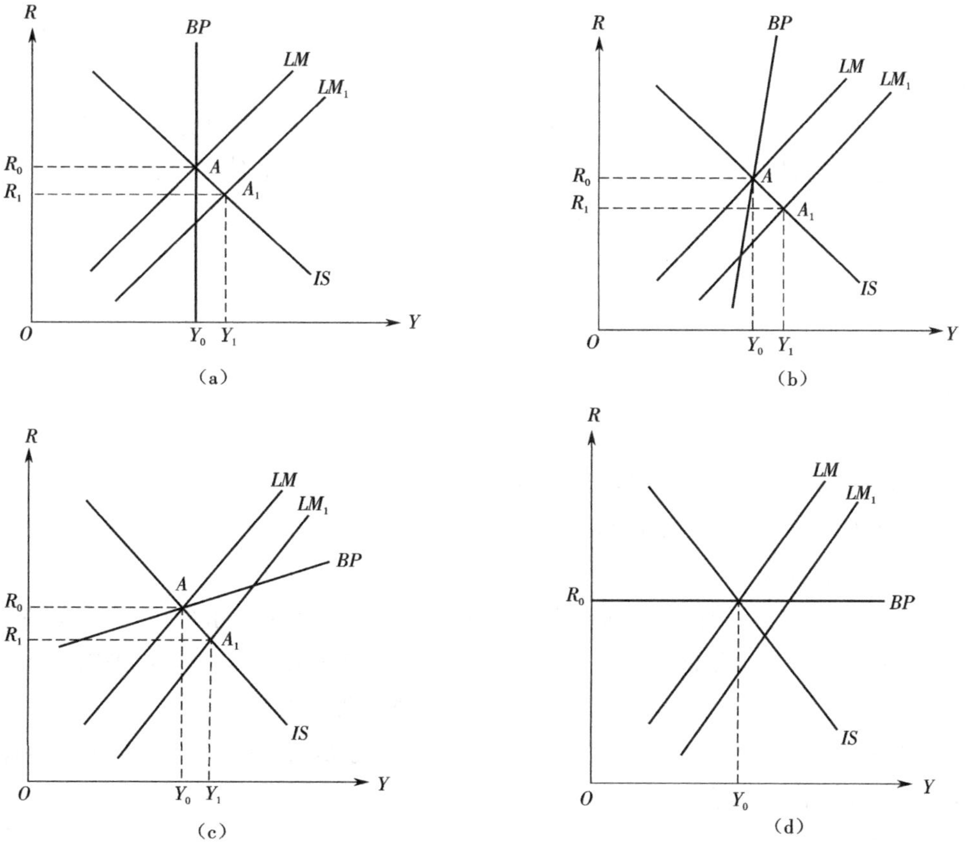

图 13-6　固定汇率制下货币政策的效果

(a)资本完全不可流动;(b)资本可有限流动;(c)资本可高度流动;(d)资本完全可以流动

当资本可有限流动时，BP 曲线比 LM 曲线更陡，如图 13-6(b)所示。扩张性货币政策使 LM 曲线右移至 LM_1，新国内均衡点 A_1 依然在 BP 曲线右侧，表明国际收支赤字。中央银行为维持固定汇率，在外汇市场上出售外汇、回笼本币，LM_1 回到原来的位置，货币政策依然无效。当资本可高度流动时，货币政策的效果与上述两种情况完全相同，如图 13-6(c)所示，最终 LM 曲线回到初始位置，货币政策完全无效。资本完全可以流动时，扩张性货币政策导致的利率下降立即导致大规模的短期资本流出，中央银行必须出售外汇保证固定汇率，并使市场上不再有利率下降的压力，如图 13-6(d)所示。中央银行为了保证固定汇率的外汇干预同样使货币政策无效。

上述分析表明，在固定汇率制下，无论资本可流动的程度如何，货币政策都不可能影响收入水平。中央银行维持固定币值的义务使其货币政策完全失效，可见采取固定汇率制的国家完全丧失了用货币政策实现经济目标的能力。

13.2.3 改变官方汇率水平

在采取固定汇率制的国家，官方汇率水平并非永远不变。当购买力平价发生变化时，一国可能调整币值。或者当其他经济目标迫在眉睫时，一国也可能放弃当前的官方汇率水平，主动调低或调高汇率。官方汇率水平一旦改变，将通过经常项目影响国内均衡和对外均衡。

假定马歇尔－勒纳条件成立，本币币值下调将改善经常项目，导致 IS 曲线和 BP 曲线右移，使均衡国内收入和利率水平上升，国际收支面临失衡，为维持币值稳定，中央银行进行外汇干预，由此带来的货币供给变化将推动外部经济的平衡。下面依然根据短期资本的流动程度不同分四种情况讨论币值下调的政策效果。

当资本完全不可流动时，币值下调使 IS 曲线右移至 IS_1，BP 曲线右移至 BP_1。由于本币贬值使 BP 曲线右移的幅度更大，如图 13-7(a)所示，IS_1 与 LM 曲线的交点 A_1 应该在 BP_1 的左侧，表明币值下调使国际收支处于盈余状态。为了维持新币值的稳定，中央银行需要买进多余的外汇，导致本币供给增加，LM 曲线右移，直到 LM_2 与 IS_1 和 BP_1 交于 A_2 为止。与最初的均衡水平相比，币值下调对收入的刺激作用非常明显。

当资本可有限流动和资本可高度流动时，如图 13-7(b)和图 13-7(c)所示，情形与资本完全不可流动时相似，国内均衡的调整均使国际收支出现盈余，为维持币值稳定，中央银行的干预使得货币供给增加，LM 曲线右移。带来收入水平新一轮的扩张。

当资本完全可以流动时，由于本国利率水平被固定在世界利率水平上，币值调整不会改变 BP 曲线的位置。本币币值下调只会使 IS 曲线右移，如图 13-7(d)所示，国内经济的调整推动利率水平上升，从而引起大量短期资本流入，对本币形成升值压力。中央银行在外汇市场买进外汇的干预导致货币供给增加，LM 曲线右移，与 IS_1 和 BP 曲线交于 A_2。在新的均衡水平上，收入水平同样有大幅增长。

通过以上分析不难发现，无论资本的流动程度如何，币值下调都有扩张经济的效果。

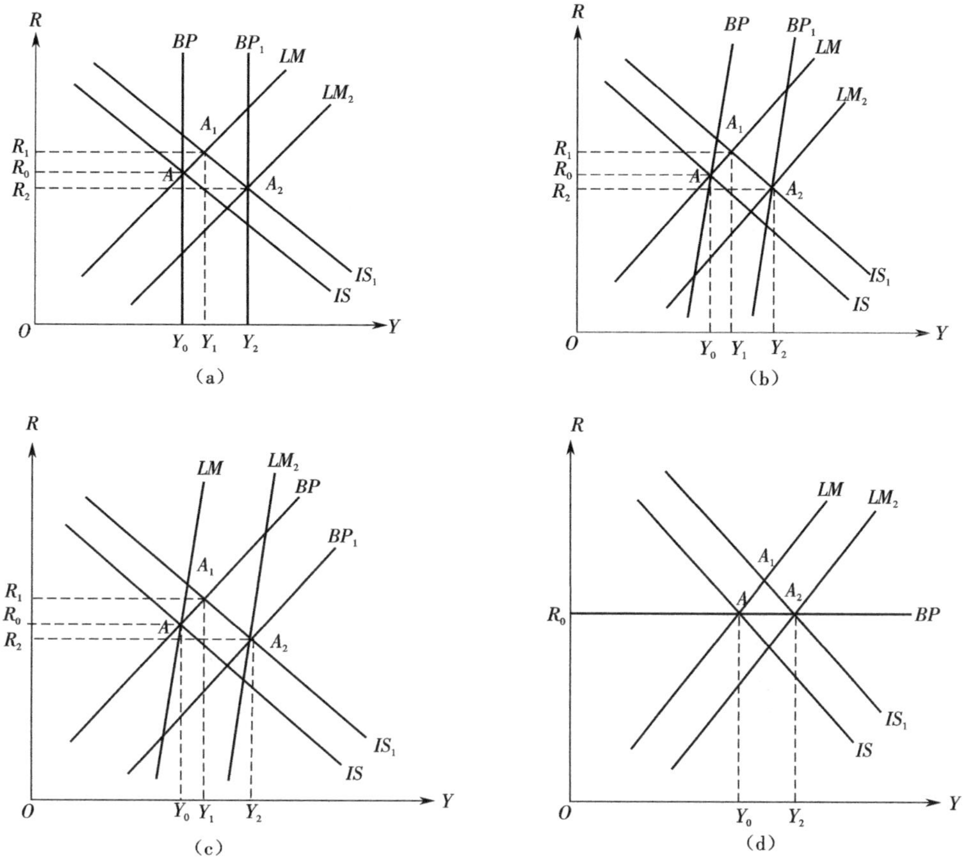

图 13-7　固定汇率制下币值调整政策的效果

(a)资本完全不可流动;(b)资本可有限流动;(c)资本可高度流动;(d)资本完全可以流动

13.3　浮动汇率制下的宏观政策

在浮动汇率制下国际收支均衡是通过汇率的调整自动实现的,这是与固定汇率制下国际收支调整机制的重要不同。

13.3.1　浮动汇率制下的财政政策

浮动汇率制下的财政政策对国内经济的影响与固定汇率制下完全相同,政府支出的增加和税收的减少导致总需求增加,*IS* 曲线向右移动,给本国利率和收入水平带来上升的压力。下面依然根据资本流动程度的不同分四种情况分析。

当资本完全不可流动时,*IS* 曲线右移至 IS_1,与 *LM* 曲线在点 A_1 相交。如图 13-8(a)所示,更高的均衡利率水平对短期资本流动没有影响,而高收入水平通过引致进口增加使经常项目恶化,所以国际收支面临赤字,导致本币贬值。本币贬值导致 *IS* 曲线和 *BP* 曲线右移至 IS_2 和 BP_2,与 *LM* 曲线在 A_2 点再次实现内外均衡。新均衡下的收入水平 Y_2 显然高于不考虑外部经济调整的国内均衡收入水平 Y_1,这是因为本币贬值通过净出口的增加产生了第二轮需求扩张的推动力。

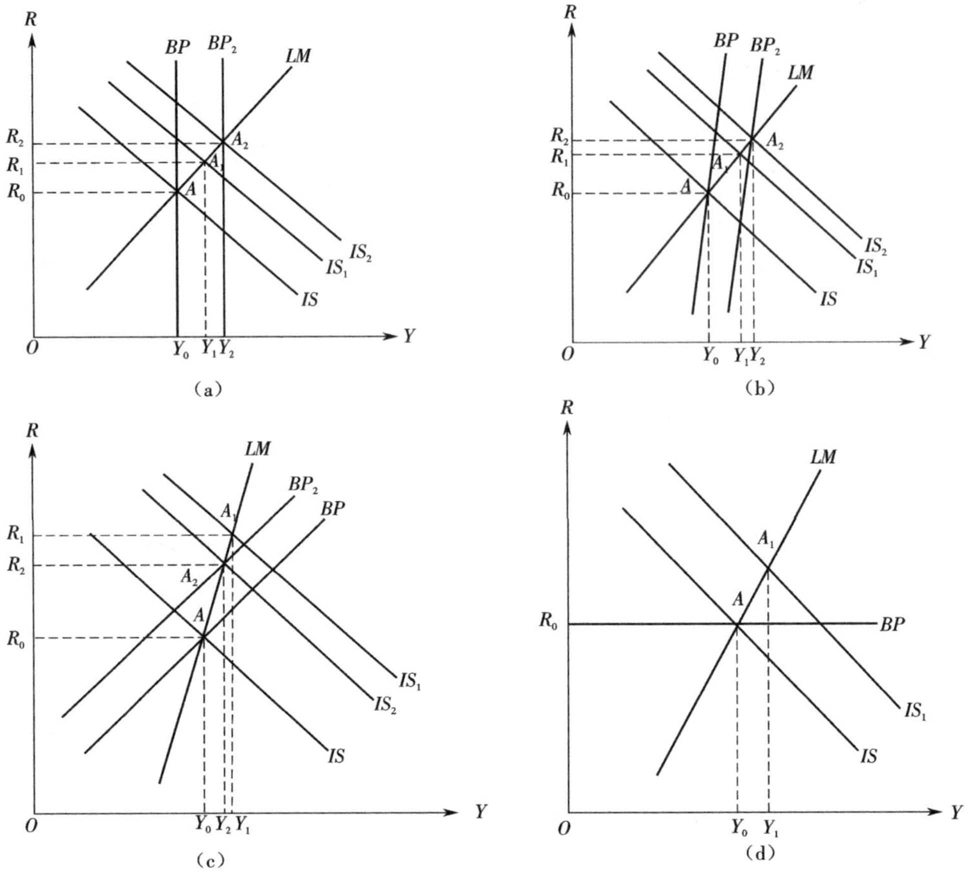

图 13-8　浮动汇率制下财政政策的效果

(a)资本完全不可流动;(b)资本可有限流动;(c)资本可高度流动;(d)资本完全可以流动

在资本可有限流动时,国际短期资本将随利率的变化而流动,但对利率敏感程度不及国内金融市场的反应程度。*BP* 曲线的斜率大于 *LM* 曲线的斜率,如图 13-8(b)所示。扩张性财政政策导致 *IS* 右移至 IS_1 后,国内经济达到更高的均衡收入和均衡利率水平(Y_1,R_1)。高收入水平使经常项目恶化,高利率水平导致净资本流入的增加。由于短期资本流动对利率不太敏感,净资本流入的增加不敌高收入导致的进口增加,结果国际收支面临赤字,外汇市场上外汇需求增加,本币贬值,IS_1 和 *BP* 曲线右移,与 *LM* 曲线相交,在 A_2 点再次实现内外均衡。本币贬值使财政政策的效果更加显著。与资本完全不可流动时的区别在于,由于短期资本流动对利率有所反应,利率上升导致的净资本流动增加抵消了一部分收入增加带来的进口增加对外汇需求的影响,所以外汇供不应求的压力没有资本完全不可流动时大,因此本币贬值的幅度较小,对经济扩张的第二轮推动力也就较小。也就是说,财政政策在扩大收入方面仍然是有效的政策,国际收支的调整依然对政府支出的扩张具有增强效应,但扩张效果小于资本完全不可流动时的效果。

在资本可高度流动时,国际短期资本对利率变化的敏感程度超过国内金融市场的反应程度，BP 曲线的斜率小于 LM 曲线的斜率，如图 13-8(c)所示。扩张性财政政策导致 IS 曲线右移至 IS_1 后，国内经济达到更高的均衡收入和均衡利率水平。国际收支的调整与资本可有限流动时的情形不同，高收入导致的进口增加不及高利率导致的净资本流入的增加，结果外汇供给净增加，导致本币升值，IS_1 曲线和 BP 曲线左移。新均衡水平与初始均衡点相比，收入水平有所增加，但与不考虑外部经济调整的国内均衡水平相比，收入水平却是下降的。这是因为财政支出增加的扩张效应中有一部分被本币升值导致的经常项目恶化抵消，显然当资本可高度流动时对外经济的调整抑制了政府支出的扩张效应。

当资本完全可以流动时，如图 13-8(d)所示，政府支出增加导致国内经济达到更高的均衡收入和均衡利率水平后，高利率立即带来大量净资本流入，远远超过高收入对经常项目的影响，潜在的国际收支盈余导致本币升值，结果 IS 曲线回移到原来的位置。相对于初始均衡点，收入水平没有任何变化。可见本币升值完全抵消了财政政策对国内经济的扩张效果，资本的充分流动使财政政策完全无效。

从以上分析可知，由于短期资本跨国流动的程度决定了扩张性财政政策对汇率的不同影响，使得财政政策的有效性依赖于国际资本的流动程度。当资本完全不可流动以及可有限流动时，财政政策在实现国内经济目标方面是有效的，也比固定汇率制下更有效，因为本币贬值会刺激收入更大的增加。随着资本流动程度越来越高，财政政策的效果越来越差。在资本可高度流动时，财政政策的效果小于固定汇率制的效果，因为本币升值引起了收入的紧缩，在资本完全可以流动时，财政政策完全无效。由此可见，资本流动程度越高，财政政策对收入和就业水平的影响力越小。由于外汇市场的调整大大抵消了自主财政政策的效应，所以浮动汇率制严重削弱了财政政策的效果。

13.3.2　浮动汇率制下的货币政策

货币供给增加，LM 曲线右移，导致国内均衡收入水平上升，均衡利率水平下降。当资本完全不可流动时，如图 13-9(a)所示，短期资本流动对利率完全不敏感，利率下降对金融项目，进而对国际收支没有任何影响。收入水平上升将增加引致进口，使经常项目恶化，进而形成潜在的国际收支赤字，即对外汇的需求大于外汇供给。在浮动汇率制下，外汇需求增加将导致外币升值、本币贬值。假定马歇尔－勒纳条件成立，本币贬值通过改善经常项目使总需求扩张，IS 曲线和 BP 曲线均向右移动到 IS_2 和 BP_2。内外均衡点 A_2 对应更高的均衡收入水平表明浮动汇率制下货币政策非常有效，本币贬值进一步增强了货币政策的扩张效果。

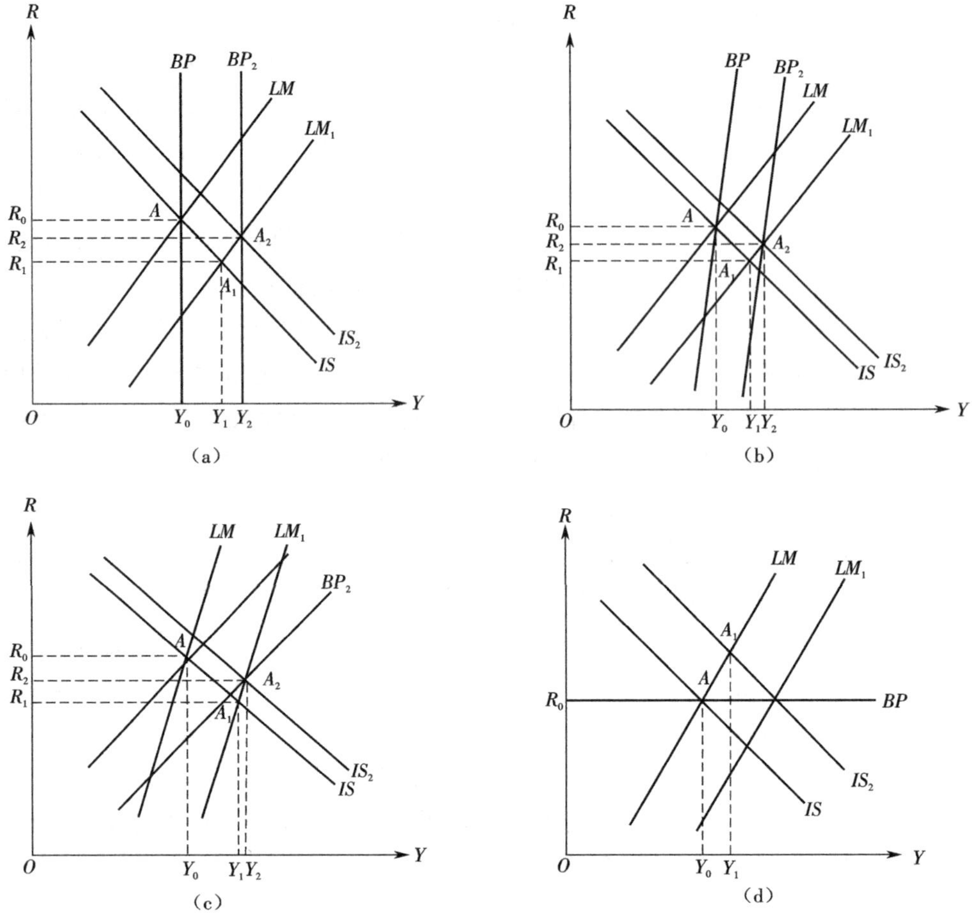

图 13-9　浮动汇率制下货币政策的效果

(a)资本完全不可流动;(b)资本可有限流动;(c)资本可高度流动;(d)资本完全可以流动

当资本可有限流动时,如图 13-9(b)所示,利率水平下降刺激短期资本流出,收入水平上升导致经常项目恶化,两者共同形成国际收支赤字压力,结果形成比资本完全不可流动时更大幅度的本币贬值,净出口增长更多,*IS* 曲线和 *BP* 曲线右移的幅度更大,收入扩张的效果更显著。当资本可高度流动时,短期资本流动对利率变动更敏感。当货币供给导致均衡利率水平下降后,短期资本更大量流出,与收入水平上升共同形成更大的国际收支赤字压力。如图 13-9(c)所示,结果本币大幅贬值,*IS* 曲线和 *BP* 曲线向右大幅移动到 IS_2 和 BP_2,收入水平大幅扩张。当资本完全可以流动时,资本对微小的利率变化都很敏感,货币扩张带来大量的资本流出和本币贬值,*IS* 曲线右移,如图 13-9(d)所示。结果本币贬值进一步刺激了国民收入的增长。

从以上分析可知,国际资本流动的程度越高,货币政策越有效。原因在于货币供给增加导致利率下降,资本流动对利率越敏感,利率下降导致资本流出量越大,本币贬值的幅度也越大,所以对总需求进而对国民收入扩张的效果越明显。显然,与固定汇率制相比,货币政策在浮动汇率制下更有效。

对比浮动汇率制下的财政政策和货币政策的效果,我们不难发现,资本流动程度越高,财政政策对收入的影响力越小。当资本完全可以流动时，财政政策完全无效。原因在于资本流动程度高时，扩张性财政政策导致的利率水平上升形成了国际收支盈余压力，使得本币升值，挤出了财政政策对总需求的扩张。而扩张性货币政策对收入的影响始终有效，且资本流动程度越高，货币政策的作用越大。这是因为扩张性货币政策导致的利率下降形成了国际收支赤字压力，使得本币贬值，刺激了经济的又一轮扩张。

13.3.3 浮动汇率制下的政策协调

通过上述分析，我们了解到浮动汇率制下财政政策和货币政策的效果存在的差别，当资本流动程度较高时，财政政策在刺激国民收入增长的同时导致利率水平上升，进而本币升值，而货币政策在刺激国民收入提高的同时导致利率水平下降，进而本币贬值。在现实经济中，一国政府的政策目标往往不仅是收入水平，还包括利率目标、汇率稳定以及就业水平等。只采用一种政策手段可能在实现某一政策目标的同时更加偏离另一政策目标，实际上可以利用财政政策和货币政策的不同特点进行搭配使用，进行货币政策和财政政策的协调。

图 13-10 反映了使用某一政策无法同时实现两个政策目标的情形，这里只考虑具有代表性的资本高度流动的情形。假定经济初始均衡水平为点 $A_0(Y_0, R_0)$，政府的政策目标值为点 A^* 对应的值。如果仅实行财政政策，如图 13-10（a）所示，扩张性财政政策使 IS 曲线右移至 IS_1，在国内均衡点 A_1，收入水平可达到目标值 Y^*。但由于扩张的财政政策同时带来了更高的利率水平引起净资本流动的增加要大于收入增加引起的净出口的减少，从而产生国际收支盈余压力，使本币升值，结果 IS 曲线和 BP 曲线都向左移动至 IS_2 和 BP_2。最终内外经济在点 $A_2(Y_2, R_2)$ 达到均衡。

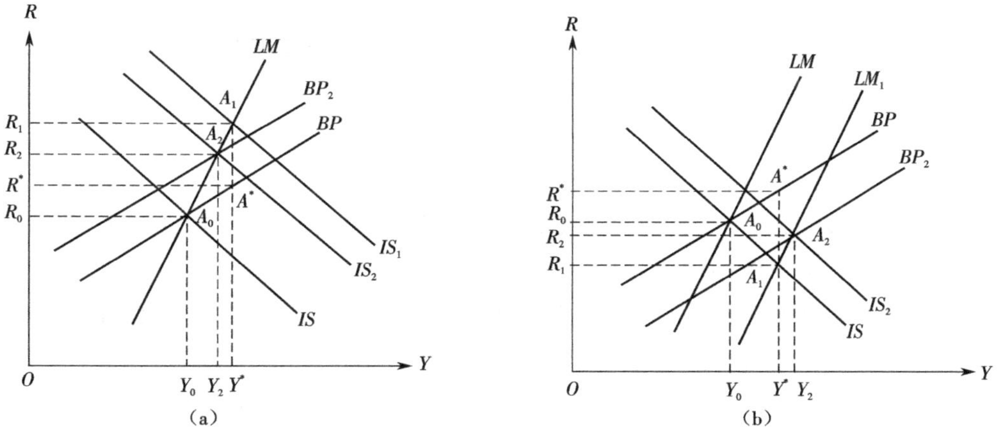

图 13-10　浮动汇率制下单一政策的效果

（a）单一财政政策；（b）单一货币政策

仅采取货币政策的效果又如何呢？如图 13-10（b）所示，扩张性货币政策使 LM 曲线右移至 LM_1，在国内均衡点 A_1，收入水平可达到目标值 Y^*。但由于扩张的货币政策同时带来了更低的利率水平 R_1，加之收入水平上升产生了国际收支赤字压力，使本币贬值，结果 IS 曲线和 BP 曲线都向右移动至 IS_2 和 BP_2，最终内外经济在点 $A_2(Y_2, R_2)$ 达到均衡，与政策目标值相比，利率水平过低，收入水平过高。

在如图 13-10 所示的政策实施过程中，无论是财政政策还是货币政策均无法同时实现收入和利率的双重目标。图 13-11 反映了同时实行两种政策的效果。同时实行扩张性的财政政策和货币政策使 IS 曲线和 LM 曲线右移至 IS_1 和 LM_1，正好在 A^* 点实现了内外经济的均衡。

短期内，财政政策和货币政策虽然都可以带来经济扩张或紧缩，但是对利率以及汇率的影响是不同的，所以利用一种政策工具可能难以实现双重政策目标，需要两种政策搭配使用。

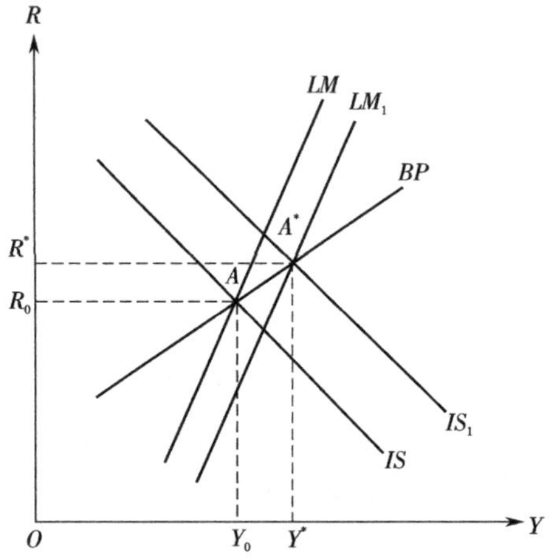

图 13-11 浮动汇率制下财政—货币政策协调

【专栏】

德拉吉在欧洲央行政策会议后将面临各种难题

欧洲央行行长德拉吉（Mario Draghi）很难获得喘息时间。德拉吉将在周四的新闻发布会上面对各种难题，尽管自去年（2015 年）12 月以来其多次为欧洲央行的 1.5 万亿欧元（合 1.7 万亿美元）刺激计划辩护。

在德国，围绕欧洲央行刺激力度过大的担忧加剧。国际投资者担心欧洲央行的货币政策工具即将用尽。欧洲深陷困境的银行则担心，负利率政策正削弱其赢利能力。几乎所有人都在担心欧元区疲软的经济增长和通胀水平，以及英国即将就其欧盟成员国地位进行公投等政治风险。德国是欧洲央行的最大股东。

这种密切关注反映出，在其他决策者没有采取强有力的措施的情况下，各国央行是如何成为全球经济的重要支撑的。此外，这还反映出，人们担心各国央行的运作已经处于或者接近极限水平。

虽然预计德拉吉不会推出任何新的政策措施，投资者仍将密切关注他对于未来降息、欧元近期走强和“空降资金”（helicopter money）预期的表态。“空降资金”是一种极端刺激方式，意味着央行直接向公众发钱。

在利率方面，欧洲央行面临两难境地：发出利率或进一步下调的信号可能会削弱欧元汇率，有助于提振该地区的出口。但是，欧洲央行 3 月份会议纪要显示，央行决策者似乎也希望避免打货币战；货币战意味着各国央行竞相更大幅度地下调利率。最近几月，从日本到瑞典等多国央行已将利率降至负值。

经济学家表示，周四德拉吉或采取谨慎立场，试图以央行尚未用尽所有政策弹药的言论来安抚投资者，同时又不打击欧洲地区银行；这些银行已经抱怨，负利率带来的成本不能轻易地转嫁给客户。

德拉吉可能会被问及与德国的关系，并就“空降资金”阐明立场；德拉吉在最近一次新闻发布会上将其称为“一个非常有趣的想法”。

德拉吉或许也会透露欧洲央行有关公司债购买新计划的新细节，该计划将于 6 月份推出。投资者将寻求更多信息，比如央行可能购买的债券品种、是否将设定具体的月度购债规模以及欧元区各央行如何共同分担风险等。

欧洲央行当前实施的债券购买计划将于 2017 年 3 月到期。随着到期日期的临近，德拉吉或许倍感压力，要考虑是否延长该计划期限以及如何避免某些债券（如德国国债）出现供应瓶颈问题等。

资料来源：Tom Fairless，华尔街日报中文网，2016-04-21，http://blog.sina.com.cn/u/1649159940。

延伸阅读

[1]　姜波克. 国际金融新编（第五版）[M]. 上海：复旦大学出版社，2012.

[2]　潘国陵. 国际金融理论与数量分析方法 [M]. 上海：上海人民出版社，2000.

[3]　孙杰. 汇率与国际收支：现代西方国际金融 [M]. 北京：经济科学出版社，1999.